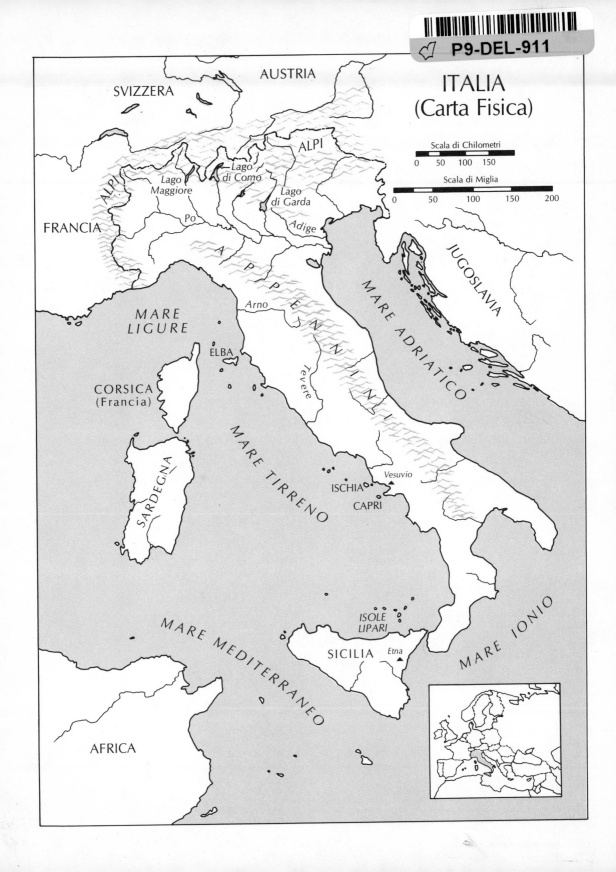

# prego!

## About the Cover

The illustration on the cover of this text was created by Virgilio Simonetti (b. Rome, 1897) for the *Dizionario Enciclopedico Italiano*. Entitled "Maschere italiane," the illustration pictures masked figures representing various Italian cities and regions. They are, from left to right:

In the foreground:
1. Peppe Nappa (Sicily)
2. Pulcinella (Naples)—"Punch"
3. Colombina (Venice)
4. Arlecchino (Bergamo)—"Harlequin"
5. Gianduia (Turin)

On the steps:
6. Stenterello (Tuscany)
7. Rugantino (Rome)
8. Capitan Spavento
9. Dottor Ballanzone (Bologna)
10. Brighella (Bergamo)
11. Pantalone (Venice)—"Pantaloon"
12. Meneghino (Milan)

# prego!

## AN INVITATION TO ITALIAN

**Graziana Lazzarino**
*University of Colorado, Boulder*

CONTRIBUTING AUTHORS

**Antonella Pease**
*University of Texas, Austin*

**Annamaria Kelly**
*University of Arizona, Tucson*

**Luigi Romeo**
*University of Colorado, Boulder*

## SECOND EDITION

**Random House**  *New York*

This book was developed for Random House by Eirik Børve, Inc.

**Second Edition**

9 8 7 6 5 4 3 2 1

Copyright © 1980, 1984 by Random House, Inc.

All rights reserved under International and Pan-American Copyright Conventions.
No part of this book may be reproduced in any form or by any means, electronic
or mechanical, including photocopying, without permission in writing from
the publisher. All inquiries should be addressed to Random House, Inc., 201
East 50th Street, New York, N.Y. 10022. Published in the United States by
Random House, Inc., and simultaneously in Canada by Random House of Canada
Limited, Toronto.

**Library of Congress Cataloging in Publication Data**

Lazzarino, Graziana.
    Prego! : an invitation to Italian.

    Includes index.
    1. Italian language—Text-books for foreign speakers
—English.   I. Pease, Antonella.   II. Kelly, Annamaria.
III. Romeo, Luigi.   IV. Title.
PC1128.L35     1984          458.2′421          83-24481
ISBN  0-394-33630-5

Manufactured in the United States of America

Text and cover design by Marie Carluccio

Sketches by Alarico Gattia, Milan, Italy, with the following exceptions: *pages 56, 150, 194, and 364* by per-
mission of Disegnatori Riuniti, Milan, Italy; *page 273* (Mickey Mouse) © Walt Disney Productions, Burbank,
California; *page 352* from Aldo Gabrielli, *Avventure nella foresta del Vocabulario* (Milan, Italy: Casa Editrice
Ceschina, 1963, p. 66).

All cartoons, cartoon strips, and games by permission of Disegnatori Riuniti, Milan, Italy, with the exception
of *page 335* by special permission of Luciano De Crescenzo.

Permission to use the logo "Italia così," from *Il Messaggero,* is gratefully acknowledged.

Prose and photo credits appear on page 487.

The second edition of **Prego! An Invitation to Italian** continues the lively imaginative tone of the first. All fundamental Italian grammar structures are introduced, and a well-balanced coverage of the four skills is offered within the authentic context provided by **Prego!**'s cultural themes, cartoons, and visuals. Written and illustrated by an all-Italian team, **Prego!** (2ª edizione) encourages students' active use of the language. Numerous exercises, innovative activities, and a more manageable chapter structure provide a flexible framework that can be adapted to any classroom situation and accommodate many different goals and methodologies.

## Organization

The first edition of **Prego!** was developed by the authors with the assistance of over forty coordinators of Italian courses throughout the United States and Canada. The comments of all users of the first edition were actively solicited and taken into consideration in the preparation of the second, the major features of which are described in detail in *Changes in the second edition*.

The main text consists of a preliminary chapter, 21 regular grammar chapters, five review chapters, and an epilogue. Each of the grammar chapters is divided into five or six parts, as follows:
- chapter opening pages that set the cultural theme with a lively photo and caption and outline the grammar and culture presented in the chapter
- GRAMMATICA, three to five grammar points, each introduced in context by a short dialogue or cartoon and accompanied by numerous and varied exercises
- ESERCIZI DI PRONUNCIA (in the first 14 chapters), expanded pronunciation sections that focus on all of the sounds of Italian
- DIALOGO, the main dialogue, presenting real situations related to the chapter's cultural theme and introducing students to the people, customs, and institutions of Italy
- DI TUTTO UN PO', review exercises that combine and reinforce all of the structures and vocabulary of the chapter
- PAROLE DA RICORDARE, the chapter vocabulary list, including all active words and expressions that students should learn, in particular those related to the cultural theme

Each grammar chapter is followed by an optional Intermezzo section that consists of two parts:
- ITALIA COSÌ, lively activities that focus on the chapter's cultural themes and encourage students to interact with each other, sharing thoughts, concerns, and opinions as they learn about today's Italy
- LETTURA CULTURALE, an illustrated reading that provides up-to-date information about the chapter's cultural theme and gives students practice in reading Italian

## Supplementary materials

**Prego!** (2ª edizione) may be used in conjunction with any of the following components:
- *Workbook,* by Luigi Romeo, provides additional practice with grammar structures through a variety of written exercises

- *Lab manual and tape program*, by Graziana Lazzarino, offers pronunciation drills, listening comprehension exercises, dictations, pattern practice, and additional grammar exercises
- *Instructor's manual*, by Graziana Lazzarino, contains model lesson plans, teaching tips, sample tests, sample oral interviews coordinated with ACTFL proficiency guidelines, answers to text translation exercises, and answers to all workbook exercises
- *Per tutti i gusti*, by Graziana Lazzarino, is a lively, heavily illustrated manual offering a selection of oral and written activities that promote the creative use of Italian for communication

## Changes in the second edition

**Prego!** (2ª edizione) features streamlined grammar presentations, a more manageable chapter format, and expanded and more practical cultural themes. One grammar chapter has been eliminated, and all grammar presentations were thoroughly examined and shortened to ensure that only truly first-year structures were presented. Unnecessary detail was eliminated throughout, and additional exercises were added for important basic grammar points. The number of minidialogues was slightly reduced, and some were replaced by cartoons that both illustrate the grammar point and provide a point of departure for the presentation of the grammar in question. Many of the exercises now have a more practical focus. This streamlining of the grammar chapters, plus the placement of the Lettura culturale in the optional Intermezzo section, makes the basic chapter somewhat shorter and more manageable than was the case in the first edition.

The new chapter opening pages set the cultural stage for each chapter, alerting students to an aspect of the theme that is particularly interesting or relevant to the study of Italian. When appropriate, the minidialogues and exercises focus on the chapter's theme, but not to the exclusion of previously introduced vocabulary groups. By and large, the long dialogues from the first edition have been retained, and the highly successful story line is intact. The captioned photos also add an air of authenticity to the cultural setting. Virtually all new photographs have been used, and about 80% of the cartoons are new as well. In addition, many new drawings by Alarico Gattia have been added.

In addition, the following features have been added to **Prego!**'s second edition:
- **Capitolo preliminare,** a preliminary chapter that introduces the alphabet and the sounds of Italian and presents greetings and numbers so that students can get started in Italian from the first day of class. In addition, this brief chapter also introduces the concept of cognates, thus putting the wealth of Italian cognates within students' grasp from the very beginning of the course
- **Ripasso generale,** review sections that appear every four chapters, serving as a self-check for students' mastery of the material
- **Epilogo,** which brings first-year Italian to a happy ending

Instructors who have used the first edition of **Prego!** will note that vocabulary control in the second edition has been substantially improved. New active vocabulary is introduced in the minidialogues, in the example sentences, occasionally in the exercises, and in the long dialogue; in all cases, each time students meet an active word for the first time, they also find a translation of it. Active vocabulary words for each chapter have been chosen for frequency of use in the text and for their relation to the chapter theme. Thus a word may appear passively in a number of chapters before being made active in a given chapter; the chapter in which a word becomes active is indicated both in the Italian–English and English–Italian vocabularies at the end of the text.

It is hoped that the many instructors who liked the first edition of **Prego!** will find that the second edition retains those features they found appealing and, at the same time, has become a more practical, manageable text that makes the study of Italian an even more enjoyable experience.

## Authors

Professor Graziana Lazzarino, University of Colorado at Boulder, is the coordinator of the project and the author of all grammar explanations, exercises and activities, and some of the minidialogues and cultural readings. Professor Antonella Centaro Pease, University of Texas at Austin, wrote the main dialogues and many of the minidialogues, and provided the conceptual inspiration for a number of the cultural readings. Professor Annamaria Kelly, University of Arizona at Tucson, wrote many of the cultural readings and related exercises. Professor Luigi Romeo, University of Colorado at Boulder, is the author of all pronunciation sections.

## Acknowledgments

The publishers would like to thank again those instructors who participated in the various surveys that proved invaluable in the development of **Prego!** (1ª edizione). In addition, the help of all those who completed revision questionnaires is gratefully acknowledged; their input was essential in the shaping of the second edition. Further detailed suggestions and comments were provided by the following instructors, the appearance of whose names does not necessarily constitute an endorsement of this text and its methodology. Their contribution to the development of the second edition was indeed invaluable.

Vera Anderson
University of Arizona

Robert W. Bernard
Iowa State University

Edward Borsoi
Rollins College

Walter Blue
Hamline University

Laura Di Gregorio
Portland State University

Ronald D. Ferrar
Los Angeles Pierce College

Francesca Langbaum
University of Virginia

Gaetana Marrone
Northwestern University

Augustus Mastri
University of Louisville

John Snyder
University of California, La Jolla

The authors would like to especially acknowledge the contributions of Professor Catherine Feucht, University of California, Berkeley, and Professor Pamela Marcantonio, University of Colorado at Boulder, who read every page of the manuscript of the second edition and offered invaluable suggestions that shaped the second edition in very important ways. Other individuals, too many to mention, deserve our thanks and appreciation for their help and support, among them Karen Judd of Random House, and Marie Carluccio, who are largely responsible for the design and attractive appearance of the second edition. Special thanks are due Thalia Dorwick and Eirik Børve, who inspired the project and carried it through to completion.

G.L.

# contents

Bergamo alta: Caffè del Tasso. (© Pier Giorgio Sclarandis / Black Star)

Pomodori freschi. (© Cotton Coulson / Woodfin Camp & Associates)

Cortina: scena invernale. (© Marvin E. Newman / Woodfin Camp & Associates)

Il Lago di Como. (© Michael S. Yamashita/Woodfin Camp & Associates)

Roma: Piazza di Spagna. (© Peter Menzel/Stock, Boston)

Una strada in un vecchio quartiere di Napoli.
(© Pier Giorgio Sclarandis/Black Star)

Levanto sulla Riviera Ligure. (© Peter Menzel/Stock, Boston)

Assisi: la città natale di S. Francesco. (© Mike Yamashita / Woodfin Camp & Associates)

Firenze: la Festa del Lavoro (1° maggio). (© Chris Brown / Stock, Boston)

Milano: Piazza del Duomo. (© Peter Menzel/Stock, Boston)

Un caffè a Bologna. (© Owen Franken/Stock, Boston)

Torino: case popolari moderne. (© Peter Menzel)

Rivello in Calabria. (© Peter Menzel / Stock, Boston)

Siena: il Duomo. (© Peter Menzel)

Firenze: veduta dal Piazzale Michelangelo.
(© Peter Menzel / Stock, Boston)

Riva, nell'Italia del nord. (© Peter Menzel)

Studenti dell'Università di Bologna. (© Peter Menzel)

Milano: L'Ultima Cena di Leonardo da Vinci (Cenacolo di Santa Maria delle Grazie) (© Ted Spiegel, Rapho/Black Star)

Firenze: il David di Michelangelo.
(© Marvin E. Newman/Woodfin Camp & Associates)

Il restauro di Oplontis, una villa vicino a Pompei.
(© Adam Woolfitt, Daily Telegraph Magazine/Woodfin
Camp & Associates)

Taormina (Sicilia): il tempio greco. (© Peter Menzel)

L'ora del passeggio. (© Cotton Coulson / Woodfin
Camp & Associates)

Venezia: il Palazzo Ducale. (© Peter Menzel / Stock, Boston)

# Capitolo preliminare

# ALFABETO E SUONI

## The Alphabet

Like the other Romance languages (such as French, Spanish, Portuguese, and Rumanian), Italian derives from Latin, which was spoken all over the Roman empire. Although Italian and English share the same alphabet (26 written symbols), the sounds that these letters represent in Italian often differ considerably from their sounds in English. In the following alphabet, you will find in parentheses the spelling of each letter so that you can "say" the alphabet in Italian.

| | | | | | |
|---|---|---|---|---|---|
| **a** (a) | **f** (effe) | **k** (cappa) | **p** (pi) | **u** (u) | **z** (zeta) |
| **b** (bi) | **g** (gi) | **l** (elle) | **q** (cu) | **v** (vu *or* vi) | |
| **c** (ci) | **h** (acca) | **m** (emme) | **r** (erre) | **w** (doppia vu) | |
| **d** (di) | **i** (i) | **n** (enne) | **s** (esse) | **x** (ics) | |
| **e** (e) | **j** (i lunga) | **o** (o) | **t** (ti) | **y** (ipsilon) | |

You will learn the sounds of Italian by listening to and imitating your instructor. The vowel sounds are presented below. The consonant sounds are introduced in Chapters 1 through 14.

## Vowels

Italian vowels are represented by the five letters **a, e, i, o,** and **u.** While **a, i,** and **u** are pronounced basically the same way all over Italy, the pronunciation of **e** and **o** (when stressed) may be *open* (**bello, cosa**) or *closed* (**sete, come**), varying from region to region.

Unlike some English vowels, Italian vowels are *always* articulated in a sharp, clear fashion, regardless of stress; they are never slurred or pronounced weakly.

Listen to the articulation of the following words, written identically in both languages, and contrast the sounds of Italian and English.

| | | | | | |
|---|---|---|---|---|---|
| **marina** | **saliva** | **formula** | **Coca-Cola** | **Levi** | **alibi** |
| **gusto** | **camera** | **replica** | **aroma** | **coma** | **propaganda** |

Here is a comparison of the articulation of Italian and English vowels.

- **a** is pronounced as in *father*: **banana, patata, gala**
- **i** is pronounced as in *marine*: **Ida, pizza, Africa**
- **u** is pronounced as in *rude*: **luna, su, uno**
- **e** is pronounced
  - sometimes as in *late* (but without the glide to *i* at the end): **sete, breve, e** (closed **e**)
  - sometimes as in *quest*: **presto, bello, è** (open **e**)
- **o** is pronounced
  - sometimes as in *cozy* (but without the *i* glide): **come, solo, odore** (closed **o**)
  - sometimes as in *cost*: **no, poco, cosa** (open **o**)

Even in sequence, Italian vowels represent the sounds indicated above. A new vowel sound is *not* produced from a vowel combination, as in English. Compare the vowel sounds in *cat, cut, cautious* with those in **para, pura, paura.** The vowel sounds in **paura** are clearly a combination of those in **para** and **pura.** Additional examples are **noi, zaino, Laura, piove, pieno, mai.**

## Consonants

While many Italian consonant sounds seem quite similar to those of English, small differences in articulation can distinguish a native from a nonnative speaker. For example, Italian consonants (**p, t,** and **c** in particular) are never *aspirated*, regardless of their position in a word. To understand the concept of aspiration, place your hand in front of your mouth as you say the following English sentence: *Peter Piper picked a peck of pickled peppers.* The puffs of air that you feel are the result of aspiration. Now say the following Italian phrase, trying to avoid aspirating the consonants: **una palla di pelle di pollo.**

Another major difference in pronunciation between English and Italian is that of the **t, d,** and **l.** In Italian these consonants are articulated with the tip of the tongue in contact with the inner surface of the upper teeth; in English, in contrast, the tongue touches farther back on the roof of the mouth. Examples are **dente, tempo, lato.**

All Italian consonants have a corresponding double consonant, the pronunciation of which is similar to yet distinct from that of the single consonant. The failure to make this distinction will result in miscommunication.

Contrast the pronunciation of the following words: **sete / sette; papa / pappa; dona / donna.**

Listen as your instructor contrasts the English and Italian pronunciation of these words: **ballerina, antenna, mamma, spaghetti, zucchini.**

## Stress

Most Italian words are pronounced with the stress on the next to the last syllable: **minestrone** (mi-ne-stro-ne), **vedere** (ve-de-re), **domanda** (do-man-da).

Some words are stressed on the last syllable; they always have a written accent on that syllable: **virtù** (vir-tu), **però** (pe-ro), **così** (co-si).

Some words are stressed on a different syllable, but this is rarely indicated in writing. As an aid, the stressed syllable is indicated in vocabulary lists and verb charts by a dot below the stressed vowel: **camera** (ca-me-ra), **credere** (cre-de-re), **piccolo** (pic-co-lo).

A written accent is also used on a few words consisting of one syllable. In many cases the accent distinguishes words that are spelled and pronounced alike yet have different meanings. Compare **si** (*oneself*) with **sì** (*yes*), and **la** (*the*) with **là** (*there*).

Although there are two written accents (`) and (´) in Italian, most people use only one (`), as in this text.

# SALUTI

Here is a simple conversation in Italian. It takes place in an informal setting: Laura sees her friend Roberto on campus.

LAURA: Ciao, Roberto, come stai?
ROBERTO: Bene, grazie, e tu?
LAURA: Non c'è male,
Abbastanza bene, } grazie.
Così così,
ROBERTO: Ciao, Laura!
LAURA: Arrivederci!

## Saluti

Ciao!        *Hi! Hello! Goodbye!* This seems to be the universal greeting in Italy. It is used only in informal situations, with friends, relatives, children, and close acquaintances.

Arrivederci! *Goodbye!* It is used in both formal and informal situations, and is said to one or more persons.

## E S E R C I Z I

**A.** With a classmate, practice the dialogue as written.

**B.** Use the dialogue to greet your classmates, changing names as necessary.

---

LAURA: Hi, Roberto, how are you?   ROBERTO: Fine, thanks, and you?   LAURA: Not bad / Pretty good / So-so, thanks.   ROBERTO: 'Bye, Laura!   LAURA: Goodbye!

# ALTRI SALUTI

This conversation takes place in a formal setting: Mrs. Martini sees Mr. Rossi at the bank. Note the minor differences between this dialogue and the one you practiced in **Saluti.**

| | |
|---|---|
| SIGNORA M.: | Buon giorno, signor Rossi, come sta? |
| SIGNOR ROSSI: | Bene, grazie, e Lei? |
| SIGNORA M.: | Non c'è male, \ Abbastanza bene, } grazie. \ Così così, |
| SIGNOR ROSSI: | Arrivederla, signora! |
| SIGNORA M.: | Arrivederla! |

## Altri saluti

| | |
|---|---|
| Buon giorno! | *Good morning! Good afternoon!* |
| Buona sera! | *Good afternoon! Good evening!* |
| Buona notte! | *Good night!* |
| Arrivederla! | *Goodbye!* This expression is said to one person only, and is used only in formal situations. |

### NOTA CULTURALE

There is no formal way to say *hello* in Italian except **Buon giorno!** or **Buona sera!** The hour at which one switches to **Buona sera!** is a matter of personal preference or regional usage. Some people say **Buona sera!** after 12 noon; others wait until dark. At night, **Buona notte!** is used only as an expression of parting.

MRS. MARTINI: Good afternoon, Mr. Rossi, how are you? MR. ROSSI: Fine, thanks, and you? MRS. MARTINI: Not bad / Pretty good / So-so, thanks. MR. ROSSI: Goodbye, Mrs. Martini. MRS. MARTINI: Goodbye!

# Titoli

signora (Sig.ra)    *Mrs., Madam; lady*
signorina (Sig.na)   *Miss; young lady*
signore (Sig.)     *Mr., Sir; gentleman*

## CURIOSITÀ

Women are almost always greeted as **signora** or **signorina** in Italy: **Buon giorno, signora!** (for a married or older woman), **Buon giorno, signorina!** (for an unmarried or young woman). The last name may be added, if known. The title **signore** is not used to greet men, however. Only people in service positions—waiters, clerks, and so on—would say **Buon giorno, signore!** If you know a man's last name, however, it is acceptable—and common—to use **signore** (shortened to **signor**) before the name: **Buon giorno, signor Rossi!**

Instructors are addressed as **professore** (*masc.*), shortened to **professor** before a name, and **professoressa** (*fem.*). Female instructors are often addressed simply as **signora** or **signorina**.

## E S E R C I Z I

**A.** With a classmate, practice the dialogue as written.

**B.** With a classmate, change the names and titles in the dialogue to reflect these situations:

1. Mr. Cabot meets Miss Lodge, in the evening.
2. Mrs. Pertini meets Mr. Fanfani, in the morning.

**C.** Use the dialogue to greet your instructor, changing names and titles as necessary.

**D.** What would you say in these situations?

**1.** You greet your instructor (a woman) in the morning.    **2.** You greet your instructor (a man) in the evening.    **3.** You say hi to your classmate Mike. **4.** You say goodbye to your friends.    **5.** You are going to bed.    **6.** You are a waiter who greets a male customer in the morning.    **7.** You are a clerk who greets a female customer in the evening.    **8.** You say goodbye to Mrs. Bianchi. **9.** You say goodbye to Professor Rossi (a man).    **10.** You greet Mrs. Verdi at night.

# NUMERI

—Uno, due, tre... uno, due, tre,
...pronto, pronto... prova microfono...

As you learn the numbers from 1 to 10, notice how an Italian would write them. Pay particular attention to the figures 1, 4, and 7.

| | | | | | | | |
|---|---|---|---|---|---|---|---|
| 1 | uno | 11 | ụndici | 21 | ventuno | 31 | trentuno |
| 2 | due | 12 | dọdici | 22 | ventidue | 32 | trentadue |
| 3 | tre | 13 | trẹdici | 23 | ventitrè | 33 | trentatrè |
| 4 | quattro | 14 | quattọrdici | 24 | ventiquattro | 40 | quaranta |
| 5 | cinque | 15 | quịndici | 25 | venticinque | 50 | cinquanta |
| 6 | sei | 16 | sẹdici | 26 | ventisei | | |
| 7 | sette | 17 | diciassette | 27 | ventisette | | |
| 8 | otto | 18 | diciotto | 28 | ventotto | | |
| 9 | nove | 19 | diciannove | 29 | ventinove | | |
| 10 | dieci | 20 | venti | 30 | trenta | | |

When **-tre** is the last digit of a larger number, it takes an accent: **ventitrè, trentatrè,** and so on.

The numbers **venti, trenta,** and so on, drop the final vowel before adding **uno** or **otto: ventuno, ventotto.**

# E S E R C I Z I

**A.** Count by 2's from 2 to 20, then count by 2's from 19 to 1.

**B.** You are studying math in Italian. This is what you say.

ESEMPI: $2 + 2 = 4 \rightarrow$ due più due, quattro (più = +)

$2 - 2 = 0 \rightarrow$ due meno due, zero (meno = −)

Read the following math problems out loud.

**1.** $5 + 5 = 10$      **4.** $36 + 12 = 48$      **7.** $24 + 25 = 49$

**2.** $14 + 13 = 27$      **5.** $27 - 7 = 20$      **8.** $37 - 6 = 31$

**3.** $18 + 17 = 35$      **6.** $50 - 10 = 40$      **9.** $41 + 3 = 44$

# PAROLE SIMILI

Learning Italian is made easier by the fact that many Italian words look like English words and have similar meanings. These cognates include words like **stazione** (*station*), **famoso** (*famous*), and **arrivare** (*to arrive*). Sometimes there are only minor differences in spelling between English and Italian words. Learning several frequently occurring patterns will help you recognize and remember new words. For example,

-zione $\rightarrow$ *-tion:* stazione  *station*

-tà     $\rightarrow$ *-ty:*   università *university*

-oso  $\rightarrow$ *-ous:* famoso  *famous*

ATTENZIONE!  There are also words that look alike but have different meanings. These are called false cognates. For example,

**parente** means *relative*, not *parent*

**fattoria** means *farm*, not *factory*

Do not worry about these false cognates; you will learn many of them as you go along.

**A.** Repeat each of the following Italian words after your instructor; then give their English equivalent.

| | | |
|---|---|---|
| condizione | città | nervoso |
| conversazione | identità | numeroso |
| descrizione | pubblicità | desideroso |
| informazione | realtà | virtuoso |
| preparazione | università | geloso |

**B.** What patterns of cognate formation can you discover in these groups of Italian words? Can you give their English equivalents?

| | | | | | |
|---|---|---|---|---|---|
| continente | digressione | incredibile | differenza | comunismo | colore |
| frequente | discussione | possibile | essenza | fascismo | dottore |
| intelligente | espressione | probabile | pazienza | ottimismo | favore |
| presidente | professione | terribile | presenza | realismo | motore |
| studente | trasmissione | visibile | violenza | socialismo | odore |

**C. Come si dice in italiano?** (*How do you say it in Italian?*) Guess if you don't know.

1. sensation
2. depression
3. pessimism
4. invention
5. numerous
6. impossible
7. religious
8. celebration
9. nervous
10. curiosity
11. experience (x = s)
12. urgent
13. actor (ct = tt)
14. eloquent
15. indifference
16. prosperity

# Arrivo in Italia

Stazione di Torino: scompartimento di seconda classe per non fumatori (*nonsmokers*) di un treno italiano.

I. GRAMMATICA
  A. Nouns: singular and plural forms
  B. Nouns: gender; the indefinite article
  C. Forms of **buono**
  D. Subject pronouns and the present tense of **avere**
  E. Idioms with **avere**

II. ESERCIZI DI PRONUNCIA: The sounds of the letter **c**

III. DIALOGO

IV. DI TUTTO UN PO'

V. PAROLE DA RICORDARE

**intermezzo**
  ITALIA COSÌ
  LETTURA CULTURALE: Italia: fatti e cifre

# I. GRAMMATICA

## A. Nouns: singular and plural forms

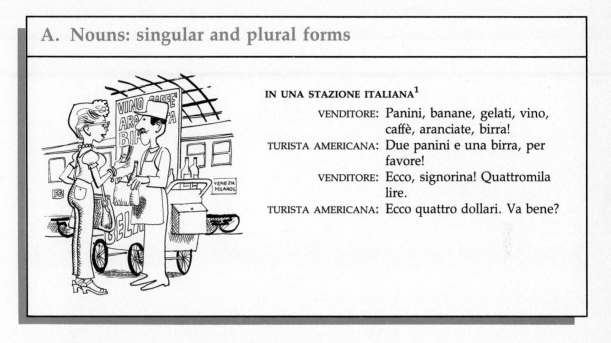

**IN UNA STAZIONE ITALIANA**[1]

VENDITORE: Panini, banane, gelati, vino, caffè, aranciate, birra!

TURISTA AMERICANA: Due panini e una birra, per favore!

VENDITORE: Ecco, signorina! Quattromila lire.

TURISTA AMERICANA: Ecco quattro dollari. Va bene?

A noun (**nome**) is the name of a person, place, thing, quality, or idea: *John, station, car, patience, freedom.*

In Italian, most nouns end in a vowel (**-a, -e, -i, -o, -u**). Nouns that end in a consonant are words of foreign origin.

| | | |
|---|---|---|
| lira | caffè | hobby |
| stazione | dollaro | film |

The plural of Italian nouns is formed in different ways, generally depending on the final vowel of the singular form.

| SINGULAR | PLURAL |
|:---:|:---:|
| -o | -i |
| -e | -i |
| -a | -e |

---

**IN AN ITALIAN RAILROAD STATION**   VENDOR: Sandwiches, bananas, ice cream, wine, coffee, orange soda, beer! **AMERICAN TOURIST:** Two sandwiches and a beer, please!   **VENDOR:** Here you are, Miss. Four thousand lira.   **AMERICAN TOURIST:** Here's four dollars. Is that OK?

[1]In Italian railroad stations, vendors with pushcarts offer various types of snacks and beverages to passengers who remain on the train. Travelers simply lean out of the window and order.

Nouns ending in **-o** change **-o** to **-i**:

> ragazz**o** *boy* → ragazz**i** *boys*
> giorn**o** *day* → giorn**i** *days*

Nouns ending in **-e** change **-e** to **-i**:

> student**e** *student (m.)* → student**i** *students*
> nott**e**  *night*   → nott**i**  *nights*

Nouns ending in **-a** change **-a** to **-e**; nouns ending in **-ca** change **-ca** to **-che**:

> studentess**a** *student (f.)* → studentess**e** *students*
> ami**ca**    *girlfriend*  → ami**che**    *girlfriends*

Nouns ending in a consonant or an accented vowel do not change in the plural. Abbreviated words do not change either.

> film *movie* → due film  *two films*
> caffè *coffee* → due caffè *two coffees*
> foto *photo* → due foto  *two photos*

## E S E R C I Z I

**A.** Give the plural of the following nouns.

| | | |
|---|---|---|
| **1.** treno | **4.** banana | **7.** professoressa |
| **2.** stazione | **5.** lira | **8.** ragazzo |
| **3.** biglietto (*ticket*) | **6.** professore | **9.** nome (*name*) |

**B.** Imagine that you are in a coffee shop (called a **caffè,** just like what you drink). Order two of each of the following and add **per favore.**

| | | |
|---|---|---|
| **1.** gelato | **4.** pizza | **7.** scotch |
| **2.** aranciata | **5.** panino | **8.** birra |
| **3.** caffè | **6.** cappuccino | **9.** bicchiere di vino (*glass of wine*) |

**C.** Call someone's attention to three of each of these items.

ESEMPIO: treno → Ecco tre treni!

1. aeroplano
2. passaporto
3. foto

4. cognome (*last name*)
5. bar
6. banca (*bank*)

7. dollaro
8. piazza (*city square*)
9. parola (*word*)

# B. Nouns: gender; the indefinite article

—Sì, sì... un momento...

1. In Italian, all nouns, things as well as people, have a gender: they are either masculine or feminine. Generally, nouns ending in **-o** in the singular are masculine; nouns ending in **-a** are feminine.

| MASCULINE | | FEMININE | |
|---|---|---|---|
| ragazzo | *boy* | ragazza | *girl* |
| gatto | *cat (male)* | gatta | *cat (female)* |
| aeroplano | *airplane* | macchina | *car* |

Nouns ending in **-e** in the singular may be masculine or feminine; a few are both masculine and feminine. The gender of these nouns must be memorized.

| MASCULINE | | FEMININE | | MASCULINE/FEMININE | |
|---|---|---|---|---|---|
| studente | *student* | lezione | *lesson* | parente | *relative* |

Generally, nouns that end in a consonant are masculine in gender.

MASCULINE

film

sport

---

2. The Italian indefinite article (**articolo indeterminativo**) corresponds to English *a/an* or to the number *one*. It has four forms, depending on the gender and initial letter of the word that follows.

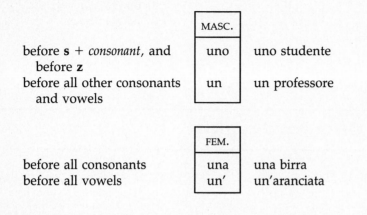

|  | MASC. |  |
|---|---|---|
| before **s** + *consonant*, and before **z** | uno | uno studente |
| before all other consonants and vowels | un | un professore |

|  | FEM. |  |
|---|---|---|
| before all consonants | una | una birra |
| before all vowels | un' | un'aranciata |

## E S E R C I Z I

A. You are at an Italian **caffè**. Call the waiter (**cameriere**) and order each of the following items.

ESEMPIO: pizza → Cameriere, una pizza!

1. Coca-Cola
2. caffè (*m.*)
3. scotch
4. birra
5. aranciata
6. bicchiere (*m.*) di latte (*of milk*)

B. Imagine that you are an instructor pointing out parts of speech to your students.

ESEMPIO: verbo → Ecco un verbo!

1. articolo
2. aggettivo
3. avverbio
4. nome (*m.*)
5. pronome (*m.*)
6. preposizione (*f.*)

C. One potato, two potatoes. Repeat the pattern in the example with each of the following nouns.

ESEMPIO: patata → Una patata, due patate.

1. treno
2. aeroplano
3. automobile (*f.*)
4. macchina
5. bicicletta (*bicycle*)
6. scooter
7. autobus
8. motocicletta (*motorcycle*)

## C. Forms of *buono*

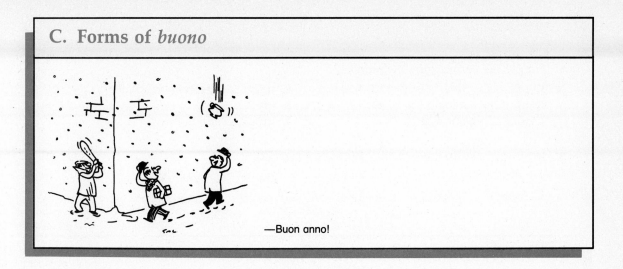

—Buon anno!

You have already learned some forms of **buono: buon giorno, buona sera.**

**Buono,** which follows the same pattern as the indefinite article, also has four forms in the singular.[2]

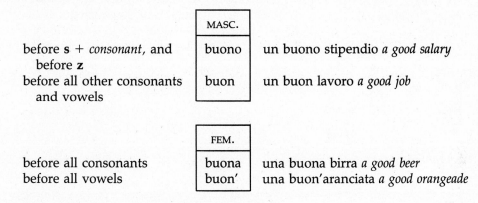

| | MASC. | |
|---|---|---|
| before **s** + *consonant*, and before **z** | buono | un buono stipendio *a good salary* |
| before all other consonants and vowels | buon | un buon lavoro *a good job* |

| | FEM. | |
|---|---|---|
| before all consonants | buona | una buona birra *a good beer* |
| before all vowels | buon' | una buon'aranciata *a good orangeade* |

ATTENZIONE! Compare these pairs of examples.

| uno scotch | un'aranciata |
|---|---|
| *but:* | *but:* |
| un buono scotch | una buon'aranciata |

In each pair, the articles **uno** and **un'** change to **un** and **una,** respectively, because they are followed by forms of **buono,** which begins with a consonant. The form of the article is determined by the word that immediately follows it, just like in English: *an apple,* but *a red apple.*

[2]You will learn the plural forms of **buono** in Section A of Chapter 2.

---

**A.** Supply the correct form of **buono**.

1. una _____ idea
2. un _____ orologio (*clock, watch*)
3. un _____ cameriere
4. una _____ ricetta (*recipe*)
5. un _____ vino
6. un _____ stipendio

**B.** It's time for compliments. . . . Follow the example.

ESEMPIO: profumo (*perfume*) → Che buon profumo! (che = *what a*)

1. caffè  2. panino  3. lezione  4. università  5. odore (*m.*)  6. banana

## D. Subject pronouns and the present tense of *avere* (*to have*)

LUIGINO: E Lei, signora, ha parenti in America?

SIGNORA PARODI: No, Luigino, non ho parenti, solo amici. E tu, hai qualcuno?

LUIGINO: Sì, ho uno zio in California e una zia e molti cugini in Florida.

### 1. Subject pronouns

| SINGULAR | | PLURAL | |
|---|---|---|---|
| io | *I* | noi | *we* |
| tu ⎱ | *you (familiar)* | voi ⎱ | *you (familiar)* |
| Lei ⎰ | *you (formal)* | Loro ⎰ | *you (formal)* |
| lui | *he* | loro | *they (m. and f.)* |
| lei | *she* | | |

LUIGINO: Mrs. Parodi, do you have any relatives in America? MRS. PARODI: No, Luigino, I don't have any relatives, only friends. Do you have anyone? LUIGINO: Yes, I have an uncle in California and an aunt and a lot of cousins in Florida.

Italian has more subject pronouns than English. For example, there are four ways to say *you:* **tu, voi, Lei,** and **Loro. Tu** (for one person) and **voi** (for two or more people) are the familiar forms, used with family members, children, and friends.

Tu, mamma.        Voi, ragazzi.

**Lei** (for one person, man or woman) and its plural, **Loro,** are used in more formal situations, to address strangers, older people, or persons in authority. **Lei** and **Loro** can be written with a capital **L** to distinguish them from **lei** (*she*) and **loro** (*they*). This optional capitalization will be used in *Prego!*

| | |
|---|---|
| Anche Lei, professore. | *You too (also you), professor.* |
| E Lei, signorina. | *And you, miss.* |
| Ma non Loro, signore e signori. | *But not you, ladies and gentlemen.* |

**Loro** is considered very formal and is often replaced by the more casual **voi.**

2. Present tense of **avere** (*to have*)

| SINGULAR | | | PLURAL | | |
|---|---|---|---|---|---|
| (io) | ho[3] | *I have* | (noi) | abbiamo | *we have* |
| (tu) | hai[3] | *you have (fam.)* | (voi) | avete | *you have (fam.)* |
| (Lei) | ha[3] | *you have (form.)* | (Loro) | hanno[3] | *you have (form.)* |
| (lui) (lei) (—) | ha[3] | *he she it* } *has* | (loro) (—) | hanno[3] | *they (people) they (things)* } *have* |

The verb **avere** (*to have*) is irregular; that is, it does not follow a predictable pattern of conjugation. In English the subject pronouns are always used with verb forms: *I have, you have, he has,* and so on. In Italian the verb form itself identifies the subject. For this reason, subject pronouns do not have to be used.

| | |
|---|---|
| Ho una[4] Ferrari; ha due porte. | *I have a Ferrari; it has two doors.* |
| Hai buon gusto! | *You have good taste!* |
| Abbiamo parenti in California. | *We have relatives in California.* |

However, to stress the subject (*I have a job, I'm the one who has a job*) or to contrast one subject with another subject (*I have this, you have that*), the subject pronouns are used.

| | |
|---|---|
| Io ho un lavoro. | *I do have a job.* |
| Lui ha una Fiat; lei ha un'Alfa-Romeo. | *He has a Fiat; she has an Alfa-Romeo.* |

[3]In Italian the letter **h** is always silent at the beginning of a word.

[4]In Italian the names of cars are feminine because **macchina** and **automobile** are feminine words.

---

**3.** Negative forms of **avere**

To make a verb negative (*I have* → *I don't have*), the word **non** (*not*) is placed directly before the verb.

Mario non ha soldi.                     *Mario has no money.*

Non hanno birra, hanno vino.            *They don't have beer; they have wine.*

**4.** Interrogative forms of **avere**

To make a written verb form interrogative (*I have* → *do I have?*), a question mark is added to the end of the sentence. In speaking, there is a change in intonation: the pitch of the voice goes up at the end of the sentence.

Avete un buon lavoro.                   *You have a good job.*

Avete un buon lavoro?                   *Do you have a good job?*

If the subject (noun or pronoun) is expressed, it can (1) stay at the beginning of the sentence, before the verb; (2) appear at the end of the sentence; or (3) less frequently, appear immediately after the verb.

Mario ha uno zio?
Ha uno zio Mario?                       *Does Mario have an uncle?*
Ha Mario uno zio?

## E S E R C I Z I

**A.** What subject pronouns would you use to speak about the following people?

**1.** your cousin Cecilia    **2.** your friends    **3.** the waiter    **4.** yourself
**5.** you and your brother    **6.** your instructors    **7.** your aunts    **8.** your uncles

**B.** Several people have asked you how you are. Answer, then ask how they are, using the appropriate equivalent for *you.*

**1.** your cousin Anna    **2.** your friends    **3.** the waiter    **4.** your instructor, Mrs. Rossini    **5.** your instructor, Mr. Puccini    **6.** Mr. and Mrs. Cabot
**7.** your father    **8.** your mother

**C.** Supply the correct form of **avere.**

**1.** Voi _____ un appartamento (*apartment*), io _____ una stanza (*room*).
**2.** Milano _____ due aeroporti, Genova _____ solo un aeroporto.
**3.** Lui _____ molti amici, tu non _____ molti amici.
**4.** Noi _____ uno zio, lei e lui _____ una zia.
**5.** Io e Lisa _____ una professoressa; Luciano _____ un professore.
**6.** Io _____ un cane (*dog*), Pino e Pina _____ un gatto.

**D.** Fill in the blank with the correct subject pronoun.

**1.** Loro non hanno complessi (*complexes*) ma _____ ho molti complessi!
**2.** Voi non avete parenti ma _____ abbiamo molti parenti.

**3.** Io non ho una buona ricetta ma _____ avete una buona ricetta.

**4.** Roberto non ha un buon lavoro ma _____ hanno un buon lavoro.

**5.** Noi non abbiamo soldi ma _____ hai soldi!

**6.** Tu non hai una Lancia ma _____ ho una Lancia!

**E.** Ask the following people whether they have **una foto di Sophia Loren.**

**1.** your brother  **2.** your classmates  **3.** Mr. Ponti  **4.** a group of Italian tourists  **5.** your friend Ornella  **6.** your instructor

**F.** Answer each question in the negative. Use either the first person singular or the first person plural as necessary; then state what you do have, using a different noun.

ESEMPI: Hai birra? → No, non ho birra; ho (vino).
Avete dollari? → No, non abbiamo dollari; abbiamo (lire).

**1.** Hai panini?  **2.** Avete caffè?  **3.** Hai un'amica in Florida?  **4.** Avete un appartamento?  **5.** Avete un cavallo (*horse*)?  **6.** Hai una Coca-Cola?  **7.** Avete una Lancia?  **8.** Hai zii?

—Ha per caso un cavatappi°?  *corkscrew*

# E. Idioms⁵ with *avere*

Many useful Italian expressions are formed with **avere** + *noun*. The equivalent English expressions are generally formed with *to be* + *adjective*.

⁵An idiom is an expression peculiar to a language. When examined word by word, an idiom may appear not to make sense to speakers of another language. For example, in English, *to rain cats and dogs* means *to rain hard, to pour,* and not literally what it says.

| | | | |
|---|---|---|---|
| caldo | heat | avere caldo | *to be warm (hot), to feel warm* |
| freddo | cold | avere freddo | *to be cold, to feel cold* |
| fame (*f.*) | hunger | avere fame | *to be hungry* |
| sete (*f.*) | thirst | avere sete | *to be thirsty* |
| bisogno | need | avere bisogno (di) | *to need, have need (of)* |
| paura | fear | avere paura | *to be afraid* |
| fretta | hurry, haste | avere fretta | *to be in a hurry* |

Luigino non ha fame, ha sete!     *Luigino isn't hungry, he's thirsty!*

Hanno bisogno di aiuto?     *Do they need help?*

Io ho paura!     *I'm afraid!*

The verb **avere** is also used to express age:

**avere** + *number* + **anni**

Quanti anni hai?     *How old are you? (lit., How many years do you have?)*

Ho diciotto anni.     *I'm eighteen (years old). (lit., I have eighteen years.)*

NOTE   vent'anni *20 years,* ventun anni *21 years*

—Mamma, ho sete!

**A.** Complete the following sentences with the appropriate word.

    **1.** Brrr! Non avete _____?

    **2.** Chi (*Who*) ha _____ di Virginia Woolf?

    **3.** Non hanno tempo (*time*), hanno _____!

    **4.** Due aranciate, per favore! Abbiamo _____.

    **5.** Mario ha _____: ecco una pizza!

    **6.** Hai diciotto o diciannove _____?

**B.** Give the age of each family member, using a complete sentence.

Giuseppe    Isabella
50          46

Carlo   Marta   Maurizio
25     21      17

**C.** How would you ask a friend / two children / your instructor:

    **1.** are you thirsty?    **2.** do you feel cold?    **3.** are you in a hurry?    **4.** are you afraid?    **5.** are you warm?    **6.** are you hungry?    **7.** do you need a beer?

**D.** You are feeling OK: you are not cold, you are not hot; you are not hungry, you are not thirsty; you are not afraid, but you are in a hurry, need a taxi (**un tassì**), and have no money. How would you express all of this in Italian? Remember to speak about yourself.

# II. ESERCIZI DI PRONUNCIA

## The sounds of the letter c: [k] and [č]

**A.** Sound [k]: similar to the sound of *c* in English *cool*, but without the aspiration (short puff of air) that often accompanies English [k].
It is written as **c** before **a, o,** and **u** and as **ch** before **e** and **i.**

| **ca** | **co** | **cu** | **che** | **chi** |
|--------|--------|--------|---------|---------|
| cameriere | come | cugino | che | Chianti |
| amica | Marco | alcuni | anche | pochi |

Contrast the single and double sound of [k] in these pairs of words.

| | |
|------|--------|
| amica | ammicca |
| eco | ecco |
| fichi | ficchi |

**B.** Sound [č]: similar to the sound of *ch* in English *church*.
It is written as **ci** before **a, o,** and **u,** and as **c** before **e** and **i**.

| cia | cio | ciu | ce | ci |
|-----|-----|-----|-----|-----|
| ciao | cioccolata | ciuffo | Cesare | cinema |
| aranciata | diciotto | panciuto | piacere | Sicilia |

Contrast the single and double sound of [č] in these pairs of words.

| | |
|------|-------|
| cacio | caccio |
| aceto | accetto |
| caci | cacci |

**ATTENZIONE!** The letter **c** is never pronounced like English *c* in *cent* or *city*.

Compare the pronunciation of the following pairs of words.

centesimo / *cent*
città / *city*
ricevere / *receive*
cinema / *cinema (movie theater)*

**C.** Practice the sounds [k] and [č] in these sentences.
1. Chi ha un'amica a Calcutta?
2. Cameriere, un cappuccino e un'aranciata, per piacere!
3. Marcella ha alcuni (*a few*) cugini in Sicilia.
4. Michelangelo è un nome, non un cognome.
5. Abbiamo pochi (*few*) amici a Civitavecchia.

# III. DIALOGO

*In Piazza San Marco a Firenze.° Personaggi: Marcella Pepe, una ragazza di Firenze; Vittoria Piattelli, una buon'amica di Marcella.*　　　*Florence*

MARCELLA: Ciao, Vittoria, come va?
VITTORIA: Abbastanza bene, e tu?
MARCELLA: Bene, grazie.
VITTORIA: Novità?°　　　*What's new?*
MARCELLA: Sì: domani arriva° Beppino.　　　*is coming*
VITTORIA: Beppino? E chi è Beppino?
MARCELLA: Un cugino texano!°　　　*from Texas*
VITTORIA: Arriva a cavallo?°　　　*a... on a horse?*
MARCELLA: Spiritosa!° Arriva in treno con un amico di New York: Pietro,　　　*Don't be funny!*
　　　　　Pietro Nicolosi.
VITTORIA: Quanti anni ha questo° cow-boy?　　　*this*
MARCELLA: Beppino non è un cow-boy, è uno studente e ha vent'anni.
VITTORIA: Hai una foto?
MARCELLA: Sì, ecco!

VITTORIA: Non c'è male! Ma non pare° americano, pare napoletano... A    non... *he doesn't seem*
     domani, allora.
MARCELLA: A domani. Ciao, Vittoria!
VITTORIA: Ciao, Marcella!

---

**Dialogue comprehension check**

*Indicate whether each of the following statements is true (**vero**) or false (**falso**).*
*Change each false statement to make it true.*

**1.** Vittoria è un'amica di Marcella.     **2.** Beppino è un cugino di Vittoria.     **3.** Pietro è un amico di Beppino.     **4.** Beppino è americano.
**5.** Beppino arriva domani.     **6.** Beppino arriva in treno.
**7.** Beppino ha ventun anni.

# IV. DI TUTTO UN PO'

**A.** Ask whether your friend has one or two of the following persons or items. Then answer the questions as though you were the person being addressed.

ESEMPIO: (biglietto) Tu hai un biglietto o due biglietti? → Ho un biglietto.
                                                      Ho due biglietti.

**1.** passaporto     **2.** foto     **3.** cugino     **4.** lezione     **5.** lavoro     **6.** zia
**7.** zio     **8.** automobile     **9.** nome     **10.** amico

**B.** You are visiting with the following people: your grocer, Mr. Mancinelli; a retired couple, Mr. and Mrs. Caruso; two teenagers, Jeff and Monica. You are curious to know if they have any relatives in Italy; if they have any photographs of Rome (**Roma**); if they have a Fiat or a Ford; if they have a good recipe (you are cooking lasagna). What will your questions be?

**C.** Answer each question by stating that you have only one of the persons or items. Add that he/she/it is a good one.

ESEMPIO: Ha amici? → Ho solo un amico. È un buon amico.

**1.** Ha hobby?     **2.** Ha idee?     **3.** Ha amiche?     **4.** Ha ricette?     **5.** Ha profumi?     **6.** Ha zie?

**D.** Ask the questions that produced the following answers. Follow the model.

ESEMPIO: Sì, ho un dollaro. → Hai un dollaro?

**1.** Sì, ho sete.     **2.** Sì, ho vent'anni.     **3.** Sì, abbiamo un cugino.     **4.** Sì, abbiamo un buon dottore.     **5.** Sì, ho cinque biglietti.     **6.** Sì, abbiamo molti studenti.

**E.** Express in Italian.
    **1.** Are you in a hurry, Mike? —Yes, I have a class.
    **2.** Carlo has a job, but it isn't a good job.
    **3.** Do they have a Ferrari? It's a good car.

4. We don't have an uncle in (a) Florence; we have an aunt in Rome.
5. Are you thirsty, Mrs. Parodi? Here's an orangeade!
6. I have a dog, Fido. Fido is eleven years old. Here's a photo!
7. Do you have any money? I have dollars but I need liras!

F. There must be some questions with **avere** among the ones you have seen so far that you like or do not like to be asked. Give at least two of each!

# V. PAROLE DA RICORDARE

VERBI

**avere** to have
  **avere bisogno (di)** to need, have need (of)
  **avere caldo** to be warm (hot)
  **avere fame** (*f.*) to be hungry
  **avere freddo** to be cold
  **avere fretta** to be in a hurry
  **avere paura** to be afraid
  **avere sete** (*f.*) to be thirsty
**è** is

NOMI

**aeroplano** airplane
**aeroporto** airport
**amica** (*pl.* **amiche**) friend (*f.*)
**amico** (*pl.* **amici**) friend (*m.*)
**anno** year
**aranciata** orangeade
**automobile** (*f.*) car
**bicchiere** (*m.*) (*drinking*) glass
**biglietto** ticket
**birra** beer
**caffè** (*m.*) coffee; café, coffee shop
**cameriere** (*m.*) waiter
**cane** (*m.*) dog
**cognome** (*m.*) last name

**cugina, cugino** cousin
**dollaro** dollar
**foto** (*from* **fotografia** *f.*) photograph
**gatta, gatto** cat
**gelato** ice cream
**lavoro** job
**lezione** (*f.*) lesson; class
**lira** lira (*Italian currency*)
**macchina** car
**nome** (*m.*) name
**panino** sandwich; hard roll
**parente** (*m. and f.*) relative
**passaporto** passport
**ragazza, ragazzo** girl, young woman; boy, young man
**ricetta** recipe
**soldi** (*m. pl.*) money
**stazione** (*f.*) station
**stipendio** salary
**studente** (*m.*) student (*m.*)
**studentessa** student (*f.*)
**treno** train
  **in treno** by train
**vino** wine
**zia** aunt
**zio** (*pl.* **zii**) uncle

AGGETTIVI

**buono** good

ALTRE PAROLE ED[6] ESPRESSIONI

**a** at; in
**allora** then
**chi?** who?
**come va?** how is it going?
**con** with
**di** of
**domani** tomorrow
  **a domani** see you tomorrow
**e** and
**ecco** here you are; here is, here are; there is, there are
**in** in
**ma** but
**no** no
**non** not
**o** or
**per favore** please
**prego** please
**sì** yes
**solo** only
**va bene?** is that OK?

[6]**E** often is written as **ed** before a word that begins with a vowel.

## ITALIA COSÌ

### BUONO A SAPERSI°    *Good to know*

You say **Buon viaggio!** (*Have a nice trip!*) to people who are going on a trip. When you arrive in Italy, you may be told **Buona permanenza!** (*Have a nice stay!*). These are just two of the many expressions with the word **buono** that are used in Italian for special occasions.

| | | | |
|---|---|---|---|
| Buon appetito! | *Enjoy your meal!* | Buon week-end! | *Have a nice weekend!* |
| Buon compleanno! | *Happy birthday!* | Buona Pasqua! | *Happy Easter!* |
| Buon divertimento! | *Have fun!* | Buon Natale! | *Merry Christmas!* |
| Buona fortuna! | *Good luck!* | Buon anno! | *Happy New Year!* |
| Buona domenica! | *Have a nice Sunday!* | | |

To many of these expressions one replies: **Grazie altrettanto!** (*Thanks, the same to you!*) or, simply, **Altrettanto!**

**A. Annunci.** You are on your way to Italy. After boarding an Alitalia plane on the New York–Milan run, you hear the following announcement:

Signore e signori, il comandante Italo Mazza ed il suo equipaggio vi porgono il benvenuto a bordo del B 747 Alitalia, volo 1601, in servizio da New York a Milano. L'arrivo a Milano è previsto 7 ore e 14 minuti dal decollo. Vi preghiamo di non fumare, di allacciare le cinture, di controllare la chiusura del tavolinetto e di mantenere lo schienale della poltrona in posizione verticale fino a decollo avvenuto. Durante il volo daremo alcune informazioni sulla rotta. Vi informiamo che il capo cabina principale è il sig. Valiano Valiani, coadiuvato dai sigg. Franco Paita, Giuseppe Conti e Antonio Di Maria. Grazie.

The Italian announcement is followed by its English translation:

Ladies and gentlemen, Captain Italo Mazza and his crew welcome you on board Alitalia B 747, flight number 1601, flying from New York to Milan. We expect to land 7 hours and 14 minutes after takeoff. You are kindly requested to refrain from smoking, to fasten your seat belt, and to make sure that your tray table and seatback are in the upright position until after takeoff. During the flight, information will be given about the route. The Chief Steward is Mr. Valiano Valiani, assisted by Mr. Franco Paita, Mr. Giuseppe Conti, and Mr. Antonio Di Maria. Thank you.

AZ 1601 | 31DEC | Y | MXP

Volo
Flight

Classe
Class

Dest.
Dest.

LAZZARINO/GM

Nome del passeggero
Passenger name

**Alitalia**

carta d'imbarco
boarding pass

21L

Posto
Seat

Conservare la carta d'imbarco sino all'arrivo e non cambiare il posto senza aver consultato l'assistente di volo.

To be kept until arrival. Do not change seat without consulting your cabin attendant

Now match these English words and expressions with their Italian equivalents. If you need help, look back at the two announcements.

| | |
|---|---|
| 1. tray table | a. comandante |
| 2. captain | b. capo cabina principale |
| 3. takeoff | c. coadiuvato |
| 4. route | d. durante il volo |
| 5. upright position | e. a bordo |
| 6. during the flight | f. cinture |
| 7. chief steward | g. posizione verticale |
| 8. on board | h. decollo |
| 9. assisted | i. rotta |
| 10. seat belts | j. tavolinetto |

**B. Bisogni.** You've just landed at the Malpensa Airport in Milan. What do you think you need the most? Choose three things from the list below; then compare your choices with those of your classmates.

Ho bisogno di
{
un ufficio cambio (*currency exchange*)
lire
informazioni
un dizionario
una grammatica italiana
un buon letto (*bed*)
un buon caffè
una macchina
un tassì
un gabinetto (*restroom*)
}

**C. Al supermercato** (*At the supermarket*). Even though you have only recently arrived in Italy, you already know enough Italian to ask for a number of products at the **supermercato.** Following the model, ask the salesperson (another student) whether the market stocks the following items. He or she will answer yes for some items and no for others.

ESEMPIO: Avete pasta De Cecco? →
    Sì, abbiamo pasta De Cecco. (No, non abbiamo pasta De Cecco.)

birra Peroni      aranciate San Pellegrino      caffè Motta
parmigiano Reggiano      caramelle (*candy*) Perugina      ricotta Miceli
olio (*olive oil*) Bertolli      prosciutto (*ham*) San Daniele

# LETTURA CULTURALE

## Italia: fatti e cifre°

fatti... *Facts and figures*

NOME UFFICIALE: Repubblica italiana
SUPERFICIE:° —una penisola a forma di stivale°      *Area / boot*
—301.225 (trecentunmila duecen-
toventicinque) chilometri quadrati°      *square*
(116.303 [centosedicimila trecentotrè]
miglia quadrate)

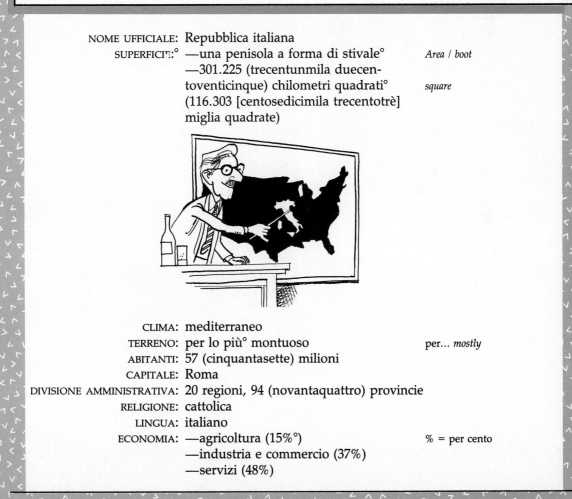

CLIMA: mediterraneo
TERRENO: per lo più° montuoso      per... *mostly*
ABITANTI: 57 (cinquantasette) milioni
CAPITALE: Roma
DIVISIONE AMMINISTRATIVA: 20 regioni, 94 (novantaquattro) provincie
RELIGIONE: cattolica
LINGUA: italiano
ECONOMIA: —agricoltura (15%°)      % = per cento
—industria e commercio (37%)
—servizi (48%)

Capri: Marina Piccola e Monte Solaro.

Fattoria negli Appennini.

Le Alpi.

# L'italiano tipico

Com'è bionda! Non pare italiana...

I. GRAMMATICA
   A. Adjectives
   B. The present tense of **essere**
   C. **C'è, ci sono; com'è, come sono**
   D. The singular definite article

II. ESERCIZI DI PRONUNCIA: The sounds of the letter **s**

III. DIALOGO

IV. DI TUTTO UN PO'

V. PAROLE DA RICORDARE

**intermezzo**
   ITALIA COSÌ
   LETTURA CULTURALE: L'italiano tipico (esiste?)

# I. GRAMMATICA

## A. Adjectives

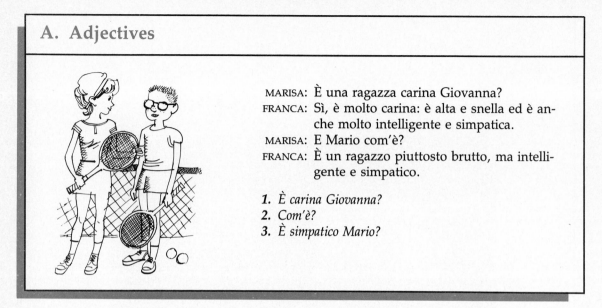

MARISA: È una ragazza carina Giovanna?
FRANCA: Sì, è molto carina: è alta e snella ed è anche molto intelligente e simpatica.
MARISA: E Mario com'è?
FRANCA: È un ragazzo piuttosto brutto, ma intelligente e simpatico.

1. *È carina Giovanna?*
2. *Com'è?*
3. *È simpatico Mario?*

An adjective (**un aggettivo**) is a word that modifies a noun: *a **good** boy, a **hard** life.*

1. In English, adjectives have only one form: *tall, intelligent.* In Italian they have either four forms or two forms, depending on how they end in the masculine singular. Adjectives whose singular masculine form ends in **-o** have four endings.

|       | MASCULINE | FEMININE |
|-------|-----------|----------|
| sing. | -o        | -a       |
| pl.   | -i        | -e       |

alt**o**  alt**a**
alt**i**  alt**e**

Adjectives whose singular masculine form ends in **-e** have two endings.

|       | MASCULINE AND FEMININE |
|-------|------------------------|
| sing. | -e                     |
| pl.   | -i                     |

intelligent**e**
intelligent**i**

---

MARISA: Is Giovanna a pretty girl?  FRANCA: Yes, she's very pretty: she's tall and slender and is also very intelligent and nice.  MARISA: What is Mario like?  FRANCA: He's a rather plain boy, but intelligent and likeable.

**2.** Adjectives agree in gender and number with the nouns they modify.
ATTENZIONE! This does not mean that the endings necessarily match.
Consider the examples.

| | |
|---|---|
| Gino è bello e intelligente. | *Gino is handsome and intelligent.* |
| Queste ragazze sono belle e intelligenti. | *These young women are good-looking and intelligent.* |

**3.** When used with a noun, most adjectives follow the noun.

| | |
|---|---|
| una ragazza carina | *a pretty girl* |
| due lezioni facili | *two easy lessons* |

Demonstrative adjectives, such as **questo/a/i/e** (*this, these*), and adjectives indicating quantity, such as **quanto/a/i/e** (*how much, how many*) or **molto/a/i/e** (*much, a lot of, many*), always precede the noun.

| | |
|---|---|
| Quanti bicchieri abbiamo? | *How many glasses do we have?* |
| Ho molto vino e molta birra. | *I have a lot of wine and a lot of beer.* |

In addition, the following commonly used descriptive adjectives often precede the noun they modify (but may also follow when emphasis is needed): **bello, brutto, buono, cattivo** (*bad, naughty*), **grande** (*big, great, large*), **piccolo** (*small, little*), **bravo** (*good = able*), **altro** (*other*).

| | |
|---|---|
| Hanno una bella casa. | *They have a beautiful house.* |
| Mario è un bravo professore. | *Mario is a good teacher.* |
| È una piccola città. | *It's a small town.* |

**4.** In addition to its use with nouns to mean *much, many,* and *a lot of*, **molto** can be used with adjectives to mean *very* or with verbs to mean *very much* or *a lot*. It then has just one form, **molto. Molto** + *adjective* always follows the noun.

| | |
|---|---|
| Anna è molto bella; è una ragazza molto bella. | *Anna is very pretty; she's a very pretty girl.* |
| Ecco due panini molto buoni. | *Here are two very good sandwiches.* |
| Mangi molto! | *You eat a lot!* |

With **avere** idioms (**Capitolo uno**), *very* is expressed with the adjective **molto/molta**, not with an adverb as in English.

| ITALIAN | ENGLISH |
|---|---|
| **avere** + *adjective* + *noun* | *to be* + *adverb* + *adjective* |

| | |
|---|---|
| Ho molto caldo e molta sete. | *I'm very warm and very thirsty.* |

---

—La mia ragazza è molto alta...

<h1 style="text-align:center">E S E R C I Z I</h1>

**A.** Restate the following sentences using the new subject suggested in parentheses and making other necessary changes.

ESEMPIO: Pietro è alto. (anche Bianca) → Anche Bianca è alta.

1. Pietro è italiano. (anche Marisa)
2. Marco è sposato (*married*). (anche Laura)
3. Marcella è snella. (anche Beppino)
4. Luigino è carino. (anche Pierina)
5. Mario è giovane (*young*). (anche Giovanna)
6. Cristina è intelligente e simpatica. (anche Giancarlo)

**B.** Create new sentences by substituting the words in parentheses for the italicized words.

1. Abbiamo *un professore* italiano. (una professoressa / due amici / due amiche / un'automobile)
2. Non ho molto *coraggio*. (pazienza / complessi / lezioni / amiche / amici)
3. Ecco *una ragazza* elegante! (un signore / due signore / due signori / un appartamento)

**C.** Imagine that you are a tour guide. Point out famous landmarks—one at a time—according to the example.

ESEMPIO: monumento → Ecco un monumento famoso!

| 1. palazzo (*palace*) | 4. piazza | 7. ospedale (*m.*) (*hospital*) |
|---|---|---|
| 2. chiesa (*church*) | 5. teatro | 8. stazione |
| 3. statua | 6. zoo | |

Now you are pointing out two famous landmarks (the same landmarks as above). What will you say?

**D.** Restate each phrase in the feminine.

ESEMPI: un amico sincero → un'amica sincera
due amici sinceri → due amiche sincere

1. un bravo studente
2. due professori magri (*thin*)
3. molti ragazzi intelligenti
4. due zii famosi
5. un cugino simpatico
6. un parente povero (*poor*)
7. due gatti stupidi
8. un ragazzo alto

**E.** Supply the correct form of **molto.**

ESEMPIO: Mario è molto simpatico e ha molti amici.

1. È un vino molt____ buono.
2. È una casa molt____ grande.
3. In questo garage ci sono (*there are*) molt____ automobili.
4. Queste automobili sono (*are*) molt____ care (*expensive*).
5. Molt____ professori non hanno molt____ pazienza.
6. Abbiamo molt____ lire; non abbiamo molt____ dollari!
7. Chi ha molt____ tempo?
8. Chi è molt____ grasso (*fat*)?
9. Due studentesse hanno molt____ freddo.
10. Linda e Angela sono molt____ simpatiche.

**F.** Restate the following sentences, adding the word **molto.**

ESEMPIO: Vittoria è una ragazza simpatica. →
Vittoria è una ragazza molto simpatica.

1. Marcella è una ragazza intelligente. 2. Gina è una bella ragazza. 3. Enrico è un bravo studente. 4. Ecco una buona ricetta! 5. È una ricetta facile. 6. Hanno una grande casa. 7. Io ho un buon lavoro. 8. Ecco due belle foto! 9. Gigi è un bambino timido. 10. Ecco una parola difficile! 11. Ecco due parole difficili! 12. È una piccola banca.

**G.** Wrong nationality! Answer each question in the negative; then offer the correct information. Here are some adjectives of nationality you can use. Note that they are not capitalized in Italian.

| | | | |
|---|---|---|---|
| americano | *American* | canadese | *Canadian* |
| italiano | *Italian* | francese | *French* |
| messicano | *Mexican* | inglese | *English* |
| spagnolo | *Spanish* | | |
| tedesco (*pl.* tedeschi) | *German* | | |

ESEMPIO: Beppino è tedesco? → No, non è tedesco; è americano.

---

GRAMMATICA

1. Barbara Walters è canadese?    2. Brigitte Bardot è americana?    3. Luciano Pavarotti è spagnolo?    4. Carlo e Diana sono tedeschi?    5. Bonnie e Clyde sono messicani?    6. Ricardo Montalban è italiano?    7. Pierre Trudeau è francese?

## B. The present tense of *essere* (*to be*)

—No, grazie: siamo sposati...

| SINGULAR | | | PLURAL | | |
|---|---|---|---|---|---|
| (io) | sono | *I am* | (noi) | siamo | *we are* |
| (tu) | sei | *you are (fam.)* | (voi) | siete | *you are (fam.)* |
| (Lei) | è | *you are (formal)* | (Loro) | sono | *you are (formal)* |
| (lui) | | *he* | (loro) | | *they (people)* |
| (lei) | è | *she* } *is* | (—) | sono | *they (things)* } *are* |
| (—) | | *it* | | | |

1. Like the verb **avere, essere** is irregular in the present tense. Note that the verb form **sono** is used with both **io** and **loro.**

   Sono un ragazzo italiano.          *I am an Italian boy.*

   Non sono americani.               *They are not American.*

   È un esercizio facile.            *It's an easy exercise.*

   Noi siamo pronti; voi siete pronti?    *We are ready; are you ready?*

2. **Essere** is used with **di** + *name of a* **città** to indicate city of origin (the city someone is from). To indicate country of origin, an adjective of nationality is generally used: *He is from France = He is French =* **È francese.**

---

Io sono di Chicago; tu di dove sei?  *I'm from Chicago; where are you from?*

In **Capitolo cinque** you will learn how to indicate your state of origin.

3. **Essere** is also used with **di** + *proper name* to indicate possession (to state to whom something belongs). No apostrophe *s* (*'s*) is used in Italian to indicate possession: *It is Robert's = It is of Robert* = **È di Roberto.**

Questa chitarra è di Beppino; non è di Vittoria.  *This guitar is Beppino's; it's not Vittoria's.*

To find out who the owner of something is, ask: **Di chi è** + *singular* or **Di chi sono** + *plural.*

Di chi è questo cane? Di chi sono questi gatti?

## E S E R C I Z I

A. Replace the subject with each subject in parentheses and change the verb form accordingly.

1. *Marcella e Vittoria* sono di Firenze. (noi / io / voi / tu / Massimo)
2. *Beppino* non è di Firenze. (loro / Annamaria e io / tu e Stefano / Lei / Loro)

B. Restate each sentence in the plural. Be sure to change both verb and adjective!

ESEMPIO: Sono americano. → Siamo americani.

1. Sono italiano.   2. È canadese.   3. Sei messicano.   4. Sono spagnola.
5. È francese.   6. Sei tedesca.   7. Sono inglese.   8. Sei americana.

C. Deny each statement; then correct it by giving the adjective with the opposite meaning.

ESEMPIO: Sono brutti. → No, non sono brutti; sono belli!

1. Sono buoni.   2. Sono piccole.   3. È stupido.   4. Sono grasse.
5. È bella.   6. È facile.

D. Ask who owns the following objects, then indicate to whom they belong.

ESEMPI: questa macchina (Antonio) → Di chi è questa macchina? È di Antonio.
       queste foto (Luisa) → Di chi sono queste foto? Sono di Luisa.

1. questo cane (Patrizia)              4. questi panini (Luigi)
2. questo passaporto (Luciano)         5. queste ricette (Giulia)
3. questi biglietti (Anna)             6. questa gatta (Marco)

E. Imagine that there are six students in your class who come from the following cities: **Parigi** (*Paris*), **Acapulco**, **Londra** (*London*), **San Francisco**, **Berlino**, **Madrid**, **Toronto**. Ask where each is from and react to the information according to the example.

ESEMPIO: Di dove sei?
        Sono di Ottawa.
        Ah, sei canadese!

---

Now, introduce yourself, telling where you are from and what you are like.

ESEMPIO: Io sono Jim; sono di Detroit; sono intelligente e simpatico.

## C. *C'è, ci sono; com'è, come sono*

—C'è un telegramma per il direttore: chi è di loro due?

1. **C'è** (from **ci è**) and **ci sono** correspond to the English *there is* and *there are*. They state the existence or presence of something or someone.

C'è tempo; non c'è fretta.        *There's time; there is no hurry.*

Ci sono molti italiani a New York.      *There are many Italians in New York.*

Don't confuse **c'è** and **ci sono** with **ecco** (*here is, here are; there is, there are*), which points at—or draws attention to—something or someone (singular or plural).

| | |
|---|---|
| Ecco una parola difficile! | *Here is a difficult word!* |
| C'è una parola difficile in questa frase. | *There's a difficult word in this sentence.* |
| Ecco due statue famose! | *Look at (those) two famous statues!* |
| Ci sono due statue famose in questa piazza. | *There are two famous statues in this square.* |

**C'è** and **ci sono** also express the idea of *being in* or *being there.*

| | |
|---|---|
| Scusi, c'è Maria? | *Excuse me, is Maria in?* |
| No, non c'è. | *No, she isn't (in).* |

2. The expressions **com'è** and **come sono** are used to find out what people and things are like: **Com'è Giovanna?** (*What is Giovanna like?*) In addition, **come** + **essere** is used in exclamations.

| | |
|---|---|
| Com'è dolce questo caffè! | *How sweet this coffee is!* |
| Come sei ridicolo! | *How ridiculous you are!* |

Notice the different word order:

| ITALIAN | ENGLISH |
|---|---|
| **come** + *verb* + *adjective* (+ *subject*) | *how* + *adjective* (+ *subject*) + *verb* |

| | |
|---|---|
| Com'è bella Roma! | *How beautiful Rome is!* |
| Come siete biondi! | *How blond you are!* |
| Come sono buoni questi panini! | *How good these sandwiches are!* |

Italians use exclamations of this kind much more frequently than speakers of English.

| | |
|---|---|
| Com'è bella questa casa! | { *This is really a nice house!* <br> { *My, you have a lovely house!* |

## E  S  E  R  C  I  Z  I

A. Answer each question using the information given in parentheses.

ESEMPIO:  C'è un aeroporto? (tre) → Ci sono tre aeroporti.

1. C'è una stazione? (due)
2. C'è una chiesa? (molte)
3. C'è un supermercato? (molti)
4. Ci sono banche? (una)
5. Ci sono ospedali? (uno)
6. C'è una piazza? (cinque)
7. C'è un'università? (tre)
8. Ci sono teatri? (due)

**B.** How many of the buildings mentioned in Exercise A are located in your home town?

ESEMPIO: C'è un teatro, ci sono tre banche, non ci sono ospedali.

**C.** Use an exclamation for each sentence, beginning with **Com'è** or **Come sono.**

ESEMPIO: Questa casa è piccola. → Com'è piccola questa casa!

**1.** Questo palazzo è vecchio (*old*).   **2.** Questo museo (*museum*) è grande.
**3.** Questi bicchieri sono belli.   **4.** Queste parole sono facili.   **5.** Questa
banana è cattiva.   **6.** Questo caffè è buono.   **7.** Questi panini sono buoni.
**8.** Questa bambina è bionda.

**D.** You are talking to the various people listed in Column A. Give a full exclamation
using the adjectives listed in Column B. Begin each exclamation with **come.**

ESEMPI:  un ragazzo: Come sei alto!
　　　　　due amici: Come siete intelligenti!

| A | B |
|---|---|
| un'amica | carino |
| un amico | snob |
| due signore | cattivo |
| due signori | brutto |
| due bambini | gentile (*kind*) |
| un cugino | bello |
| un dottore | bravo |
| una signora | intelligente |

## D. The singular definite article

PICCOLO QUIZ

Cos'è *La dolce vita*?　—È un film italiano famoso.

Cos'è *Il Principe*?　—È un trattato di
　　　　　　　　　　　　Machiavelli.

Cos'è lo scotch?　—È un tipo di whisky e
　　　　　　　　　　anche un nastro
　　　　　　　　　　adesivo.

Cos'è l'esperanto?　—È una lingua
　　　　　　　　　　　internazionale.

Cos'è l'Umbria?　—È una regione italiana.

LITTLE QUIZ   What's *La dolce vita*? —It's a famous Italian movie.   What's *The Prince*? —It's a treatise by
Machiavelli.   What's Scotch? —It's a type of whiskey and also an adhesive tape.   What's Esperanto? —It's
an international language.   What's Umbria? —It's an Italian region.

1. In English the definite article (**l'articolo determinativo**) has only one form: *the*. In Italian it has different forms according to the gender, number, and first letter of the word it precedes.

|  | SINGULAR | |
|---|---|---|
|  | masculine | feminine |
| before most consonants | il | la |
| before **s** + *consonant,* and before **z** | lo | |
| before all vowels | l' | l' |

before all consonants — la (row 1)
before all vowels — l' (row 3)

The article agrees in gender and number with the noun it modifies and is repeated before each noun.

la Coca-Cola e l'aranciata   *the Coke and orangeade*
il professore e lo studente   *the teacher and student*

**ATTENZIONE!** It is the word immediately following the article that determines its form. Compare:

il giorno  *the day*   lo zio   *the uncle*
l'altro giorno *the other day* il vecchio zio *the old uncle*

2. The definite article is required:
   a. before a noun used in a general sense

   Lo scotch è un liquore.    *Scotch is a liquor.*

   b. before names of languages (expressed by the masculine form of the adjective of nationality)

   il francese, l'italiano e lo spagnolo  *French, Italian, and Spanish*

   c. before names of continents and countries

   la Francia, l'Italia e il Messico  *France, Italy, and Mexico*

   Note that the article is not used after the preposition **in: in Italia, in Francia e in Messico.**

   d. before days of the week to indicate regular occurrences (*on Sundays*)

   La domenica io non ci sono.   *I'm not in on Sundays.*

   The article is not used when referring to a particular day (*on Sunday, this coming Sunday, last Sunday*).

   Domenica io non ci sono.   *I'm not in (this coming) Sunday.*

   Note that the days of the week are not capitalized in Italian. Except for **domenica,** they are masculine.

   lunedì, martedì, mercoledì,  *Monday, Tuesday, Wednesday,*
   giovedì, venerdì, sabato, domenica *Thursday, Friday, Saturday, Sunday*

**e.** before titles (**signor[e], signora, signorina, dottor[e], professor[e], avvocato** [*lawyer*], etc.) when you talk about people (but not to them)

Ecco il signor Ricci!    *There's Mr. Ricci!*

*but*

Buon giorno, signor Ricci!    *Good morning, Mr. Ricci!*

## E S E R C I Z I

**A.** Supply the correct form of the definite article.

1. _____ giorno, _____ ora (*hour*) e _____ anno
2. _____ stazione e _____ aeroporto
3. _____ caffè e _____ latte (*milk*) (*m.*)
4. _____ bella Italia e _____ dolce Francia
5. _____ dottor Kissinger e _____ signor Nixon
6. _____ domenica e _____ lunedì
7. _____ inglese e _____ tedesco
8. _____ Inghilterra (*England*) e _____ Germania
9. _____ biglietto e _____ passaporto
10. _____ università e _____ museo

**B.** Imagine that you are handing out gifts. Tell who gets what. Use the appropriate article.

ESEMPIO: La borsa (*handbag*) è per (*for*) la mamma di Vittoria.

1. _____ aeroplano è per Luigino.
2. _____ pipa (*pipe*) è per _____ padre (*father*) di Marcello.
3. _____ stereo è per _____ dottor Brambilla.
4. _____ profumo è per _____ ragazza di Franco.
5. _____ orologio (*watch*) è per _____ cugino di Sandra.
6. _____ foto di Sophia Loren è per _____ signor Ponti.
7. _____ romanzo (*novel*) inglese è per _____ professoressa Tillona.
8. _____ vaso di cristallo è per _____ avvocato Agnelli.

**C. Posso presentare...?** (*May I introduce . . . ?*) Imagine that you and another student are in a receiving line. One of you announces each guest and the other greets him or her.

ESEMPIO: Il signor Grassi! → Buon giorno, signor Grassi!

1. Professor Fermi and Mrs. Fermi     2. Mr. Reynolds and Miss Parton
3. Mr. Anselmi (a lawyer) and Mr. Ravera     4. Dr. Drake and Dr. Hardy

—Fiori per la signora?

# II. ESERCIZI DI PRONUNCIA

## The sounds of the letter s: [s] and [z]

The letter **s** represents two sounds: [s] as in English *aside* and [z] as in English *reside*.

**A.** Sound [s]: (1) at the beginning of a word when followed by a vowel, just like the English *s* in the same position (*Sing the same song!*)

| **sa** | **so** | **su** | **se** | **si** |
|---|---|---|---|---|
| salute | solo | subito | sete | signora |

(2) when followed by the consonant **c** (= [k]), **ch, f, p, q,** or **t**

| **sc** | **sch** | **sf** | **sp** | **sq** | **st** |
|---|---|---|---|---|---|
| scala | scherzo | sfilata | spaghetti | squisito | stadio |

(3) when it is double

| grassa | materasso | assumere | rosse | messicano |
|---|---|---|---|---|

**B.** Sound [z]: (1) when followed by the consonant **b, d, g, l, m, n, r,** or **v**

| **sb** | **sd** | **sg** | **sl** | **sm** | **sn** | **sr** | **sv** |
|---|---|---|---|---|---|---|---|
| sbaglio | sdraio | sgobbare | slegare | smog | snello | sregolato | svedese |

(2) when it is between vowels (the other pronunciation [s] is also acceptable)

| casa | uso | chiusura | rose | visitare |
|---|---|---|---|---|

Notice the contrast between the single and double sound in these pairs of words.

casa      cassa
poso      posso
base      basse

**C.** Practice the sounds [s] and [z] in these sentences.

1. Sette studentesse sono snelle.
2. È un grosso sbaglio di pronuncia.
3. Tommaso ha sei rose rosse.
4. È un museo storico o artistico?
5. Non siete stanchi di sgobbare?

---

# III. DIALOGO

*Stazione di Santa Maria Novella a Firenze: arriva Beppino. Personaggi:*
*Marcella; Vittoria; la signora Pepe (madre di Marcella); il signor Pepe (padre di*
*Marcella); Beppino. Breve descrizione: Marcella è una ragazza di diciotto anni,*
*alta e snella. Vittoria ha diciannove anni ed è piccola, magra, vivace. La mamma*
*di Marcella è una signora ancora giovane° e molto elegante. Il padre di Marcella*       *young*
*è un uomo° alto e robusto. Beppino è bruno,° alto e magro. Pare proprio° un*       *man / dark-haired / really*
*napoletano!*

SIGNOR PEPE: Beppino, Beppino! Siamo qui°... Come stai?       *here*

BEPPINO: Bene! Ciao, zio! Ciao, zia! E Marcella? Sei tu Marcella?
(*Guarda° Vittoria.*)       *He looks at*

VITTORIA: Ma no, io non sono Marcella, sono Vittoria, l'amica di
Marcella.

MARCELLA: Marcella sono io. Ciao, Beppino, come stai? E Pietro?
Pietro non c'è?

BEPPINO: No, Pietro è a Roma; arriva lunedì.

SIGNORA PEPE: Caro ragazzo! Come sei bello! Come stai? Sei stanco?°       *tired*
Hai fame?

BEPPINO: No, zia, non sono stanco e non ho fame; però° ho sete.       *however*

SIGNOR PEPE: C'è un bar qui vicino°... Una Coca-Cola o una birra?       *qui... nearby*

BEPPINO: Una birra, grazie!

---

**Dialogue comprehension check**

*Indicate whether each of the following statements is* **vero** *or* **falso**. *Change each*
*false statement to make it true.*

**1.** Il signor Pepe è il padre di Beppino.    **2.** Beppino arriva a Firenze
con Pietro.    **3.** Beppino è stanco e ha fame.    **4.** Beppino è basso
(*short*) e grasso.    **5.** Marcella è alta e snella.    **6.** La signora Pepe è
una vecchia signora.    **7.** Vittoria è piccola e magra.

---

# IV. DI TUTTO UN PO'

**A.** Supply the correct indefinite article in the first blank and the correct definite article in the second blank.

ESEMPIO: Ecco __un__ passaporto; è __il__ passaporto di Roberto.

1. Ecco _____ biglietto; è _____ biglietto di Vincenzo.
2. Ecco _____ foto; è _____ foto di Beppino.
3. Ecco _____ automobile; è _____ automobile di Laura.
4. Ecco _____ zaino (*backpack*); è _____ zaino di Cesare.
5. Ecco _____ orologio; è _____ orologio di Stefano.
6. Ecco _____ penna (*pen*); è _____ penna di Annamaria.
7. Ecco _____ cane; è _____ cane di Michele.
8. Ecco _____ ricetta; è _____ ricetta di Giulia.

**B.** Restate each phrase in the singular.

ESEMPIO: due belle banane → una bella banana

1. due buoni amici    2. due buone amiche    3. due passaporti italiani
4. due bicchieri piccoli    5. due turiste americane    6. due bravi professori
7. due cani cattivi    8. due brutti film    9. due belle foto    10. due ragazze giovani

**C.** Complete each sentence using either **avere** or **essere,** as needed, according to the example.

ESEMPIO: Noi __abbiamo__ un cane; non __abbiamo__ un gatto.

1. Lui _____ fame; _____ sete.
2. Voi _____ di Milano; _____ di Roma.
3. Antonella _____ bruna; _____ bionda.
4. Questa turista _____ dollari canadesi; _____ dollari americani.
5. Noi _____ magri; _____ grassi.
6. Loro _____ una Volkswagen; _____ una Fiat.
7. Voi _____ un professore italiano; _____ un professore americano.
8. Io _____ paura; _____ coraggio.
9. Lei _____ vent'anni; _____ ventun anni.
10. Questo cane _____ intelligente; _____ stupido.

**D.** Restate the sentences, putting the adjectives given in parentheses in their proper position. Remember, the adjectives must agree with the nouns.

1. Non ci sono studentesse qui. (molto / francese)
2. Ecco due automobili! (americano)
3. Non abbiamo vino. (molto / bianco)
4. È un film. (famoso)
5. Chi ha fame? (molto)
6. Sono due turisti. (tedesco)
7. Ecco un orologio! (buono)
8. Non avete dollari? (canadese)

**E.** Express in Italian.

1. There are many words in this lesson but they are very easy.
2. What's La Scala? —It's a famous theatre.

3. We have twenty Canadian dollars and twenty-five American dollars.
4. How small these glasses are!
5. There's Dr. Gannon! Isn't he handsome?
6. Where's Roberto's ticket? Where's Roberto's passport?
7. I'm in a great hurry because I have an appointment (**appuntamento**), a very important (**importante**) appointment.
8. We aren't tall and slender; we are short and fat!

F. Express in Italian.

Mr. Fortuna says (**dice**): "How lucky (**fortunato**) I am! I'm in good health (= *I have good health* [**salute,** *f.*]), I have a good family (**famiglia**), a good job, and a good salary. I'm very likeable and I have a lot of friends." Mr. Sfortuna says: "I am not lucky! I have a job but it isn't a good job, I don't have a family, I don't have many friends, I'm not handsome, I'm not likeable. . . ."

G. Describe one member of your class to the other students, and have them guess who it is.

# V. PAROLE DA RICORDARE

VERBI

**ẹssere**   to be

NOMI

**l'avvocato, l'avvocatessa** lawyer
**il bambino, la bambina**   child
**la banca**   bank
**la casa**   house
**la chiesa**   church
**la città**   city, town
**il latte**   milk
**la lingua**   language
**la madre (la mamma)**   mother (mom)
**il musẹo**   museum
**l'orologio**   watch; clock
**l'ospedale** (*m.*)   hospital
**il padre (il papà)**   father (dad)
**la parola**   word
**la piazza**   (city) square
**il teatro**   theater
**il tempo**   time

AGGETTIVI

**alto**   tall; high
**altro**   other
**americano**   American
**basso**   short (*in height*)
**bello**   beautiful; handsome
**biondo**   blond
**bravo**   good, able
**bruno**   dark
**brutto**   ugly
**canadese**   Canadian
**carino**   pretty, cute
**caro**   dear
**cattivo**   bad, naughty
**diffịcile**   difficult
**dolce**   sweet
**fạcile**   easy
**famoso**   famous
**francese**   French
**gentile**   kind
**giọvane**   young
**grande**   big, great, large
**grasso**   fat
**inglese**   English

**intelligente**   intelligent
**italiano**   Italian
**magro**   thin
**messicano**   Mexican
**molto**   much, many, a lot of
**pịccolo**   small, little
**quanto**   how much, how many
**questo**   this, these
**simpạtico**   likeable, nice
**snello**   slender
**spagnolo**   Spanish
**stanco** (*pl.* **stanchi**)   tired
**stụpido**   stupid
**tedesco** (*pl.* **tedeschi**)   German
**vecchio**   old

ALTRE PAROLE ED ESPRESSIONI

**anche**   also, too
**di dove sei (è)?**   where are you from?
**dove**   where
**molto** (*inv.*)[1]   very, very much, a lot
**per**   for
**piuttosto** (*inv.*)   rather
**qui**   here
**qui vicino**   nearby

[1]*Inv. = invariable = does not change form.*

## ITALIA COSÌ

**A. Autoritratto** (*Self-portrait*). Describe yourself by completing the following sentences. You will find additional useful vocabulary listed below.

Io sono molto…

Sono piuttosto…

Non sono abbastanza (*sufficiently*)…

La mia (*my*) qualità principale è…

Il mio difetto (*fault*) principale è…

| AGGETTIVI | NOMI |
|---|---|
| aggressivo | l'aggressività |
| allegro (*cheerful*) | l'allegria |
| ambizioso | l'ambizione |
| curioso | la curiosità |
| disordinato (*messy*) | il disordine |
| gentile | la gentilezza |
| insicuro | l'insicurezza |
| onesto | l'onestà |
| orgoglioso (*proud*) | l'orgoglio |
| sincero | la sincerità |
| timido | la timidezza |

—Segni particolari?...

**B. Carta d'identità.** In the United States, to prove our identity we show our driver's license (**la patente**). In Italy, a special document called **la carta d'identità** is used.

Ecco la carta d'identità di Roberto Cagliero, uno studente italiano.

| | | |
|---|---|---|
| COGNOME: | Cagliero | |
| NOME: | Roberto | |
| CITTADINANZA:° | italiana | *Nationality* |
| STATO CIVILE:° | celibe° | *Stato… Marital status / single* |
| PROFESSIONE: | studente | |
| CAPELLI:° | castani° | *Hair / brown* |
| OCCHI:° | grigi° | *Eyes / gray* |
| SEGNI PARTICOLARI:° | — | *Segni… Special identifying marks* |

Now give the same information about yourself. Here are some additional vocabulary words.

| | | | | | |
|---|---|---|---|---|---|
| biondo | *blond* | azzurro | *blue* | nubile | *single (woman)* |
| nero | *black, dark* | verde | *green* | sposato | *married* |
| rosso | *red* | | | | |

C. **Complimenti.** How good are you at paying compliments? Imagine that you are talking to an Italian **bambino.** How many expressions starting with **come** can you come up with?

# LETTURA CULTURALE

## L'italiano tipico (esiste?)

« Mike pare americano… »
« Nick pare italiano… »
Com'è l'americano tipico? E l'italiano tipico?
Per molti italiani l'americano tipico è alto, biondo, sportivo, un po' timido. Per molti americani l'italiano tipico è basso, bruno, simpatico, allegro.

In realtà non è possibile parlare di° americani o italiani tipici. Anche un paese° piccolo come l'Italia ha una varietà incredibile di tipi: italiani biondi, italiani bruni, italiani alti, italiani bassi…

Come° ci sono differenze tra° un italiano e l'altro, ci sono anche differenze enormi tra un luogo° e l'altro; economiche, sociali, di ambiente,° di tradizione, di costume, di lingua.

Molti secoli° di divisione in tanti° piccoli stati o città separate e la mescolanza° di popoli e razze diverse spiegano,° in parte, queste differenze.

parlare… *to talk about*
*country*

*Just as / between*
*place*
*environment*
*centuries / so many*
*intermingling / explain*

### Reading comprehension check

*Completate le seguenti frasi.* (Complete the following sentences.)

1. In realtà _____ è possibile parlare di americani o _____ tipici.
2. In Italia c'è una _____ incredibile di tipi.
3. Ci sono italiani _____, italiani_____, italiani _____, italiani _____…
4. Ci _____ anche differenze _____ tra un luogo e l'altro.
5. L'italiano tipico _____? No!

# capitolo tre

# Andiamo in Italia a studiare l'italiano

Sono le otto: i ragazzi vanno a scuola.

# I. GRAMMATICA

## A. Verbs in -*are*: the present tense

LUCIANO: Noi siamo una famiglia d'insegnanti e di studenti: la mamma insegna matematica in una scuola media, papà è professore di francese, Gigi e Daniela frequentano le elementari ed io frequento l'università (studio medicina). Tutti studiamo e lavoriamo molto. Soltanto il gatto non studia e non lavora. Beato lui!

1. *Il papà di Luciano insegna matematica?*
2. *Frequentano l'università Gigi e Daniela?*
3. *Che cosa (What) studia Luciano?*
4. *Perchè (Why) il gatto è fortunato?*

1. All regular verbs in Italian end in **-are, -ere,** or **-ire** and are referred to as first, second, or third conjugation verbs, respectively. The basic verb form that shows these endings is called the infinitive (**l'infinito**); in English the infinitive consists of *to + verb.*

   lavor**are** (*to work*)     ved**ere** (*to see*)     dorm**ire** (*to sleep*)

2. Verbs with infinitives ending in **-are** are called first conjugation, or **-are,** verbs. The present tense of a regular **-are** verb is formed by dropping the infinitive ending **-are** and adding the appropriate endings. There is a different ending for each person.

| lavorare = *to work*  lavor- = INFINITIVE STEM | | | |
|---|---|---|---|
| **SINGULAR** | | **PLURAL** | |
| lavor**o** | *I work, am working* | lavor**iamo** | *we work, are working* |
| lavor**i** | *you (fam.) work, are working* | lavor**ate** | *you (fam.) work, are working* |
| lavor**a** | *you (formal) work, are working* | lav**o**r**ano** | *you (formal) work, are working* |
| lavor**a** | *he* / *she* / *it* } *works, is working* | lav**o**r**ano** | *they (people)* / *they (things)* } *work, are working* |

LUCIANO: We are a family of teachers and students. Mother teaches math in a junior high school, Dad is a French instructor, Gigi and Daniela go to the elementary school, and I go to the university (I study medicine). We all study and work a lot. Only the cat doesn't study or work. Lucky him!

Note that in the third person plural the stress falls on the same syllable as in the third person singular form.

3. The present tense in Italian corresponds to three English present tense forms.

Studio la lezione.

> *I study the lesson.*
> *I am studying the lesson.*
> *I do study the lesson.*

4. Other **-are** verbs that are conjugated like **lavorare** are

| arrivare | *to arrive* | guidare | *to drive* |
|---|---|---|---|
| aspettare | *to wait* | imparare | *to learn* |
| ballare | *to dance* | insegnare | *to teach* |
| cantare | *to sing* | parlare | *to speak, talk* |
| comprare | *to buy* | ricordare | *to remember* |
| frequentare | *to attend* | suonare | *to play (an instrument)* |

5. Verbs whose stem ends in i-, such as **cominciare, mangiare,** and **studiare,** drop the **i** of the stem before adding the **-i** ending of the second person singular and the **-iamo** ending of the first person plural.

| **cominciare** (*to begin*) | **mangiare** (*to eat*) | **studiare** (*to study*) |
|---|---|---|
| comincio | mangio | studio |
| cominci | mangi | studi |
| comincia | mangia | studia |
| cominc**iamo** | mang**iamo** | stud**iamo** |
| cominciate | mangiate | studiate |
| cominciano | mangiano | studiano |

6. Verbs whose stem ends in **c-** or **g-**, such as **dimenticare** and **pagare,** insert an **h** between the stem and the endings **-i** and **-iamo**, to preserve the hard **c** and **g** sounds of the stem.

| **dimenticare** (*to forget*) | **pagare** (*to pay*) |
|---|---|
| dimentico | pago |
| dimenti**chi** | pa**ghi** |
| dimentica | paga |
| dimenti**chiamo** | pa**ghiamo** |
| dimenticate | pagate |
| dimenticano | pagano |

7. *Yes/no* questions are those that can be answered by a simple *yes* or *no* (*Are you a student?* → *Yes [I am].*). Word order in this type of question is identical to that of affir-

mative sentences, except that the subject, if expressed, can be placed at the end of the sentence. There is a difference in the intonation, however. The pitch of the voice goes up at the end of a question.

| | |
|---|---|
| Parlano francese. | *They speak French.* |
| Parlano francese? | *Do they speak French?* |
| Studi una lingua straniera tu? | *Are you studying a foreign language?* |
| Insegna musica Giorgio? | *Does Giorgio teach music?* |

8. The negative is formed by placing **non** immediately before the verb.

| | |
|---|---|
| Non ricordo molte parole. | *I don't remember many words.* |
| Gianni non mangia carne. | *Gianni does not eat meat.* |

*Never* is expressed by placing **non** in front of the verb and **mai** after it.

| | |
|---|---|
| Luigi **non** aspetta **mai.** | *Luigi never waits.* |

9. Common adverbs of time, such as **spesso** (*often*) and **sempre** (*always, all the time*), are usually placed immediately after the verb.

| | |
|---|---|
| Parliamo sempre italiano in classe. | *We always speak Italian in class.* |

# E S E R C I Z I

A. Replace the subject with each subject in parentheses, and change the verb form accordingly.

1. *Marco* frequenta l'Università di Roma. (io / la cugina di Roberto / voi / tu)
2. *Io* studio medicina. (noi / loro / Lisa / tu)

3. *Tu* insegni lingue? (loro / voi / Lei, Signora / Loro)
4. *Voi* non dimenticate mai. (noi / io / tu / loro)

B. Fill in the blank with the correct ending.
   1. Noi parl____ italiano e inglese.
   2. Chi guid____ una Mercedes?
   3. Lui lavor____ in una piccola banca.
   4. Quando arriv____ Gino e Gina?
   5. Tu insegn____ bene? Lei insegn____ bene? Voi insegn____ bene?
   6. Io non mangi____ carne; tu mangi____ carne?
   7. Lei suon____ il piano; lui suon____ la chitarra.
   8. Come cant____ bene questi bambini!
   9. Michele non ricord____ mai il compleanno (*birthday*) di papà.
   10. Voi studi____ matematica?

C. A friend tells you things he/she doesn't do. React by asking why (**perchè**).

   ESEMPIO: Non parlo adagio (*slowly*) → Perchè non parli adagio?

   1. Non aspetto mai.    2. Non compro gelati.    3. Non guido la domenica.
   4. Non mangio a casa.    5. Non studio una lingua straniera.    6. Non pago
   per tutti.    7. Non ballo il tango.    8. Non lavoro il lunedì.

   Now attribute the preceding statements to an acquaintance and ask why he/she
   doesn't do these things.

   ESEMPIO: Non parlo adagio. → Perchè non parla adagio?

D. You are talking about some friends who do everything well. Show your admiration
   with an exclamation beginning with **come.**

   ESEMPIO: ballare → Come ballano bene!

   1. cantare    2. suonare    3. guidare    4. parlare    5. pronunciare (*to
   pronounce*)    6. insegnare

   Now imagine that you are talking directly to your friends and pay them a compliment. What will you say?

   ESEMPIO: Come ballate bene!

E. Express in Italian.
   1. I sing all the time. I sing when I dance, when I work, when I drive. Do you sing
      also when (**quando**) you study?
   2. Why do you eat all the time? Are you hungry or are you nervous (**nervoso**)?
   3. Professor Betti isn't in today (**oggi**); he teaches only on Tuesdays and Thursdays.
   4. Is it difficult to learn a foreign language? —Yes, it is difficult, but it is also very
      important (**importante**). Many Italians learn two or three foreign languages.

## B. *Andare, dare, fare,* and *stare*

CRISTINA: Patrizia, tu e Cesare andate a casa di Marcella stasera per la festa in onore di Beppino?

PATRIZIA: Purtroppo no: io ho un brutto raffreddore e così sto a casa e vado a letto presto; Cesare lavora...

CRISTINA: Ah sì? E che cosa fa?

PATRIZIA: Dà lezioni di karatè e fa un sacco di soldi!

1. *Che cosa c'è a casa di Marcella stasera?*
2. *Perchè sta a casa Patrizia?*
3. *Lavora Cesare?*
4. *È un buon lavoro?*

Many important Italian verbs are irregular. This means that they do not follow the regular pattern of conjugation (infinitive stem + endings). They may have a different stem or different endings. You have already learned two irregular Italian verbs: **avere** and **essere**. There are only four irregular verbs in the first conjugation.

andare (*to go*)    dare (*to give*)    fare (*to do; to make*)    stare (*to stay*)

1. **Dare** and **stare** are conjugated as follows:

| **dare** (*to give*) | **stare** (*to stay*) |
|---|---|
| do | sto |
| dai | stai |
| dà | sta |
| diamo | stiamo |
| date | state |
| danno | stanno |

The verb **stare** is used in many idiomatic expressions. It has different English equivalents according to the adjective or adverb that accompanies it.

---

CRISTINA: Patrizia, are you and Cesare going to Marcella's tonight for the party they're having for Beppino? PATRIZIA: Unfortunately we aren't. I have a bad cold and so I'm staying home and going to bed early; Cesare is working. . . . CRISTINA: Is he? What does he do? PATRIZIA: He gives karate lessons and makes a lot of money!

---

| stare attento/a | to pay attention |
| stare bene/male | to be well/not well |
| stare zitto/a | to keep quiet |

| Ciao, zio, come stai? | Hi, Uncle, how are you? |
| Sto bene, grazie. | I'm fine, thanks. |
| Molti studenti non stanno attenti. | Many students don't pay attention. |

2. **Andare** and **fare** are conjugated as follows:

| andare (*to go*) | fare (*to do; to make*) |
|---|---|
| vado | faccio |
| vai | fai |
| va | fa |
| andiamo | facciamo |
| andate | fate |
| vanno | fanno |

If **andare** is followed by another verb (*to go dancing, to go eat*), **andare** is conjugated, but the infinitive of the other verb is used. The word **a** is placed between the conjugated form of **andare** and the infinitive. Note that it is necessary to use **a** even if the infinitive is separated from the form of **andare**.

| Quando andiamo a ballare? | When are we going dancing? |
| Chi va in Italia a studiare? | Who's going to Italy to study? |

A means of transportation, if indicated with **andare,** is preceded by **in.**

| andare in aeroplano | to fly |
| andare in automobile (in macchina) | to drive, to go by car |
| andare in bicicletta | to ride a bicycle |
| andare in treno | to go by train |
| *but:* | |
| andare a piedi | to walk |

**Fare** is one of the most frequently used Italian verbs. It expresses the basic idea of doing or making, as in **fare gli esercizi** and **fare il letto,** but it is also used in many idioms and weather expressions.

| fare una domanda | to ask a question |
| fare una fotografia | to take a picture |

| Che tempo fa? | How's the weather? |
| Fa bello (brutto). | It's nice (bad) weather. |
| Fa caldo (freddo). | It's hot (cold). |

**A.** Replace the subject with each subject in parentheses, and change the verb form accordingly.

1. *Marcella* dà una festa. (loro / tu / voi / io)
2. Stiamo a casa stasera. (il dottor Brighenti / voi / tu / Laura e Roberto)
3. Vanno a letto presto. (Lei, professore / io / noi / voi)
4. *Il bambino* fa molti errori. (tu / voi / noi / questi studenti)

**B.** Supply the correct form of **andare**. Note that **in** is used with countries, **a** with cities.

1. Io _____ in Italia, ma loro _____ in Francia.
2. Noi due _____ a Roma, non a Venezia.
3. Chi _____ a Bologna?
4. Tu e Michele non _____ a scuola domani.
5. Lei non _____ a letto presto.

**C.** A friend of yours tells you what city she's going to visit. Express your enthusiasm about her choice of the country, according to the example. Use the following countries: **Canadà, Francia, Germania, Inghilterra** (*England*)**, Irlanda, Italia, Messico, Spagna** (*Spain*).

ESEMPIO: Vado a Roma. → Oh, vai in Italia. Fortunata!

1. Vado a Toronto.     2. Vado a Madrid.     3. Vado ad[1] Acapulco.     4. Vado a Berlino.     5. Vado a Parigi.     6. Vado a Dublino.     7. Vado a Londra.     8. Vado a Firenze.

**D.** Greet each of the following people (use **ciao, buon giorno, buona sera**) and ask, *How are you?* Ask another student to provide an answer. Do not accept the same answer twice!

1. _____, zio, _____?
2. _____, professore, _____?
3. _____, professoressa, _____?
4. _____, signora, _____?
5. _____, ragazzi, _____?
6. _____, mamma, _____?

**E.** Answer each question in a complete sentence. All of the questions are addressed to you.

1. Lei fa molte domande in classe?     2. Lei ha una macchina fotografica (*camera*)? Fa fotografie? Ha molte fotografie?     3. Mangia meno (*less*) quando fa caldo?     4. Sta a casa quando fa bello?     5. Guida volentieri (*gladly*) quando fa brutto?     6. Sta a letto volentieri quando fa freddo?     7. Fa errori quando parla inglese?     8. Sta attento/a quando il professore spiega (*is explaining*)?     9. Va a ballare il sabato?     10. Che tempo fa oggi?     11. Laura abita (*lives*) a Washington. Come va da Washington a New York?

**F.** You are curious to know where your friends go for certain activities (*dancing, playing the guitar, studying, skiing* [**sciare**]*, skating* [**pattinare**]*, eating pizza, working*). Using **andare** + **a** + *infinitive*, ask the appropriate questions.

ESEMPIO: Dove andate a ballare?

[1]**A** often is written as **ad** before a word that begins with a vowel.

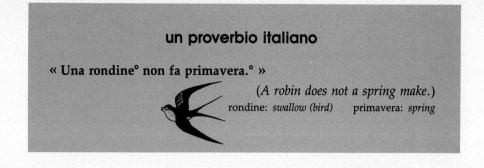

(*A robin does not a spring make.*)

rondine: *swallow (bird)*     primavera: *spring*

# C. The plural definite article

—Carlo, gli spaghetti sono pronti°!                     *ready*

The definite article has three forms in the plural.

| PLURAL | |
|---|---|
| masculine | feminine |
| i | |
| | le |
| gli | |

before most consonants — i

before **s** + *consonant*, before **z**, and before all vowels — gli

le — before all feminine plural nouns

i professori e gli studenti
gli italiani e le italiane

Here is a summary of the forms of the definite article:

| MASCULINE | | FEMININE | |
|---|---|---|---|
| singular | plural | singular | plural |
| il —— i | | la | |
| lo } gli | | l' } le | |
| l' | | | |

il corso   → i corsi          la scuola    → le scuole
lo studio → gli studi       l'università → le università
l'errore   → gli errori

**A.** Replace the noun in the example with each noun in parentheses, and change the article accordingly.

  **1.** Ecco i *professori!* (professoresse / studenti / studentesse / libri (*books*) / esami (*m.*) / esercizi / letture culturali)

  **2.** Dove sono i *biglietti?* (bicchieri / panini / banane / zucchini / spaghetti / aranciate / gelati)

**B.** Complete the following phrases using the correct form of the article (singular or plural).

  **1.** _____ amici di Mario e _____ amiche di Carlo

  **2.** _____ matite (*pencils*) e _____ penne

—E allora, Rossi, come vanno gli affari?

3. \_\_\_\_ treni e \_\_\_\_ aeroplani
4. \_\_\_\_ treno e \_\_\_\_ aeroplano
5. \_\_\_\_ dottore e \_\_\_\_ avvocato
6. \_\_\_\_ dottori e \_\_\_\_ avvocati
7. \_\_\_\_ cugine e \_\_\_\_ zie
8. \_\_\_\_ cugini e \_\_\_\_ zii

**C.** Restate each sentence in the singular.

ESEMPIO: Dove sono i passaporti? → Dov'è il passaporto?

**1.** Dove sono le automobili?   **2.** Dove sono le lezioni d'italiano?   **3.** Dove sono le signore?   **4.** Dove sono le banche?   **5.** Dove sono i libri?   **6.** Dove sono gli americani?   **7.** Dove sono i supermercati?   **8.** Dove sono i cani?

**D.** Ask a friend how the following things are going. Follow the example.

ESEMPIO: affari (*m. pl., business*) → E allora, Roberto, come vanno gli affari?

lavoro, studi, scuola, università, corsi, lezioni, salute (*f., health*), raffreddore

**E.** You are fixing dinner for friends. Tell them when each dish is ready.

ESEMPIO: Gli spaghetti sono pronti!

ravioli, pizza, bistecche (*f. pl.*), insalata (*salad*), patate, broccoli, dolce (*m., dessert*), caffè

## D. Telling time

1. To ask, *What time is it?* Italian uses either the singular **Che ora è?** or the plural **Che ore sono?** The answer is **Sono le** + *number of the hour.*

Sono le tre.                                    *It's three o'clock.*

Sono le undici.                                 *It's eleven o'clock.*

The singular form **è** is used only for twelve noon, midnight, and one o'clock.

È mezzogiorno.                                  *It's twelve (noon).*

È mezzanotte.                                   *It's midnight.*

È l'una.                                        *It's one o'clock.*

2. Fractions of an hour are expressed by **e** + *minutes elapsed.* From the half hour to the next hour, time can also be expressed by giving the next hour **meno** (*minus*) the number of minutes before the coming hour.

| | |
|---|---|
| le tre e venti | 3:20 |
| le otto e trenta | 8:30 |
| le quattro e cinquanta ⎱ | |
| le cinque meno dieci ⎰ | 4:50 |

**Un quarto** (*a quarter*) and **mezzo** (*a half*) often replace **quindici** and **trenta.**

| | |
|---|---|
| le tre e un quarto ⎱ | |
| le tre e quindici ⎰ | 3:15 |
| le tre e mezzo ⎱ | |
| le tre e trenta ⎰ | 3:30 |
| le cinque meno un quarto ⎱ | |
| le cinque meno quindici ⎰ | 4:45 |

**Un quarto d'ora** and **mezz'ora** mean *a quarter of an hour* and *half an hour.*

3. To indicate A.M., add **di mattina** to the hour; to indicate P.M., add **del pomeriggio** (12 P.M. to 5 P.M.), **di sera** (5 P.M. to 10 P.M.), or **di notte** (10 P.M. to early morning) to the hour.

| | |
|---|---|
| le otto di mattina | 8 A.M. |
| le quattro del pomeriggio | 4 P.M. |
| le otto di sera | 8 P.M. |
| le due di notte | 2 A.M. |

## E S E R C I Z I

A. Express the following times in Italian. Note that Italian uses a comma instead of a colon to separate the hours from the minutes.

7,21   9,10   4,24 P.M.   8,30 P.M.   3,45   9,00   1,15 P.M.   1,15 A.M.

B. George's watch is always ten minutes slow. Every time he states the time, you have to correct him.

---

ESEMPIO: Sono le otto. → No, sono le otto e dieci.

1. Sono le quattro e un quarto.
2. È mezzogiorno e mezzo.
3. È l'una.
4. Sono le sei e cinque.
5. Sono le dieci meno un quarto.
6. È mezzanotte e dieci.

Now pretend your watch is thirty minutes slow. State a time, and a classmate will correct you.

C. Last night you were supposed to set your watch one hour ahead because of the change from **l'ora solare** (*standard time*) to **l'ora legale** (*daylight saving time*). You forgot to do it, however. So now, whenever you state a time, you have to be corrected. Work with another student. Give five different times: he/she will correct you.

ESEMPIO: Sono le undici. → No, è mezzogiorno.

D. **Dov'è Michele?** You have to find your friend Mike. Unfortunately he's not in his room, but you find his schedule. Using the day and time, can you and a classmate locate him?

ESEMPIO: È lunedì, sono le nove. → Michele è a lezione di chimica.

|        | LUNEDÌ                  | MARTEDÌ          | MERCOLEDÌ               | GIOVEDÌ          | VENERDÌ                 |
|--------|-------------------------|------------------|-------------------------|------------------|-------------------------|
| 9:00   | Chimica                 |                  | Chimica                 |                  | Chimica                 |
| 10:00  |                         | Storia Moderna   |                         | Storia Moderna   |                         |
| 11:00  | Italiano                | Italiano         | Italiano                | Italiano         | Italiano                |
| 1:00   | Letteratura Americana   |                  | Letteratura Americana   |                  | Letteratura Americana   |
| 2:00   |                         | Psicologia       |                         | Psicologia       |                         |

# II. ESERCIZI DI PRONUNCIA

## The sounds of the letter g: [g] and [ǧ]

A. Sound [g]: similar to the sound of *g* in English *go*.
It is written as **g** before **a, o, u,** and as **gh** before **e** and **i**.

| ga     | go      | gu     | ghe     | ghi    |
|--------|---------|--------|---------|--------|
| gatto  | gondola | gusto  | ghetto  | ghiro  |
| pagare | prego   | ragù   | toghe   | paghi  |

Contrast the single and double sound of [g] in these pairs of words.

fuga    fugga
lego    leggo

**B.** Sound [ǧ]: similar to the sound of *g* in English *giant*.
It is written as **gi** before **a, o, u,** and as **g** before **e** and **i**.

| **gia** | **gio** | **giu** | **ge** | **gi** |
|---------|---------|---------|--------|--------|
| già | giovane | Giulia | gelato | giro |
| grigia | mangio | aggiustare | pagella | cugino |

Contrast the single and double sound of [ǧ] in these pairs of words.

regia    reggia
agio     maggio

**C.** Practice the sounds [g] and [ǧ] in these sentences.

1. Giuseppe non mangia formaggio.
2. Perchè Giulia non paga?
3. Il cugino di Giovanni è giovane e intelligente.
4. La signora Ghirardelli ha buon gusto.
5. Ecco il ghiaccio (*ice*) per l'ingegner Ghezzi.

# III. DIALOGO

*I signori° Pepe danno una festa in onore di Beppino. È un sabato sera; in casa Pepe ci sono molte persone: i parenti, gli amici di famiglia e molti ragazzi e ragazze, amici di Marcella. In sala da pranzo° c'è una tavola° con molti dolci, panini, vini e liquori. Personaggi: Beppino, Marcella, i signori Verdi, Vittoria, Paolo, Mario*

> *Mr. and Mrs.*
>
> *sala... dining room / table*

MARCELLA: Cari signori Verdi, come stanno? Ecco Beppino, il cugino americano!

SIG.RA VERDI: (*Esamina Beppino da capo a piedi.°*) Ah, Lei arriva dal Texas, non è vero? E a Firenze cosa fa? Studia, lavora?

> *da... from head to toe*

BEPPINO: Per ora° faccio fotografie, ma ho intenzione di studiare architettura o di andare all'Accademia di Belle Arti.

> *Per... Right now*

SIG. VERDI: (*Un vecchietto° timido e gentile*) Ma bravo! Alla facoltà di architettura c'è un mio vecchio amico, il professor Gallo: insegna *industrial design...*

> *little old man*

*Arrivano Vittoria, Paolo e Mario. Paolo e Mario frequentano il Conservatorio di Musica, Vittoria e Marcella studiano lettere.*

VITTORIA: Ora metto un disco° e balliamo: va bene, Beppino?

> *Ora... Now I'll put on a record*

BEPPINO: Benone! Ora balliamo e poi° mangiamo. Ci sono tante cose° buone!

> *then*
> *things*

MARCELLA: Un momento, Vittoria! Paolo e Mario hanno la chitarra e cantano bene...

VITTORIA: Suoni la chitarra anche tu, Beppino?

BEPPINO: Sì, suono e canto anch'io: *country music...*

MARCELLA: State zitti, per favore... Signore e signori, attenzione: concerto di musica folk con Paolo Rossi e Mario Casini, famosi cantautori° toscani e Beppino il texano...    *singer-composers*

---

**Dialogue comprehension check**

*Answer the following questions.*

1. Perchè ci sono molte persone in casa Pepe? Chi sono?    2. Che cosa c'è in sala da pranzo?
3. Che cosa fa Beppino per ora?    4. Che cosa ha intenzione di fare Beppino?    5. Chi è il professor Gallo e dove insegna?    6. Che cosa studiano Vittoria e Marcella?    7. Canta Beppino? Che cosa?

---

# IV. DI TUTTO UN PO'

**A.** Replace the subject with each subject in parentheses, and change the verb form accordingly.

1. Quando spiego, do molti esempi (*examples*). (il professore / i professori / voi / noi)
2. Non impariamo perchè non studiamo. (Gina / tu / queste ragazze / io)
3. *Lui* va a letto perchè non sta bene. (io / i bambini / noi / voi)
4. Quando avete fretta non aspettate. (lui / tu / io / loro)
5. Canto perchè sono allegro (*happy*). (gli italiani / Lei, signora / voi / tu)

**B.** Complete each sentence in Column A by choosing the appropriate answer from Column B.

| A | | B |
|---|---|---|
| Faccio domande | | ho sete. |
| Vado a letto | | lavoro molto. |
| Vado a mangiare | | ho sonno (*I'm sleepy*). |
| Ordino (*I order*) un'aranciata | perchè | sono curioso/a. |
| Sto a casa | | ho un brutto raffreddore. |
| Non mangio carne | | ho fame. |
| Sono stanco | | sono vegetariano/a. |

**C.** Restate each sentence in the singular.

1. I bambini non stanno mai zitti.    2. Questi professori spiegano bene.
3. Fate gli esercizi in classe.    4. Gli zii di Marco arrivano oggi.    5. Non ricordate queste parole?    6. Le lezioni non sono difficili.    7. Andate in treno? —No, andiamo in automobile.    8. Come vanno gli studi?    9. Quando cominciano i corsi?    10. Perchè non parlate? Perchè state zitti?

**D.** Express in Italian.

1. It's twelve thirty; it's time (**ora di**) to go eat. Where are we going? —Home.

---

2. How are the children? —Pretty well, thanks.
   Do they go to school? —Yes, they attend the elementary school.
3. What do you do when you have a nasty cold? Do you stay in bed? —No, I never stay in bed!
4. I have a hobby (**passatempo**): bicycle riding (to ride a bike). I have a good American bicycle, a Trek. I ride a bike all the time, when the weather is good and when the weather is bad! I never walk and I never go by car.
5. How many classes do you have today? —Two: French and history.
   Who teaches history? —Professor Manaresi.
6. Professor Bianchi gives Italian lessons. She has a lot of students because she is a good teacher. She explains well and has a lot of patience (**pazienza**).

# V. PAROLE DA RICORDARE

VERBI

**andare**  to go
  **andare a** + *inf.*  to go (*to do something*)
**arrivare**  to arrive
**aspettare**  to wait
**ballare**  to dance
**cantare**  to sing
**cominciare**  to begin, start
**comprare**  to buy
**dare**  to give
**dimenticare**  to forget
**fare**  to do; to make
**frequentare**  to attend (*a school*)
**guidare**  to drive
**imparare**  to learn
**insegnare**  to teach
**lavorare**  to work
**mangiare**  to eat
**pagare**  to pay
**parlare**  to speak, talk
**ricordare**  to remember
**spiegare**  to explain
**stare**  to stay
  **stare attento**  to pay attention
  **stare bene/male**  to be well/ not well
  **stare zitto**  to keep quiet

**studiare**  to study
**suonare**  to play (*a musical instrument*)

NOMI

**la bicicletta**  bicycle
**la carne**  meat
**la chitarra**  guitar
**il corso**  course (*of study*)
**la domanda**  question
**l'errore** (*m.*)  mistake
**l'esame** (*m.*)  examination
**l'esercizio**  exercise
**la facoltà**  school (*of university*)
**la famiglia**  family
**le lettere**  Liberal Arts
**il letto**  bed
**il libro**  book
**il papà**  dad
**il raffreddore**  cold
**la scuola**  school
**lo studio**  study
**l'università**  university

AGGETTIVI

**elementare**  elementary
**pronto**  ready
**straniero**  foreign

ALTRE PAROLE ED ESPRESSIONI

**a casa**  home, at home
**a letto**  in bed, to bed
**a piedi**  on foot
**che cosa, cosa?**  what?
**che ora è/che ore sono?**  what time is it?
**che tempo fa?**  how's the weather?
**meno**  minus, less
**non... mai**  never
**oggi**  today
**ora**  now
**perchè**  because; why
**poi**  then, next
**presto**  early
**purtroppo**  unfortunately
**quando**  when
**sempre**  always, all the time
**spesso**  often
**stasera**  tonight, this evening
**tutti**  everybody
**volentieri**  gladly, willingly

## ITALIA COSÌ

### BUONO A SAPERSI

Esami e voti°                                                             *grades*

Quando parlano di esami, gli studenti universitari italiani usano l'espressione « dare un esame » (*to take an exam*). Per esempio: quanti esami dai quest'anno? Gli esami sono quasi (*almost*) sempre orali: i professori interrogano gli studenti e danno subito (*immediately*) un voto. Ogni (*Each*) studente ha un documento ufficiale, un piccolo libro chiamato (*called*) « libretto ». Per ogni esame il professore indica la materia (*subject*), il voto, la data; e poi firma (*he signs*). I voti vanno da un minimo di 18 a un massimo di 30: **30 e lode** è come *A+* in America.

**A. Corsi d'italiano per stranieri.** NOTE:  Even though you will not be able to understand everything in the excerpt from the brochure on page 65, you already know enough Italian to scan it and find out some specific information. Don't worry about the words and constructions that you can't understand, and use the questions as guides to help you find the information you are looking for.

Molte università e scuole italiane hanno programmi speciali per gli studenti stranieri durante (*during*) tutto l'anno o solamente (*only*) in estate (*summer*). Ecco il programma di una scuola di Firenze: il Centro Lorenzo de' Medici. Esaminate il programma e poi date una risposta ad ogni domanda.

---

**CENTRO « LORENZO DE' MEDICI »**
**SEZIONE LINGUISTICA**
**CORSI DI LINGUA ITALIANA PER STUDENTI**
**DI TUTTE LE ETÀ E NAZIONALITÀ**

Offriamo:

### A) CORSI NORMALI

2 ore al giorno, 5 giorni la settimana per un totale di 40 ore mensili **obbligatorie.**
**(Classi con un massimo di 10 studenti).**
Prezzo: un mese L. 50.000, 3 mesi L. 140.000

### B) CORSI INTENSIVI

4 ore al giorno, 5 giorni la settimana per un totale di 80 ore mensili **obbligatorie.**
**(Classi con un massimo di 7 studenti).**
Prezzo: un mese L. 100.000, 3 mesi L. 280.000.

### C) CORSI SERALI

2 ore al giorno, 3 giorni la settimana per un totale di 24 ore mensili **obbligatorie.**
**(Classi con un massimo di 10 studenti).**
Prezzo: un mese L. 30.000, tre mesi L. 80.000.

**Caratteristiche dei corsi:**

1) **6 livelli di corsi,** ad ogni livello si accede attraverso un esame per valutare la conoscenza della lingua italiana dell'allievo, tale esame naturalmente non verrà sostenuto da coloro che sono iscritti al 1° livello (principianti).

2) Applicazione della **metodologia diretta** con grammatica e sintassi induttiva, secondo i moderni criteri semiologici, in modo da consentire un rapido e facile apprendimento della lingua italiana; le lezioni hanno una parte pratica, scritta e orale basata sui vocaboli obbligatori insegnati giorno per giorno.

3) Insegnanti altamente specializzati nel nostro metodo, tutti laureati all'Università di Firenze.

4) **Classi piccole,** fattore determinante per la buona riuscita del nostro metodo.

5) Seminari e Conferenze gratuite su i seguenti argomenti:
   1) Storia politico-economica italiana
   2) Letteratura italiana
   3) Arte italiana
   4) Cinema italiano

6) Certificati e Diplomi finali dopo aver superato gli esami di lingua.

7) **Attività extrascolastiche:** visite ai musei della città, gite nelle più caratteristiche località italiane, cineforum, facilitazioni di pagamento (Autobus, Teatri, Piscine, etc.).

A RICHIESTA LA SEGRETERIA ALLOGGIA GLI STUDENTI PRESSO FAMIGLIE ISTITUTI O PENSIONI

**I corsi cominciano il primo giorno non festivo, eccetto il sabato, di ogni mese dell'anno ed hanno tutti la durata di un mese.**

Per ulteriori informazioni scrivere a:
**Centro Lorenzo de' Medici**
Piazza delle Pallottole, 1 - 50122 Firenze - Italia

---

1. Quanti e quali (*which*) tipi di corsi ci sono in questa scuola?
2. Quanti giorni la settimana (*week*) e quante ore al giorno?
3. Sono piccole le classi? Quanti studenti ci sono in un corso normale? E in un corso intensivo? E in un corso serale?
4. Su (*About*) quali argomenti (*topics*) sono i seminari e le conferenze? Fate una lista.
5. Se (*If*) uno studente supera (*passes*) gli esami di lingua, che cosa ottiene (*does he obtain*)?
6. Ci sono attività extrascolastiche? Quali?
7. Dove alloggiano (*live*) gli studenti?
8. Quando cominciano i corsi e quanto tempo durano (*how long do they last*)?

B. **Lezioni di inglese.** You are studying in Italy. To earn some spending money, you decide to give English lessons. You want to put an ad in the local paper. Look at these ads to get ideas about what to say!

Studentessa madrelingua inglese dà lezioni conversazione.
Prezzi modici. Telefonare 21-46-67

Studente americano dà lezioni di inglese tutti i livelli. Casella Postale 600

Professore Lettere in pensione° insegna italiano latino inglese matematica. Lunga esperienza. Telefonare 45-14-33 — *in... retired*

Laureata in Lingue dà lezioni ripetizioni tutte le materie a adulti e bambini. Rossi, Corso Paganini 39, Genova

# LETTURA CULTURALE

## La scuola in Italia

In Italia l'istruzione° è obbligatoria per otto anni: cinque anni di Scuola Elementare (le Elementari) e tre anni di Scuola Media. Per gli studenti che desiderano continuare gli studi, c'è il Liceo (Classico, Scientifico o Artistico) o l'Istituto (Commerciale, Tecnico, Industriale, ecc.). Gli studi liceali o tecnici durano° cinque anni. I giovani che desiderano diventare° maestri° elementari frequentano l'Istituto Magistrale (le Magistrali) per cinque anni.

Ogni° studente che° termina la scuola secondaria dopo° una serie di esami comprensivi ha la possibilità di continuare gli studi a un'università di sua scelta.° Non ci sono criteri

*education*

*last*
*to become / teachers*

*Every / who / after*

*di... of his choice*

d'ammissione nè° limiti numerici (numero chiuso): basta fare domanda° e l'ammissione è automatica.

Quasi° tutte le città importanti hanno un'università: come, per esempio, Roma, Bologna, Milano, Torino, Genova, Napoli, Palermo, Padova, Pisa. Ci sono circa cento° università in Italia. Alcune° sono antichissime,° come l'Università di Bologna (anno di fondazione: circa 1238); altre sono molto recenti, come l'Università della Calabria.°

Lo stato° italiano controlla e finanzia l'istruzione universitaria, come, del resto,° l'istruzione a tutti i livelli. Le università private sono poche.° Gli studenti pagano poco per frequentare l'università: le tasse° variano secondo° la facoltà° ma non superano° le 150.000 lire all'anno° (circa 110 dollari). Gli studi durano quattro, cinque o sei anni secondo la facoltà (per esempio, quattro anni in Lettere, cinque in Ingegneria, sei in Medicina). Lo studente che dà tutti gli esami e fa la tesi, completa gli studi e diventa « Dottore » (dottore in medicina, dottore in ingegneria, dottore in lettere e così via°): finalmente ha la « Laurea! »° La laurea è, per il momento, il solo titolo° conferito dalle° università italiane.

*nor*

*basta... it's enough to apply*
*Almost*

*one hundred*
*Some / very ancient*

*region of southern Italy*
*government*
*del... besides*
*few*
*fees / according to / school*
*exceed / a year*

*così... so forth / between an M.A. and a Ph.D. title / by the*

## Reading comprehension check

**A.** Vero o falso? Spiegate se non è vero.

**1.** In Italia è obbligatorio andare a scuola fino all'età (*up to the age*) di sedici anni.

**2.** C'è un solo (*only one*) tipo di Liceo.     **3.** Le università italiane sono private.

**4.** Le tasse universitarie sono basse.     **5.** Ogni corso di studi dura quattro anni.

**6.** Per avere la laurea, è necessario fare la tesi.     **7.** L'Istituto Magistrale prepara a diventare maestri.     **8.** La laurea è uno dei (*of the*) tre titoli conferiti dalle università italiane.

**B.** Completate il seguente paragrafo.

Ci sono molte differenze fra (*between*) la scuola italiana e la scuola americana: in Italia la Scuola Elementare dura cinque anni, mentre (*whereas*) in America _____. Lo studente italiano ha bisogno di superare una serie di esami per terminare il Liceo o l'Istituto e frequentare l'università; in America lo studente americano, quando termina la High School, _____. Gli studenti universitari italiani hanno un solo esame finale per corso; gli studenti americani _____. Per avere la laurea, è necessario fare la tesi; per avere il B.A., è necessario _____. L'anno accademico in Italia non è diviso (*divided*) in semestri o trimestri; l'anno accademico in America _____.

Università di Perugia: biblioteca.

Università di Napoli: lezione di fisica.

# Che cosa fai stasera?

Gli italiani preferiscono guardare la TV (tivù).

# I. GRAMMATICA

## A. Verbs in -ere and -ire: the present tense

È una serata come tutte le altre in casa Bianchi: la mamma e la nonna guardano la televisione, papà legge il giornale (lui non guarda mai la televisione, preferisce leggere), lo zio Tony scrive una lettera, Luigino dorme, Franca e Sergio sentono un disco.

1. *Che cosa fanno la mamma e la nonna?*
2. *Scrive una lettera papà?*
3. *Che cosa fa Luigino?*
4. *Chi sente un disco?*

1. The present tense of regular verbs ending in **-ere** (second conjugation) and of many verbs ending in **-ire** (third conjugation) is formed by adding the appropriate endings to the infinitive stem.

| **-ere** VERBS | **-ire** VERBS (FIRST GROUP) |
|---|---|
| **scrivere** (*to write*) | **dormire** (*to sleep*) |
| (io) scriv**o** | dorm**o** |
| (tu) scriv**i** | dorm**i** |
| (Lei, lui, lei) scriv**e** | dorm**e** |
| (noi) scriv**iamo** | dorm**iamo** |
| (voi) scriv**ete** | dorm**ite** |
| (loro) scriv**ono** | dorm**ono** |

Note that the endings are the same for both conjugations except in the second person plural: **-ete** for **-ere** verbs, **-ite** for **-ire** verbs.

Scrivete molte lettere?      *Do you write many letters?*

Il nonno dorme e anche i bambini dormono.      *Grandpa is sleeping and the children are sleeping, too.*

---

It's an evening like all the others at the Bianchis. Mother and Grandma are watching TV; Dad is reading the newspaper (he never watches TV; he prefers to read); Uncle Tony is writing a letter; Luigino is sleeping; Franca and Sergio are listening to a record.

2. Other **-ere** verbs conjugated like **scrivere** are

| | | |
|---|---|---|
| bere[1] | *to drink* | Io non bevo latte. |
| correre | *to run* | Perchè correte? |
| leggere | *to read* | Carlo legge il giornale. |
| perdere | *to lose* | Tu perdi sempre le chiavi (*keys*)! |
| prendere | *to take* | Noi prendiamo l'autobus qui. |
| ricevere | *to receive* | Chi riceve molte lettere? |
| rispondere | *to answer, reply* | Perchè non rispondi in italiano? |
| vedere | *to see* | Vedono un film. |

Note that almost all verbs ending in **-ere** have the stress not on **-ere** but on the preceding syllable: **prendere, ricevere.**

3. Some **-ire** verbs conjugated like **dormire** are

| | | |
|---|---|---|
| aprire | *to open* | Apriamo la finestra (*window*). |
| offrire | *to offer* | Offro un caffè a tutti. |
| partire | *to leave* | Quando partite? —Partiamo domani. |
| sentire | *to hear* | Sentite la voce (*voice*) di Mario? |
| servire | *to serve* | Servi vino bianco (*white*)? |

4. Not all verbs ending in **-ire** are conjugated like **dormire** in the present. Many **-ire** verbs follow this pattern:

| **-ire** VERBS (SECOND GROUP) | | | |
|---|---|---|---|
| **capire** (*to understand*) | | | |
| (io) | cap**isc**o | (noi) | capiamo |
| (tu) | cap**isc**i | (voi) | capite |
| (Lei, lui, lei) | cap**isc**e | (Loro, loro) | cap**isc**ono |

The endings are the same as for the verb **dormire,** but **-isc-** is inserted between the stem and the ending except in the first and second person plural. The pronunciation of **-sc-** changes according to the vowel that follows: before **o** it is pronounced like *sk* in *sky;* before **e** and **i** it is pronounced like *sh* in *shy.*[2]

The following **-ire** verbs are conjugated like **capire:**[3]

| | | |
|---|---|---|
| finire | *to finish, end* | I ragazzi finiscono gli esercizi. |
| preferire | *to prefer* | Preferite leggere o scrivere? |
| pulire | *to clean* | Quando pulisci la casa? |

[1]**Bere** uses the stem **bev-** with the regular endings: **bevo, bevi, beve, beviamo, bevete, bevono.**

[2]See **Esercizi di pronuncia** in this chapter for a more detailed treatment of the sounds of **sc.**

[3]In this text the infinitive of verbs conjugated like **capire** will be followed by **(isc)** in vocabulary lists and in the end vocabulary.

**5.** Note that when two verbs appear together in series (*you prefer to read*), the first is conjugated and the second stays in the infinitive form.

Voi preferite leggere.          *You prefer to read.*

—Dove preferisci andare?

## E S E R C I Z I

**A.** Replace the subject with each subject in parentheses, and change the verb form accordingly.

   **1.** *Tu* leggi il giornale. (la nonna / io e Carlo / voi / gli italiani)
   **2.** *Noi* apriamo la porta (*door*). (voi / il cugino di Marco / loro / io)
   **3.** *Marco* pulisce il frigo (*refrigerator*). (noi / i ragazzi / io / voi)
   **4.** *I bambini* non rispondono. (io / il professore / voi / tu)

**B.** Everything I do, Giuseppina does too! React to each statement according to the example.

ESEMPIO: Io corro. → Anche lei corre.

**1.** Io prendo un'aspirina.    **2.** Io leggo il giornale.    **3.** Io servo vino.    **4.** Io offro un caffè.    **5.** Io rispondo in italiano.    **6.** Io finisco la lezione.

**C.** Respond to each statement, indicating that **gli altri** (*the others*) do the same thing.

ESEMPIO: Pietro legge *Panorama*. → Anche gli altri leggono *Panorama*.

   **1.** Pietro sente un disco.    **3.** Pietro scrive una lettera.    **5.** Pietro vede un film.
   **2.** Pietro beve un caffè.    **4.** Pietro dorme otto ore.    **6.** Pietro perde le chiavi.

**D.** Explain why the following people don't do certain things: they prefer to do something else.

ESEMPIO: Marco non legge: <u>preferisce scrivere.</u>

   **1.** Daniela non mangia: _____.
   **2.** Le bambine non dormono: _____.

---

**3.** Il dottore non guida: \_\_\_\_.

**4.** Lo zio di Gino non prende l'aeroplano: \_\_\_\_.

**5.** Questi studenti non studiano: \_\_\_\_.

**6.** Luciano non suona: \_\_\_\_.

Now tell three things you don't do, and what you prefer to do instead.

**E.** Express in Italian.

1. How many languages do you speak? —Italian, English, and German, but I prefer to speak English!

2. Does Luigi read a lot? —Luigi? He never opens a book!

3. Do you understand Mike when he speaks English? —When he talks slowly (**adagio**), I understand everything (**tutto**); when he talks fast (**in fretta**), I don't understand a word!

4. What do you do in the evening (**la sera**)? —Usually (**Di solito**) I don't go out; I watch TV. Do you guys watch TV? —No, we never watch TV because we are never home.

5. Do you open the window when it is hot?

**F.** Answer each question in a complete sentence. All questions are addressed to you.

**1.** Lei corre volentieri?    **2.** Preferisce guardare la televisione o leggere?    **3.** Ha amici che (*who*) prendono lezioni di karatè o di yoga?    **4.** Lei pulisce la casa ogni (*every*) week-end?    **5.** Lei apre la finestra quando fa caldo?    **6.** Preferisce stare zitto/a o parlare quando ci sono molte persone?    **7.** Quando riceve una lettera, risponde subito (*immediately*)?    **8.** È contento/a quando finisce gli esercizi?

**G.** Choose four of the preceding questions and interview a friend. Report his/her answers to the class when they differ from your own.

—Vedi che esiste davvero Babbo Natale?

## B. Some irregular *-ere* and *-ire* verbs

—Questo dannato dev'essere un pezzo grosso.°        pezzo... *big shot*

Some commonly used **-ere** and **-ire** verbs are irregular in the present tense.

| **dire** (*to say, tell*) | **uscire** (*to go out*) | **venire** (*to come*) |
|---|---|---|
| dico | esco | vengo |
| dici | esci | vieni |
| dice | esce | viene |
| diciamo | usciamo | veniamo |
| dite | uscite | venite |
| dicono | escono | vengono |

Diciamo « Buon giorno! »        *We say good morning.*

Perchè non esci con Sergio?        *Why don't you go out with Sergio?*

Vengo domani.        *I'm coming tomorrow.*

| **dovere** (*to have to, must*) | **potere** (*to be able to, can, may*) | **volere** (*to want*) |
|---|---|---|
| devo | posso | voglio |
| devi | puoi | vuoi |
| deve | può | vuole |
| dobbiamo | possiamo | vogliamo |
| dovete | potete | volete |
| devono | possono | vogliono |

Dovete aspettare un'ora.        *You must wait an hour.*

Possono venire? —No, non possono.        *Can they come? —No, they can't.*

Chi vuole sentire il disco?        *Who wants to hear the record?*

Note that if a verb follows **dovere, potere,** or **volere,** it is in the infinitive form.

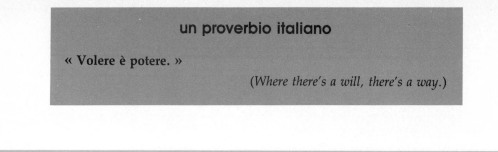

## un proverbio italiano

« Volere è potere. »

*(Where there's a will, there's a way.)*

## E S E R C I Z I

**A.** Replace the subject with each subject in parentheses, and change the verb form accordingly.

1. Potete venire stasera? (tu / Lei / loro / il professore)
2. *La signora* vuole un caffè. (io / noi / loro / voi)
3. Devi prendere il treno. (noi / Carlo / voi / loro)
4. *Io* non dico « Ciao! » (voi / Lei / la nonna / gli zii)

**B.** The following people do certain things because they must do them. Complete each sentence according to the example.

ESEMPIO: Carlo scrive perchè _____. → Carlo scrive perchè deve scrivere.

1. La signora paga perchè _____.
2. Io rispondo perchè _____.
3. Molte persone lavorano perchè _____.
4. Voi venite perchè _____.
5. Tu studi perchè _____.
6. Noi puliamo la casa perchè _____.

**C.** On the other hand, these people do certain things because they want to do them. Complete each sentence according to the example.

ESEMPIO: Io parto perchè _____. → Io parto perchè voglio partire.

1. Loro escono perchè _____.
2. Tu finisci perchè _____.
3. Voi offrite birra perchè _____.
4. Io insegno lingue perchè _____.
5. Noi andiamo a piedi perchè _____.
6. La signora Spina prende il treno perchè _____.

**D.** Respond to each question by stating *Of course I do!* (**Certo che** + *verb*) about the actions mentioned.

ESEMPIO: Lei serve vino? → Certo che servo vino!

1. Lei viene stasera?    2. Lei vuole mangiare?    3. Lei dice « Ciao! »?    4. Lei può aspettare?    5. Lei va a ballare?    6. Lei esce la domenica?    7. Lei sta attento/a?    8. Lei beve vino?    9. Lei guarda la TV?    10. Lei fa il letto?

**E.** Express in Italian.

1. We can't watch TV now. We must write a letter.    2. Robert, why aren't you coming? Because you can't or because you don't want to?    3. Children, you must stay still (**fermi**)! How can I take a picture?    4. I can't sleep, I can't eat, I can't

work. What must I do, Doctor?    **5.** Why do you say these things? I don't understand!

**F.** List three things you want to do today; three things you can't do today; three things you must do today; three things you say every day.

## C. *Present + da + time expression*

RICCARDO: Ho un appuntamento con Paolo a mezzogiorno in piazza. Vogliamo andare a mangiare insieme. Io arrivo puntuale ma lui non c'è. Aspetto e aspetto, ma lui non viene... Finalmente, dopo un'ora, Paolo arriva e domanda: « Aspetti da molto tempo? » E io rispondo: « No, aspetto solo da un'ora! »

*1. A che ora (At what time) e dove è l'appuntamento?*
*2. Chi arriva puntuale?*
*3. Quando arriva Paolo?*
*4. Che cosa domanda Paolo?*
*5. Che cosa risponde Riccardo?*

Italian uses *present tense* + **da** + *time expressions* to indicate an action that began in the past and is still going on in the present. To express the same kind of action, English uses the present perfect tense (*I have spoken, I have been working*) + *for* + *time expressions*.

> *verb in the present tense* + **da** + *length of time*

Parlo italiano da un anno.               *I've spoken Italian for a year.*
Lavorate da molti mesi.                  *You've been working for many months.*

To ask how long something has been going on, use **da quanto tempo** + *verb in the present*.

Da quanto tempo aspetti?                 *How long have you been waiting?*
Aspetto da molto tempo.                  *I've been waiting a long time.*

———

RICCARDO: I have a date with Paolo at noon in the square. We want to go to eat together. I arrive on time but he isn't there. I wait and wait, but he doesn't come. . . . Finally, after an hour, Paolo arrives and asks: "Have you been waiting long?" And I reply: "No, I've only been waiting for an hour!"

**A.** Create complete sentences based on the following phrases, according to the example.

ESEMPIO: (io) studiare l'italiano—quattro settimane (*weeks*) →
Io studio l'italiano da quattro settimane.

1. (lei) guidare—molti anni
2. (noi) aspettare l'autobus—venti minuti
3. (i bambini) prendere lezioni di piano—un anno
4. (tu) suonare la chitarra—molti mesi
5. (il dottor Spina) essere a Roma—tre giorni
6. (voi) bere latte—molto tempo
7. (il bambino) dormire—un quarto d'ora
8. (io) uscire con Giorgio—sei mesi
9. (la signora Parodi) avere l'influenza—una settimana
10. (loro) insegnare musica—vent'anni

**B.** You want to find out how long your instructor has been doing certain things. What will your questions be to him/her?

ESEMPIO: insegnare in questa università →
Da quanto tempo insegna in questa università?

1. leggere *Newsweek*    2. parlare italiano    3. abitare in questa città
4. suonare la chitarra    5. bere acqua minerale    6. fare il pane (*bread*) in casa

**C.** Tell how long you have been doing the following things.

1. studiare l'italiano    2. frequentare l'università    3. guidare l'automobile
4. fare fotografie    5. mangiare spaghetti    6. dire « Ciao! »    7. bere Coca-Cola

**D. Summary of interrogative words**

—Chi è?

```
┌─────────────────────────────────────────────────────────────────────────┐
│  INTERROGATIVE PRONOUNS                                                    │
│  chi? (inv.)                who? whom?          Chi sei?                   │
│  che cosa? (che?) (cosa?)   what?               Cosa fai?                  │
│  quale? (pl. quali)         which (one)? which ones?   Ecco due giornali: quale vuoi? │
│                                                 Di tutti i programmi,      │
│                                                 quali preferisci?          │
│  INTERROGATIVE ADJECTIVES                                                  │
│  che? (inv.)                what? what kind of?   Che macchina ha, Signora? │
│  quale? (pl. quali)         which?              Quali libri usate?        │
│  quanto (-a, -i, -e)?       how much? how many?   Quanta pazienza avete?  │
│                                                                            │
│  INTERROGATIVE ADVERBS                                                     │
│  come?⁴                     how?                Come sta Giancarlo?        │
│  dove?⁴                     where?              Dov'è la ragazza?          │
│  perchè?                    why?                Perchè non parlano?        │
│  quando?                    when?               Quando arriva Pietro?      │
└─────────────────────────────────────────────────────────────────────────┘
```

1. In questions beginning with an interrogative word, the subject is usually placed at the end of the sentence.

   Quando parla inglese Mike?           *When does Mike speak English?*

2. Prepositions such as **a, di, con,** and **per** always precede the interrogative **chi.** In Italian, a question never ends with a preposition.

   A chi scrivono?                      *To whom are they writing? (Whom are they writing to?)*

   Di chi è questo cane?                *Whose dog is this?*

   Con chi uscite stasera?              *Whom are you going out with tonight?*

3. **Che** and **cosa** are abbreviated forms of **che cosa.** The forms are interchangeable.

   Che cosa bevi?                       *What are you drinking?*
   Che dici?                            *What are you saying?*
   Cosa fanno i bambini?                *What are the children doing?*

4. As with all adjectives, the interrogative adjectives agree in gender and number with the nouns they modify, except for **che,** which is invariable.

   Quali parole ricordi?                *Which words do you remember?*
   Quante ragazze vengono?              *How many girls are coming?*
   Che libri leggi?                     *What books do you read?*

---

⁴come + è = com'è
dove + è = dov'è

---

**5. Che cos'è? (Che cosa è?)** expresses English *What is?* when asking for a definition or an explanation.

Che cos'è la semiotica?          *What is semiotics?*

**Qual**[5] **è** expresses *What is?* when asking for information.

Qual è l'oroscopo di oggi?       *What is today's horoscope?*
Qual è il numero di Roberto?     *What is Roberto's number?*

—Mamma, papà, che cosa è il black-out?

## E S E R C I Z I

**A.** Complete each question with the appropriate interrogative word.
  1. (Quanti / Quante) automobili hanno i Rossi?
  2. (Come / Cosa) parla inglese Beppino?
  3. (Cos'è / Qual è) la differenza tra **arrivederci** e **arrivederla**?
  4. (Quale / Quali) università sono famose?
  5. (Quali / Quanti) dischi compri, uno o due?
  6. (Quando / Quanto) latte bevi?
  7. (Che / Chi) facciamo stasera?
  8. (Che / Chi) giornali leggete?

**B.** What was the question? Formulate the question that each sentence answers, using interrogative words based on the italicized words. Of course, the italicized words should not appear in the questions.

[5]**Quale** is frequently shortened to **qual** before forms of **essere** that begin with **e-**.

1. Vengono *in treno*.    2. Perugia è *in Umbria*.    3. *Vittoria* deve studiare.
4. Abbiamo *cinque* zie.    5. Escono con *gli amici*.    6. Aspettano da *molto*
tempo.    7. Gli zii arrivano *domani*.    8. Puliscono *il frigo*.    9. Carlo paga per
*tutti*.    10. Non ricordiamo *le* parole *difficili*.

C. Express in Italian.

1. Here are two records. Which one do you prefer?    2. What film are they showing (**danno**) tonight? *Superman II*?    3. Whom is Maria writing to?    4. What
must I eat, doctor?    5. What wine do you want to drink, Mike? The local wine
(**Il vino locale**)?    6. What is the meaning (**il significato**) of this word: **carrello?**
7. What is a **carrello?**

D. Conversazione

1. Qual è la capitale d'Italia?    2. Quante sono le sinfonie di Beethoven?
3. Quali lingue parlano in Svizzera (*Switzerland*)?    4. Chi è il presidente
americano? E il presidente italiano?    5. Quale università frequenta? Da quanto
tempo?    6. Quante materie (*subjects*) studia ora? Quale preferisce?    7. Quanti
canali (*TV channels*) può vedere? Quale guarda regolarmente (*regularly*)?

—Pronto, chi parla?

# II. ESERCIZI DI PRONUNCIA

## The sounds of the letters sc: [sk] and [š]

A. Sound [sk]: a combination of [s] and [k] pronounced as in English *sky*.
In Italian it is written **sc** before **a, o, u,** and **sch** before **e** and **i.**

| sca | sco | scu | sche | schi |
|-----|-----|-----|------|------|
| scala | sconto | scultore | schema | schifoso |
| fresca | disco | discutere | pesche | tedeschi |

**B.** Sound [š]: a single sound pronounced as in English *shy*.
In Italian it is written **sci** before **a, o, u,** and **sc** before **e** and **i.**

| scia | scio | sciu | sce | sci |
|------|------|------|-----|-----|
| sciame | sciopero | sciupare | scema | scippo |
| lasciare | lascio | prosciutto | pesce | uscita |

**C.** Practice the sounds [sk] and [š] in these sentences.

1. Cos'è il *Gianni Schicchi?* —È un'opera; io ho il disco!
2. Tosca esce con uno scultore tedesco.
3. Perchè non pulisci le scarpe?
4. Posso lasciare i pesci con il prosciutto?
5. Francesco preferisce sciare con questi sci.
6. « Capire fischi per fiaschi » significa capire una cosa per un'altra.

> ### SCIOGLILINGUA (*Tongue twister*)
>
> O schiavo con lo schiaccianoci che cosa schiacci?
> Schiaccio sei noci del vecchio noce con lo schiaccianoci.

# III. DIALOGO

*Marcella e Vittoria camminano verso° la Biblioteca° Nazionale.*   camminano... *walk toward / Library*

MARCELLA: Vittoria, oggi finalmente arriva Pietro da Roma!

VITTORIA: L'amico di Beppino? E com'è questo Pietro?

MARCELLA: Mah, Beppino dice che è un ragazzo in gamba.° Lui e Pietro sono vecchi amici.   in... *on the ball*

VITTORIA: Arriva stamattina?°   *this morning*

MARCELLA: No, questo pomeriggio. Viene in macchina con un'amica americana, una certa° Geraldine.   *certain*

VITTORIA: Chi è? La sua ragazza?°   La... *His girlfriend?*

MARCELLA: Perchè non vieni a casa mia° stasera? Così vedi Pietro e Geraldine...   a... *to my house*

VITTORIA: Mi dispiace, ma non posso. Devo studiare per l'esame di Storia Moderna.

MARCELLA: Povera° Vittoria! Hai l'esame con il professor Biagi? Un vero pignolo!° Vuole sapere° tutte le date, tutti i nomi, tutti i minimi particolari!°   *Poor*
*fussy person / to know*
minimi... *details*

VITTORIA: Sì, è vero, ma io non ho paura: ho una buona memoria. Ora vado in biblioteca a studiare; e tu, che fai?

MARCELLA: Io? Vado a lezione di karatè.

VITTORIA: Prendi lezioni di karatè? E da quanto tempo?

MARCELLA: Da due settimane. Ora devo andare. Ciao e... in bocca al lupo!°   in... *good luck!* (see **Curiosità**)

VITTORIA: Crepi!

### Dialogue comprehension check

*Indicate whether each of the following statements is **vero** or **falso**. Change each false statement to make it true.*

1. Oggi Pietro arriva finalmente a Firenze.    2. Pietro arriva in treno con un amico.    3. Secondo (*According to*) Beppino, Pietro è un vero pignolo.    4. Vittoria non può andare a casa di Marcella stasera. 5. Vittoria deve studiare per un esame d'inglese.    6. Vittoria dimentica sempre date e nomi.    7. Marcella prende lezioni di karatè da due mesi.

---

**CURIOSITÀ**

Quando una persona deve dare un esame, diciamo: « In bocca al lupo! » e la persona risponde: « Crepi! » o « Crepi il lupo! »

Ora spieghiamo l'origine di queste espressioni.

**In bocca al lupo!** (*literally, Into the wolf's mouth!*) is somewhat like the English theatrical expression *Break a leg!* It is used to wish a person good luck, and it is said not only to students who are about to take an exam but also to anyone who is confronting a difficult or dangerous situation. The expression comes from the vocabulary of the sport of hunting, where *Into the wolf's mouth!* is an expression that implies, *Approach your enemy, the wolf, and be prepared to take care of him with your rifle.* The wolf is a symbol of adventure and risk. The response, **Crepi!** or **Crepi il lupo!** means *Let the wolf die!*

---

# IV. DI TUTTO UN PO'

**A.** Restate the following sentences, changing the verb form from **tu** to **voi**.

1. Quando esci con gli amici, dove vai?    2. Non puoi dire « Ciao! » a tutti; a molte persone devi dire « Buon giorno! »    3. Quando hai fame, mangi; quando hai sete, bevi.    4. Quando non capisci, fai una domanda?    5. Stai a casa quando non stai bene?    6. Quante ore dormi? Quante ore lavori?    7. Perchè guardi sempre la televisione? Perchè non leggi un libro?    8. Che cosa dici quando vuoi sapere l'ora (*to know the time*)?    9. Studi il francese e il tedesco, ma quale lingua preferisci?    10. Prendi lezioni di piano da cinque anni? Allora suoni il piano!

**B.** Express in Italian.

1. What day is it today, Monday or Tuesday? And what is the date?    2. What do you say when you see a friend?    3. When are you leaving for Rome, this morning? There are three trains. Which one are you taking?    4. I don't remember how long the children have been taking piano lessons.    5. They don't go out when they have to study for an exam.    6. Who has a good memory? Who remembers all the words in (**di**) this lesson?

---

**C.** Combine one word or phrase from each column to form complete sentences. Remember to use the proper form of the verb.

| A | | B | C |
|---|---|---|---|
| noi | (non) | avere | tutte le date |
| gli studenti | | pulire | molti giornali |
| tu e Marco | | fare | gli esami facili |
| Vincenzo | | dovere | il letto |
| io | | leggere | la casa |
| il dottor Schizzi | | essere | intelligente e simpatico |
| Lei | | ricordare | vent'anni |
| tu | | preferire | a comprare il latte |
| io e Giovanna | | andare | aspettare una settimana |

**D.** Express the following dialogue in Italian. Then create a dialogue of your own based on a similar situation: two young people making plans for an evening.

MIKE: Do you have a date tonight?

JANE: No, I'm free.

MIKE: Good (**Bene**)! We can go see a movie or, if (**se**) you prefer, we can go dancing.

JANE: I have an idea! Why don't we go to Roberto's house and watch *Dallas*? Roberto has color TV (**la televisione a colori**)!

—Non c'è la televisione? Ma, allora, che razza° di paradiso è?

*kind*

# V. PAROLE DA RICORDARE

**VERBI**

**aprire**  to open
**bere**  to drink
**capire (isc)**  to understand
**correre**  to run
**dire**  to say; to tell
**domandare**  to ask
**dormire**  to sleep
**dovere (+ *inf.*)**  to have to, must (*do something*)
**finire (isc)**  to finish
**guardare**  to watch
**leggere**  to read
**offrire**  to offer
**partire**  to leave, depart
**perdere**  to lose
**potere (+ *inf.*)**  to be able to (can, may) (*do something*)
**preferire (isc) (+ *inf.*)**  to prefer (*to do something*)
**prendere**  to take
**pulire (isc)**  to clean
**ricevere**  to receive
**rispondere**  to answer, reply
**scrivere**  to write
**sentire**  to hear; to listen to

**servire**  to serve
**uscire**  to go out
**vedere**  to see
**venire**  to come
**volere (+ *inf.*)**  to want (*to do something*)

**NOMI**

**l'appuntamento**  appointment, date
**l'autobus**  bus
**la biblioteca**  library
  **in biblioteca**  in (to) the library
**la chiave**  key
**la data**  date (*calendar*)
**il disco** (*pl.* **dischi**)  record
**la finestra**  window
**il frigo** (from **frigorifero**)  refrigerator
**il giornale**  newspaper
**la lettera**  letter
**la memoria**  memory
**il mese**  month
**il minuto**  minute
**la nonna, il nonno**  grandmother, grandfather

**la porta**  door
**la settimana**  week
**la televisione (la tivù)**  television

**AGGETTIVI**

**ogni** (*inv.*)  each, every
**tutto** + *article*  all

**ALTRE PAROLE ED ESPRESSIONI**

**che?**  what? what kind of?
**così**  thus
**da**  from
**finalmente**  finally
**In bocca al lupo!**  Good luck!
  **Crepi!**  Thanks!
**insieme**  together
**mi dispiace**  I'm sorry
**molto tempo**  a long time
**quale** (*pl.* **quali**)  which (one, ones)?
**stamattina**  this morning
**subito**  quickly, immediately

## ITALIA COSÌ

**A. Quale programma?** Your Italian friends love to watch TV. Knowing their tastes, can you guess what they might watch on a given evening? Look at the programs offered by the three channels, read about the individual preferences, and guess!

1. Pietro ama gli sport.
2. Alessandra preferisce i vecchi film.
3. Daniela, invece (*on the other hand*), guarda solo i programmi culturali.
4. Marco studia Scienze Politiche e ha un hobby: la politica.
5. Luciano ama la musica: tutta la musica (opera, musica sinfonica, jazz, canzoni [*songs*] moderne).
6. Cristina preferisce i programmi d'importazione americana, specialmente le serie poliziesche (*detective series*).

| Rete Uno | Rete Due | Rete Tre |
|---|---|---|
| 18,20 Hawaii—Squadra cinque zero | 18,15 Discoring: Settimanale di attualità di musica e dischi | 18,20 Dibattito politico |
| 20,40 Il Dr. Jekyll e Mr. Hyde—Film con Ingrid Bergman e Spencer Tracy | 20,45 Geografia: i Paesi Bassi | 21,15 Calcio: Coppe Europee |

**B. Sondaggio (*Poll*).** In Italia, come in molti altri paesi, i sondaggi sono molto frequenti. I vari istituti d'opinione pubblica vogliono sapere tutto di noi: che cosa mangiamo, che cosa leggiamo, che lavoro abbiamo, che cosa facciamo quando non lavoriamo, eccetera.

Ecco quattro domande tipiche: come rispondete?

1. Leggi giornali, più o meno regolarmente (cioè [*that is*], almeno uno per 10–15 minuti), e quanti giorni la settimana?
   - ☐ tutti i giorni
   - ☐ quattro–cinque volte (*times*) la settimana
   - ☐ due–tre volte la settimana
   - ☐ un giorno la settimana
   - ☐ quasi mai
   - ☐ mai
2. Cosa ascolti o vedi alla radio (*on the radio*) ed alla TV (*on TV*)? Quali notizie ti interessano (*interest you*) particolarmente?
   - ☐ politica interna
   - ☐ politica estera

- ☐ conflitti internazionali
- ☐ politica locale
- ☐ terrorismo
- ☐ lavoro ed economia
- ☐ scuola
- ☐ problemi sociali
- ☐ cronaca (*local news*)
- ☐ cronaca nera (*police blotter*)
- ☐ incidenti (*accidents*), calamità e disgrazie
- ☐ scienza, tecnica, storia, letteratura e arte
- ☐ spettacoli
- ☐ notizie e curiosità
- ☐ la moda (*fashion*), il costume in genere
- ☐ altro (specificate)

3. Vedi la televisione ed ascolti la radio più o meno regolarmente? E quante volte la settimana?

| RADIO | TV | |
|---|---|---|
| ☐ | ☐ | tutti i giorni |
| ☐ | ☐ | due–tre volte la settimana |
| ☐ | ☐ | una volta la settimana |
| ☐ | ☐ | quasi mai |
| ☐ | ☐ | mai |

4. Segui (*Do you follow*) il telegiornale (*TV news*)?
- ☐ sì, regolarmente
- ☐ sì, ma solo due–tre volte la settimana
- ☐ sì, una volta sola la settimana
- ☐ mai o quasi mai

# LETTURA CULTURALE

## Gli italiani e il tempo libero°                    *free*

Come utilizzano il tempo libero gli italiani? Che cosa preferiscono fare? Secondo sondaggi recenti, la televisione è il principale divertimento in Italia. Gli italiani dicono che° imparano molto quando guardano la TV (tivù) e anche quando ascoltano la radio.

*that*

Uscire con gli amici e prendere un caffè insieme, fare una passeggiata° e guardare le vetrine,° andare a ballare o a vedere un film, andare a mangiare fuori,° andare a vedere la partita di calcio° sono altre attività molto comuni.

*fare... to take a walk / windows*
*out*
*partita... soccer game*

Meno popolari, invece,° sono le conferenze e le manifestazioni culturali e gli sport come la caccia° e la pesca.° C'è più°
interesse per sport come la bicicletta, lo sci e il tennis, e non solo
tra° i giovani. Mode° recenti, molte d'importazione americana,
sono la corsa (chiamata° footing o jogging) e gli esercizi fisici di
tutti i tipi: karatè, judò, yoga, eccetera. Molti preferiscono an-
cora° le attività tradizionali come giocare a° carte o giocare a
bocce, ma i tempi cambiano° e, con i tempi, cambiano anche le
abitudini.°

*on the other hand*
*hunting / fishing /*
  *more*

*among / Fashions*
*called*

*still / to play*
*change*
*habits*

**Reading comprehension check**

**A.** Secondo Lei (*According to you*), quali passatempi italiani
possono essere anche passatempi americani?

**B.** Come utilizzano il tempo libero gli americani? Elencate (*List*)
le tre attività più comuni (*most common*).

**C.** Che cosa fa Lei quando ha tempo libero?

Il gioco delle bocce.

**A.** Circle the letter of the item that best fits the blank.

1. _____ sono due musei.
   **a.** C'è   **b.** Che   **c.** Ci
2. Ecco _____ stazione!
   **a.** lo   **b.** la   **c.** le
3. Perchè non vuoi _____?
   **a.** venite   **b.** venire   **c.** vieni
4. Ho _____ buon' idea.
   **a.** una   **b.** un   **c.** un'
5. Voglio andare a ballare: non vado a ballare _____ due mesi.
   **a.** a   **b.** da   **c.** per
6. Preferiamo _____ università americane.
   **a.** l'   **b.** gli   **c.** le
7. _____ lingue sono importanti?
   **a.** Quali   **b.** Quale   **c.** Qual
8. Dottore, Lei è molto _____.
   **a.** bravo   **b.** brava   **c.** brave
9. Marta è una ragazza _____ intelligente.
   **a.** molto   **b.** molta   **c.** molte
10. _____ la differenza tra « Ciao! » e « Arrivederci! »?
    **a.** Qual è   **b.** Cos'è   **c.** Chi è
11. Io vengo a piedi, voi _____ in bicicletta.
    **a.** venire   **b.** venite   **c.** viene
12. Chi _____ pulire la casa?
    **a.** deve   **b.** devo   **c.** devono
13. Quando _____ sete, che cosa bevi?
    **a.** ha   **b.** hai   **c.** ho
14. Perchè parlate sempre? Perchè non _____ zitti?
    **a.** fate   **b.** date   **c.** state

**B.** Fill in the blank with the appropriate word.

Marco Rizzo è uno studente _____ Boston. Il padre di Marco è italiano e anche la madre è _____. I signori Rizzo abitano a Boston _____ trent'anni ma vanno spesso _____ Italia dove hanno ancora (*still*) _____ parenti.

Quest'anno Marco studia in Italia, in un'_____ italiana. Ha lezione tutti i _____, eccetto (*except*) la domenica. Marco è senza (*without*) macchina, così _____ sempre a piedi o prende l'_____.

Marco è completamente italianizzato: _____ tutte le cose che fanno _____ italiani. _____ pasta, _____ acqua minerale, _____ un caffè dopo ogni pasto (*meal*), _____ « Ciao! », va a _____ le partite di calcio (*soccer games*), qualche volta (*sometimes*) _____ la TV... È così occupato che non ha tempo di _____ lettere a casa; _____ telefonare!

**C.** Interview a classmate to find out the following information.

**1.** Where he/she is from.   **2.** What nationality he/she is.   **3.** How old he/she is.
**4.** What he/she is studying this term.   **5.** How many days a week he/she goes out.   **6.** What TV programs he/she watches.

Add any other questions you can think of, and take notes during the interview. Report what you have learned to the class.

# Andiamo a prendere un caffè?

C'è sempre molta gente nei caffè italiani: all'interno del caffè o ai tavolini all'aperto.

# I. GRAMMATICA

## A. Prepositions + articles

Le vie e le piazze delle città italiane sono sempre affollate: c'è molta gente[1] nei caffè, all'interno o seduta ai tavolini all'aperto, nei negozi, per le strade, sugli autobus, sui filobus... E gli stranieri domandano: « Ma non lavora questa gente? »

1. *Quando sono affollate le vie e le piazze italiane?*
2. *Dove sono i tavolini di molti caffè?*
3. *Dove vediamo molta gente?*
4. *Quale domanda fanno gli stranieri?*
5. *Lei va spesso al caffè?*

1. You have already learned the important simple Italian prepositions (**le preposizioni semplici**): **di, a, da, in, con, su, per.**

| a | *at, to, in* | Andiamo a Roma domani. |
| con | *with* | Escono con Roberto. |
| da | *from* | Vengo da Milano. |
| di | *of, –'s* | È il passaporto di Marco. |
| in | *in, to, into* | Il vino è in un bicchiere. |
| per | *for* | Il libro è per la nonna. |
| su | *on, over* | Dormo su questo letto. |

2. When the prepositions **a, di, da, in,** and **su** are followed by a definite article, they combine with it to form one word. Each contraction (**preposizione articolata**) has the same ending as the article: **a + il = al, a + lo = allo,** and so on.

---

The streets and squares of Italian cities are always crowded: there are many people in the coffee shops, seated inside or at the tables outside, in the stores, on the streets, on the buses, on the trolley buses. . . . And foreigners ask: Don't these people ever work?

[1]Two Italian words correspond to English *people:* **la gente** and **le persone. Gente** is a singular feminine noun, requiring a third person singular verb; **persone** is feminine plural, requiring a third person plural verb.

| C'è molta gente.<br>Ci sono molte persone. | } | *There are many people.* |
| La gente parla.<br>Le persone parlano. | } | *People talk.* |

| PREPOSIZIONI | ARTICOLI | | | | | | | |
|---|---|---|---|---|---|---|---|---|
| | maschili | | | | | femminili | | |
| | singolare | | | plurale | | singolare | | plurale |
| | il | lo | l' | i | gli | la | l' | le |
| a | al | allo | all' | ai | agli | alla | all' | alle |
| da | dal | dallo | dall' | dai | dagli | dalla | dall' | dalle |
| di → de | del | dello | dell' | dei | degli | della | dell' | delle |
| in → ne | nel | nello | nell' | nei | negli | nella | nell' | nelle |
| su | sul | sullo | sull' | sui | sugli | sulla | sull' | sulle |

| | |
|---|---|
| Andiamo al caffè. | *We're going to the coffee shop.* |
| Vengono dall'aeroporto. | *They're coming from the airport.* |
| Quali sono i giorni della settimana? | *Which are the days of the week?* |
| L'acqua è nei bicchieri. | *The water is in the glasses.* |

3. Many contractions are used with expressions of time:

**alle** + *hour* (at . . .), which answers the question: **A che ora?**

| | |
|---|---|
| Alle cinque o alle sei? | *At five or six?* |

NOTE: **a mezzogiorno** (*at noon*), **a mezzanotte** (*at midnight*), **all'una** (*at one*).

**dalle** + *hour* (from . . .)

| | |
|---|---|
| Lavoro dalle nove alle cinque. | *I work from nine to five.* |

**fino alle** + *hour* (until . . .)

| | |
|---|---|
| Dormono fino alle undici. | *They sleep until eleven.* |

**prima delle** + *hour* (before . . .)

| | |
|---|---|
| Esci dopo le otto? —No, prima delle otto. | *Do you go out after eight? —No, before eight.* |

4. The preposition **con** may contract with the article, but only two forms—**col** (**con** + **il**) and **coi** (**con** + **i**)—are commonly used. The use of these contractions is optional.

| | |
|---|---|
| Vedi l'uomo col cane (con il cane)? | *Do you see the man with the dog?* |
| Chi sta a casa coi bambini (con i bambini)? | *Who stays home with the children?* |

5. Usually no article is used with **in** before words like **cucina** (*kitchen*), **sala da pranzo** (*dining room*) (and other nouns designating rooms of a house), **biblioteca, banca, chiesa, piazza, prigione, ufficio,** and so on.

| Mangiamo in cucina, non in sala da pranzo. | *We eat in the kitchen, not in the dining room.* |
|---|---|
| Vai in chiesa la domenica? | *Do you go to church on Sundays?* |

## E S E R C I Z I

**A.** Create new sentences by substituting the words in parentheses for the italicized words.

1. Carlo va alla *stazione*. (supermercato / ospedale / caffè / stadio / festa / concerto / concerti)
2. Ricordi il nome del *professore*? (professoressa / zio di Marco / profumo / bambine / uccello)
3. L'aeroplano vola (*flies*) sull'*aeroporto*. (case / palazzi / ospedale / stadio / banca)
4. Vengono dall'*università*. (ufficio / ospedale / biblioteca / stazione / aeroporto)

**B.** Complete the following sentences with the appropriate **preposizioni articolate**.

1. Preferisco il francese (a + lo) spagnolo e la storia (a + la) filosofia.
2. Il latte è (in + il) frigo.
3. C'è molta gente (su + l') autobus.
4. Diamo la mancia (*tip*) (a + il) cameriere.
5. L'albergo (*hotel*) non è lontano (*far*) (da + la) stazione.
6. Dovete andare (a + l') ospedale?
7. Offro un gelato (a + i) bambini.
8. Prendi il caffè (con + il) latte?
9. Ricevete molte lettere (da + gli) zii?
10. Preferiamo comprare (in + i) negozi (di + il) centro.

**C.** Supply the correct form of **di** + *article*.

1. La casa _____ zii è grande; la casa _____ nonna è piccola.
2. La macchina _____ amico di Roberto è francese.
3. Quando è il compleanno (*birthday*) _____ professore?
4. Dov'è la casa _____ signora Bocca?
5. Perchè è aperta (*open*) la porta _____ ufficio _____ professor Tursi?
6. Perchè è aperta la porta _____ frigo?
7. L'università è nel centro _____ città.
8. Ecco i passaporti _____ studenti.
9. Quali sono i mesi _____ anno? E i giorni _____ settimana?
10. Amo (*I love*) il profumo _____ sigarette americane.

**D.** Give the opposite of each expression, as in the example.

ESEMPIO: dopo gli esami → prima degli esami

**1.** dopo le lezioni   **2.** dopo le nove   **3.** prima di mezzogiorno   **4.** prima dell'una   **5.** dopo l'arrivo   **6.** prima di domenica   **7.** dopo il concerto **8.** dopo domani   **9.** prima dei pasti (*meals*)   **10.** prima della lezione

**E.** Answer each question in a complete sentence, using the time in parentheses.

ESEMPIO: A che ora mangiano? (7,30) → Mangiano alle sette e mezzo.

**1.** A che ora vanno all'università? (8,00)
**2.** A che ora hanno lezione d'italiano? (9,10)
**3.** A che ora vanno a mangiare? (12,15)
**4.** A che ora vanno in biblioteca? (3,00)
**5.** A che ora vanno al cinema? (5,00 P.M.)
**6.** A che ora vanno a dormire? (10,00 P.M.)

**F.** Complete each sentence with **in** or a form of **in** + *article* (**nel, nello, nella,** etc.).

**1.** Dove mangiate, _____ cucina?
**2.** I soldi sono _____ portafoglio (*wallet*).
**3.** Oggi c'è molta gente _____ negozi.
**4.** Preferite studiare _____ biblioteca o a casa?
**5.** Ho bisogno di soldi: devo andare _____ banca.
**6.** _____ università italiane ci sono molti studenti stranieri.

**G.** **Entrano o escono?** Change the following sentences according to the example.

ESEMPIO: Entrano nel negozio. → Escono dal negozio.

**1.** Entrano nella discoteca.   **2.** Entrano nell'ufficio.   **3.** Entrano nel bar. **4.** Entrano nel supermercato.   **5.** Entrano nello studio.   **6.** Entrano nei negozi.   **7.** Entrano nelle chiese.   **8.** Entrano nel labirinto.

---

## B. The *passato prossimo* with *avere*

—Non abbiamo trovato una baby-sitter!

1. The **passato prossimo** is a past tense that reports an action, event, or fact that took place and was completed in the past. It consists of two words: the present tense of **avere** or **essere** (called the *auxiliary* or *helping verbs*) and the past participle of the verb.

> passato prossimo = presente di **avere**/**essere** + participio passato

In this section you will learn how to form the past participle and how to use it to express the **passato prossimo** with **avere**.

2. The past participle of regular verbs is formed by adding **-ato, -uto,** and **-ito** to the infinitive stems of **-are, -ere,** and **-ire** verbs, respectively.

| INFINITO | PARTICIPIO PASSATO |
|----------|-------------------|
| -are | -ato |
| -ere | -uto |
| -ire | -ito |

lavorare → lavorato
ricevere → ricevuto
capire → capito

| PASSATO PROSSIMO **lavorare** | | | |
|---|---|---|---|
| ho lavorato | *I (have) worked* | abbiamo lavorato | *we (have) worked* |
| hai lavorato | *you (have) worked* | avete lavorato | *you (have) worked* |
| ha lavorato | *you (have) worked; he, she (has) worked* | hanno lavorato | *they (have) worked* |

**3.** Note that the form of the past participle is invariable in the **passato prossimo**.

Oggi Anna non lavora perchè ha
lavoro ieri.

*Today Anna isn't working because she worked
yesterday.*

Anche gli altri hanno lavorato ieri.

*The others worked yesterday, too.*

**4.** In negative sentences, **non** is placed before the auxiliary verb.

Ha capito? —No, non ho capito.

*Did you understand? —No, I didn't
understand.*

Molti non hanno capito.

*Many didn't understand.*

**5.** The **passato prossimo** has several English equivalents.

Ho mangiato.

$$\begin{cases} \textit{I have eaten. (present perfect)} \\ \textit{I ate. (simple past)} \\ \textit{I did eat. (emphatic past)} \end{cases}$$

**ATTENZIONE!** Note the difference in form and meaning between:

Sara ha studiato l'italiano due anni.

*Sara studied Italian (for) two years. (action is
finished)*

Sara studia l'italiano da due anni.

*Sara has been studying Italian for two years.
(action is still going on)*

**6.** The **passato prossimo** is often accompanied by these expressions of time.

ieri, ieri sera          *yesterday, last night*

| due giorni | | *two days* | |
|---|---|---|---|
| una settimana | fa | *a week* | *ago* |
| un mese | | *a month* | |
| un anno | | *a year* | |

| lunedì | | | | *Monday* |
|---|---|---|---|---|
| il mese | scorso | *last* | | *month* |
| l'anno | | | | *year* |

| domenica | | | | *Sunday* |
|---|---|---|---|---|
| la settimana | scorsa | *last* | | *week* |

Hai guardato la televisione ieri sera?

*Did you watch TV last night?*

Hanno avuto l'influenza l'anno scorso.

*They had the flu last year.*

**7.** Common adverbs of time, such as **già** (*already*), **sempre** (*always*), and **mai** (*ever*), are
placed between **avere** and the past participle.

Ho sempre avuto paura dei cani.

*I've always been afraid of dogs.*

Hai mai mangiato i tortellini?

*Have you ever eaten tortellini?*

---

**8.** Some verbs (most of them **-ere** verbs) have irregular past participles.

| | | | |
|---|---|---|---|
| bere | → bevuto | prendere | → preso |
| dire | → detto | rispondere | → risposto |
| fare | → fatto | scrivere | → scritto |
| leggere | → letto | vedere | → visto (*also*: veduto) |
| mettere | → messo | | |
| (to put) | | | |

Avete detto « Ciao! » al professore? *Did you say "Ciao!" to the professor?*

Non abbiamo letto il giornale. *We didn't read the paper.*

Chi ha scritto una lettera? *Who wrote a letter?*

## E S E R C I Z I

**A.** Replace the subject with each subject in parentheses, and change the verb form accordingly.

1. *Roberto* ha parlato italiano ieri. (loro / io / tu / voi)
2. Non abbiamo dormito bene. (io / la signora / i bambini / tu)
3. Hai ricevuto una lettera? (chi / voi / loro / Lei)
4. Hanno bevuto un cappuccino. (il dottore / io / io e Roberto / tu e Silvana)
5. Ho messo lo zucchero (*sugar*) nel caffè. (Lei / noi / le ragazze / voi)

**B.** Restate each sentence in the **passato prossimo** (negative form), starting with an expression of time of your choice.

ESEMPIO: Oggi studio la lezione. → Ieri non ho studiato la lezione.

1. Oggi guardo la televisione. 2. Oggi prendo un cappuccino. 3. Oggi ho un esame. 4. Oggi capisco bene. 5. Oggi faccio il letto. 6. Oggi pulisco il frigo. 7. Oggi scrivo alla zia. 8. Oggi leggo il giornale.

**C. Cosa hai fatto domenica scorsa?** Using the verbs listed, ask your classmates what they did last Sunday. Take notes and report the results to the class.

ESEMPIO: vedere un film → Chi ha visto un film?
Tre persone hanno visto un film.

1. comprare un disco 2. ascoltare (*to listen to*) la radio 3. pulire la casa 4. fare l'autostop (*to hitchhike*) 5. mangiare al ristorante 6. leggere il *New York Times* 7. dormire fino a tardi 8. studiare la lezione d'italiano

Now tell three things you did last Sunday.

ESEMPIO: Io ho visto un film. Io...

**D.** Express in Italian.

1. They studied French for two years; they've been studying German for fourteen months. 2. What did you say when you saw Roberto's mother? 3. How

many words have you learned in Italian?    **4.** We didn't order meat; we ordered a pizza.    **5.** Why haven't you paid? Don't you have (any) money?    **6.** Yesterday I waited thirty minutes; today I've already been waiting for an hour.

**E. Pierino è un bambino terribile...** Continue the description of his bad habits, beginning with **Anche ieri...** Use the **passato prossimo,** according to the example.

ESEMPIO: Non dice « Grazie! » → Anche ieri non ha detto « Grazie! »

**1.** Non studia.    **2.** Non fa gli esercizi.    **3.** Non risponde alle domande.    **4.** Non finisce il compito (*homework*).    **5.** Non mangia l'insalata.    **6.** Non prende la medicina.

**F. Conversazione**

**1.** Ha mai bevuto il cappuccino?    **2.** Ha mai preso il treno?    **3.** Ha mai volato su un jumbo? Su un aereo supersonico?    **4.** Ha mai fatto l'autostop?    **5.** Ha studiato fino a mezzanotte ieri sera?    **6.** Quanti raffreddori ha avuto l'anno scorso?    **7.** Ha letto il giornale di ieri? L'oroscopo di oggi?    **8.** Quanti esami ha avuto la settimana scorsa?    **9.** A quante persone ha detto « Ciao! » oggi?    **10.** Quanti film ha visto il mese scorso?

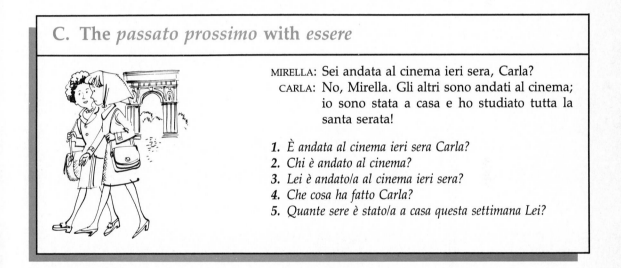

## C. The *passato prossimo* with *essere*

MIRELLA: Sei andata al cinema ieri sera, Carla?
CARLA: No, Mirella. Gli altri sono andati al cinema; io sono stata a casa e ho studiato tutta la santa serata!

*1. È andata al cinema ieri sera Carla?*
*2. Chi è andato al cinema?*
*3. Lei è andato/a al cinema ieri sera?*
*4. Che cosa ha fatto Carla?*
*5. Quante sere è stato/a a casa questa settimana Lei?*

**1.** While most verbs use the present of **avere** to form the **passato prossimo,** some use the present of **essere.**[2] Their past participle always agrees in gender and number with the subject of the verb. It can therefore have four endings: **-o, -a, -i, -e.**

---

MIRELLA: Did you go to the movies last night, Carla?    CARLA: No, Mirella. The others went to the movies; I stayed home and studied the whole blessed evening!

[2]In vocabulary lists, an asterisk* will indicate verbs conjugated with **essere.**

---

| andare | | |
|---|---|---|
| sono | andato/a | *I went/have gone* |
| sei | andato/a | *you went/have gone* |
| è | andato/a | *you went/have gone; he, she, it went/has gone* |
| siamo | andati/e | *we went/have gone* |
| siete | andati/e | *you went/have gone* |
| sono | andati/e | *you went/have gone; they went/have gone* |

Anna è andata al cinema.                    *Anna went to the movies.*

Gli altri non sono andati al cinema.        *The others didn't go to the movies.*

**2.** The most common verbs used with **essere** to form the **passato prossimo** are

arrivare                              partire
diventare (*to become*)               ritornare, tornare
entrare                               stare
ẹssere (*p.p.* stato)                 uscire
nạscere (*p.p.* nato) (*to be born*)  venire (*p.p.* venuto)

Quando sono arrivate le zie?          *When did the aunts arrive?*

Non siete stati gentili.              *You weren't kind.*

Con chi è uscita la signora?          *Whom did the woman go out with?*

—Pierino, dove sei stato?

**3.** Note that the verbs **essere** and **stare** have identical forms in the **passato prossimo**. **Sono stato/a** can mean either *I was* or *I stayed*, according to the context.

Mario è stato ammalato tre volte questo mese.

*Mario has been sick three times this month.*

Mario è stato a casa una settimana.

*Mario stayed home a week.*

## E S E R C I Z I

**A.** Replace the subject with each subject in parentheses, and make all necessary changes.

   **1.** *Noi* siamo andati al cinema. (Carlo / Silvia / le ragazze / tu, mamma)
   **2.** *Mario* è diventato magro. (la zia di Mario / i bambini / tu, zio / i gatti)
   **3.** *Laura* è venuta alle otto. (il professore / gli studenti / anche noi / tu, papà)

**B.** Supply the correct ending for each past participle.

   **1.** Grazie, Professore, è stat_____ molto gentile!
   **2.** Grazie, Signorina, è stat_____ molto gentile!
   **3.** Grazie, Papà, sei stat_____ molto gentile!
   **4.** Bambini, dove siete stat_____?
   **5.** Ho vist_____ Luisa quando è entrat_____.
   **6.** Le ragazze non sono venut_____.
   **7.** Siamo partit_____ da New York e siamo arrivat_____ a Roma.
   **8.** Maria, quante chiese hai visitat_____?
   **9.** Avete servit_____ tè o caffè?
  **10.** Io sono andat_____ a Washington in treno, molte persone sono andat_____ a Washington in aeroplano.

—È nato a Pisa.

**11.** Molta gente è partit_____ per il week-end.

**12.** Chi è ritornat_____ a casa dopo mezzanotte?

**C.** Restate the following paragraph in the **passato prossimo.** Do the exercise three times. The first time make the subject **Pietro,** the second time **Marcella,** and the third time **Pietro e Marcella.**

Esce di casa,° prende l'autobus, arriva all'università; va a lezione d'italiano, poi a lezione di fisica; incontra gli amici e mangia alla mensa.° Poi va a lezione di scienze naturali, ritorna a casa e guarda la televisione.

Esce... *He/she leaves the house*

*cafeteria*

**D.** Conversazione

**1.** È mai stato/a in Europa? Quando? Quante città ha visitato? Quali lingue ha parlato? Da dove è partito/a? Dove è arrivato/a?

**2.** È andato/a in biblioteca ieri?

**3.** A che ora è ritornato/a a casa ieri sera?

**4.** È nato/a in una piccola città o in una grande città?

**5.** È stato ammalato (stata ammalata) questo mese?

## D. *Lasciare, partire, uscire,* and *andare via*

—...È entrato questa mattina in quel portone e non è ancora uscito!

**Lasciare, partire,** and **uscire** all correspond to the English verb *to leave,* but they cannot be used interchangeably.

**1. Lasciare** means *to leave* (a person or a thing) *behind.* It is always accompanied by an object, that is, whom or what is left behind.

Ho lasciato la porta aperta.

*I left the door open.*

Gina vuole lasciare il marito.

*Gina wants to leave her husband.*

2. **Partire** means *to leave* in the sense of *departing, going away on a trip*. It is used either alone or with **da** + *noun* (*leaving from*) or with **per** + *noun* (*leaving for*).

| | |
|---|---|
| Lo zio di Marco è partito. | *Marco's uncle has left.* |
| È partito da Milano. | *He left from Milan.* |
| È partito per Roma. | *He left for Rome.* |

3. **Uscire** means *to leave* in the sense of *going/coming out* (*of a place*), or *going out socially*. **Uscire** is followed by **da** when the place left is expressed.

| | |
|---|---|
| A che ora sei uscito dal caffè? | *What time did you leave the café?* |
| Laura esce con Francesco. | *Laura is going out with Francesco.* |

Like the English verb phrase *to go out*, **uscire** often implies leaving an enclosed area such as a room or a building. Note the idiomatic expression **uscire di casa** (*to leave the house*).

4. When *to leave* means *to go away* (the opposite of *to stay*), the expression **andare via** is used.

| | |
|---|---|
| Sono le undici? Devo andare via! | *Is it eleven? I must leave!* |

---

### un proverbio italiano

« **Partire è un po' morire.** »

(*Leaving is like dying a little.*)

---

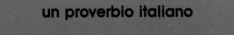

## E S E R C I Z I

A. Complete each sentence with the appropriate verb form.
1. È vero che tu non _____ (lasci / esci) mai la mancia al cameriere?
2. Un autobus _____ (lascia / parte) dalla stazione ogni quindici minuti.
3. Chi _____ (ha lasciato / è partito) il libro sull'autobus?
4. Gli zii vogliono _____ (lasciare / partire) con il treno delle otto.
5. Quando _____ (siamo usciti / siamo partiti) dal cinema, siamo ritornati subito a casa.
6. Perchè _____ (hai lasciato / sei uscito) i bambini in macchina?
7. Preferisci _____ (partire / uscire) da New York o da Chicago?
8. Non ricordo a che ora le bambine _____ (sono uscite / hanno lasciato) di casa.
9. Quando _____ (sono usciti / sono andati via) questi libri?
10. Quando la signora è morta, _____ (ha lasciato / è andata via) molti soldi all'università.

---

**B.** Express in Italian.

**1.** Robert left last night at eight o'clock. Did he go to Rome? —No, he went to Milan.    **2.** She hasn't arrived yet? She left the house an hour ago!    **3.** Why did you leave the refrigerator door open?    **4.** Why are you leaving? Can't you stay? **5.** I left the money at home. How can I pay?    **6.** When it's cold, Grandma doesn't want to go out. She prefers to stay at home.    **7.** Dr. Parodi isn't in. He stepped out of the office ten minutes ago.    **8.** I have heard that (**che**) they're going to Italy. When are they leaving?

**C.** Conversazione

**1.** È stato/a a casa ieri sera o è uscito/a?    **2.** A che ora esce di casa la mattina? **3.** Da quali aeroporti possiamo partire quando andiamo in Italia?    **4.** Ha mai lasciato le chiavi in macchina? Il portafoglio a casa? Il giornale sull'autobus? Un oggetto (*object*) sull'aeroplano? Il cuore (*heart*) a San Francisco?

—Ho l'impressione che abbiamo lasciato l'automobile troppo° presto!    *too*

# II. ESERCIZI DI PRONUNCIA

## The sound of the letter t

**A.** The Italian sound [t] is similar to the *t* in English *top*. It does not have the aspiration that characterizes English [t] at the beginning of a word. To pronounce it, place the tip of the tongue against the back of the upper teeth, but a bit lower than for a similar sound in English.

Contrast the sound of Italian and English [t] in

| ITALIAN | ENGLISH | ITALIAN | ENGLISH |
|---------|---------|---------|---------|
| preti | *pretty* | patti | *patty* |
| siti | *city* | rotte | *rotten* |
| metro | *metro* | tutti i frutti | *tutti-frutti* |

| ta | to | tu | te | ti |
|----|----|----|----|----|
| tavolino | Topolino | tu | telefono | tipo |
| capitale | passato | lettura | scrivete | senti |

**B.** Contrast the single and double sound of [t] in these pairs of words.

| | |
|----|----|
| tuta | tutta |
| fato | fatto |
| mete | mette |
| riti | ritti |

**C.** Practice the sounds of [t] in these sentences.

1. Avete fatto tutto in venti minuti.
2. Tu hai avuto la parte di Amleto?
3. Quanti tavolini all'aperto!
4. Il treno delle quattro e un quarto è partito in ritardo.
5. Hai sentito l'ultima barzelletta (*joke*)?

# III. DIALOGO

*In Piazza San Marco, prima di mezzogiorno. Nel piccolo giardino al centro della piazza ci sono molti ragazzi seduti sulle panchine.° Ci sono anche molti studenti sul marciapiede° davanti al° caffè e alla libreria.° Beppino e Pietro arrivano sulla moto rossa° di Pietro. I ragazzi entrano nel caffè e ordinano un cappuccino con paste.°*

benches
sidewalk / davanti... in front / bookstore
red
pastries

BEPPINO: Tu hai soldi? Ho lasciato il portafoglio a casa!

PIETRO: Non ho una lira: ho solo traveler's checks. Ma ho dimenticato il passaporto.

BEPPINO: Che stupido! E ora come facciamo? Chi paga?

PIETRO: (*Mangia un'altra pasta.*) Buona! Che fame! Stamattina ho dormito fino a tardi e non ho avuto il tempo di fare colazione.°

fare... to have breakfast

BEPPINO: Ma che fai? Vuoi finire in prigione?

PIETRO: Figurati!° Per due paste!

Imagine!

*Geraldine entra nel caffè. È una ragazza alta, bionda, snella. Porta° un paio di jeans e una maglietta° rossa.*

She's wearing
T-shirt

GERALDINE: Salve,° ragazzi, come va?

Hi

BEPPINO: Va male: non abbiamo soldi per pagare le paste.

GERALDINE: Mi dispiace, ma neanch'io ho un soldo.° Non sono ancora° andata in banca.

ma... but I don't have a penny either
yet

BEPPINO: (*Preoccupato*) E ora come facciamo? Chi paga?

PIETRO: Guarda chi c'è:° c'è Vittoria!

Guarda... Look who's here

VITTORIA: (*Entra nel caffè tutta sorridente.°*) Ragazzi, ho finito ora     *smiling*
l'esame di storia.

BEPPINO: Com'è andato?

VITTORIA: Bene! Ho preso ventotto!

BEPPINO, PIETRO E
GERALDINE (*in coro*): Brava! Congratulazioni!

PIETRO: Ora dobbiamo festeggiare° il successo: Vittoria paga     *celebrate*
per tutti!

---

## Dialogue comprehension check

*Rispondete alle seguenti domande.*

**1.** Chi c'è e cosa c'è in Piazza San Marco?     **2.** Perchè Beppino e
Pietro non hanno soldi?     **3.** Perchè Pietro non ha fatto colazione
stamattina?     **4.** Com'è Geraldine?     **5.** Geraldine ha soldi per
pagare?     **6.** Perchè è contenta Vittoria?

> **BUONO A SAPERSI**
>
> Quando una persona ha fatto bene un esame, ha trovato un lavoro, ha
> avuto un bambino, ecc., diciamo, « Rallegramenti! » o « Congratulazioni! »
> e la persona risponde, « Grazie! »
>
> Quando, al contrario, uno ha perduto una persona cara (per esempio, un
> membro della famiglia), diciamo, « Condoglianze! »

---

# IV. DI TUTTO UN PO'

**A.** Restate the following sentences using the new subjects given in parentheses.

1. Sono stato ammalato: ho avuto l'influenza. (Laura)
2. Sono andato al bar e ho preso un cappuccino. (noi)
3. Ho pagato il conto (*check*) ma non ho lasciato la mancia. (tu)
4. Ho detto « Buona sera a tutti! » e sono uscito dal negozio. (tu)
5. Ho scritto un libro e sono diventato famoso. (Roberto)
6. Non ho mangiato: ho bevuto solo un bicchiere d'acqua. (i bambini)
7. Sono nato a Napoli ma ho studiato a Roma. (voi)
8. Non ho capito perchè non sono stato attento. (molte persone)
9. Ho aspettato dall'una alle due e poi sono venuto via. (noi).
10. Sono partito alle nove e mezzo e sono arrivato a mezzogiorno. (voi)

**B.** Complete each sentence in Column A by choosing an appropriate answer from
Column B or by providing your own answer.

---

|   |   |   |
|---|---|---|
| | | B |
| | | ho imparato molte parole. |
| | | sono diventato famoso (sono diventata famosa). |
| | | ho dormito fino a tardi. |
| A | | (non) ho capito la lezione. |
| Sono contento/a | | ho avuto molto lavoro. |
| Sono stanco/a | perchè | ho studiato due ore. |
| Sono preoccupato/a | | (non) ho ricevuto una lettera. |
| Sono triste (*sad*) | | ho incontrato una persona intelligente. |
| | | ho lasciato il portafoglio a casa. |
| | | ho dimenticato il compleanno della mamma. |
| | | non sono uscito/a. |
| | | ho mangiato troppo. |
| | | ho finito gli esercizi. |

**C.** Express in Italian.

**1.** Where's Mary? —She's gone out with the dogs.     **2.** We arrived in Rome last week. We have been in Rome seven days.     **3.** Gina came back from Europe (**l'Europa**) last night. She stayed one week in Paris, two days in Florence, and five days in Rome.     **4.** When they arrived, they called from the airport.     **5.** She has been sick; she was in bed with the flu for two weeks.     **6.** Who has an appointment at five o'clock at the station?     **7.** We are going to the coffee shop to have breakfast.     **8.** I waited from 8 to 8:30, but you didn't come.

**D.** Conversazione

**1.** Ha sempre il tempo di fare colazione?     **2.** A che ora arriva all'università?
**3.** Dorme fino a tardi quando non ha lezioni prima delle undici?     **4.** Ci sono negozi dove può comprare paste (italiane o francesi)?     **5.** Quando un esame va bene, come festeggia il successo?

—Io sono l'uccello° del paradiso, e tu?     *bird*

**E.** Express the following dialogue in Italian. Then create a dialogue of your own based on a similar situation: two young people telling how they spent an evening.

BILL: What did you do last night? Did you go out?
JEAN: No, I stayed home.
BILL: Did you go to bed early?
JEAN: No, I watched TV until 11:30.
BILL: What did you see?
JEAN: A very interesting movie.

# V. PAROLE DA RICORDARE

**VERBI**

*\*andare via*  to go away, leave
**ascoltare**  to listen, listen to
*\*diventare*  to become
*\*entrare*  to enter, go in
**fare** (*pp.* **fatto**) **colazione**  to have breakfast/lunch
**fare l'autostop**  to hitchhike
**festeggiare**  to celebrate
**lasciare**  to leave behind
**mettere** (*pp.* **messo**)  to put
*\*morire* (*pp.* **morto**)  to die
*\*nascere* (*pp.* **nato**) to be born
**ordinare**  to order
**portare**  to wear
*\*ritornare (tornare)*  to return, go back, come back

**NOMI**

**l'acqua**  water
**l'albergo**  hotel
**il centro**  center; downtown
**il cinema** (*from* **cinematografo**)  movie theater
**il compleanno**  birthday
**la cucina**  kitchen
**il filobus**  trolley bus

**la gente**  people
**il giardino**  garden
**la libreria**  bookstore
**la maglietta**  T-shirt
**la mancia**  tip (*to a service person*)
**il marito**  husband
**la moto** (*from* **motocicletta**)  motorcycle
**il negozio**  business, store
**la pasta**[3]  pastry; macaroni products
**il pasto**  meal
**il portafoglio**  wallet
**la prigione**  prison
**la sala da pranzo**  dining room
**lo stadio**  stadium
**la strada**  street, road
**lo straniero**  foreigner
**il successo**  success
**il tavolo**  table
**il tavolino**  small table
**l'uccello**  bird
**l'ufficio**  office
**l'uomo** (*pl.* **gli uomini**)  man
**la via**  street
**lo zucchero**  sugar

**AGGETTIVI**

**ammalato**  ill, sick
**aperto**  open
**preoccupato**  worried
**rosso**  red
**scorso**  last
**seduto**  seated, sitting

**ALTRE PAROLE ED ESPRESSIONI**

**a che ora?**  (at) what time?
**che stupido/a!**  how stupid (of me)!
**dopo**  after
**fa**  ago
**fino a**  until
**già**  already
**ieri**  yesterday
**ieri sera**  last night
**mai**  ever
**prima di**  before
**salve!**  hi!
**su**  on, upon, above
**tardi**  late
**troppo**  too; too much

[3]**Pasta** (*pastry*) can be pluralized; in the sense of *macaroni products*, **pasta** is normally used in the singular.

## ITALIA COSÌ

### USI E COSTUMI°  *Local customs*

A cup of coffee costs more in an Italian **caffè/bar** if you drink it at a table (**al tavolo**) rather than standing at the counter (**al banco**). Italians usually pay for their coffee first, get a receipt (**uno scontrino**) from the cashier (**il cassiere/la cassiera**), hand it to the waiter at the counter, and drink their coffee standing. Don't expect to be able to take your cup of coffee and sit down at a table to drink it at your leisure. If you want to sit at a table, a waiter will serve you, and you will pay a higher price for coffee and service. Also, do not expect a refill. The concept of a free refill does not exist in Italy. Do you want more coffee? You must pay for another **caffè!**

Quanti tipi di caffè possiamo ordinare?

| | |
|---|---|
| caffè nero | senza latte |
| caffè macchiato | con un po' di latte |
| caffè ristretto | concentrato |
| caffè lungo | con molta acqua |
| caffè corretto | con brandy o grappa (*a kind of brandy made from the dregs of grapes*) |

Volete sapere° l'origine della parola **cappuccino**,    *to know*
il popolare caffellatte all'italiana?°    *Italian style*

Secondo alcuni, il nome deriva dal colore della
tonaca° dei Cappuccini (frati di un ordine fran-    *robe*
cescano istituito nel secolo sedicesimo°). Secondo    *secolo... sixteenth century*
altri, il nome deriva dalla schiuma° (o cappuccio°)    *foam / hood*
fatta dal latte. Il cappuccino *"made in Italy"* è particolarmente buono perchè al caffè espresso è
aggiunto° non latte caldo, come in America, ma    *added*
latte vaporizzato.°    *steamed*

**A. Cosa prendi?** Siamo al Caffè del Duomo a Milano. Mike e Laura sono seduti a un tavolino. Ascoltiamo la loro (*their*) conversazione...

MIKE: Cosa prendi? Un caffè o un cappuccino?

LAURA: Veramente, nel pomeriggio preferisco il tè.

MIKE: Prendi una pasta anche tu?

LAURA: No, grazie, sono a dieta (*on a diet*)!

MIKE: Cameriere!

CAMERIERE: Sì, signore, mi dica!

MIKE: Un tè per la signorina...

CAMERIERE: Al latte o al limone?

LAURA: Al latte.

MIKE: ...per me una birra e un panino al prosciutto.

       . . .

MIKE: Cameriere, il conto, per favore!

CAMERIERE: Subito, signore! Allora: un tè, una birra, un panino al prosciutto... Tremila e cinque[4] in tutto.

MIKE: Il servizio è compreso (*included*)?

CAMERIERE: Sì, è compreso.

Notate le seguenti espressioni:

| | | |
|---|---|---|
| tè al (col) latte | panino al formaggio (*cheese*) | gelato al caffè |
| | panino alla frittata | gelato al cioccolato |
| tè al (col) limone | panino al rosbif | gelato alla fragola (*strawberry*) |
| | panino al prosciutto | gelato alla crema |

[4]3,500 = **tremila cinquecento,** but in conversation **cento** is often left out.

Ora create nuovi dialoghi sulle seguenti situazioni:

1. Bob, Marco e Silvana in un caffè del centro. Offre Bob (*It's Bob's treat*). Hanno tutti fame.
2. Fausto e Anna al caffè della stazione. Fausto è a dieta.

**B. Che cosa metti nel caffè?** Siete con un amico italiano e parlate degli ingredienti di certe bibite (*beverages*). Che cosa dite?

ESEMPIO: Che cosa metti nel caffè? → Io metto latte e zucchero nel caffè.

| BIBITE | | INGREDIENTI |
|---|---|---|
| caffè | brandy | latte |
| cappuccino | crema | limone (*m.*) |
| tè (*m.*) | panna (*whipped cream*) | zucchero |
| scotch | acqua | non… niente (*nothing*) |
| aranciata | ghiaccio (*ice*) | oliva |
| Martini | gin | cacao (*cocoa*) |
| cioccolata | whisky | |

Non metto niente.     *I don't put anything (in my coffee).*

# LETTURA CULTURALE

## Il caffè

Il caffè o bar (in Italia non c'è differenza fra le due parole) ha sempre avuto un ruolo importante nella vita sociale degli italiani. Gli italiani vanno al caffè per° incontrare gli amici, parlare di affari e di politica, leggere il giornale, ascoltare la musica, vedere la gente e essere visti. La vita sociale degli italiani è pubblica e il caffè è il ritrovo° preferito.

*in order to*

*meeting place*

I caffè hanno una lunga storia: in alcune° città esistono ancora° caffè fondati° nel diciottesimo o diciannovesimo secolo,° come, per esempio, il Caffè Florian di Venezia, il Caffè Greco di Roma, il Caffè Pedrocchi di Padova. Questi caffè sono stati il ritrovo di famosi artisti, musicisti, scrittori, giornalisti e uomini politici e hanno avuto così una parte importante nella storia culturale e politica d'Italia.

*some*

*still / founded / century*

Oggi, vicino° alle università, ci sono i caffè degli studenti; ci sono poi altri caffè che servono da° ritrovo a categorie speciali (gli avvocati, i medici, i commercianti, gli sportivi, ecc.); poi, naturalmente, ci sono anche i caffè frequentati da° tutti.

*close*

*as*

*by*

    In ogni città o paese d'Italia, grande o piccolo, i numerosi
caffè offrono la scusa per una pausa nel lavoro della giornata e
anche l'occasione di prendere un aperitivo (prima dei pasti), un
digestivo° (dopo i pasti) o un caffè in qualsiasi° ora del giorno o
della sera.

*after-dinner drink /
any*

### Reading comprehension check

*Completate o rispondete.*

1. Gli italiani vanno al caffè non solo per prendere un caffè ma anche per _____.
2. Quali caffè sono stati importanti nella storia d'Italia?
3. Il caffè è il ritrovo preferito degli italiani; qual è il ritrovo preferito degli americani?
4. Quali sono le categorie di persone che frequentano i bar?

Venezia: Caffè Florian.

Roma: Caffè Greco.

# Sempre la stessa vita...

Molte persone si fermano all'edicola dei giornali per comprare il giornale o una rivista o semplicemente per guardare...

I. GRAMMATICA
   A. Direct object pronouns
   B. **Conoscere** and **sapere**
   C. Agreement of the past participle in the **passato prossimo**
   D. Reflexive verbs

II. ESERCIZI DI PRONUNCIA: The sounds of the letter **z**

III. DIALOGO

IV. DI TUTTO UN PO'

V. PAROLE DA RICORDARE

**intermezzo**
   ITALIA COSÌ
   LETTURA CULTURALE: La vita d'ogni giorno

# I. GRAMMATICA

## A. Direct object pronouns

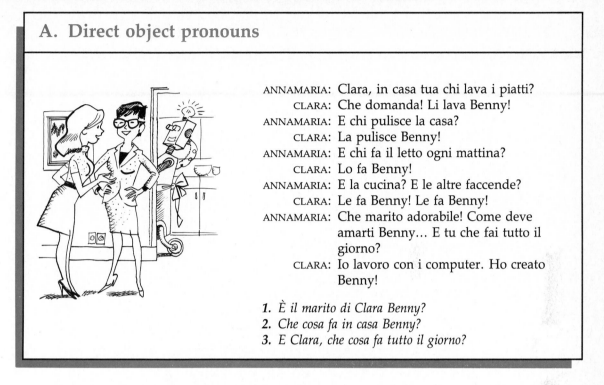

ANNAMARIA: Clara, in casa tua chi lava i piatti?
CLARA: Che domanda! Li lava Benny!
ANNAMARIA: E chi pulisce la casa?
CLARA: La pulisce Benny!
ANNAMARIA: E chi fa il letto ogni mattina?
CLARA: Lo fa Benny!
ANNAMARIA: E la cucina? E le altre faccende?
CLARA: Le fa Benny! Le fa Benny!
ANNAMARIA: Che marito adorabile! Come deve amarti Benny... E tu che fai tutto il giorno?
CLARA: Io lavoro con i computer. Ho creato Benny!

1. *È il marito di Clara Benny?*
2. *Che cosa fa in casa Benny?*
3. *E Clara, che cosa fa tutto il giorno?*

1. A direct object is the direct recipient of the action of a verb.

   *I invite the boys.* Whom do I invite? *The boys.*

   *He reads the newspaper.* What does he read? *The newspaper.*

   The nouns *boys* and *newspaper* are direct objects. They answer the question *what?* or *whom?* Verbs that take a direct object are called transitive verbs. Verbs that do not take a direct object (*she walks, I sleep*) are intransitive.
   Direct object pronouns replace direct object nouns.

   *I invite **the boys**. I invite **them**.*

   *He reads **the newspaper**. He reads **it**.*

2. In Italian the forms of the direct object pronouns (**i pronomi diretti**) are as follows:

---

ANNAMARIA: Clara, who washes the dishes at your house? CLARA: What a question! Benny washes them! ANNAMARIA: And who cleans house? CLARA: Benny cleans it! ANNAMARIA: And who makes the bed every morning? CLARA: Benny makes it! ANNAMARIA: What about the cooking and the other chores? CLARA: Benny does them! ANNAMARIA: What an adorable husband! Benny must really love you. . . . And what do you do all day? CLARA: I work with computers. I created Benny!

| | SINGULAR | | PLURAL |
|---|---|---|---|
| mi | *me* | ci | *us* |
| ti | *you (informal)* | vi | *you (informal)* |
| La | *you (formal m. and f.)* | { Li | *you (formal m.)* |
| | | Le | *you (formal f.)* |
| lo | *him, it* | li | *them (m. and f.)* |
| la | *her, it* | le | *them (f.)* |

**3.** A direct object pronoun is placed immediately before a conjugated verb.

Compra il giornale e **lo** legge.               *He buys the paper and reads it.*

Se vedo i ragazzi, **li** invito.               *If I see the boys, I'll invite them.*

**4.** In a negative sentence, the word **non** must come before the object pronoun.

Non **lo** legge.               *He doesn't read it.*

Perchè non **li** inviti?               *Why don't you invite them?*

**5.** The object pronoun is attached to the end of an infinitive. Note that the final **-e** of the infinitive is dropped.

È importante legger**lo** ogni giorno.               *It is important to read it every day.*

È una buon'idea invitar**li.**               *It's a good idea to invite them.*

If the infinitive is preceded by a form of **dovere, potere,** or **volere,** the object pronoun may be either attached to the infinitive or placed before the conjugated verb.

Voglio legger**lo.**  }
**Lo** voglio leggere.  }               *I want to read it.*

Quando posso invitar**li?**  }
Quando **li** posso invitare?  }               *When can I invite them?*

**6.** Object pronouns are attached to **ecco** to express *here (I am), here (you are), here (he is),* and so on.

Dov'è la signorina? —Ecco**la!**               *Where is the young woman? —Here she is!*

Hai trovato le chiavi? —Sì, ecco**le!**               *Have you found the keys? —Yes, here they are!*

**7.** It is possible, but not necessary, to elide singular direct object pronouns in front of verbs that begin with a vowel or forms of **avere** that begin with an **h.** However, the plural forms **li** and **le** are never elided.

M'ama, non m'ama. (Mi ama, non mi ama.)               *He loves me, he loves me not.*

Il passaporto? Loro non l'hanno (lo hanno).               *The passport? They don't have it.*

Hai fatto le fettuccine? Le adoro!               *Have you made fettuccine? I love it!*

—...M'ama, non m'ama... M'ama, non m'ama... M'ama...

## E S E R C I Z I

**A.** Complete each sentence with the correct object pronoun.

1. Mamma, dove sei? Non _____ vedo.
2. Signorina, dov'è? Non _____ vedo.
3. Signor Costa, dov'è? Non _____ vedo.
4. Dov'è il signor Costa? Non _____ vedo.
5. Bambini, dove siete? Non _____ vedo.

6. Dov'è la rivista? Non _____ vedo.
7. Dove sono le chiavi? Non _____ vedo.
8. Dove sono i bambini? Non _____ vedo.
9. Io sono qui: non _____ vedi?
10. Noi siamo qui: non _____ vedi?

**B.** Mauro can't believe how nearsighted (**miope**) his roommate Vincenzo is, so he decides to give him an eye test. With a classmate, play the two roles according to the model. Use the following words and any others you can think of.

ESEMPIO: la casa → Mauro: Vedi la casa, no?
Vincenzo: No, non la vedo.

1. la birra    2. il disco    3. gli autobus    4. le automobili    5. i treni
6. il cinema

**C.** Answer each question by indicating that you still (**ancora**) have to do the task mentioned.

ESEMPIO: Hai letto il giornale? → No, devo ancora leggerlo.

1. Hai pagato le tasse (*taxes*)?    2. Hai pulito il frigo?    3. Hai lavato i piatti?
4. Hai scritto la lettera?    5. Hai comprato il latte?    6. Hai preso le vitamine?    7. Hai fatto colazione?    8. Hai studiato i verbi?    9. Hai invitato la signora?    10. Hai finito gli esercizi?

**D.** A friend asks you why you did certain things, and you explain that you had to do them.

ESEMPIO: Perchè hai preso un tassì? → Perchè ho dovuto prenderlo!

---

—Testa:° lavi i piatti... croce:° li lavi e li asciughi°!

*Heads / tails / you dry*

1. Perchè hai fatto l'autostop? 2. Perchè hai comprato questa rivista? 3. Perchè hai imparato queste parole? 4. Perchè hai studiato il piano? 5. Perchè hai bevuto il caffè? 6. Perchè hai letto questi libri?

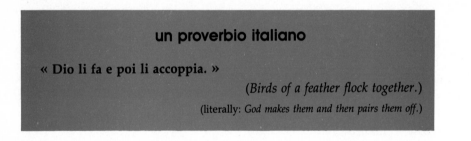

**un proverbio italiano**

« Dio li fa e poi li accoppia. »

*(Birds of a feather flock together.)*

(literally: *God makes them and then pairs them off.*)

## B. *Conoscere* and *sapere*

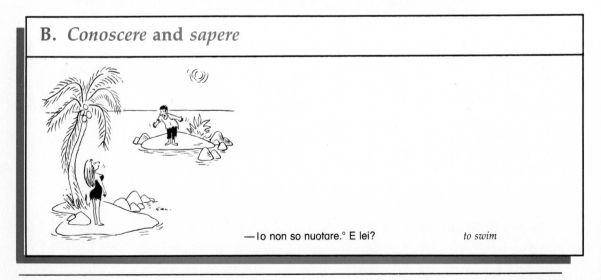

—Io non so nuotare.° E lei?

*to swim*

**Conoscere** and **sapere** both correspond to the English verb *to know*, but they have different connotations.

**Conoscere** is regular; note the pronunciation of **sc** with the different endings. **Sapere** is irregular.

| conoscere | | sapere | |
|---|---|---|---|
| conosco | conosciamo | so | sappiamo |
| conosci | conoscete | sai | sapete |
| conosce | conoscono | sa | sanno |

1. **Conoscere** means *to know* in the sense of *being acquainted with someone or something*. It can also mean *to make the acquaintance of, to meet*.

| Conosci l'amico di Beppino? | *Do you know Beppino's friend?* |
|---|---|
| Non conosciamo la città. | *We don't know the city.* |
| Voglio conoscere quella ragazza. | *I want to meet that girl.* |

2. **Sapere** means *to know* a fact, *to have knowledge of* something. When followed by an infinitive, it means *to know how to*, that is, *to be able to* do something.

| Scusi, sa dov'è lo zoo? | *Excuse me, do you know where the zoo is?* |
|---|---|
| Non so perchè non mangiano. | *I don't know why they are not eating.* |
| Sanno tutti i nomi. | *They know all the names.* |
| Sapete ballare voi? | *Do you know how to dance?* |

3. The pronoun **lo** must be used with **sapere** to express the object of the verb. This object is understood in English.

| Sapete dov'è Monza? | *Do you know where Monza is?* |
|---|---|
| Non lo sappiamo. | *We don't know.* |

## E S E R C I Z I

A. Complete each sentence with the appropriate verb.
1. (Sa / Conosce) Roma, signorina?
2. Io non (so / conosco) suonare il piano.
3. Tutti (sanno / conoscono) che Pietro arriva oggi.
4. (Sappiamo / Conosciamo) un buon ristorante francese a New York.
5. (Sai / Conosci) a che ora vengono?
6. (Sapete / Conoscete) il ragazzo di Antonella?
7. (Sapete / Conoscete) che cosa fa?
8. Chi (sa / conosce) chi è il presidente della repubblica italiana?
9. Molte ragazze non (sanno / conoscono) cucinare (*to cook*).
10. Signora, Lei (sa / conosce) perchè non sono venuti?

---

**B.** Give the names of three persons you know well. Then tell one thing you know about each person. Follow the example.

ESEMPIO: Conosco Marcello. So che (*that*) suona la chitarra.

**C.** Express in Italian.

ROBERTO: Who's the girl with Mario? Do you know her?
CLAUDIO: I don't know her personally (**personalmente**) but I know who she is. She's Professor Ferri's daughter (**figlia**).
ROBERTO: I want to meet her!

**D.** Conversazione

**1.** Sa dove abita il professore/la professoressa d'italiano?    **2.** Sa dov'è Pisa? **3.** Conosce un buon ristorante italiano? Dov'è?    **4.** Sa il nome di un formaggio (*cheese*) italiano?    **5.** Sa chi è il marito di Sophia Loren?    **6.** Conosce canzoni (*songs*) italiane? Quali?    **7.** Sa cucinare? Quali altre cose sa fare?    **8.** Vuole conoscere studenti italiani?

**E.** Ask other students each of the following questions. They will answer using either **Sì, lo so** or **No, non lo so.** If their answer is affirmative, they should supply the information. Follow the model.

ESEMPIO: Sai dov'è la Statua della Libertà? → No, non lo so.
                                          Sì, lo so: è a New York.

**1.** Sai chi ha inventato la radio?    **2.** Sai quanti anni ha Robert Redford?    **3.** Sai dov'è il Teatro alla Scala?    **4.** Sai quanti sono i segni dello zodiaco?    **5.** Sai quante sono le regioni italiane?    **6.** Sai quanti partiti (*political parties*) ci sono in Italia?    **7.** Sai quale città è la capitale dell'Italia?    **8.** Sai in quale stato è il Grand Canyon?

## C. Agreement of the past participle in the *passato prossimo*

—Li ho coltivati per lei.

As you know, the **passato prossimo** of most verbs is formed with the present tense of **avere** plus a past participle. When there is a direct object pronoun, it is placed before the auxiliary. The past participle must agree in gender and number with the preceding direct object pronoun **lo, la, li,** or **le.**

| | | |
|---|---|---|
| Hai visto Massimo? | → | Sì, l'ho (**lo** ho) vist**o**. |
| Hai visto Giovanna? | → | Sì, l'ho (**la** ho) vist**a**. |
| Hai visto i bambini? | → | Sì, **li** ho vist**i**. |
| Hai visto le bambine? | → | Sì, **le** ho vist**e**. |

Remember that singular object pronouns (**lo** and **la**) can elide with the forms of **avere** that follow, but that the plural forms (**li** and **le**) *never* elide.

The agreement (**l'accordo**) of the past participle with the other direct object pronouns (**mi, ti, ci,** or **vi**) is optional.

| | |
|---|---|
| Mamma, chi ti ha visto (vist**a**)? | *Mother, who saw you?* |
| Ragazze, chi vi ha visto? (vist**e**)? | *Girls, who saw you?* |

Remember that the past participle of a verb conjugated with **essere** always agrees with the *subject* in gender and number.

| | |
|---|---|
| La professoressa è andat**a** a Roma. | *The teacher has gone to Rome.* |
| Gli studenti sono andat**i** a Roma. | *The students have gone to Rome.* |

## E S E R C I Z I

**A.** Complete each sentence using an object pronoun in the first blank and the appropriate letter in the second blank.

ESEMPIO: Hanno preso le chiavi? Sì, __le__ hanno pres_e_ .

1. Hanno comprato la casa? Sì, _____ hanno comprat_____.
2. Hanno imparato le parole? Sì, _____ hanno imparat_____.
3. Hanno visto gli aeroplani? Sì, _____ hanno vist_____.
4. Hanno fatto colazione? Sì, _____ hanno fatt_____.
5. Hanno mangiato il pane (*bread*)? Sì, _____ hanno mangiat_____.
6. Hanno capito la lezione? Sì, _____ hanno capit_____.
7. Hanno servito il caffè? Sì, _____ hanno servit_____.
8. Hanno fatto i letti? Sì, _____ hanno fatt_____.

**B.** You are very forgetful these days. You look for things but realize that you have left them at home! Follow the model.

ESEMPIO: il portafoglio →
    Dov'è il portafoglio? L'ho lasciato a casa!

1. la chiave    2. le chiavi    3. la lettera    4. il disco    5. i dischi    6. le foto    7. il biglietto    8. i soldi

**C.** Did you buy all the groceries on the list? Working with another student, ask and answer questions based on the example. Use the following words, or any other items you can think of.

ESEMPIO: Hai comprato il vino? → Sì, l'ho comprato.

No, non l'ho comprato.

**1.** il salame   **2.** le olive   **3.** la pasta   **4.** i panini   **5.** il latte   **6.** gli spinaci (*spinach*)   **7.** la mozzarella   **8.** le patate

**D.** What kind of nosy questions can you ask a classmate? Here are some examples.

**1.** Hai lavato i piatti ieri sera?   **2.** Hai fatto il letto stamattina? Fai il letto ogni giorno?   **3.** Hai pulito la casa lo scorso week-end?   **4.** Hai studiato la lezione d'italiano?   **5.** Quante volte (*times*) hai lasciato le chiavi in macchina?

Now invent some questions of your own.

**E.** Complete each sentence using the past participle of the verb in parentheses.

**1.** Ho preso i giornali ma non li ho _____ (leggere).
**2.** Le due bambine sono _____ (andare) a giocare (*to play*).
**3.** Ecco le chiavi: le ho _____ (trovare) sotto (*under*) il letto.
**4.** I ragazzi hanno _____ (bere) molte aranciate.
**5.** So che c'è una mostra (*exhibit*) ma non l'ho ancora _____ (vedere).
**6.** Marcella è _____ (stare) a casa tutto il giorno.
**7.** Chi ha _____ (lavare) i piatti ieri sera?
**8.** Non siamo _____ (uscire) perchè abbiamo dovuto studiare.

—Ma sì, mamma, sono venuto appena° mi hai chiamato!

*as soon as*

## D. Reflexive verbs

SIGNORA ROSSI: Nino è un ragazzo pigro: ogni mattina si sveglia tardi e non ha tempo di lavarsi e fare colazione. Si alza presto solo la domenica per andare in palestra a giocare al pallone.

SIGNORA VERDI: Ho capito: a scuola si annoia e in palestra si diverte.

1. *Che cosa non ha tempo di fare Nino?*
2. *Perchè?*
3. *Perchè si alza presto la domenica?*
4. *Dove si annoia e dove si diverte Nino?*

1. A reflexive verb (**verbo riflessivo**) is a transitive verb whose action falls back on the subject. The subject and object are the same: *I consider **myself** intelligent; **we** enjoy **ourselves** playing cards; **he** hurt **himself**.* In both English and Italian, the object is expressed with reflexive pronouns.

| PRONOMI RIFLESSIVI | | | |
|---|---|---|---|
| mi | *myself* | ci | *ourselves* |
| ti | *yourself* | vi | *yourselves* |
| si | *yourself* *himself* *herself* | si | *yourselves* *themselves* |

Note that reflexive pronouns are the same as the direct object pronouns, except for **si** (the third person singular and plural form).

2. Just like direct object pronouns, reflexive pronouns are placed before a conjugated verb or attached to the infinitive.

---

**MRS. ROSSI:** Nino is a lazy boy. Every morning he wakes up late and doesn't have time to wash and eat breakfast. He gets up early only on Sundays to go to the gym to play ball.   **MRS. VERDI:** I get it: at school he's bored and in the gym he has a good time.

---

| **divertirsi** (*to enjoy oneself, have a good time*) | |
|---|---|
| mi diverto — *I enjoy myself* <br> ti diverti — *you enjoy yourself* <br> si diverte — { *you enjoy yourself* <br> *he enjoys himself* <br> *she enjoys herself* } | ci divertiamo — *we enjoy ourselves* <br> vi divertite — *you enjoy yourselves* <br> si divẹrtono — { *you enjoy yourselves* <br> *they enjoy themselves* } |

If the infinitive is preceded by a form of **dovere, potere,** or **volere,** the reflexive pronoun is either attached to the infinitive (which drops its final **-e**), or placed before the conjugated verb.

**Mi** diverto. — *I have a good time.*

Voglio divertir**mi.** } <br> **Mi** voglio divertire. } — *I want to have a good time.*

The reflexive pronoun agrees with the subject even when the verb is in the infinitive form.

**Tu** non sai divertir**ti!** — *You don't know how to have a good time!*

**Voi** volete divertir**vi** sempre! — *You want to have a good time all the time!*

3. In dictionary or vocabulary listings, reflexive verbs can be recognized by the endings **-arsi, -ersi,** or **-irsi.** Here are some common reflexive verbs.

| | |
|---|---|
| alzarsi | *to get up* |
| annoiarsi | *to get bored* |
| chiamarsi | *to be called, named* |
| divertirsi | *to have a good time* |
| fermarsi | *to stop* |
| lavarsi | *to wash (oneself)* |
| mẹttersi | *to put on (clothes)* |
| pettinarsi | *to comb one's hair* |
| sentirsi (bene, male) | *to feel (well, not well)* |
| specializzarsi | *to specialize; to major* |
| sposarsi | *to marry, get married* |
| svegliarsi | *to wake up* |
| vestirsi | *to get dressed* |

4. Some of the preceding verbs can also be used as nonreflexive transitive verbs if the action performed by the subject affects someone or something else.

| | | | | |
|---|---|---|---|---|
| chiamarsi | *to be called* | | fermarsi | *to stop (oneself)* |
| chiamare | *to call (someone)* | | fermare | *to stop (someone or something)* |
| lavarsi | *to wash (oneself)* | | svegliarsi | *to wake up* |
| lavare | *to wash (someone or something)* | | svegliare | *to wake up (someone else)* |

Ci svegliamo alle sette ma svegliamo i bambini alle otto. — *We wake up at seven but awaken the children at eight.*

Vuole lavare la macchina e poi lavarsi. — *He wants to wash the car and then wash up.*

**5.** The **passato prossimo** of reflexive verbs is formed with the present tense of **essere** and the past participle. As always with **essere,** the past participle must agree with the subject in gender and number. Note that the reflexive pronoun precedes the form of **essere.**

Paolo si è divertito alla festa ma Laura non si è divertita per niente!

*Paolo had a good time at the party, but Laura didn't enjoy herself at all!*

Quando vi siete alzati? —Ci siamo alzati tardi.

*When did you get up? —We got up late.*

Signorina, perchè non si è sposata?

*Miss, why haven't you married?*

—Abbiamo dovuto farlo: oggi si specializzano tutti!

## E S E R C I Z I

**A.** Replace the subject with each subject in parentheses, and change the verb form accordingly.

1. *Io* mi alzo presto. (Luigi / i bambini / noi due / anche voi)
2. A che ora vi svegliate *voi?* (tu / loro / Marcella / io)
3. Che cosa si mette *Lei?* (loro / voi / tu / io)
4. Puoi lavarti qui. (i bambini / la signora / io / noi)
5. *Maria* si è sposata molto giovane. (la nonna / Roberto / gli zii / la signora Verdi / le cugine della mamma)
6. Perchè si è fermato *il treno?* (la macchina / voi / tu / gli autobus)

**B.** Pick three favorite ways to complete the following statement: **Io mi diverto...**

**1.** quando vado al cinema. **2.** quando esco con gli amici. **3.** quando faccio sport. **4.** quando suono la chitarra. **5.** quando guardo la televisione.

How do your three choices compare with those of other students?

—...E se si sveglia?

**C.** Complete each sentence with the correct form of the same verb used in the first part of the sentence.

1. Lorenzo si alza alle sei; io _____ alle sette.
2. Loro si pettinano spesso; tu non _____ mai!
3. Loro si sono annoiati alla festa, ma noi non _____.
4. Lui si è sposato giovane; lei non _____.
5. Marco si è specializzato in tedesco; Luisa _____ in francese.
6. Io mi chiamo Graziana; Lei come _____?
7. La ragazza non si sente bene; voi come _____?
8. Tu ti sei messo una maglietta rossa; noi _____ una maglietta blu.

**D.** Conversazione

1. A che ora si alza quando non deve andare all'università?   2. Quante volte al giorno si pettina?   3. Si diverte in classe?   4. Come si chiama?   5. Vuole sposarsi molto giovane?   6. A che ora si è svegliato/a stamattina?   7. In quanti minuti si è vestito/a?   8. Quante volte si è messo/a i jeans la settimana scorsa?

Now ask the same questions of a classmate. Switch to the **tu** form!

**E.** Express in Italian.

1. Luigino isn't feeling well; we must call the doctor.   2. When I go to the university, I stop at a coffee shop (on the way) and have a cappuccino.   3. Why didn't you wake me up? I slept until 8:30 and missed (**perdere**) the (my) train!
4. We need help (**aiuto**)! We can call the police (**la polizia**) or stop a car.
5. You can't stop every five minutes when you run!

# II. ESERCIZI DI PRONUNCIA

## The sounds of the letter z

The letter **z** represents two sounds: [ć] as in English *bats* and [ź] as in English *pads*.

**A.** In initial position, **z** is pronounced either [ć] or [ź] according to regional usage. Most Italians use [ź].

| za | zo | zu | ze | zi |
|------|------|----------|------|--------|
| zampa | zona | zucchero | zero | zitto |

B. In medial position (single and double), **z** may be pronounced either single or double [ć] or [ź].

| [ź] | [ć] | [ź] |
|---------|------------|-------------|
| azalea | bellezza | gazza |
| ozono | mazzo | mezzogiorno |
| azulene | sozzura | azzurro |
| ozelot | carrozzella | gazzetta |
| azimut | pezzi | mezzi |

The clusters **-lz-** and **-nz-** are most often pronounced [lć] and [nć]: **alzare, calze, pazienza, differenza.**

C. Practice the sounds of [ć] and [ź] in these sentences.

1. Sai che differenza c'è tra **colazione** e **pranzo**?
2. Alla stazione di Venezia vendono pizze senza mozzarella.
3. Conosci molte ragazze con gli occhi azzurri?
4. A mezzogiorno ho lezione di zoologia.
5. C'è un negozio di calzature (*shoe store*) in Piazza Indipendenza.

---

# III. DIALOGO

*Sono le nove di mattina. Pietro si alza, si fa la barba° e si veste; poi telefona in casa Pepe. Risponde una vecchia domestica mezza sorda.°*
    *si... shaves*
    *deaf*

DOMESTICA: Pronto, chi parla?

PIETRO: Pietro Nicolosi. C'è la signorina Marcella?

DOMESTICA: La signorina Pulcinella? Non la conosco.

PIETRO: (*Urla°*) La signorina Marcella! Mi sente?
    *He shouts*

DOMESTICA: La sento, La sento! Non sono sorda! La signorina Marcella? Ora la chiamo.

*Un intervallo prolungato,° poi la voce sonnacchiosa° di Marcella.*
    *prolonged / sleepy*

MARCELLA: Pronto, chi parla?

PIETRO: Sono Pietro, non mi riconosci?

MARCELLA: (*Ride°*) Ti riconosco, ti riconosco! La donna° ha detto: « C'è il signor Pelosi! » Come mai° telefoni così presto?
    *She laughs / maid*
    *Come... How come*

PIETRO: Pigrona!° Sai che ore sono? Sono già le nove e un quarto! Cosa hai fatto ieri sera? Sei stata fuori° fino a tardi?
    *Lazy bones!*
    *out*

MARCELLA: Ficcanaso, non ti riguarda!° Ma perchè ti svegli prima dei polli?°
    *Ficcanaso... Busybody, it doesn't concern you!*
    *chickens*

---

PIETRO: I polli si svegliano prima dell'alba° e ora splende° il     *dawn / is shining*
sole. Mi accompagni alla mostra di scultura al
Belvedere?[1]

MARCELLA: Buon'idea! Non l'ho ancora vista e m'interessa molto.
Mi vesto subito: un paio di jeans e una maglietta e tra°     *in*
dieci minuti sono pronta.

PIETRO: Allora tra un quarto d'ora passo con la moto?

MARCELLA: Non esageriamo! Ti aspetto tra mezz'ora e poi facciamo
colazione insieme.

PIETRO: Benone! Ciao, bellezza!°     *beauty (gorgeous woman)*

## Dialogue comprehension check

*Indicate whether each of the following statements is **vero** or **falso**. Change each false statement to make it true.*

**1.** Pietro telefona in casa Pepe.    **2.** È l'una del pomeriggio.
**3.** Risponde una giovane domestica.    **4.** Pietro vuole parlare con Marcella.    **5.** La domestica non sente bene.    **6.** Pietro chiama Marcella « pigrona ».    **7.** Pietro vuole andare a fare una passeggiata (*to take a walk*).    **8.** Marcella dice che deve ancora vestirsi.

*Rispondete alle seguenti domande.*

**1.** A che ora telefona Pietro in casa Pepe?    **2.** Chi risponde al telefono?    **3.** Perchè la domestica non capisce bene?    **4.** Perchè Pietro chiama Marcella « pigrona »?    **5.** Perchè Marcella chiama Pietro « ficcanaso »?    **6.** Che cosa vuole fare Pietro?    **7.** Ha già visto la mostra Marcella?

# IV. DI TUTTO UN PO'

**A.** Restate the following paragraph in the **passato prossimo,** beginning with **Ieri il signor Rossi...**

Ogni mattina il signor Rossi si alza alle sei, si mette tuta (*sweat suit*), berretto e scarpette (*tennis shoes*) e va a fare il footing per quaranta minuti. Ritorna a casa, fa la doccia (*takes a shower*), si veste e fa colazione.

**B.** Express in Italian.

When I wake up, I'm never in a good mood (**di buon umore**). I get up, put on my slippers (**le pantofole**), go to the window and open it. I love fresh air (**l'aria fresca**)! I exercise (**fare ginnastica**) for ten minutes, then take a shower. I get dressed, have breakfast, and leave the house at 7:45.

Now tell about your own typical everyday activities, following the model of the preceding paragraph.

[1]The Belvedere is a sixteenth-century fortress on a hill overlooking Florence.

**C.** Expand the following sentences using the appropriate forms of the verb **potere** in the present tense.

ESEMPIO: Non lo compro. → Non posso comprarlo.
Non lo posso comprare.

**1.** Non ti accompagno. **2.** Non lo fate. **3.** Non li laviamo. **4.** Non ci laviamo.
**5.** Non lo sanno. **6.** Non ti fermi. **7.** Non vi lascia. **8.** Non si sposano.

**D.** Express in Italian.

**1.** DOUG: Sonia, did you go to the party last night? Did you have a good time?
SONIA: Yes, I did (have a good time) but I drank too much. . . .
DOUG: Did Laura come?
SONIA: No, I didn't see her. I heard (that) she went to another party (**un'altra festa**).

**2.** MARCO: Sergio, have you seen the car keys (**le chiavi della macchina**)? I can't find them!
SERGIO: You always lose them. . . . Where did you put them this time?
MARCO: Oh, here they are, on the refrigerator!

**E.** List three things you don't know how to do; three things you do every day; three things you did yesterday **volentieri;** and three things you did **malvolentieri** (*against your will*)—you did them because you had to!

# V. PAROLE DA RICORDARE

VERBI

**abitare** to live
**accompagnare** to accompany
**alzarsi** to get up
**amare** to love
**annoiarsi** to get bored
**chiamare** to call (*someone*)
**chiamarsi** to be called, named
**conoscere** (*pp.* **conosciuto**) to know
**cucinare** to cook
**divertirsi** to have a good time, enjoy oneself
**esagerare** to exaggerate
**fare la doccia** to take a shower
**fermare** to stop (*someone or something*)
**fermarsi** to stop (*oneself*)
**giocare** to play (*a sport or a game*)
  **giocare a pallone** to play ball

**interessare** to interest
**invitare** to invite
**lavare** to wash (*someone or something*)
**lavarsi** to wash (*oneself*)
**mettersi** to put on (*clothes*)
*****passare** to stop by, come by
**pettinarsi** to comb one's hair
**riconoscere** to recognize
**sapere** to know
**sentirsi** to feel
**specializzarsi** to specialize; to major
**sposarsi** to get married
**svegliare** to wake (*someone*) up
**svegliarsi** to wake up
**trovare** to find
**vestirsi** to get dressed

NOMI

**la bellezza** beauty; gorgeous person
**la cucina** cooking

**la domestica** maid
**la donna** woman; maid
**la mattina** morning
**la mostra** exhibit
**il piatto** dish
**il pollo** chicken
**la rivista** magazine
**la scultura** sculpture
**la vita** life
**la voce** voice
**la volta** time, occasion

AGGETTIVI

**mezzo** half
**pigro** lazy
**sordo** deaf

ALTRE PAROLE ED ESPRESSIONI

**ancora** still
**che** that
**come mai** how come
**mezz'ora** half an hour
**tra** in (*referring to future time*)

# ITALIA COSÌ

## BUONO A SAPERSI

The 24-hour clock is much more widely used in Italy and Europe than in the United States. Official time (for planes, buses, trains, theaters, movies, visiting hours for museums and hospitals, TV and radio programs, and so on) is expressed by the 24-hour system. The following list shows how the 12-hour clock and the 24-hour clock correspond to one another.

| 12-HOUR CLOCK | | 24-HOUR CLOCK | |
|---|---|---|---|
| 12 (noon) | mezzogiorno | le dodici | 12:00 |
| 1 P.M. | l'una | le tredici | 13:00 |
| 2 | le due | le quattordici | 14:00 |
| 3 | le tre | le quindici | 15:00 |
| 4 | le quattro | le sedici | 16:00 |
| 5 | le cinque | le diciassette | 17:00 |
| 6 | le sei | le diciotto | 18:00 |
| 7 | le sette | le diciannove | 19:00 |
| 8 | le otto | le venti | 20:00 |
| 9 | le nove | le ventuno | 21:00 |
| 10 | le dieci | le ventidue | 22:00 |
| 11 | le undici | le ventitrè | 23:00 |
| 12 (midnight) | mezzanotte | le ventiquattro | 24:00 |

—Scusi, è già passato il dinosauro delle 17 e 15?

**A. A che ora e che cosa?** Molte persone hanno una routine: fanno le stesse cose alla stessa ora ogni giorno. Ma quando vanno in un paese (*country*) straniero, cambiano (*they change*) abitudini o cambiano orario. Ora che siete in Italia, dite che cosa non fate, che cosa fate e a che ora. Usate il sistema italiano per indicare l'ora!

Includete espressioni come **alzarsi, fare colazione, uscire, prendere un caffè con gli amici, vestirsi, mettersi, uscire di casa, fermarsi.**

**B.** Memorizing material, including poetry especially, is a frequent assignment in Italian schools. Here is a poem that might well be memorized by an Italian student. How quickly can you learn it by heart?

| | |
|---|---|
| **La settimana del poltrone°** | *sluggard* |
| Il lunedì promette,° | *he promises* |
| il martedì si mette,° | *si… comincia* |
| mercoledì s'arresta,° | *si ferma* |
| il giovedì fa festa:° | *fa… he takes a holiday* |
| il venerdì non vuole, | |
| il sabato non puole;° | *può* |
| la domenica è vacanza, | |
| e non c'è più speranza;° | *non… there's no more hope* |
| passano intanto° i dì° | *in this way* / *giorni* |
| e sempre fa così. | |

—E. Berni, *Brevi e facili poesiole*

# LETTURA CULTURALE

## La vita d'ogni giorno

La vita d'ogni giorno in Italia non differisce molto dalla vita negli altri paesi: la mattina la gente si alza a una certa ora, si lava, fa colazione. Molti escono alla stessa ora ogni giorno per andare a lavorare o andare a scuola. Molte persone si fermano all'edicola per comprare il giornale o al bar per prendere un altro caffè. A mezzogiorno quasi tutti ritornano a casa a mangiare. Gli uffici chiudono,° i negozi chiudono, le scuole chiudono, i musei chiudono ed il traffico è caotico! Tutto resta° chiuso° fino alle tre o alle tre e mezzo mentre la gente che ha mangiato abbondantemente fa la siesta… Recentemente alcune ditte° hanno adottato l'orario unico (chiamato anche « l'orario americano »): gli impiegati° hanno solo mezz'ora o un'ora al massimo per una colazione rapida (non l'abbondante pranzo tradizionale) ma la

*close*

*remains* / *closed*

*companies*

*employees*

sera escono prima e così possono fare molte cose prima di ritornare a casa. I negozi sono aperti fino alle sette o alle sette e
mezzo. A quest'ora la maggior parte dei lavoratori° lascia uffici e     *workers*
fabbriche° per tornare a casa un'altra volta e passare una serata       *factories*
tranquilla in famiglia.

## Reading comprehension check

**A.** Ci sono differenze nella vita d'ogni giorno in Italia e in USA? Quali?

**B.** Quali sono, secondo Lei, i vantaggi o gli svantaggi dell'orario unico (dalle nove alle
cinque)?

Il traffico è caotico...

Una pausa nel lavoro della giornata.

# Pronto in tavola!

Una famiglia italiana a tavola: pane, vino, acqua minerale e l'immancabile (*inevitably*) pasta!

# I. GRAMMATICA

## A. Indirect object pronouns

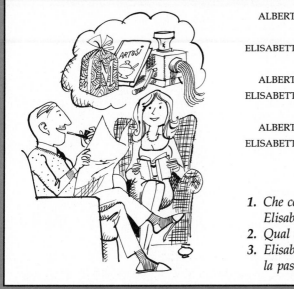

ALBERTO: Si avvicina Natale: cosa regaliamo quest'anno alla nonna?

ELISABETTA: Semplice: le regaliamo il dolce tradizionale, il panettone.

ALBERTO: Benissimo! E allo zio Augusto?

ELISABETTA: Perchè non gli diamo un libro di cucina? Cucinare è il suo hobby preferito.

ALBERTO: Buona idea! E tu, cosa vuoi?

ELISABETTA: Puoi comprarmi una macchina per fare la pasta: così ci facciamo delle belle spaghettate!

1. *Che cosa vogliono regalare alla nonna Alberto ed Elisabetta?*
2. *Qual è l'hobby preferito dello zio Augusto?*
3. *Elisabetta ed Alberto regalano una macchina per fare la pasta allo zio Augusto?*

1. Direct object nouns and pronouns answer the question *what?* or *whom?* Indirect object nouns and pronouns answer the questions *to whom?* or *for whom?* In English the word *to* is often omitted: *We gave a cookbook to Uncle John* → *We gave Uncle John a cookbook.* In Italian, the preposition **a** is always used before an indirect object noun.

| | |
|---|---|
| Abbiamo regalato un libro di cucina **allo** zio Giovanni. | *We gave a cookbook to Uncle John.* |
| Perchè non compri un profumo **alla** mamma? | *Why don't you give Mother some perfume?* |
| Puoi dare questa ricetta **a** Paolo? | *Can you give Paul this recipe?* |

2. Indirect object pronouns (**i pronomi indiretti**) replace indirect object nouns. They are identical in form to direct object pronouns, except for the third person forms **gli, le,** and **loro.**

---

ALBERTO: Christmas is coming. What shall we give Grandma this year?   ELISABETTA: (That's) Easy. We'll give her the traditional cake, the panettone.   ALBERTO: Fine! And (what about) for Uncle Augusto?   ELISABETTA: Why don't we give him a cookbook? Cooking is his favorite hobby.   ALBERTO: Good idea! And you, what would you like?   ELISABETTA: You can buy me a pasta machine; that way we can make ourselves lots of great spaghetti!

| | SINGULAR | | PLURAL |
|---|---|---|---|
| mi | (to/for) me | ci | (to/for) us |
| ti | (to/for) you | vi | (to/for) you |
| Le | (to/for) you (formal m. and f.) | Loro | (to/for) you (formal) |
| gli | (to/for) him | loro | (to/for) them |
| le | (to/for) her | | |

3. Indirect object pronouns, like direct object pronouns, precede a conjugated verb, except for **loro** and **Loro,** which follow the verb.

| | |
|---|---|
| Che cosa regali allo zio Giovanni? | *What are you giving Uncle John?* |
| **Gli** regalo un libro di cucina. | *I'll give him a cookbook.* |
| **Le** ho dato tre ricette. | *I gave her three recipes.* |
| **Ci** offrono un caffè. | *They offer us a cup of coffee.* |
| Parliamo **loro** domani.[1] | *We'll talk to them tomorrow.* |

4. Indirect object pronouns are attached to an infinitive, and the **-e** of the infinitive is dropped.

| | |
|---|---|
| Non ho tempo di parlar**gli.** | *I have no time to talk to him.* |

If the infinitive is preceded by a form of **dovere, potere,** or **volere,** the indirect object pronoun is either attached to the infinitive or placed before the conjugated verb.

| | |
|---|---|
| Voglio parlar**gli.** <br> **Gli** voglio parlare. | *I want to talk to him.* |

5. In the **passato prossimo,** indirect object pronouns precede the auxiliary verb, like direct object pronouns. However, the past participle does not agree with a preceding indirect object pronoun.

| | |
|---|---|
| Hai visto Laura? | *Did you see Laura?* |
| Sì, l'ho vista, ma non le ho parlato. | *Yes, I saw her, but I didn't speak to her.* |

l'ho vista = *agreement*
le ho parlato = *no agreement*

6. **Le** and **gli** *never* elide before a verb beginning with a vowel or an **h.**

| | |
|---|---|
| Ogni volta che l'incontro, le offro un caffè. | *Every time I meet her, I offer her a cup of coffee.* |
| Gli hanno detto « Ciao! » | *They said "Ciao!" to him.* |

7. The following common Italian verbs are used with indirect objects, nouns, or pronouns. You already know many of them. The English equivalent of new verbs that are not cognates is given in italic.

---

[1] In contemporary usage, **loro** is often replaced by **gli,** which precedes the verb: **Gli parliamo domani.**

---

chiędere (*pp.* chiesto)  *to ask*
dare
dire (*pp.* detto)
domandare
insegnare
mandare  *to send*
mostrare  *to show*
offrire (*pp.* offerto)

portare  *to bring*
preparare
regalare  *to give (as a gift)*
ręndere (*pp.* reso)  *to return, give back*
riportare  *to bring back*
rispọndere (*pp.* risposto)
scrịvere (*pp.* scritto)
telefonare

—Non gli telefona mai nessuno°!

*no one*

## E S E R C I Z I

**A.** You are speaking to your instructor. Choose the appropriate direct or indirect object pronoun, **La** or **Le.**

1. _____ vedo ogni giorno.
2. _____ domando « Come sta? »
3. _____ ascolto con attenzione.
4. _____ capisco quasi (*almost*) sempre.
5. _____ faccio molte domande.
6. _____ trovo intelligente.
7. _____ chiedo un favore.
8. _____ offro un caffè.

**B.** Complete each sentence with an indirect object pronoun.

1. Quando i bambini hanno fame, preparo _____ spaghetti.
2. Quando il professore vi fa una domanda, dovete risponder_____.
3. Come parli correttamente! Chi _____ ha insegnato la grammatica?
4. Come parlate bene il francese! Chi _____ ha insegnato la lingua?
5. Signora, posso mostrar_____ una cosa?
6. Professore, posso far_____ una domanda?
7. Io non sono mai a casa: non puoi telefonar_____.
8. Quando ho visto la signora, _____ ho dato la mano (*hand*) e _____ ho detto: « Buon giorno! »

**C.** Restate each sentence, changing the position of the object pronoun.

ESEMPIO: Signorina, Le posso offrire un caffè? → Signorina, posso offrirLe un caffè?

**1.** Signorina, Le devo parlare.     **2.** Ragazzi, voglio dirvi una cosa.     **3.** Maria, non posso parlarti ora.     **4.** Signora, Le voglio dare una ricetta.     **5.** Signor Rossi, devo chiederLe una cosa.     **6.** Carlo, quando ci puoi rendere i soldi?     **7.** Signorina, non mi vuole rispondere?     **8.** Teresa, possiamo telefonarti stasera?

**D.** You've been wondering about Laura's boyfriend. You would like to know:

- if he calls her
- if he has ever invited her to dinner
- if he gives her cookbooks
- why he doesn't take (**portare**) her to the movies.

Express the preceding questions in Italian. You've also been wondering about Mario's girlfriend. Ask the same questions!

**E.** Conversazione

**1.** Quando una persona vuole un'informazione, di solito (*usually*) che cosa Le chiede?     **2.** Oggi è il compleanno del nonno. Che cosa gli dice? Che cosa gli regala?     **3.** Quando Le dicono « Grazie! » che cosa risponde?

---

## B. The reciprocal construction

—Non possiamo continuare a vederci così, caro: mio padre comincia a sospettare.

---

**1.** Most verbs can express reciprocal actions (*we see each other, you know each other, they speak to one another*) by means of the plural reflexive pronouns **ci, vi,** and **si,** used with first, second, or third person plural verbs, respectively.

| | |
|---|---|
| Ci vediamo ogni giorno. | *We see each other every day.* |
| Da quanto tempo vi conoscete? | *How long have you known each other?* |
| Si parlano al telefono. | *They talk to each other over the phone.* |

---

2. The auxiliary **essere** is used to form the compound tenses of verbs expressing reciprocal actions. The past participle agrees with the subject in gender and number.

Non ci siamo capiti.      *We didn't understand each other.*

Le ragazze si sono telefonate.      *The girls phoned each other.*

3. For clarification or emphasis, the phrases **l'un l'altro (l'un l'altra), tra (di) noi, tra (di) voi,** or **tra (di) loro** may be added.

Si guardano l'un l'altro in silenzio.      *They look at each other in silence.*

Si sono aiutati tra di loro.      *They helped each other.*

4. The following commonly used verbs express reciprocal actions:

| | |
|---|---|
| abbracciarsi | *to embrace (each other)* |
| aiutarsi | *to help each other* |
| baciarsi | *to kiss (each other)* |
| capirsi | *to understand each other* |
| conoscersi | *to meet* |
| farsi regali | *to give each other presents* |
| guardarsi | *to look at each other* |
| incontrarsi | *to run into each other* |
| salutarsi | *to greet each other* |
| scriversi | *to write to each other* |
| telefonarsi | *to phone each other* |
| vedersi | *to see each other* |

### E S E R C I Z I

A. Replace the subject with each subject in parentheses, and make all necessary changes.
1. Quando ci vediamo, ci abbracciamo. (le ragazze / voi / gli zii)
2. *Roberto e Carla* si conoscono da molto tempo. (io e Alvaro / tu e Luigi / le due famiglie)
3. Perchè non vi siete salutati? (le due signore / i bambini / noi)
4. Ci siamo incontrati al bar della stazione. (gli amici / le amiche / voi due)

B. Use the information in parentheses to answer each question.
ESEMPIO: Tu conosci Laura? (molto bene) → Sì, ci conosciamo molto bene.
1. Tu conosci Marco? (da molto tempo)
2. Tu telefoni a Franca? (ogni sera)
3. Tu scrivi ai cugini di Milano? (spesso)
4. Tu vedi Laura? (alle cinque)
5. Tu saluti il professore? (in italiano)

C. Restate each sentence in the **passato prossimo.**

**1.** Ci incontriamo al bar alle otto.     **2.** Non vi aiutate?     **3.** Come mai non si salutano?     **4.** Le signore italiane si baciano e si abbracciano quando si vedono.     **5.** Carlo e Sophia non si telefonano.     **6.** Perchè non vi guardate?

**D.** Tell about your relationship with your best friend. Use the following questions as a guide.

**1.** Lei ha un buon amico o una buon'amica?     **2.** Vi vedete spesso?     **3.** Dove vi vedete?     **4.** Vi aiutate?     **5.** Vi telefonate spesso?     **6.** Vi fate regali?     **7.** Vi scrivete?     **8.** Vi capite?

---

## C. *Piacere*

Gianni e Gianna hanno gusti completamente diversi. Per esempio, a Gianni piacciono i ravioli, a Gianna piacciono le lasagne. A Gianni piace la cucina messicana, a Gianna piace la cucina cinese. A Gianni piace la carne, Gianna preferisce il pesce. A Gianni piace fumare, Gianna odia le sigarette… Chissà perchè si sono sposati!

*1. Amano le stesse cose Gianni e Gianna?*
*2. A chi piacciono le lasagne?*
*3. Piace fumare a Gianna?*

---

**1.** The Italian construction that expresses *to like* is similar to the English phrase *to be pleasing to.*

*Gianni likes meat.*          → *Meat is pleasing to Gianni.*

*Gianni doesn't like potatoes.* → *Potatoes are not pleasing to Gianni.*

| ITALIAN | ENGLISH |
|---|---|
| *indirect object + verb + subject* | *subject + verb + direct object* |
| A Gianni piace la carne | *Gianni likes meat.* |
| Gli piace la carne. | *He likes meat.* |
| A Gianni piacciono i fagiolini. | *Gianni likes string beans.* |
| Non gli piacciono le patate. | *He doesn't like potatoes.* |

---

Gianni and Gianna have completely opposite tastes. For example, Gianni likes ravioli, Gianna likes lasagna. Gianni likes Mexican cooking, Gianna likes Chinese food. Gianni likes meat, Gianna prefers fish. Gianni likes to smoke, Gianna hates cigarettes. . . . Who knows why they got married?

---

The English subject (*Gianni, he*) corresponds to the indirect object of the Italian construction, the one to whom something is pleasing: **A Gianni, Gli.** The English direct object, or the thing that is liked, corresponds to the subject. Note that when the indirect object is a noun, it must be preceded by the preposition **a: A Gianni.**

2. The verb **piacere** agrees with the Italian subject; consequently, it is almost always in the third person singular or plural: **piace, piacciono.** The corresponding forms of the **passato prossimo** are **è piaciuto/a** and **sono piaciuti/e.** Notice that **piacere** is conjugated with **essere** in compound tenses and that its past participle therefore agrees in gender and number with the subject (what is liked).

| | |
|---|---|
| Ho mangiato l'insalata, ma non mi è piaciuta. | *I ate the salad, but I didn't like it.* |
| Mi sono piaciute le patate. | *I liked the potatoes.* |

3. When the subject is expressed as an infinitive (*I like to eat → Eating is pleasing to me*), **piacere** is used in the third person singular.

| | |
|---|---|
| A Sergio piace dormire; non gli piace alzarsi presto. | *Sergio likes to sleep; he doesn't like to get up early.* |

4. Notice that in expressions such as **Ti piace?** (*Do you like it?*) or **Ti piacciono?** (*Do you like them?*), Italian has no equivalent for English *it* and *them*. In Italian, *it* and *them* are expressed, in this case, through the singular and plural verb endings.

5. *To dislike* is expressed by using the negative of **piacere.**

| | |
|---|---|
| Non mi piace il caffè. | *I dislike coffee. (Coffee is not pleasing to me.)* |

**Dispiacere** (*to be sorry*) is used in the same way as **piacere.**

| | |
|---|---|
| Non possiamo venire; ci dispiace. | *We cannot come; we're sorry.* |

6. Notice the use of the Italian article to express general likes and dislikes. The corresponding English article is not used.

| | |
|---|---|
| Non mi piace **la** carne. | *I don't like meat.* |
| Gli piacciono **i** bambini? | *Does he like children?* |

—Non mi è piaciuta: posso cambiarla°?    *exchange it*

---

**A.** Create sentences with **piacere** or **non piacere** according to the examples.

ESEMPI: Maurizio / francese → A Maurizio piace il francese.
Maurizio / le altre lingue → A Maurizio non piacciono le altre lingue.

1. Nureyev / ballare
2. gli studenti / gli esami
3. gli italiani / la musica
4. lo zio / i bambini piccoli
5. gli americani / la Coca-Cola
6. il signor Rossi / pagare le tasse (*taxes*)

**B.** Create a sentence stating that you like or dislike each of the following.

ESEMPIO: cucinare → Mi piace cucinare.

1. il caffè italiano   2. viaggiare (*to travel*)   3. i libri di cucina   4. il panettone   5. le persone stupide   6. la birra americana   7. i bambini   8. gli spaghetti

Now ask your instructor whether he/she likes the preceding items.

**C.** Restate each of the following sentences with **piacere**. Follow the example.

ESEMPIO: Preferisco la cucina francese. → Mi piace la cucina francese.

1. Preferisco il pesce.   2. Preferisci i libri di cucina.   3. Preferisci regalare libri di cucina.   4. Preferiamo fare la pasta in casa.   5. Preferite mangiare in cucina.
6. I bambini preferiscono la pasta al sugo (*with tomato sauce*).   7. Preferisco andare al ristorante.   8. Lina preferisce le sigarette americane.

**D.** Answer each question as in the example.

ESEMPIO: Perchè non ha ballato Roberto? → Perchè non gli piace ballare.

1. Perchè non ha fatto la doccia Pierino?   2. Perchè non ha suonato Laura?
3. Perchè non ha scritto Paolo?   4. Perchè non ha preso l'aereo[2] la nonna?
5. Perchè non è uscita con Mario Cristina?   6. Perchè non si sono lavati i bambini?   7. Perchè non si è pettinata la ragazza?   8. Perchè non si sono messi i jeans?

**E.** Interview a friend who has just returned from Europe. Find out whether he/she liked the following things.

ESEMPI: l'Italia → Ti è piaciuta l'Italia?
gli italiani → Ti sono piaciuti gli italiani?

1. la cucina italiana   2. i musei di Firenze   3. il Teatro alla Scala   4. le fontane (*fountains*) di Roma   5. la pizza napoletana   6. i gelati italiani   7. le fettuccine Alfredo   8. viaggiare in treno

**F.** Express in Italian.

1. Mary doesn't like to listen. She likes to talk!
2. Do you like Brahms? —No, I prefer Beethoven.

---

[2]**Aereo** is short for **aeroplano**.

3. Mary cannot come. —I'm sorry!
4. Did you eat the pastries? Did you like them?
5. Why didn't he like the party?

G. Conversazione

1. Le piace mangiare al ristorante? Che tipo di ristorante preferisce?
2. Le piace la frutta? Compra più frutta fresca o frutta in scatola (*canned*)?
3. Le piacciono i succhi di frutta (*fruit juices*)?
4. Le piacciono i dolci? Preferisce finire i pasti con frutta o con un dolce?

H. List three things you don't like to do by yourself (**da solo/a**).

ESEMPIO: Non mi piace mangiare da solo.

—Sì, d'accordo... ma almeno° ti piace?

*at least*

## D. *Bello* and *quello*

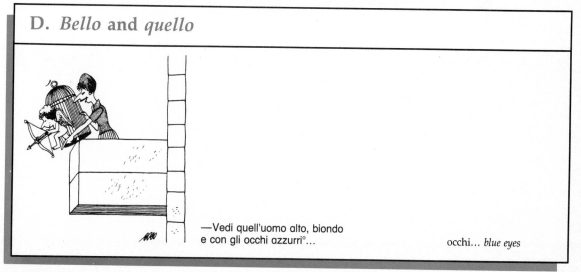

—Vedi quell'uomo alto, biondo
e con gli occhi azzurri°...

occhi... *blue eyes*

1. The adjectives **bello** (*beautiful, handsome, nice, fine*) and **quello** (*that*) have shortened forms when they precede the nouns they modify. Note that the shortened forms are similar to those of the definite articles combined with **di** (see **Capitolo cinque**, Section A): **del, dell', dello,** and so on.

| SINGULAR | | PLURAL | |
|---|---|---|---|
| masculine | feminine | masculine | feminine |
| bel    quel | bella   quella | bei    quei | belle   quelle |
| bell'  quell' | bell'   quell' | begli  quegli | |
| bello  quello | | begli  quegli | |

| | |
|---|---|
| Chi è quel bel ragazzo? | *Who's that handsome boy?* |
| Che bei capelli e che begli occhi! | *What beautiful hair and eyes!* |
| Quell'americana è di Boston. | *That American is from Boston.* |
| Quelle case sono nuove. | *Those houses are new.* |

2. **Bello** retains its full form when it follows the noun it modifies or the verb **essere**.

| | |
|---|---|
| Un ragazzo bello non è sempre simpatico. | *A handsome boy is not always a likeable boy.* |
| Quel ragazzo è bello. | *That boy is handsome.* |

3. When **quello** stands alone as a pronoun, it has four forms: **quello, quella, quelli,** and **quelle.** It can mean *that one, those, the one (of),* or *the ones (of).*

| | |
|---|---|
| Preferisce questo vino o quello? | *Do you prefer this wine or that one?* |
| Ti piacciono i formaggi americani? —Preferisco quelli francesi. | *Do you like American cheeses? —I prefer French ones.* |
| Ecco una macchina: è quella di Luigi. | *There's a car; it's Luigi's (that of Luigi).* |

## E S E R C I Z I

A. Supply the correct form of **quello.**

ESEMPIO: Non conosco <u>quel</u> ragazzo.

1. Chi sono _____ ragazzi?
2. Ti piace _____ automobile?
3. Vogliamo comprare _____ paste.
4. Non conoscete _____ studente?
5. _____ avvocati sono molto bravi.
6. _____ è un bel regalo.
7. _____ è una bell'automobile.
8. _____ sono i cugini di Marcella.
9. Ti piacciono i vini tedeschi? —No, preferisco _____ francesi.
10. Non invito la ragazza di Marco; invito _____ di Roberto.

B. Create new exclamations by adding the appropriate form of **bello.**

ESEMPIO: Che maglietta! → Che bella maglietta!

1. Che panettone!    2. Che spaghetti!    3. Che pesci!    4. Che insalata!
5. Che pasta!    6. Che polli!    7. Che lasagne!    8. Che dolce!

C. Answer each question using the word in parentheses. Follow the model.

ESEMPIO: Ti piace la birra italiana? (americana) → Preferisco quella americana.

1. Ti piace la cucina messicana? (cinese)
2. Ti piacciono gli occhi azzurri? (neri [black])
3. Ti piacciono i film di fantascienza (science fiction)? (d'amore)
4. Ti piacciono i libri di cucina? (d'astrologia)
5. Ti piace la pasta De Cecco? (fatta in casa)
6. Ti piacciono i dischi di musica moderna? (di musica classica)

Now answer all the questions according to your own preferences.

## E. Numbers greater than *cinquanta*

—...27461 + 1396 + 7432...

1. The numbers above fifty are:

| | | | | | |
|---|---|---|---|---|---|
| 50 | cinquanta | 100 | cento | 600 | seicento |
| 60 | sessanta | 200 | duecento | 700 | settecento |
| 70 | settanta | 300 | trecento | 800 | ottocento |
| 80 | ottanta | 400 | quattrocento | 900 | novecento |
| 90 | novanta | 500 | cinquecento | 1000 | mille |

| | | | |
|---|---|---|---|
| 1.100 | mille cento | 1.000.000 | un milione |
| 1.200 | mille duecento | 1.000.000.000 | un miliardo |
| 2.000 | duemila | | |

2. The indefinite article is not used with **cento** (*hundred*) and **mille** (*thousand*), but it is used with **milione** (*million*).

---

cento favole        *a hundred fables*
mille notti          *a thousand nights*
un milione di dollari  *a million dollars*

3. **Cento** has no plural form. **Mille** has the plural form **-mila.**

cento lire   duecento lire
mille lire    duemila lire

4. **Milione** (plural **milioni**) and **miliardo** (plural **miliardi**) require **di** when they occur directly before a noun.

In Italia ci sono cinquantasette milioni di abitanti.

*In Italy there are 57,000,000 inhabitants.*

Il governo ha speso molti miliardi di dollari.

*The government has spent many billions of dollars.*

*but:*

tre milioni cinquecentomila lire

*3,500,000 lire*

5. The masculine singular definite article is used with years.

Il 1916 (mille novecentosedici) è stato un anno molto buono.[3]

*1916 was a very good year.*

La macchina di Giorgio è del 1959.

*Giorgio's car is a 1959 model.*

Sono nato nel 1964.

*I was born in 1964.*

Siamo stati in Italia dal 1980 al 1982.

*We were in Italy from 1980 to 1982.*

## E S E R C I Z I

A. Say aloud each number in the cartoon on p. 145 and then give the total.

B. **Che prezzi!** Marta sees the following prices in a store. Say them with her.[4]

   ESEMPI: 8.750 L.[5] → Ottomila settecentocinquanta lire!
          945 L. → Novecentoquarantacinque lire!

  **1.** 5.000 L.     **3.** 2.675 L.     **5.** 16.730 L.     **7.** 9.999 L.
  **2.** 250 L.       **4.** 28.900 L.    **6.** 42.315 L.    **8.** 7.777 L.

C. Say the following important dates in American history.

  **1.** 1492          **3.** 1812          **5.** 1918
  **2.** 1776          **4.** 1865          **6.** 1945

---

[3]There is no Italian equivalent for the English eleven hundred, twelve hundred, etc. One says **millecento, milleduecento,** etc.

[4]In decimal numbers, Italian uses a comma (**una virgola**) where English uses a period: **17,95** = *17.95.* It is read **diciassette e novantacinque.** To express thousands, Italian punctuation calls for a period (**un punto**) where English uses a comma: **20.570** = *20,570.* It is read **ventimila cinquecentosettanta.**

[5]Note that **L.** is the abbreviation for **lira/lire.**

---

**D.** Now say the following important dates in Italian literature (you'll learn more about these dates in **Capitolo venti**).

1. 1265–1321      3. 1469–1527      5. 1785–1873
2. 1304–1374      4. 1707–1793      6. 1867–1936

**E.** You have gone to a wine tasting party of **Chianti Classico Riserva** from an Italian estate. You have tasted the wine of seven different years. Tell which ones in Italian!

1. 1978    3. 1971    5. 1962    7. 1958
2. 1977    4. 1970    6. 1959

**F.** Conversazione

**1.** In che anno è nato/a?     **2.** In che anno ha cominciato l'università?     **3.** In che anno ha preso la patente (*driver's license*)?     **4.** Di quale anno è la Sua (*your*) automobile? (La mia automobile... )     **5.** Sa in che anno è nato George Washington? **6.** Sa in che anno c'è stata la crisi economica in America?

Ha il resto° di centomila?      *change*

# II. ESERCIZI DI PRONUNCIA

## The sounds of the letters l and gl

**A.** The letter **l** has a sound similar to the *l* in English *love*. Unlike the *l* in *alter* or *will*, however, the Italian [l] is a "clear" sound, articulated toward the front of the mouth, never in the back.

| la | lo | lu | le | li |
|---|---|---|---|---|
| lavoro | loro | luna | lezione | lira |
| parola | solo | rivoluzione | elegante | pulire |

Contrast the single and double sound of [l] in these pairs of words.

| pala  | colo  | mole  |
|-------|-------|-------|
| palla | collo | molle |

Be particularly careful with the l in final position, at either the end of a word or the end of a syllable, as in these words.

| al    | col   | sul   | del    | il     |
|-------|-------|-------|--------|--------|
| caldo | soldi | multa | svelte | filtro |

Contrast the sound of Italian and English [l] in final position in

| ITALIAN | al  | col  | sul  | del  | il  |
|---------|-----|------|------|------|-----|
| ENGLISH | Al  | call | soul | dell | ill |

B. Gl [λ] is pronounced like *lli* in English *million*. It is articulated with the top of the tongue against the hard palate. It is always spelled **gl** when followed by **i,** and **gli** when followed by any other vowel.

| **glia** | **glio** | **gliu**  | **glie** | **gli** |
|----------|----------|-----------|----------|---------|
| maglia   | voglio   | pagliuzza | glielo   | figli   |

Contrast the sounds in the following pairs of words.

| pala   | volo   | vele   | fili  | belli |
|--------|--------|--------|-------|-------|
| paglia | voglio | veglie | figli | begli |

C. Practice the sounds [l] and [λ] in these sentences.
   1. Come balla bene la moglie di Guglielmo! Glielo voglio dire.
   2. Mi hai dato un biglietto da mille o da duemila?
   3. Fa caldo a Milano in luglio?
   4. Ecco il portafoglio di mio figlio.
   5. Quella ragazza è alta e snella.
   6. Vogliono il tè col latte o col limone?

---

# III. DIALOGO

**GITA DOMENICALE°**

*È una bella domenica di giugno:° Beppino e Marcella sono andati a far visita alla
zia Luisa che abita in campagna° vicino a° Lucca in una vecchia casa. La zia
Luisa è una vecchietta piccola piccola ma ancora arzilla.° Appena° si vedono, la
zia e Marcella si abbracciano.*

MARCELLA: Cara zietta,° come stai? Sempre in gamba, vero? Ti ho
portato finalmente Beppino, il nostro° grande texano.

*Zia Luisa e Beppino si guardano commossi,° poi Beppino si china° e bacia la zia.*

ZIA LUISA: Mamma mia, come sei lungo! Proprio° un bel ragazzo. Ma

Gita... *Sunday excursion*
*June*
country / vicino... *close to*
spry / *As soon as*

*auntie*
*our*

*moved* / si... *bends*

*Really*

| | |
|---|---|
| un po' magro: hai bisogno d'ingrassare.° Ti piacciono i tortellini al sugo? | *to gain weight* |
| BEPPINO: Veramente° non li ho mai mangiati; ho mangiato le lasagne, i ravioli e naturalmente gli spaghetti, ma non i tortellini. | *Truthfully* |
| MARCELLA: Sono una specialità di Bologna, ma li facciamo bene anche in Toscana. Zietta, ho una fame da lupi: cosa ci hai preparato di buono? | |
| ZIA LUISA: Oh, le solite cose°: roba° semplice ma genuina. Per cominciare, crostini di fegatini di pollo;° poi i tortellini, e dopo i tortellini, pollo e coniglio arrosto° con patate al forno° e insalata; e per concludere, la crostata° e il caffè. | solite... *usual things / stuff*<br>crostini... *chicken liver hors d'oeuvres*<br>coniglio... *roast rabbit /*<br>al... *baked*<br>*pie* |
| MARCELLA: Hai sentito, Beppino? Io, dopo un pranzo così, non entro più° nei jeans che mi hai regalato... | non... *I won't fit any longer* |

*Più tardi,° verso° la fine del pranzo.*   Più... *Later / toward*

| | |
|---|---|
| BEPPINO: Zia, questa crostata mi piace molto: mi dai la ricetta, per favore? | |
| ZIA LUISA: Volentieri, ma tu sai cucinare? | |
| BEPPINO: Sicuro!° Non voglio morire di fame: la mia ragazza non sa cucinare e io mi devo arrangiare.° | *Sure!*<br>*manage* |
| ZIA LUISA: Che tempi! In che mondo° viviamo!° | *world / we live* |

---

## Dialogue comprehension check

*Indicate whether each of the following statements is **vero** or **falso**. Change each false statement to make it true.*

**1.** Beppino e Marcella sono andati a trovare Luisa Albergotti.
**2.** Luisa è la cugina di Marcella.     **3.** Luisa abita in campagna.
**4.** Luisa trova Beppino un po' magro.     **5.** Luisa ha preparato un buon pranzo.     **6.** I tortellini sono una specialità di Firenze.
**7.** Marcella ha paura d'ingrassare.     **8.** Beppino dice che non sa cucinare.     **9.** Marcella vuole la ricetta della crostata.     **10.** La ricetta della crostata è per la ragazza di Beppino.

---

### CURIOSITÀ

Etymology, the study of the origin of words, provides fascinating explanations of words we use. In Italian, **genuino** (*genuine*) means **vero** or **autentico**. But how many people know that it is related to the Latin word *genu*, which means *knee*? In ancient Rome, as soon as a baby was born, the father would pick it up and put it on his knees (*genus*) to indicate that he recognized the child as his own. Thus, from *genu* came the word *genuine*.

---

# IV. DI TUTTO UN PO'

**A.** When it comes to choosing things, you know exactly what you want. Adapt the caption of the following cartoon to these items.

**1.** automobile    **2.** bicchieri    **3.** portafoglio    **4.** maglietta    **5.** banane
**6.** zucchini    **7.** piatti    **8.** vino

—Quello non mi piace: io voglio questo.

**B.** Express in Italian.

1.    ANNA: When and how did you two meet?
GIUSEPPINA: We met in 1982. We saw each other for the first time (**per la prima volta**) at the supermarket. We looked at each other, and it was love at first sight (**il colpo di fulmine**). . . . We got married that same (**stesso**) year.

2. Marco calls Elisabetta and says to her:

MARCO: Elisabetta, I want to remind you (**ricordarti**) that tonight we're going to a party at Sergio's (**da Sergio**).

ELISABETTA: I haven't forgotten. . . . What can we bring him? Do you know if (**se**) he likes wine?

MARCO: Yes, he likes all wines.

ELISABETTA: Does he like Lambrusco?

MARCO: I'm sure (of it) (**sicuro**).

ELISABETTA: OK, we'll buy him a bottle of (**una bottiglia di**) Lambrusco.

C. Completate le seguenti frasi.

1. Mi è sempre piaciuto…   2. Non mi è mai piaciuto…   3. A tutti piace…
4. A tutti piacciono…

# V. PAROLE DA RICORDARE

**VERBI**

**abbracciare**  to embrace
**aiutare**  to help
**avere una fame da lupi (lupo)**  to be very hungry
**baciare**  to kiss
**chiędere** (*pp.* **chiesto**)  to ask
**dispiacere**  to be sorry
**fare visita a**  to visit
**fumare**  to smoke
**guardare**  to look at
**incontrare**  to meet, run into
*****ingrassare**  to put on weight
**mandare**  to send
**mostrare**  to show
**odiare**  to hate
*****piacere**  to please, be pleasing to
**portare**  to bring
**preparare**  to prepare
**regalare**  to give (*as a gift*)
**rendere** (*pp.* **reso**)  to return, give back
**riportare**  to bring back
**salutare**  to greet

**telefonare**  to telephone
**viaggiare**  to travel

**NOMI**

**la campagna**  country
  **in campagna**  in the country
**la crostata**  pie
**il dolce**  dessert
**la fine**  end
**l'insalata**  salad
**la mano** (*pl.* **le mani**)  hand
**il mondo**  world
**il Natale**  Christmas
**l'occhio**  eye
**il pane**  bread
**il panettone**  fruitcake
**il pesce**  fish
**il pranzo**  dinner
**il prezzo**  price
**la sigaretta**  cigarette

**AGGETTIVI**

**azzurro**  blue
**diverso**  different

**cinese**  Chinese
**genuino**  genuine
**lungo** (*pl.* **lunghi**)  long
**preferito**  favorite
**quello**  that
**sęmplice**  simple

**ALTRE PAROLE ED ESPRESSIONI**

**al forno**  baked (*lit., in the oven*)
**al sugo**  with tomato sauce
**appena**  as soon as
**chissà**  who knows
**da solo/a**  alone, by oneself
**non … più**  not . . . any longer (more), no . . . longer (more)
**proprio**  really
**quasi**  almost
**veramente**  truly, really
**verso**  toward
**vicino a**  close to, near

## ITALIA COSÌ

### BUONO A SAPERSI

**I PASTI IN ITALIA: TERMINOLOGIA**

Italians normally have three meals a day: one in the morning when they get up, one after noon (the exact time varies from place to place), and a third in the evening around eight o'clock.

The morning meal (**il pasto del mattino**) is **la colazione**.

*To have breakfast* or *eat breakfast* is **fare colazione**.

The meal after twelve (**il pasto di mezzogiorno**) is the biggest meal of the day and is called **il pranzo** (*dinner*).

*To have dinner* is **pranzare**.

The evening meal (**il pasto della sera**) is a lighter meal and is called **la cena** (*supper*).

*To have supper* is **cenare**.

This is the traditional terminology. Eating habits have changed in some parts of Italy, however. Fewer people, particularly those who work, have time for a big meal in the middle of the day. Today we hear: **la prima colazione** for *breakfast*; **la seconda colazione** for *lunch* or a lighter noon meal; and **il pranzo** for the big meal that some people now eat in the evening. Secondary meals are: **lo spuntino (fare uno spuntino)**, a *snack*, and **la merenda (fare merenda)**, an afternoon snack for children. Adults just call it **il tè**, even if, with tea, they may have something more substantial like little sandwiches, tarts, or pastry.

**A. Quant'è in dollari?** Prices in Italy seem incredible. . . the number of **lire** you must pay is always so high. To get a real sense of what you are paying, you need to convert prices into dollars. Today you're at a restaurant. You read the menu and find the prices given on page 153. Give the equivalent of each price in dollars (**1 dollaro = 1600 lire**).

NOTE   The following menu is from a **Trattoria,** only one of the different kinds of restaurants available in Italy.

Ristorante ⎫
Trattoria ⎬ for a full meal

Rosticceria ⎫
Pizzeria ⎬ for a light meal or snack
Tavola Calda ⎭

# Galleria Sciarra

# TRATTORIA ·· PIZZERIA

Piazza dell'Oratorio 75
tel. 6·790·766

| | | |
|---|---|---|
| **Antipasti°** | | *Hors d'oeuvres* |
| Prosciutto e melone | 3000 | |
| Antipasto misto | 2200 | |
| **Primi piatti°** | | *First courses* |
| Risotto al sugo | 1700 | |
| Consommé in tazza | 1250 | |
| Tortellini in brodo | 1600 | |
| **Secondi piatti°** | | *Second courses (also* |
| Vitello tonnato e capperi | 3300 | *called **Pietanze**)* |
| Melanzane alla parmigiana | 2700 | |
| Funghi trifolati | 1900 | |
| **Piatti del giorno** | | |
| Trippa alla romana | 3200 | |
| Crocchette di pollo e carciofi | 3300 | |
| Braciola di maiale ai ferri | 3300 | |
| **Contorni°** | | *Side dishes* |
| Insalata mista | 1400 | |
| Piselli al burro | 1500 | |
| Broccoli all'agro | 1500 | |
| **Dolci** | | |
| Crema caramella | 2000 | |
| Gelato di limone | 1700 | |
| Cassata | 2300 | |
| **Frutta** | | |
| Macedonia di frutta | 1800 | |
| Ananas fresco | 2500 | |
| Prugne al forno | 2200 | |
| COPERTO L. | 500 | |

**IN QUESTO LOCALE NON SI APPLICA LA PERCENTUALE DI SERVIZIO**

A **trattoria,** generally cheaper in price than a **ristorante,** is usually family owned and run. All restaurants are obligated by law to give customers a receipt (**ricevuta fiscale**).

| Denominazione, Residenza o Domicilio Ubicazione Esercizio | Quantità | Natura e qualità dei Servizi | Importo |
|---|---|---|---|
| | 2 | Pane e coperto | 1400 |
| | | Vino | |
| **RISTORANTE** | 1 | Birra | 2200 |
| **PIZZERIA** | | Acqua minerale | |
| | | Antipasti | |
| *la Baracchetta* | | Primi | |
| | | Secondi | |
| Via B. Salerno, 12 r. | 2 | PIZZE | 6000 |
| Tel. 010 / 38 9213   GENOVA | | Contorni | |
| | | Formaggi | |
| Cod. Fisc. : BLL MST 27T63 L613B | | Frutta | |
| | | Dolce | |
| **BALLAI MODESTA** | | Caffè | |
| Piazza Sarzano, 1/7. | | | |
| **GENOVA** | | | |
| RICEVUTA FISCALE | | | |
| | *Data* | Servizio ........% | |
| **XA   N°   6185 / 82** | 17·04·1983 | TOTALE Complessivo (IVA Inclusa) L. | 9600 |

TIPOGR. LEGAT. ARTIGIANA - VIA A. DIAZ, 17 R. - TEL 565.534 - GENOVA  AUT. MIN. FINANZE N. 365391/79 DEL 9/10/1979

**B. Presentazioni** (*Introductions*). Chuck Porter è andato al ristorante con Stefano, un amico italiano. Al ristorante Stefano ha incontrato un'amica e l'ha presentata a Chuck, così Chuck ha potuto imparare le formule dell'uso. Stefano ha detto: « Isabella, **ti presento** Chuck Porter, uno studente americano. » Isabella ha dato la mano a Stefano e ha detto: « **Piacere!** » Chuck ha ripetuto: « **Piacere!** »

Poi Stefano ha visto il signor Agnesi, un amico di suo (*his*) padre. Stefano ha detto: « Signor Agnesi, **Le presento** Chuck Porter, uno studente americano. » Il signor Agnesi e Stefano si sono dati la mano e hanno detto: « **Piacere!** »

E ora immaginate una situazione simile (solo i nomi dei personaggi cambiano). Dopo le presentazioni, la conversazione continua…

# LETTURA CULTURALE

## La cucina italiana

La cucina italiana è conosciuta e apprezzata° in tutto il mondo e si può° dire che in ogni città importante ci sono ristoranti italiani o ristoranti che servono specialità italiane. Ma è un errore credere che gli italiani mangiano soltanto° pizza o lasagne o spaghetti al sugo: la varietà della cucina italiana è infinita. Prendiamo, ad esempio, il famoso primo piatto,° la pasta o il riso:° quante variazioni sul tema! I nomi cambiano a seconda del condimento° o della preparazione: le tagliatelle° alla bolognese, fatte col ragù (sugo di carne); il risotto alla milanese, condito° con lo zafferano;° gli spaghetti alla carbonara, preparati con uova° e pancetta;° gli spaghetti alle vongole;° i ravioli; le lasagne; i tortellini… L'elenco° è lungo, ma che festa per il buongustaio° alla ricerca di° nuove esperienze culinarie!

Per la pietanza—o secondo piatto—carne o pesce e verdura,° la scelta° è ancora più vasta, ma di solito la carne preferita è il vitello.° Il pasto finisce quasi sempre con frutta fresca e caffè: gli italiani mangiano dolci raramente, nei giorni di festa o in occasioni speciali. Il vino è un necessario complemento della tavola italiana, anche se è un semplice vino locale.

Gli italiani, dai più umili° ai più sofisticati, sono tutti buongustai: non mangiano solamente per vivere,° ma fanno di ogni pasto un'occasione da godere° e ricordare.

*appreciated*
*si… one can*

*only*

*course / rice*

*a… according to the seasoning / noodles*
*seasoned*
*saffron / eggs*
*bacon / baby clams*
*list / gourmet*
*alla… who is looking for*
*vegetables*
*choice*
*veal*

*più… humblest*
*to live*
*to enjoy*

## Reading comprehension check

**A.** Rispondete alle seguenti domande.

1. Secondo Lei, quali piatti italiani sono conosciuti in tutto il mondo?     2. Cos'è il ragù?     3. Con che cosa è condito il risotto alla milanese?     4. Che cos'è la pietanza?     5. Quale tipo di carne preferiscono gli italiani?     6. Gli italiani mangiano dolci alla fine del pasto?

**B.** Preparate un menù all'italiana.

Un panino con un po' di vino...

Macchina per fare la pasta.

# capitolo otto

# Andiamo al mercato!

Alla signora Agnelli piace fare la spesa al mercato: ci va tutti i giorni!

# I. GRAMMATICA

## A. The pronoun *ne*

MAMMA: Marta, per favore mi compri il pane?
MARTA: Volentieri! Quanto ne vuoi?
MAMMA: Un chilo. Ah sì, ho bisogno anche di pro-
sciutto cotto.[1]
MARTA: Ne prendo un paio d'etti?
MAMMA: Puoi prenderne anche quattro: tu e papà
ne mangiate sempre tanto!
MARTA: Hai bisogno d'altro?
MAMMA: No, grazie, per il resto vado io al
supermercato.

**1.** *Quanto pane vuole la mamma?*
**2.** *Ha bisogno d'altro la mamma?*
**3.** *Chi mangia sempre tanto prosciutto?*

**1.** The pronoun **ne** replaces nouns preceded by **di** (*of, about*) or nouns used alone, without an article.

| | |
|---|---|
| Hai paura dei topi? —Sì, ne ho paura. | *Are you afraid of mice? —Yes, I'm afraid of them.* |
| Luigi parla degli amici; ne parla sempre. | *Luigi talks about his friends; he talks about them all the time.* |
| Avete formaggio? —No, non ne abbiamo. | *Do you have any cheese? —No, we don't have any.* |

Note that **ne** expresses English *some* or *any* when it replaces a noun used without an article.

**2.** **Ne** also replaces nouns accompanied by a number or an expression of quantity, such as **molto, troppo, un chilo di,** and **un litro di. Ne** then expresses *of it, of them*. Note that while the phrases *of it* and *of them* are optional in English, **ne** *must* be used in Italian.

---

MOTHER: Marta, will you buy bread for me, please?  MARTA: Sure! How much do you want?  MOTHER: One kilo. Oh yes, I also need some boiled ham.  MARTA: Shall I get a couple of hectograms (about 200 grams)?  MOTHER: You can get as many as four. You and Dad always eat so much (of it)!  MARTA: Do you need anything else?  MOTHER: No, thanks, I'm going to the supermarket for the rest (of what I need).

[1]There are two kinds of **prosciutto: cotto** (*boiled, cooked*) and **crudo** (*cured*).

---

| | |
|---|---|
| Mangiamo troppa (pasta;) ne mangiamo troppa. | *We eat too much pasta; we eat too much (of it).* |
| Quanti (fratelli) hanno? —Ne hanno tre. | *How many brothers do they have? —They have three (of them).* |
| Quanto (formaggio) hai comprato? —Ne ho comprato un chilo. | *How much cheese did you buy? —I bought one kilo (of it).* |

3. **Ne** is also used to replace **di** + *infinitive* with expressions that use **di**, such as **avere bisogno di, avere paura di,** and **avere voglia di** (*to feel like*).

| | |
|---|---|
| Hanno bisogno (di lavorare?)—No, non ne hanno bisogno. | *Do they need to work? —No, they don't need to.* |

4. Like other object pronouns, **ne** is placed before a conjugated verb or after an infinitive (and attached to it).

| | |
|---|---|
| Perchè parli sempre (dell'Italia?)—Ne parlo sempre perchè mi piace parlarne. | *Why do you always talk about Italy? —I always talk about it because I like to talk about it.* |

5. **Ne** is used to express the date.

| | |
|---|---|
| Quanti ne abbiamo oggi?[2] —Ne abbiamo (uno, due, quindici... ). | *What's today's date? —It's the (first, second, fifteenth . . .).* |

## E S E R C I Z I

**A.** Create a sentence with **ne** to answer each question.

ESEMPIO: Quanti giornali vuole? (3) → Ne voglio tre.

1. Quanti panettoni compra a Natale? (1)
2. Quanti etti di prosciutto vuole? (2)
3. Quante cugine ha? (5)
4. Quanti anni ha? (20)
5. Quante foto fa al mese? (12)
6. Quanti bicchieri d'acqua beve al giorno? (8)
7. Quanti chili di pane vuole comprare? (4)
8. Quanti esami deve dare questo semestre? (3)

**B.** Answer each question using the appropriate form of **troppo** (*too much*), **molto, poco** (**poca/pochi/poche**) (*little, few*), **abbastanza** (*inv.*) (*enough*), or **un po'**.

ESEMPIO: Ha libri? → Sì, ne ho molti.

1. Ha amici?   2. Legge libri?   3. Fa domande?   4. Riceve lettere?
5. Mangia patate?   6. Beve birra?   7. Mette zucchero nel caffè?   8. Regala dolci?

**C.** Answer each question in the affirmative or in the negative, using **ne.**

1. Ha dischi di musica classica?   2. Scrive lettere in classe?   3. Ha paura dei ragni (*spiders*)?   4. Mangia pane con il formaggio?   5. Beve spumante (*sparkling wine*) a colazione?   6. Le piace parlare di politica?   7. Regala dolci agli amici?   8. Mette limone nel tè?   9. Ha bisogno di formaggio?   10. Ha voglia di mangiare un gelato?

[2]Another way to express the date is **Che giorno è oggi? È il (due, quindici...).** *The first* is expressed with an ordinal number in this construction: **È il primo.** See **Capitolo tredici** for a more detailed explanation of dates in Italian.

—Pietro, hai ragione:° l'anno scorso ne ha fatte tre in più.°

hai... *you're right* / in... *more*

**D.** Conversazione

   **1.** Quante lingue conosce?    **2.** Quanti caffè prende al giorno?    **3.** Quanti fratelli ha?    **4.** Quanti anni ha?    **5.** Quanti ne abbiamo oggi?

## B. Uses of *ci*

—Come vedi, non ci sono ragni su questo prato°...

*meadow*

1. The word **ci** replaces nouns (referring to places) preceded by **a, in,** or **su,** or **a** + *infinitive*. Its English equivalent is often *there*.[3]

A che ora siete arrivati a Roma? —Ci siamo arrivati alle dieci di mattina.

*What time did you get to Rome? —We got there at 10 A.M.*

Vai in Italia quest'estate? —No, non ci vado.

*Are you going to Italy this summer? —No, I'm not going (there).*

Quando andate a fare la spesa? —Ci andiamo il sabato pomeriggio.

*When do you go grocery shopping? —We go (to do it) on Saturday afternoon.*

Note the optional use of English *there, to do it,* in contrast to the required use of **ci.**

2. **Ci** can also replace **a** + *noun* (referring to things or ideas) in expressions such as **credere a** + *noun* (*to believe in something*) and **pensare a** + *noun* (*to think about something*). In these cases **ci** no longer corresponds to English *there.*

Lei crede agli UFO? —Sì, ci credo.

*Do you believe in UFO's? —Yes, I do (believe in them).*

Pensate all'inflazione? —No, non ci pensiamo.

*Do you think about inflation? —No, we don't (think about it).*

3. **Ci** precedes or follows the verb according to the rules for object pronouns.

Mi hanno invitato a quella festa, ma non ci vado. Non ho voglia di andarci!

*They've invited me to that party, but I'm not going (there). I don't feel like going (there).*

—Tu ci credi ai miraggi?

## E S E R C I Z I

**A.** Answer each question in the affirmative or in the negative, substituting **ci** for the phrase in italics.

ESEMPIO: Va *al mercato?* → Sì, ci vado.
                              No, non ci vado.

**1.** Va *al cinema* da solo/a?    **2.** È mai ritornato/a *alla città dov'è nato/a?*    **3.** È mai stato/a *alla Casa Bianca? alle cascate del Niagara? a Las Vegas?*    **4.** Vuole andare *a Capri?*    **5.** Mangia spesso *alla mensa dello studente (student cafeteria)?*    **6.** Compra

[3]You have already used **ci** in the expressions **c'è** and **ci sono.**

*in quel negozio?* **7.** Va *in chiesa* la domenica? **8.** Lei scrive *sui muri* (*walls*)?
**9.** Studia volentieri *a questa università?* **10.** Ha voglia di stare *a casa* stasera?

**B.** Interview a member of your class, asking whether he or she has ever been or wants to go to a city or a country that interests you. Remember to use **in** with countries and **a** with cities.

ESEMPIO: Sei mai stato/a in Inghilterra? a Londra? Vuoi andare in Brasile?
a Rio de Janeiro?

**C.** Now interview one or more students, asking whether they believe in the following.

ESEMPIO: Tu credi alle streghe (*witches*)?

**1.** gli spiriti (*ghosts*) **2.** gli UFO **3.** l'oroscopo **4.** le previsioni del tempo (*weather forecasts*) **5.** i sogni (*dreams*)

**D. Lei pensa mai a queste cose?** For each of the following, create a question and an answer, according to the example.

ESEMPIO: Lei pensa alle vacanze? → Sì, ci penso.
No, non ci penso.

**1.** il futuro dell'umanità **2.** i problemi della società **3.** la vita sugli altri pianeti (*planets*) **4.** gli extraterrestri (*people from outer space*) **5.** gli esami

## C. Double object pronouns

SIGNOR ROSSI: Scusi, a che ora comincia lo spettacolo?
IMPIEGATO: Glielo dico subito: comincia alle nove in punto.
SIGNOR ROSSI: Ci sono ancora posti in platea?
IMPIEGATO: Sì, signore, ce ne sono ancora: quanti biglietti vuole?
SIGNOR ROSSI: Me ne può dare cinque, per favore?
IMPIEGATO: Certo, signore.

*1. Che cosa vuole sapere il signor Rossi?*
*2. Ci sono ancora posti in platea?*
*3. Quanti biglietti vuole il signor Rossi?*

**1.** In Italian, when the same verb has one direct object pronoun and one indirect object pronoun (*he gave **it to me,** I'm returning **them to you***), the object pronouns normally precede the verb in the order given in the chart.

---

MR. ROSSI: Excuse me, what time does the show start? CLERK: I'll tell you right away; it starts at nine o'clock sharp. MR. ROSSI: Are there any orchestra seats left? CLERK: Yes, sir, there are still some left. How many tickets do you want? MR. ROSSI: Can you give me five, please? CLERK: Certainly, sir.

---

| INDIRECT OBJECT | + DIRECT OBJECT (or **ne**) | + VERB |
|---|---|---|
| Me | lo | ha dato. |
| *(To me* | *it* | *he gave.)* |
| Te | li | rendo. |
| *(To you* | *them* | *I'm returning.)* |

2. The indirect object pronouns **mi, ti, ci,** and **vi** change the final **-i** to **-e** before the direct object forms or before **ne**. **Gli, le,** and **Le** become **glie-** before the direct object forms or before **ne,** and combine with them to form one word. As noted before, **loro** always follows the verb.

| INDIRECT OBJECT PRONOUNS | DIRECT OBJECT PRONOUNS | | | | |
|---|---|---|---|---|---|
| | **lo** | **la** | **li** | **le** | **ne** |
| **mi** | me lo | me la | me li | me le | me ne |
| **ti** | te lo | te la | te li | te le | te ne |
| **gli, le, Le** | **glie**lo | **glie**la | **glie**li | **glie**le | **glie**ne |
| **ci** | ce lo | ce la | ce li | ce le | ce ne |
| **vi** | ve lo | ve la | ve li | ve le | ve ne |
| **...loro** | lo...loro | la...loro | li...loro | le...loro | ne...loro |

Quando mi dai una risposta? —Te la do domani.

*When are you giving me an answer? —I'll give it to you tomorrow.*

Non capiamo questi pronomi. Ce li spiega, per favore?

*We don't understand these pronouns. Will you explain them to us, please?*

Vi ho già parlato delle città italiane; ve ne ho parlato un mese fa.

*I've already spoken to you about Italian cities; I spoke to you about them a month ago.*

Hai dato le ricette alla signora? —Sì, gliele ho date.

*Have you given the recipes to the lady? —Yes, I gave them to her.*

Note that when the verb is in the **passato prossimo,** the past participle agrees in gender and number with the preceding direct object pronoun, even when the direct object pronoun is combined with another pronoun, as in the last example.

3. With infinitives, double object pronouns (like the single forms) follow and are attached to form one word. **Loro** is not attached.

L'orologio? Non te lo vendo, preferisco regalartelo!

*The watch? I'm not going to sell it to you; I prefer to give it to you.*

L'automobile? Non la vendo loro,[4] preferisco regalarla loro.

*The car? I'm not going to sell it to them; I prefer to give it to them.*

---

[4]In contemporary usage, **lo...loro, la...loro,** and so on, are often replaced by **glielo, gliela,** etc., which precede the verb or follow an infinitive: L'automobile? Non **gliela vendo,** preferisco **regalargliela.**

When the infinitive is governed by **dovere, potere,** or **volere,** the pronouns may follow the infinitive and be attached to it, or precede the conjugated verb.

Ti voglio presentare un'amica. Voglio presentartela. (Te la voglio presentare.)

*I want to introduce a friend to you. I want to introduce her to you.*

—Ieri sera mio marito era tanto° stanco che i piatti glieli ho lavati io...

*so*

# E S E R C I Z I

**A.** Restate each question by replacing the noun object with an object pronoun.

ESEMPIO: Mi compra il pane? → Me lo compra?

**1.** Mi serve il caffè? **2.** Mi serve due caffè? **3.** Ti spieghiamo i verbi? **4.** Ti spieghiamo la lezione? **5.** Gli regaliamo questo disco? **6.** Gli regaliamo questi bicchieri? **7.** Le offrite formaggio? **8.** Le offrite questa birra? **9.** Ci dicono la verità? **10.** Ci dicono molte cose?

**B.** Restate each question using double object pronouns. Remember to make the past participle agree with the direct object pronoun!

ESEMPIO: Chi ti ha dato le chiavi? → Chi te le ha date?

**1.** Chi vi ha pulito il frigo? **2.** Chi vi ha scritto le lettere? **3.** Chi ci ha mostrato le foto? **4.** Chi ci ha dato questa maglietta? **5.** Chi ci ha dato due magliette? **6.** Chi Le ha chiesto il numero? **7.** Chi le ha portato le rose? **8.** Chi le ha portato dodici rose? **9.** Chi gli ha lasciato i soldi? **10.** Chi gli ha parlato dell'Italia?

**C.** Complete the following sentences using the appropriate double object pronouns.

**1.** È vero che non gli vuoi rendere le lettere? —È vero: non _____ voglio rendere!
**2.** Le puoi spiegare la situazione? —Mi dispiace, ma non posso spiegar_____.

---

—Ma certo che ti amo, cara! Non te l'ho già detto dieci anni fa?

**3.** Quando gli mostri le foto? —_____ mostro dopo cena, va bene?

**4.** Devi parlargli di questa cosa? —Sì, _____ devo parlare subito!

**5.** Vuoi vendere la macchina all'avvocato? —Sì, _____ voglio vendere per settanta milioni!

**6.** Puoi portare sei rose alla signora Rossi? —_____ posso portare anche dodici!

**D.** Restate each question using a combined pronoun such as **glielo, gliela,** and so on.

ESEMPIO: Hai dato la mancia al cameriere? → Gliel'hai data?[5]

**1.** Hai dato i soldi a Carlo?     **2.** Hai detto la verità al dottore?     **3.** Hai fatto il regalo alla zia?     **4.** Hai spiegato la lezione ai ragazzi?     **5.** Hai scritto la lettera alla nonna?     **6.** Hai mostrato le foto a Gianna?     **7.** Hai parlato a papà della situazione?     **8.** Hai regalato dodici piatti ai fidanzati (*engaged couple*)?

**E.** Follow each question with a statement according to the example.

ESEMPIO: Ti piace questo disco? → Se ti piace, te lo regalo.

**1.** Ti piace questo libro?     **2.** Ti piacciono questi piatti?     **3.** Le piace questo profumo?     **4.** Vi piace questa foto?     **5.** Vi piacciono queste riviste?     **6.** Le piacciono questi dischi?

**F.** Conversazione

**1.** Lei dà sempre la mancia al cameriere?     **2.** Si lamenta (*Do you complain*) spesso del freddo?     **3.** Si lava i capelli (*hair*) tutti i giorni?     **4.** Ha ricevuto lettere ieri?     **5.** Si è fatto/a la doccia stamattina?     **6.** Mi vuole regalare quella foto?

---

[5]Note the elision that occurs (as with the single forms **lo** and **la**) before forms of **avere.**

## D. The imperative (*tu, noi, voi*)

—Papà, ascolta e dimmi se ti piace
questa mia ballata sul lavoro° nei campi.°   *work / fields*

1. The imperative (**l'imperativo**) is used to give orders, advice, and exhortations: *be good, stay home, let's go*. The imperative forms for **tu, voi,** and **noi** are the same as the present tense affirmative forms, with one exception: the **tu** imperative of regular **-are** verbs ends in **-a.**

|        | lavorare  | scrivere  | dormire   | finire   |
|--------|-----------|-----------|-----------|----------|
| (tu)   | lavor**a** | scrivi    | dormi     | finisci  |
| (noi)  | lavoriamo | scriviamo | dormiamo  | finiamo  |
| (voi)  | lavorate  | scrivete  | dormite   | finite   |

Perchè non lavori, Maurizio? Lavora
come tuo padre!

*Why aren't you working, Maurizio? Work
like your father!*

2. The verbs **avere** and **essere** have irregular imperative forms.

| avere    | essere  |
|----------|---------|
| abbi     | sii     |
| abbiamo  | siamo   |
| abbiate  | siate   |

Abbi pazienza!

Siate pronti alle otto!

*Be patient!* (lit., *have patience*)

*Be ready at eight!*

---

**GRAMMATICA**

3. **Andare, dare, fare,** and **stare** have an irregular **tu** imperative that is frequently used instead of the present tense form.

| andare: | **va'** or **vai** | Va' (Vai) ad aprire la porta! |
| dare: | **da'** or **dai** | Da' (Dai) una mano a Giovanni! |
| fare: | **fa'** or **fai** | Fa' (Fai) colazione! |
| stare: | **sta'** or **stai** | Sta' (Stai) zitta (*quiet*) un momento! |

**Dire** has only one imperative **tu** form: **di'.**

Di' la verità!

4. The **noi** imperative corresponds to the English *let's (do something).*

| Parliamo italiano! | *Let's speak Italian!* |
| Andiamo al cinema! | *Let's go to the movies!* |

5. The negative command for the **tu** imperative is formed by the infinitive preceded by **non.** The negative for the **noi** and **voi** imperatives is formed by placing **non** before the affirmative forms.

| Lavora, Luciano! | *Work, Luciano!* |
| Non lavorare, Luciano! | *Don't work, Luciano!* |
| Lavorate, ragazzi! | *Work, boys!* |
| Non lavorate, ragazzi! | *Don't work, boys!* |
| Lavoriamo ora! | *Let's work now!* |
| Non lavoriamo ora! | *Let's not work now!* |

6. Object and reflexive pronouns, when used with the affirmative imperative, are attached to the end of the verb to form one word. The only exception is **loro,** which is always separate.

| Scrivimi quando puoi! | *Write to me when you can!* |
| Se vedete la zia, invitatela! | *If you see your aunt, invite her!* |
| Il giornale? Sì, compramelo! | *The newspaper? Yes, buy it for me!* |
| Alzatevi subito! | *Get up right now!* |
| Telefonate loro! | *Call them!* |

7. When a pronoun is attached to the **tu** imperative short forms of **andare, dare, dire, fare,** and **stare,** the apostrophe disappears and the first consonant of the pronoun is doubled, except when that pronoun is **gli.**

| Fammi un favore! Fammelo! | *Do me a favor! Do it for me!* |
| Dille la verità! Digliela! | *Tell her the truth! Tell it to her!* |
| Dagli una mano! Dagliela! | *Give him a hand! Give it to him!* |
| Ti hanno invitato a casa Pepe e non ci vuoi andare? Vacci! | *They've invited you to the Pepes' and you don't want to go (there)? Go (there)!* |

**8.** When the verb is in the negative imperative, the pronouns may either precede or follow the verb.

Carlo vuole il tuo indirizzo? Non glielo dare (Non darglielo)!

*Does Carlo want your address? Don't give it to him!*

## E S E R C I Z I

**A.** Follow each question with the appropriate **tu** command. Add the words **su, dai,** or **avanti.**[6]

ESEMPIO: Perchè non mangi? → Su, mangia!

**1.** Perchè non rispondi? **2.** Perchè non entri? **3.** Perchè non esci?
**4.** Perchè non bevi? **5.** Perchè non paghi? **6.** Perchè non guardi?
**7.** Perchè non parli? **8.** Perchè non suoni?

**B.** Answer each question with an affirmative **voi** command. Add the word **pure.**[7]

ESEMPIO: Possiamo andare? → Sì, andate pure!

**1.** Possiamo uscire? **2.** Possiamo aspettare? **3.** Possiamo ordinare?
**4.** Possiamo leggere? **5.** Possiamo servire? **6.** Possiamo stare?

**C.** Respond to each statement with an affirmative **noi** command.

ESEMPIO: Carlo ordina l'antipasto. → Ordiniamo l'antipasto anche noi!

**1.** Carlo va in campagna. **2.** Carlo suona la chitarra. **3.** Carlo balla il twist.
**4.** Carlo fa una foto. **5.** Carlo mangia in una trattoria. **6.** Carlo ha pazienza. **7.** Carlo è gentile.

**D. Ordine e contrordine.** Give the affirmative and negative of the **tu** imperative for each of the following.

ESEMPIO: aprire la porta → Apri la porta!
Non aprire la porta!

**1.** finire l'esercizio **2.** mettersi i jeans **3.** lavare la macchina
**4.** rispondere alla domanda **5.** dare la mancia **6.** prendere l'aereo
**7.** avere pazienza **8.** essere gentile **9.** sposarsi giovane **10.** andare a casa **11.** stare a letto **12.** dire la verità

**E.** You want your friend Mauro to do the following things. Express them as commands addressed to him.

ESEMPIO: svegliarsi alle otto → Svegliati alle otto!

**1.** alzarsi subito **2.** vestirsi **3.** fare colazione **4.** non dimenticare il portafoglio a casa **5.** andare in biblioteca **6.** starci almeno (*at least*) due ore
**7.** telefonare a Giorgio **8.** invitarlo alla festa di sabato sera **9.** comprare sei rose alla professoressa **10.** portargliele a casa

---

[6]These words are often used with the imperative forms to express encouragement, similar to English *Come on!*
[7]The imperative forms are often accompanied by **pure. Pure** softens the intensity of the command; it adds the idea of *go ahead, by all means.*

—Non aprire gli occhi: voglio farti una bella sorpresa!

# II. ESERCIZI DI PRONUNCIA

## The sounds of the letters m, n, and gn

**A.** The letter **m** is pronounced like *m* in English *mime:* [m].

| **ma** | **mo** | **mu** | **me** | **mi** |
|---|---|---|---|---|
| magro | moto | musica | mese | minuto |
| amare | limone | comune | cameriere | amico |

Contrast the single and double sound of [m] in these pairs of words.

| | |
|---|---|
| m'ama | mamma |
| fumo | fummo |
| some | somme |

**B.** The letter **n** is pronounced like *n* in English *nine:* [n].

| **na** | **no** | **nu** | **ne** | **ni** |
|---|---|---|---|---|
| nato | nome | numero | neve | nipote |
| luna | sono | anulare | cane | carini |

Contrast the single and double sound of [n] in these pairs of words.

| | |
|---|---|
| la luna | l'alunna |
| sano | sanno |
| cane | canne |
| noni | nonni |

**C.** The letters **gn** are pronounced like the *ny* in English *canyon:* [ñ].

| **gna** | **gno** | **gnu** | **gne** | **gni** |
|---|---|---|---|---|
| compagna | signora | ognuno | compagne | magnifico |

Contrast [n] with [ñ] in these pairs of words.

| | |
|---|---|
| campana | campagna |
| sono | sogno |
| anello | agnello |

**D.** Practice the sounds [m], [n], and [ñ] in these sentences.

1. Giovanni Agnelli è un ingegnere di Genova.
2. Hanno bisogno di nove ore di sonno.
3. Il bambino è nato in giugno.
4. Dammi un anello, non un agnello!
5. La mamma di Mario passa molti mesi in montagna.
6. Buon Natale, nonna!

# III. DIALOGO

*Stamani° Marcella e Geraldine sono andate di buon'ora° a fare la spesa al mercato centrale vicino a Piazza San Lorenzo. Le piazze e le strade intorno al mercato sono piene° di bancarelle° che vendono un po' di tutto. Geraldine si ferma a una bancarella e osserva la mercanzia.°*

    *Stamattina / di... early*

    *full / stalls*
    *goods*

VENDITORE: Signorina bella, ha bisogno di nulla?° Un bel vestitino,° un bello scialle?° Le faccio un buon prezzo!

    *anything / cute little dress*
    *shawl*

GERALDINE: Quanto costa quel vestitino verde?°

    *green*

VENDITORE: Glielo do per trentamila. È regalato!

GERALDINE: Trentamila? Mi sembra° un po' caro! Che ne dici, Marcella?

    *Mi... It seems to me*

MARCELLA: È troppo caro!

VENDITORE: Signorina, c'è l'inflazione, devo mangiare anch'io!

GERALDINE: E quella camicetta° rossa quanto costa?

    *blouse*

VENDITORE: Diecimila: gliela incarto?°

    *gliela... shall I wrap it up for you?*

GERALDINE: Se me la dà a ottomila, la prendo.

VENDITORE: E va bene, gliela do a ottomila e non ne parliamo più.

*Le due ragazze entrano nel mercato centrale e osservano la carne, il pollame,° il pesce, i formaggi e i salumi esposti° sugli alti banchi° di marmo.° Marcella si ferma davanti al° banco di un salumiere.*

    *poultry*
    *displayed / counters / marble*
    *davanti... in front of*

MARCELLA: Ha mozzarelle fresche?°

    *fresh*

SALUMIERE: Fresche come Lei. Quante ne vuole?

MARCELLA: Ne prendo tre; e anche un pezzo di parmigiano, per favore.

SALUMIERE: Quanti etti gliene do?

MARCELLA: Due etti. E quella ricotta com'è?

SALUMIERE: Da leccarsi i baffi,° signorina. Se la compra, domani torna e mi dà un bacio.

    *Da... To smack one's lips (lit., to lick one's moustache)*

MARCELLA: E se non è buona, gliela riporto e Lei mi rende i soldi.

SALUMIERE: Intesi!° In tutti i modi° domani La rivedo!

    *Agreed! / In... Anyway*

**Dialogue comprehension check**

*Rispondere alle seguenti domande.*

**1.** Dove sono andate stamani Marcella e Geraldine?     **2.** Di che cosa sono piene le piazze e le strade intorno al mercato?     **3.** Quanto costa il vestito verde?     **4.** Che cosa compra Geraldine?     **5.** Quanto paga?     **6.** Dove sono esposti i salumi e i formaggi?     **7.** Quali formaggi compra Marcella?     **8.** Se la ricotta non è buona, che cosa può fare Marcella?

---

### CURIOSITÀ

There are over five hundred varieties of Italian cheeses. **Parmigiano** (*Parmesan*) is the best known. It was made as long ago as the thirteenth century. The name comes from **Parma**, a city in the northern region of **Emilia** whose inhabitants (called **Parmigiani**) boast that their cheese is the best. To settle rivalries in the cheese industry, the Italian government decreed in 1955 that only the cheese made in the **Parma** region would be given the exclusive right to bear the name **Parmigiano-Reggiano**.

**Parmigiano** matures in two to three years. The riper the cheese, the better and more expensive it is.

**Alla parmigiana** is a term applied to many dishes that include the cheese, usually grated—for example, **melanzane alla parmigiana**, *eggplant Parmesan style.*

**Mozzarella** is a soft, white, wheel-shaped cheese. It is the essential ingredient in pizza and is used in many other Italian dishes. The name comes from **mozza**, the past participle of the verb **mozzare**, *to cut or chop*, as in **forma di formaggio mozza.**

---

# IV. DI TUTTO UN PO'

**A.** Restate each sentence or question, replacing the italicized words with pronouns.

ESEMPIO: Il cameriere serve *la crostata alla signora*. → Il cameriere gliela serve.

**1.** Io mostro *le foto a Carlo*.     **2.** Tu regali *il profumo a Maria*.     **3.** Noi offriamo *il caffè al dottore*.     **4.** Offriamo *il caffè al dottore!*     **5.** Lei spiega *i verbi allo studente*. **6.** Io voglio vendere *la macchina all'avvocato*.     **7.** Tu hai scritto *molte lettere allo zio*.     **8.** Chi ha parlato *dell'esame a Maria?*     **9.** Chi ha parlato *dell'esame a Carlo?* **10.** Ripeti *la data al professore!*

**B.** Change these questions to **tu** imperatives, substituting either **ci** or **ne** for the italicized phrases.

ESEMPI: Non vai *al mercato?* → Vacci!
Non mangi *frutta?* → Mangiane!

---

1. Non compri *pesce?*    2. Non vai *in Italia?*    3. Non pensi *agli esami?*
4. Non mangi *prosciutto?*    5. Non prendi *formaggio?*    6. Non resti *a letto?*
7. Non credi *all'oroscopo?*    8. Non usi *margarina?*

**C.** Express in Italian.

1. GUGLIELMO: Tell me, how many children do the Riccis (**i Ricci**) have?
   CARMELA: They have two.
   GUGLIELMO: And the Brambillas?
   CARMELA: They don't have any. They got married only six months ago and say that they don't want to have any.

2. ALBERTO: What are you doing Sunday?
   GIACOMO: I want to go to Florence. I've never been there and I know that there are lots of things to see (**da vedere**).
   ALBERTO: How are you going (there)? By train or by car?
   GIACOMO: By car. I prefer to travel by car, because I can leave and return when I want!

**D.** Create a sentence for each word or expression following the model.

ESEMPIO: la birra → Se non me la vuoi dare, non darmela!

1. il dolce    2. patate    3. le patate    4. i gelati    5. un chilo di pane
6. due pezzi di formaggio    7. la mozzarella    8. molti dischi

# V. PAROLE DA RICORDARE

**VERBI**

**avere voglia di**   to feel like
**\*costare**   to cost
**credere a**   to believe in
**fare la spesa**   to go grocery shopping
**osservare**   to observe
**pensare a**   to think about
**rivedere**   to see again
**\*sembrare**   to seem

**NOMI**

**il bacio** (*pl.* **baci**)   kiss
**la bancarella**   stall, booth
**il banco** (*pl.* **banchi**)   counter
**la camicetta**   blouse
**il chilo**   kilo (= *1,000 grams, about two pounds*)
**l'etto**   hectogram (= *100 grams, about one quarter of a pound*)

**il formaggio**   cheese
**il fratello**   brother
**l'inflazione** (*f.*)   inflation
**il marmo**   marble
**il mercato**   market
**il paio**   couple
**il parmigiano**   Parmesan cheese
**il pezzo**   piece
**il posto**   seat
**il prosciutto**   ham
**i salumi**   cold cuts
**il salumiere**   deli man
**lo spettacolo**   show
**la verità**   truth
**il vestito**   dress
**il vestitino**   cute little dress

**AGGETTIVI**

**caro**   expensive; dear
**fresco** (*pl.* **freschi**)   fresh

**pieno (di)**   full (of)
**poco**   little, not much
**verde**   green
**tanto**   so much
**vero**   true

**ALTRE PAROLE ED ESPRESSIONI**

**abbastanza** (*inv.*)   enough
**almeno**   at least
**altro**   anything else, something else
**certo!**   of course!
**davanti a**   in front of
**intorno a**   around
**quanti ne abbiamo oggi?**   what's today's date?
**quanto costa?**   how much does it cost?
**scusi**   excuse me
**un po' (di)**   a bit, a little

# ITALIA COSÌ

## BUONO A SAPERSI

Quando entriamo in un negozio, il venditore può domandarci:

Desidera?     Mi dica!     Prego?     Sì?

Tutte queste domande corrispondono all'inglese *Can I help you?* Altre domande che possiamo sentire sono:

| | |
|---|---|
| Quale? Quali? | *Which one? Which ones?* |
| Va bene così? | *Is that OK?* |
| Nient'altro? | *Anything else?* |

Se non sapete come si chiama una cosa, indicatela (*point at it*) e dite: Questo!

## USI E COSTUMI

Solids are sold by the

| | |
|---|---|
| chilo | *kilo* |
| 1/2 (mezzo) chilo | *1/2 kilo* |
| etto | *100 grams* |

Liquids are sold by the

| | |
|---|---|
| litro | *litre* |
| 1/2 (mezzo) litro | *1/2 litre* |
| bottiglia | *bottle* |

A. **Negozi e negozianti**
   - Il salumiere vende salumi e lavora in una salumeria.
   - Il macellaio vende carne (manzo [*beef*], vitello [*veal*] e maiale [*pork*]) e lavora in una macelleria.
   - Il pescivendolo vende pesce e lavora in una pescheria.
   - Il fruttivendolo vende frutta (mele [*apples*], pere [*pears*], arance [*oranges*], uva [*grapes*]) e verdura (*vegetables*) e lavora in un negozio di frutta e verdura.
   - Il fornaio fa e vende il pane e lavora in una panetteria.
   - Il pasticciere vende paste e dolci e lavora in una pasticceria.
   - Il lattaio vende latte, yogurth, burro (*butter*) e formaggi e lavora in una latteria.

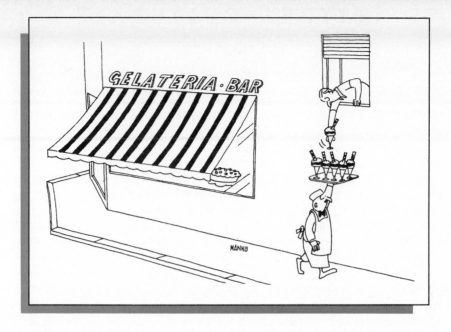

Poi c'è un negozio chiamato Alimentari che vende un po' di tutto: pane, salumi, formaggi, zucchero, vini, ecc.

Dove è possibile sentire queste domande? Scegliete (*Choose*) dalla lista qui a destra (*to the right*).

1. Al latte o al limone?
2. Alla crema o al cioccolato?
3. Crudo o cotto?
4. Un litro di Chianti o di Lambrusco?
5. Mezzo chilo di sardine?
6. Un chilo di pane?
7. Due chili di mele?
8. Sei paste o dodici paste?
9. Tre litri di latte?
10. Tre etti di vitello?

a. in una salumeria
b. in una pescheria
c. in un bar
d. in una gelateria
e. in una pasticceria
f. in una latteria
g. in una panetteria
h. in una macelleria
i. in un Alimentari
j. da (*at the shop of*) un fruttivendolo

Che cosa ordinate o comprate nei primi cinque casi?

**B. Andate a comprare!** Ora che conoscete tutte le parole necessarie, andate a comprare! Immaginate la conversazione:

· in una gelateria (siete con quattro bambini e tutti vogliono un gelato diverso...)
· in un negozio di frutta e verdura (avete invitati [*guests*] a cena e avete bisogno di due tipi di verdura—zucchini, broccoli, fagiolini, ecc.—e molta frutta)
· in una macelleria (comprate carne per la nonna; la nonna mangia solo vitello; ma il vitello è molto caro e non potete comprarne molto...)

O, se preferite, andate al supermercato!

# LETTURA CULTURALE

## Fare la spesa

La signora Marchetti è una donna all'antica:° ogni mattina, dopo che il marito è andato in ufficio e i figli sono andati a scuola, esce a piedi per fare la spesa nei negozi del suo° quartiere.° La sua famiglia è abituata a mangiare roba fresca, e la signora Marchetti sceglie° con cura° la carne dal[8] macellaio, il pesce dal pescivendolo, la frutta e la verdura dal fruttivendolo o al mercato all'aperto. Per il pane va dal fornaio dove il buon profumo del pane fresco accoglie° i clienti. Di tanto in tanto,° la nostra° signora Marchetti compra anche vestiti, scarpe° e oggetti per la casa nei negozi del vicinato. Una volta al mese va in centro per vedere cosa c'è di nuovo nelle vetrine° dei negozi di lusso.°

La signora Bonini è invece° una donna moderna: lavora in un'agenzia di viaggi° e non ha nè tempo nè° voglia di fare la spesa tutti i giorni. Così ogni sabato va col marito in macchina al supermercato e compra pasta, carne, surgelati° e molta roba in scatola.° La sua° famiglia non si lamenta e il marito e i figli l'aiutano nelle faccende di casa.° Però anche la signora Bonini preferisce comprare ogni giorno il pane fresco alla panetteria.

*old-fashioned*

*her / neighborhood*

*chooses / care*

*welcomes / Di... From time to time / our*
*shoes*

*windows / luxury*
*on the other hand*
*agenzia... travel agency / nè... nè neither . . . nor*
*frozen food*
*in... canned / her*
*faccende... household chores*

(*by Antonella Centaro Pease*)

## Reading comprehension check

**A.** Rispondete alle seguenti domande.

**1.** Quale delle due signore va a fare la spesa in macchina? **2.** Che cosa fa la signora Marchetti quando va in centro? **3.** Quando va a fare la spesa la signora Bonini? **4.** Dove compra i surgelati la signora Bonini? **5.** Chi aiuta la signora Bonini nelle faccende di casa? **6.** Quante volte alla settimana fate la spesa voi?

**B.** Completate le seguenti frasi.

**1.** Il marito della signora Marchetti va _____ e i figli vanno _____. **2.** Alla famiglia Marchetti piace mangiare _____. **3.** Nel quartiere dove abita la signora Marchetti ci sono negozi che vendono _____. **4.** La signora Bonini lavora in _____. **5.** Anche la signora Bonini compra il pane _____. **6.** La signora Bonini non fa la spesa tutti i giorni perchè _____.

**C.** Preparate un dialogo tra la signora Marchetti e la signora Bonini usando vocabolario ed espressioni della lettura.

[8]**dal** = *at* or *to the shop of the*

Verona: negozio di generi alimentari.

**A.** Circle the letter of the item that best fits the blank.

1. Le vie _____ città italiane sono sempre affollate (*crowded*).
   **a.** del    **b.** della    **c.** delle

2. Se non puoi farlo, non _____!
   **a.** farlo    **b.** fallo    **c.** lo fa

3. Professore, _____ piace insegnare?
   **a.** Lei    **b.** La    **c.** Le

4. Conosci quel ragazzo? Perchè non _____ saluti?
   **a.** lo    **b.** le    **c.** gli

5. Non ho scritto a Maria; le ho _____.
   **a.** telefonato    **b.** telefonata
   **c.** telefonate

6. Non me lo vuoi dire? Allora non me lo _____!
   **a.** di'    **b.** dici    **c.** dire

7. Quando _____ incontro, parlo loro.
   **a.** gli    **b.** li    **c.** vi

8. Signorina, è stata in Italia? —Sì, _____ sono stata.
   **a.** ci    **b.** la    **c.** ne

9. Quale città ti _____ piaciuta di più?
   **a.** sei    **b.** sono    **c.** è

10. Carlo, hai parlato alle ragazze dei film italiani? —Sì, _____ ho parlato.
   **a.** glieli    **b.** gliele    **c.** gliene

**B.** Restate each sentence or question, substituting the appropriate pronouns (single, double, **ne**, or **ci**) for the italicized words.

1. Vuoi fumare venti *sigarette*?    2. Devo spiegarvi *i verbi*.    3. Abbiamo mostrato *le foto alla signora*.    4. Quando telefoni *al dottore*?    5. Quando vai *a Milano*?    6. Ha paura *dei cani*?    7. Bambini, non mangiate troppi *gelati!*    8. Mamma, ti regalo *questa camicetta*.

**C.** Restate the italicized verbs in the **passato prossimo.**

1. *Suoniamo* il piano.    2. Scusi, quando *pulisce* il frigo?    3. Con chi *esci*, Marcella?    4. Quando *venite*?    5. Perchè non *scrivono*?    6. Perchè non *si lavano*?    7. *Mi diverto* al cinema.    8. *Vi telefonate*?    9. *Prendi* il treno?    10. *Sono* gentili con tutti.

**D.** Interview a classmate to find out the following information.

1. What time he/she got up this morning and in how many minutes he/she got dressed.
2. How many supermarkets there are in this town and whether he/she goes there on Saturdays.
3. Whether he/she always tips a waiter/waitress and how much he/she leaves.
4. How many presents he/she received at Christmas and who gave them to him/her.
5. What language he/she speaks at home and how many languages he/she knows how to speak.
6. If he/she knows how to cook and how many cookbooks he/she has.

Add any other questions you can think of, and take notes during the interview. Report what you have learned to the class.

# capitolo nove

# Quanti siete in famiglia?

Una volta le famiglie italiane erano numerose; oggi molte famiglie consistono di solo due o tre persone.

# I. GRAMMATICA

## A. Possessive adjectives

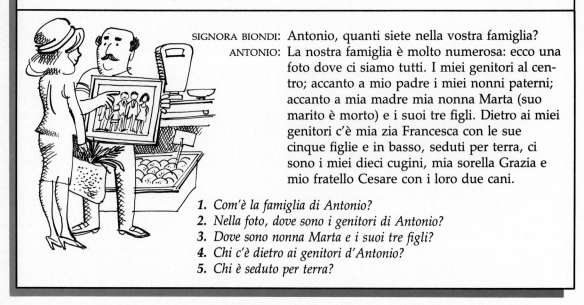

SIGNORA BIONDI: Antonio, quanti siete nella vostra famiglia?

ANTONIO: La nostra famiglia è molto numerosa: ecco una foto dove ci siamo tutti. I miei genitori al centro; accanto a mio padre i miei nonni paterni; accanto a mia madre mia nonna Marta (suo marito è morto) e i suoi tre figli. Dietro ai miei genitori c'è mia zia Francesca con le sue cinque figlie e in basso, seduti per terra, ci sono i miei dieci cugini, mia sorella Grazia e mio fratello Cesare con i loro due cani.

1. *Com'è la famiglia di Antonio?*
2. *Nella foto, dove sono i genitori di Antonio?*
3. *Dove sono nonna Marta e i suoi tre figli?*
4. *Chi c'è dietro ai genitori d'Antonio?*
5. *Chi è seduto per terra?*

1. As you know, one way to indicate possession in Italian is to use the preposition **di: la famiglia di Antonio.** Another way to show possession is to use the possessive adjectives (**gli aggettivi possessivi**). They correspond to English *my, your, his, her, its, our,* and *their.*

|  | SINGULAR | | PLURAL | |
|---|---|---|---|---|
|  | masculine | feminine | masculine | feminine |
| *my* | il mio | la mia | i miei | le mie |
| *your* (tu) | il tuo | la tua | i tuoi | le tue |
| *your* (Lei) | il Suo | la Sua | i Suoi | le Sue |
| *his, her, its* | il suo | la sua | i suoi | le sue |
| *our* | il nostro | la nostra | i nostri | le nostre |
| *your* (voi) | il vostro | la vostra | i vostri | le vostre |
| *your* (Loro) | il Loro | la Loro | i Loro | le Loro |
| *their* | il loro | la loro | i loro | le loro |

MRS. BIONDI: Antonio, how many are there in your family? ANTONIO: Our family is very large. Here's a photo of all of us. My parents are in the center; next to my father my paternal grandparents; next to my mother my grandmother Marta (her husband is dead), and her three children. Behind my parents there's my aunt Francesca with her five daughters, and below, sitting on the ground, there are my ten cousins, my sister Grazia, and my brother Cesare, with their two dogs.

**2.** Contrary to English usage, Italian possessive adjectives are preceded by definite articles and agree in gender and number with the noun possessed, not with the possessor. If a noun is masculine, the possessive adjective is masculine; if the noun is feminine, the possessive adjective is feminine.

| | |
|---|---|
| Dov'è il mio libro? | *Where is my book?* |
| Dov'è la mia matita? | *Where is my pencil?* |
| Dove sono le mie matite? | *Where are my pencils?* |
| Dove sono i miei dischi? | *Where are my records?* |

The agreement with the nouns possessed and not the possessor is particularly evident in the third person singular. Italian forms do not distinguish beween *his* (belonging to him) and *her* (belonging to her). What matters is the gender of the noun.

| | |
|---|---|
| la casa di Roberto → la sua casa[1] | *Robert's house → his house* |
| la casa di Laura → la sua casa[1] | *Laura's house → her house* |
| l'appartamento di Roberto → il suo appartamento | *Robert's apartment → his apartment* |

**3.** Note the contractions that occur when the possessive forms are preceded by a preposition.

| | |
|---|---|
| vicino **al** mio ufficio | *near my office* |
| **nel** nostro giardino | *in our garden* |
| **nelle** tue lettere | *in your letters* |
| **sui** vostri giornali | *on your newspapers* |

**4.** The English phrases *of mine* and *of yours* (*a friend of mine, two friends of yours*) are expressed in Italian by the possessive adjectives placed before the noun. There is no Italian equivalent for *of* in these constructions.

| | |
|---|---|
| un mio amico | *a friend of mine* |
| questo mio amico | *this friend of mine* |
| due tuoi amici | *two friends of yours* |

**5.** The possessive adjective is used differently when talking about relatives. The possessive is used without the article when referring to relatives in the singular. **Loro,** the exception, always retains the article. The article is always used when referring to relatives in the plural.

| | | |
|---|---|---|
| mio zio | *but* | i miei zii |
| tuo cugino | | i tuoi cugini |
| sua sorella | | le sue sorelle |
| nostra cugina | | le nostre cugine |
| vostra madre | | le vostre madri |
| (il loro fratello) | | (i loro fratelli) |

If the noun expressing a family relationship is modified by an adjective or a suffix,[2] the article is retained.

---

[1]To make the distinction between *his* and *her* clear, one would say **la casa di lui** or **la casa di lei**.

[2]See Section E in this chapter.

---

mia sorella   *but:*   la mia cara sorella; la mia sorellina

Here are the most common names indicating a family relationship. You are already familiar with many of them.

| | |
|---|---|
| marito, moglie | *husband, wife* |
| nonno, nonna | *grandfather, grandmother* |
| zio, zia | *uncle, aunt* |
| figlio, figlia | *son, daughter* |
| fratello, sorella | *brother, sister* |
| cugino, cugina | *cousin* |
| il/la nipote | *nephew, niece; grandchild* |

**Papà** and **mamma,** considered terms of endearment, often retain the article.

È italiano il tuo papà? E la tua mamma?

The expression **mamma mia!** has nothing to do with one's mother. It is an exclamation corresponding to English *good heavens!*

6. The definite article (not the possessive adjective, as in English), is used with parts of the body or articles of clothing when there is no ambiguity as to the possessor.

| | |
|---|---|
| Lavati le mani e vieni a tavola! | *Wash your hands and come to the table!* |
| Perchè non ti sei messa la camicetta rossa? | *Why didn't you put on your red blouse?* |

—Romeo, mio padre ti detesta perchè
gli rovini° tutta l'edera°!

*you ruin / ivy*

**A.** Create new sentences by substituting the words in parentheses for the italicized words.

1. Ecco il tuo *amico!* (professore / professoressa / compagni di camera [*roommates*] / amiche)
2. Conoscete il suo *salumiere?* (studentessa / studenti / compagne di camera / dottore)
3. Telefoniamo al nostro *dottore.* (genitori / maestra / professoressa / amico)
4. Ho parlato della mia *città.* (corsi / appartamento / avventure / università)
5. Escono con i loro *amici.* (parenti / ragazze / avvocato / madre)
6. Ti presento mio *padre.* (madre / zii / zie / cugino / sorella)

**B.** Answer each question according to the model.

ESEMPIO: È la famiglia di Antonio? → Sì, è la sua famiglia.

1. È il ragazzo di Laura?    2. È il cane degli zii?    3. È il gatto del signor Ricci?
4. Sono i dischi di Giovanni?    5. Sono le matite di Giovanni?    6. È il numero telefonico della ragazza?    7. È la casa del presidente?    8. Sono i vestiti delle bambine?

**C.** Interview a classmate about a member of his/her family, finding out the following information.

ESEMPIO: come sta? → Come sta tua madre?

1. come si chiama?    2. dove abita?    3. dov'è ora?    4. cosa fa?

Now interview your instructor about a member of his/her family.

**D.** Combine each pair of sentences, according to the model.

ESEMPIO: Abbiamo una casa. È in campagna. → La nostra casa è in campagna.

1. Ho molte foto. Sono nell'album.    2. Hai due etti di burro (*butter*). Sono nel

people

laws

—...e così, Luigi, io occupo il quinto° posto nel tuo cuore°?

fifth / heart

frigo.    **3.** Avete un libro di cucina. È in cucina.    **4.** Hanno una macchina. È nel garage.    **5.** Ha una villa. È in campagna.    **6.** Abbiamo riviste. Sono nello studio.    **7.** Ho tre biglietti. Sono nel portafoglio.    **8.** Avete un gatto. È sotto (*under*) il letto.

**E.** Express in Italian.

**1.** I haven't seen your parents in a long time. How are they?    **2.** My uncle has left (gone out) with his daughter.    **3.** Is your family Italian? Were your grandparents born in Italy?    **4.** My brothers and your cousins are friends.    **5.** My nieces like to watch TV.    **6.** A friend of mine speaks five languages.

## B. Possessive pronouns

—Il pianoforte è uguale al° tuo. Devi solo guardare bene come fa lui...    uguale... *just like*

**1.** Possessive pronouns (**i pronomi possessivi**), like possessive adjectives, show ownership. Possessive adjectives must be followed by a noun; in contrast, possessive pronouns stand alone. They correspond to English *mine, yours, his, hers, its, ours,* and *theirs.* In Italian they are identical to the possessive adjectives. They agree in gender and number with the nouns they replace.

| | |
|---|---|
| Lui è uscito con la sua **ragazza;** io sono uscito con **la mia.** | *He went out with his girlfriend; I went out with mine.* |
| Tu ami il tuo **paese** e noi amiamo **il nostro.** | *You love your country and we love ours.* |
| Tu hai i tuoi **problemi,** ma anch'io ho **i miei.** | *You have your problems, but I have mine, too.* |

2. Possessive pronouns normally retain the article, even when they refer to relatives.

Mia moglie sta bene; come sta la Sua?  *My wife is well; how is yours?*

Ecco nostro padre; dov'è il vostro?  *There's our father; where's yours?*

3. When possessive pronouns are used after **essere** to express ownership, the article is usually omitted.

È Sua quella macchina?  *Is that car yours?*

Sono Suoi quei bambini?  *Are those children yours?*

## E S E R C I Z I

**A.** Answer each question according to the example.

ESEMPIO: Ti piace il vestito di Marco? → Sì, ma preferisco il mio.

1. Ti piace lo stereo di Stefano? **2.** Ti piacciono i pantaloni (*pants*) di Roberto?
3. Ti piacciono le amiche di Giovanna? **4.** Ti piace la camicetta di Laura?
5. Ti piace il professore di Sergio? **6.** Ti piace la macchina dell'avvocato?

**B.** Complete each sentence with the appropriate possessive pronoun (with or without a preposition).

ESEMPIO: Io ho fatto i miei esercizi e tu hai fatto <u>i tuoi</u>.

1. Io pago il mio caffè e Lei paga _____ .
2. Io ho portato il mio avvocato e loro hanno portato _____ .
3. Noi scriviamo a nostra madre e voi scrivete _____ .
4. Tu usi il tuo profumo e lei usa _____ .
5. Io ho detto le mie ragioni (*reasons*); ora voi dite _____ .
6. Io ho parlato ai miei genitori e tu hai parlato _____ .

**C.** Answer each question with the appropriate possessive pronoun.

ESEMPIO: È tuo questo disco? → Sì, è mio. (No, non è mio.)

1. È tua questa foto? **2.** È di Vittoria questo album? **3.** Sono di Marta questi vestiti? **4.** È di Beppino questa chitarra? **5.** Sono tuoi questi biglietti?
6. Sono tue queste chiavi?

**D.** Express in Italian.

1. Our exam was easy. Yours was difficult. **2.** Let's take your car, not mine.
3. That photo is mine. Those two are yours. **4.** Is it true that your father spoke with mine?

**E.** Conversazione (Invent an answer if the question doesn't fit your own life.)

1. Quale naso (*nose*) preferisce: il naso di Barbra Streisand o il Suo?
2. Quale macchina preferisce: la macchina dei Suoi genitori o la Sua?
3. Il mio televisore (*TV set*) è in bianco e nero (*black and white*): com'è il Suo? A colori?

---

**GRAMMATICA**                 

4. Il mio passaporto è verde: com'è il Suo? Verde o blu?
5. I miei occhi sono azzurri: come sono i Suoi?
6. Il mio frigo è bianco: com'è il Suo?
7. La mia Fiat fa quindici chilometri con un litro: la Sua B.M.W.[3] quante miglia fa con un gallone?

## C. The *imperfetto*

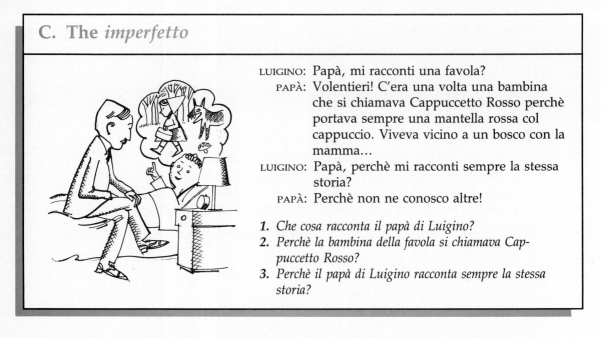

LUIGINO: Papà, mi racconti una favola?
PAPÀ: Volentieri! C'era una volta una bambina che si chiamava Cappuccetto Rosso perchè portava sempre una mantella rossa col cappuccio. Viveva vicino a un bosco con la mamma…
LUIGINO: Papà, perchè mi racconti sempre la stessa storia?
PAPÀ: Perchè non ne conosco altre!

1. *Che cosa racconta il papà di Luigino?*
2. *Perchè la bambina della favola si chiamava Cappuccetto Rosso?*
3. *Perchè il papà di Luigino racconta sempre la stessa storia?*

1. The **imperfetto** (*imperfect*) is another past tense. It is formed by dropping the **-re** of the infinitive and adding the same set of endings to verbs of all conjugations: **-vo, -vi, -va, -vamo, -vate,** and **-vano.**

| lavorare | scrivere | dormire | capire |
|---|---|---|---|
| lavoravo | scrivevo | dormivo | capivo |
| lavoravi | scrivevi | dormivi | capivi |
| lavorava | scriveva | dormiva | capiva |
| lavoravamo | scrivevamo | dormivamo | capivamo |
| lavoravate | scrivevate | dormivate | capivate |
| lavoravano | scrivevano | dormivano | capivano |

---

LUIGINO: Daddy, will you tell me a story? DAD: Sure! Once upon a time, there was a little girl who was called Little Red Riding Hood because she always wore a red coat with a hood. She lived near a forest with her mother. . . . LUIGINO: Daddy, why do you always tell me the same story? DAD: Because I don't know any others!

[3]The abbreviation **B.M.W.** is pronounced **bi emme vu.**

**2.** The verb **essere** is irregular in the **imperfetto.**

| ẹssere | |
|---|---|
| ero | eravamo |
| eri | eravate |
| era | ẹrano |

The verbs **bere, dire,** and **fare** have irregular stems in the **imperfetto.**

| bere (bev-) | dire (dic-) | fare (fac-) |
|---|---|---|
| bevevo | dicevo | facevo |
| bevevi | dicevi | facevi |
| beveva | diceva | faceva |
| bevevamo | dicevamo | facevamo |
| bevevate | dicevate | facevate |
| bevẹvano | dicẹvano | facẹvano |

**3.** The **imperfetto** is equivalent to three English forms.

Cantavo canzoni italiane.
$$\begin{cases} \textit{I used to sing Italian songs.} \\ \textit{I was singing Italian songs.} \\ \textit{I sang Italian songs.} \end{cases}$$

It has the following uses:

**a.** It is used to describe habitual actions in the past.

Mangiavo pasta tutti i giorni.      *I used to eat pasta every day.*

**b.** It is used to describe actions in progress in the past, when something else happened, or while something else was going on.

Mangiavamo quando è arrivato il telegramma.      *We were eating when the telegram arrived.*

Mangiavamo mentre i bambini dormivano.      *We were eating while the children slept.*

**c.** It is used to describe physical, mental, and emotional states in the past. It also expresses weather, time, and age in the past.

Mi sentivo stanco.      *I felt tired.*

Non volevate uscire.      *You didn't want to go out.*

Quando avevo sei o sette anni, mi piaceva il latte.      *When I was six or seven, I liked milk.*

Che ore erano? —Era mezzogiorno.      *What time was it? —It was twelve noon.*

C'era molta gente nei negozi.      *There were a lot of people in the stores.*

Faceva caldo.      *It was hot.*

---

**4.** Time expressions such as **di solito** (*usually*), **sempre, una volta** (*once upon a time, some time ago*), and **il lunedì** (**il martedì**…) are frequently used with the **imperfetto**.

Una volta le patate costavano poco.

*Some time ago potatoes used to cost very little.*

Non capisco perchè ero sempre stanco.

*I don't understand why I was always tired.*

You will learn more about the uses of the **imperfetto** and how it differs from the **passato prossimo** in **Capitolo dieci**.

—Una volta piangevo° quando tagliavo le cipolle°...
adesso,° con quel che costano, piango anche quando taglio le patate!

*I used to cry / onions now*

# E S E R C I Z I

**A.** Replace the subject with each subject in parentheses and change the verb form accordingly.

1. Sapevi nuotare (*to swim*) a cinque anni? (i bambini / Lei / voi / io)
2. La domenica dormivamo fino a tardi. (Guglielmo / io / tutti / tu)
3. *Luigi* parlava italiano quando aveva sette anni. (tu / noi / anche loro / voi)
4. Quando ero piccola, suonavo il piano. (noi / lei / voi / loro)

**B.** Complete each sentence using the **imperfetto** of **essere** or **avere**.

1. Ho ordinato del tè perchè _____ sete.
2. Quando aveva due anni, Luisa _____ bionda.
3. Sei andato a dormire perchè _____ stanco.
4. Ora è magro, ma prima _____ grasso.
5. Non guardavano perchè _____ paura.
6. Siete venuti in America quando _____ piccoli.
7. Abbiamo preso un tassì perchè _____ fretta.

**C.** Expand each sentence using **anche prima** (*even before*) and the **imperfetto**.

ESEMPIO: Mangiano sempre banane. → Anche prima mangiavano sempre banane.

**1.** Prende sempre l'insalata. **2.** Suona sempre la chitarra. **3.** Racconti sempre la stessa favola. **4.** Vengono sempre a piedi. **5.** Ho sempre voglia di mangiare. **6.** Fate sempre domande. **7.** Stiamo sempre zitti (*quiet*). **8.** Sono sempre gentili. **9.** Leggono sempre il *Corriere della Sera*. **10.** Scrivi sempre cartoline (*postcards*).

**D.** Some things are not true now, but they used to be true. Each of the following statements will become more credible by changing the verb to the **imperfetto**.

ESEMPIO: Una signora non fuma in pubblico. →
Una signora non fumava in pubblico.

**1.** Noi donne non possiamo votare. **2.** Le persone istruite (*educated*) parlano latino. **3.** I bambini lavorano nelle fabbriche (*factories*). **4.** È impossibile andare sulla luna (*moon*). **5.** Le famiglie italiane sono numerose. **6.** Paghiamo sempre in contanti (*cash*).

**E.** Tell three things that you used to do as a child.

ESEMPIO: Quando ero bambino/a, prendevo lezioni di piano.

## D. *Dire, parlare,* and *raccontare*

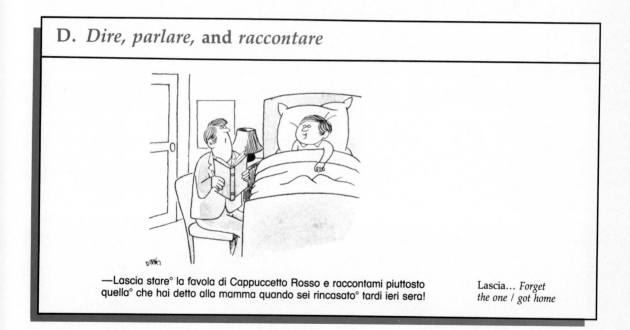

—Lascia stare° la favola di Cappuccetto Rosso e raccontami piuttosto quella° che hai detto alla mamma quando sei rincasato° tardi ieri sera!

Lascia... *Forget*
*the one / got home*

**Dire, parlare,** and **raccontare** all correspond to the English verb *to tell,* but they are usually not interchangeable.

**1. Dire** means *to tell* and *to say.*

Voglio dirLe una cosa.          *I want to tell you something.*

Mi avete detto « Ciao! »?          *Did you say "Ciao!" to me?*

---

**2. Parlare** means *to tell about, to talk about, to speak,* and *to talk.*

Ho fatto un sogno strano. —Parlamene.     *I had a strange dream. —Tell me about it.*

Alberto parla molte lingue.     *Alberto speaks many languages.*

**3. Raccontare** means *to tell* in the sense of *narrating, recounting,* or *relating.*

Voglio raccontarti una favola.     *I want to tell you a fable.*

Mi hanno raccontato molte barzellette.     *They told me many jokes.*

**Un racconto** means *a short story* or *a tale.*

Ho letto un bel racconto.     *I read a beautiful story.*

## E S E R C I Z I

**A.** Complete each sentence with the appropriate verb form.

1. È vero che Grazia non (dice/parla) mai di suo marito?
2. Può (raccontarmi/dirmi) che ore sono?
3. Mi piace (raccontare/dire) favole ai bambini.
4. (Hanno detto/Hanno parlato) che non potevano venire.
5. (Parlano/Raccontano) molte lingue.
6. Sei stato in Europa? Perchè non me l'hai (detto/parlato)?

**B.** Express in Italian.

**1.** I told him my name.     **2.** I told him about my family.     **3.** Don't tell me the same fairy tale!     **4.** Don't tell me that it's too late!     **5.** They don't speak to each other. They haven't spoken to each other for a long time.     **6.** Were they speaking Italian?     **7.** They were speaking about their adventures in Africa (**avventure in Africa**), and they were speaking English!

---

### E. Noun and adjective suffixes

—Allora, mamma, quand'è che arriva questo fratellino?

1. Various shades of meaning can be given to Italian nouns (including proper names) and adjectives by adding different suffixes.

casetta *little house*    tempaccio *bad weather*
nasone *big nose*    fratellino *little brother*

When a suffix is added, the final vowel of the word is dropped.

2. Some common Italian suffixes are **-ino/a/i/e, -etto/a/i/e, -ello/a/i/e,** and **-uccio, uccia, ucci, ucce,** which indicate smallness or express affection or endearment.

| naso | *nose* | → nasino | *cute little nose* |
| case | *houses* | → casette | *little houses* |
| cattivo | *bad, naughty* | → cattivello | *a bit naughty* |
| Maria | *Mary* | → Mariuccia | *little Mary* |

3. The suffixes **-one/-ona** (*singular*) and **-oni/-one** (*plural*) indicate largeness.[4]

| libro | *book* | → librone | *big book* |
| lettera | *letter* | → letterona | *long letter* |
| pigro | *lazy* | → pigrone | *very lazy* |
| Beppe | *Joe* | → Beppone | *big Joe* |

4. The suffixes **-accio, -accia, -acci,** and **-acce** convey the idea of a bad or ugly quality.

| libro | *book* | → libraccio | *bad book* |
| tempo | *weather* | → tempaccio | *awful weather* |
| parola | *word* | → parolaccia | *dirty word* |
| cattivo | *naughty* | → cattivaccio | *quite naughty* |

NOTE   Since it is very difficult for non-Italians to know which suffix(es) a noun may take, it is advisable to use only those suffixed words that you have read in Italian books or heard spoken by native speakers.

## E S E R C I Z I

**A.** Add two suffixes to each word to indicate size. Then use the new words in a sentence, according to the example.

ESEMPIO: ragazzo → Non è un ragazzino, è un ragazzone!

**1.** regalo   **2.** piede   **3.** naso   **4.** lettera   **5.** coltello (*knife*)   **6.** macchina

**B.** Answer each question in the negative, according to the example.

ESEMPIO: È un bel giornale? → No, è un giornalaccio!

**1.** È una bella giornata?   **2.** È una bella parola?   **3.** Sono bravi ragazzi?

---

[4]Many feminine nouns become masculine when the suffix **-one** is added.

| la palla | *ball* | → il pallone | *soccer ball* |
| la porta | *door* | → il portone | *street door* |
| la finestra | *window* | → il finestrone | *big window* |

**4.** Era un bel film?    **5.** È una strada in buone condizioni?    **6.** Ha scritto una bella lettera?

**C.** Express the italicized words with a suffixed noun or adjective.

ESEMPIO:  un *grosso libro* → un librone

**1.** una *brutta parola*    **2.** una *lunga lettera*    **3.** *carta* (paper) *di cattiva qualità*
**4.** un *brutto affare*    **5.** due *ragazzi un po'cattivi*    **6.** un *grosso bacio*

**D.** Conversazione

**1.** Di solito Lei scrive letterine o letterone?    **2.** Ha mai ricevuto una letteraccia?
Da chi?    **3.** Quali persone nel mondo della televisione o del cinema sono famose
per il loro nasone?

# II. ESERCIZI DI PRONUNCIA

## The sounds of the letters f and v

**A.** The letter **f** is pronounced [f] like *f* in English *fine*.

| **fa** | **fo** | **fu** | **fe** | **fi** |
|--------|--------|--------|--------|--------|
| favola | foto | fumo | felice | fine |
| afa | tifoso | profumo | stufe | profilo |

Contrast the single and double sound of [f] in these pairs of words.

da fare    d'affare
tufo       tuffo

**B.** The letter **v** is pronounced [v] like *v* in English *vine*.

| **va** | **vo** | **vu** | **ve** | **vi** |
|--------|--------|--------|--------|--------|
| vario | voglia | vulcano | venire | visita |
| lavare | lavoro | avuto | piove | bevi |

Contrast the single and double sound of [v] in these pairs of words.

piove    piovve
bevi     bevvi

**C.** Practice the sounds [f] and [v] in these sentences.

**1.** Servo il caffè all'avvocato.    **2.** È vero che vanno in ufficio alle nove?
**3.** Pioveva e faceva freddo.    **4.** L'imperfetto dei verbi irregolari non è difficile.
**5.** Vittoria aveva davvero fretta.    **6.** Dove vendono questo profumo?

# III. DIALOGO

*Beppino e Vittoria parlano del passato. È un giovedì sera. Beppino e Vittoria sono stati al Piazzale Michelangelo e hanno visitato l'antica° chiesa di San Miniato. Beppino ha fatto molte fotografie. Dopo la passeggiata,° i due ragazzi sono tornati a casa Pepe. Ora prendono il caffè nel soggiorno.°*    ancient  
  walk  
  living room

VITTORIA: Hai foto della tua famiglia e della tua casa?  
BEPPINO: Certo che ne ho! Ora te le mostro.

*(Beppino si alza e torna con un grosso album.)*

BEPPINO: Ecco mio padre, mia madre e mia sorella Elena. Ed ecco la nostra casa e i miei due cani.  
VITTORIA: E questo ragazzo chi è?  
BEPPINO: Non mi riconosci?  
VITTORIA: No davvero!° Mamma mia, com'eri brutto! Quanti anni avevi?    really  
BEPPINO: Grazie tanto! Avevo quattordici anni.  
VITTORIA: No, non mi piaci in questa foto. Hai l'aria scema.° E cosa facevi a quattordici anni?    Hai... *You look silly*  
BEPPINO: Boh, niente° di speciale: andavo a scuola, ma non studiavo molto. Avevo insegnanti° molto noiosi.° Mi piacevano gli sport: giocavo a° baseball e a tennis, e andavo a nuotare in piscina. Ah sì, suonavo anche la chitarra e cantavo. E tu, che facevi a quattordici anni?    nothing  
  teachers / boring  
  I used to play  
VITTORIA: Anch'io andavo a scuola e mi annoiavo. Frequentavo anche una scuola di ballo; mi piaceva tanto ballare. Sognavo° di diventare una grande ballerina...    I dreamed  
BEPPINO: E poi, cos'è successo? Perchè non hai continuato?  
VITTORIA: Perchè ho capito che non ero brava abbastanza. Ma non parliamo di malinconie!° Devo tornare a casa: m'accompagni?    sad things  
BEPPINO: Volentieri! Ma prima ti faccio una foto. La luce° è proprio giusta e hai l'aria molto romantica.    light  
VITTORIA: Una foto per il tuo album? Una foto per i tuoi amici e... le tue amiche del Texas? « Ecco una mia amica di Firenze; si chiamava Vittoria... era carina... »  
BEPPINO: Vittoria, ti prego!°    ti... *I beg you*  
VITTORIA: No, no, andiamo. E poi la luce è andata via.

---

## Dialogue comprehension check

*Rispondete alle seguenti domande.*

**1.** Dove sono Vittoria e Beppino e che cosa fanno?    **2.** Che cosa mostra a Vittoria Beppino?    **3.** Che cosa faceva Beppino a quattordici anni?    **4.** Che faceva Vittoria a quattordici anni?    **5.** Che cosa sognava di diventare Vittoria?    **6.** Perchè non ha continuato le lezioni di ballo Vittoria?    **7.** Perchè Beppino vuole fare una foto a Vittoria? **8.** Gliela fa?

un proverbio italiano

« Ad ogni uccello il suo nido è bello. »

*(Every bird likes its own nest.)*

*(There's no place like home.)*

# IV. DI TUTTO UN PO'

**A.** Complete each sentence using **ne** and the **imperfetto**.

ESEMPIO: Filippo ha molti amici. Anch'io... → Anch'io ne avevo molti.

**1.** Filippo ha molti libri. Anche loro...    **2.** Grazia scrive molte lettere. Anche noi...    **3.** Lo zio legge molti giornali. Anche loro...    **4.** Beppino ha due moto. Anche tu...    **5.** Pierino beve molta Coca-Cola. Anche voi...    **6.** Mia sorella fa molto sport. Anch'io...

**B.** Complete each sentence making all necessary changes.

ESEMPIO: La mamma ama i suoi figli. Le mamme <u>amano i loro figli</u>.

**1.** Il mio fratellino giocava con il suo cane. I miei fratellini _____.
**2.** La nonna parla spesso dei suoi nipoti. Le nonne _____.
**3.** Ho spiegato alla studentessa il suo errore. Ho spiegato alle studentesse _____.
**4.** Lo zio ha regalato un panettone alle sue nipotine. Gli zii _____.
**5.** Hai visto mia cugina con i suoi genitori? Hai visto le mie cugine _____?
**6.** La signora esce volentieri con le sue amiche. Le signore _____.

**C.** **Il vostro passato.** Rispondete alle seguenti domande.

**1.** Dove abitava quando aveva otto anni?    **2.** Abitava con i Suoi genitori? **3.** Chi era il Suo parente preferito?    **4.** Quale scuola frequentava?    **5.** Con chi giocava?    **6.** Che cosa sognava di diventare?    **7.** Che cosa mangiava volentieri?    **8.** Che cosa Le piaceva fare?

**D.** Express in Italian.

There were many things that I couldn't do when I was fifteen. I couldn't go out every evening, I couldn't sleep late, I couldn't talk to strangers (**gli estranei**). . . . Now I go out every evening, I return home at two or three A.M., I sleep late, I talk to strangers. . . . And I can do these things because I don't live with my parents any longer!

Now answer the following question in the form of a short paragraph: Quali cose non poteva fare Lei quando era bambino/a e abitava con i Suoi genitori?

# V. PAROLE DA RICORDARE

VERBI

**avere l'aria (romantica; scema)** to look (romantic; stupid)
**continuare (a + inf.)** to continue (doing something)
**nuotare** to swim
**raccontare** to tell, narrate
**sognare (di + inf.)** to dream (of doing something)
*__succedere__ (pp. **successo**) to happen
**visitare** to visit
*__vivere__ (pp. **vissuto**) to live

NOMI

**il ballo** dance
**il bosco** (pl. **i boschi**) woods
**la favola** fairy tale; fable
**la figlia** daughter
**il figlio** (pl. **i figli**) son; child

**i genitori** parents
**la luce** light
**la matita** pencil
**la moglie** (pl. **le mogli**) wife
**il naso** nose
**il/la nipote** nephew, niece; grandchild
**il passato** past
**la passeggiata** walk
**la piscina** swimming pool
**il racconto** short story; tale
**il soggiorno** living room, family room
**la sorella** sister
**la storia** story; history

AGGETTIVI

**bianco** (pl. **bianchi**) white
**giusto** right, correct
**grosso** big
**noioso** boring

**numeroso** large, numerous
**paterno** paternal
**romantico** (pl. **romantici**) romantic
**scemo** stupid
**stesso** same

ALTRE PAROLE ED ESPRESSIONI

**accanto a** next to
**anche prima** even before
**davvero** really
**dietro a** behind
**di solito** usually
**in basso** below
**mamma mia!** good heavens!
**niente di speciale** nothing special
**per terra** on the ground
**sotto** under
**una volta (c'era una volta)** once upon a time

## ITALIA COSÌ

**A. Figli.** In un bar di Milano c'è un cartello (*sign*) che dice:

### I figli

A 10  anni pensano:
      mio padre sa tutto
A 15  mio padre non sa
      alcune cose°                               alcune... *some things*
A 20  mio padre
      non capisce niente°                        *nothing*
A 25  mio padre non ha
      sempre torto°                              non... *isn't always*
A 30  oh... se avessi                                 *wrong*
      dato retta a°                              se... *if I had only*
      mio padre!                                      *listened to*

Secondo voi, i giovani americani pensano le stesse cose? Preparate il vostro cartello in italiano, uno per papà e uno per la mamma!

**B. Voglio.** Ecco una breve poesia che potete imparare a memoria facilmente.

### Voglio

—Voglio quel cavallino,°                         *little horse*
voglio una caramella,°                           *candy*
voglio la bambolona°                             *big doll*
grossa di mia sorella...
   Voglio la palla° rossa,                       *ball*
voglio la pecorina,°                             *little sheep*
voglio le pesche e l'uva,°                       *grapes*
non mi senti, mammina? —
—Voglio, voglio, rivoglio!
Nessuno° gli risponde.                           *No one*
... Se un bimbo° dice « voglio »                 *bambino*
mamma non sente più!

**C. I cognomi italiani.** Qual è l'origine dei cognomi italiani? Secondo Emilio De Felice, autore del *Dizionario dei cognomi italiani* (Mondadori Editore, 1978):

· circa (*about*) il trentasette per cento dei cognomi deriva da nomi personali (Sandri, Ambrosi, Battisti)

- il trentasette per cento dai luoghi (*places*) d'origine della famiglia (Milanesi, Di Bari, Messina)
- il quindici per cento da soprannomi (*nicknames*) (Sordi, Biondi, Gatti)
- il dieci per cento da nomi di mestiere (*trade*), professione o carica (*post*) (Fabbri, Medici, Vescovi)
- meno dell'uno per cento dal nome personale del padre o della madre o di un avo (*ancestor*) (Lorenzi, De Nicola, Della Giovanna)

Quali sono i cognomi più frequenti?

A Milano, il cognome più diffuso è Colombo, seguito da Rossi (al secondo posto), Bianchi (al terzo) e Ferrari (al quarto).

Quanti cognomi italiani potete trovare nel vostro quartiere (*neighborhood*) o nella vostra città? Fate una lista e, quando è possibile, assegnate il cognome alla categoria giusta.

—Ma allora in casa odiavi proprio tutti!

# LETTURA CULTURALE

## La famiglia italiana

Quando parliamo di una famiglia italiana tipica, di solito pensiamo a una famiglia numerosa: papà, mamma, molti bambini, zii, zie, nonni, cugini… Questo era vero un tempo; ora le cose

sono cambiate.° La famiglia tipica è più piccola e consiste, in *different*
media,° di papà, mamma e un bambino.                                     *in... on the average*

L'ultimo censimento generale della popolazione (25 ottobre
1981) ha rivelato che il numero medio dei componenti per famiglia è 3,0.

| NUMERO MEDIO COMPONENTI PER FAMIGLIA | | | | |
|---|---|---|---|---|
| RIPARTIZIONE GEOGRAFICA | | | | |
| ripartizioni geografiche | 1951 | 1961 | 1971 | 1981 |
| Italia settentrionale | 3,7 | 3,4 | 3,1 | 2,8 |
| Italia centrale | 4,1 | 3,7 | 3,4 | 3,0 |
| Italia meridionale e insulare | 4,2 | 3,9 | 3,7 | 3,3 |
| Italia | 4,0 | 3,6 | 3,4 | 3,0 |

La popolazione si è stabilizzata sui cinquantasette milioni e
non si prevede° nessun° aumento della popolazione.               *non... is not*
                                                                  *foreseen / any*
La famiglia, anche se più piccola, resta uno dei capisaldi°       *strongholds*
della società italiana. I suoi membri sono molto uniti e di-
pendono uno dall'altro per aiuto materiale e morale nella vita di
tutti i giorni. Solo in casi rari i giovani lasciano la famiglia per
andare a vivere per conto loro;° in generale, vivono con la fa-   *per... on their own*
miglia fino a quando si sposano—e questo può essere anche dopo
i trent'anni. Dopo il matrimonio, i rapporti° dei giovani con i   *relations*
genitori e gli altri parenti restano° stretti.° Le visite e gli inviti a  *remain / strong*
pranzo sono frequenti e le feste, soprattutto il Natale e la Pasqua,
sono celebrate insieme.

## Reading comprehension check

**A.** Completate le seguenti frasi.

1. Un tempo la famiglia italiana tipica consisteva di _____.
2. Oggi la famiglia italiana tipica consiste di _____.
3. La popolazione italiana non è in aumento; si è stabilizzata sui _____.
4. In generale, i giovani vivono con la famiglia fino a quando _____.
5. La famiglia è un'istituzione molto importante nella _____.

**B.** Descrivete la famiglia americana tipica.

Tre generazioni.

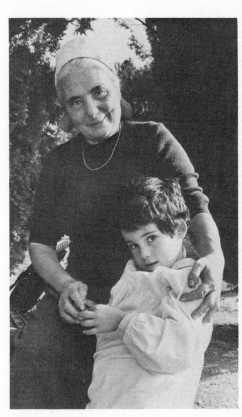

Nonna e nipotina.

# Viva lo sport!

Campionati Mondiali di Calcio 1982: gli Azzurri sono i campioni del mondo!

I. GRAMMATICA
   A. Comparison of the **passato prossimo** and the **imperfetto**
   B. The **trapassato**
   C. Disjunctive (stressed) pronouns
   D. Comparatives

II. ESERCIZI DI PRONUNCIA: The sounds of the letters **b** and **p**

III. DIALOGO

IV. DI TUTTO UN PO'

V. PAROLE DA RICORDARE

**intermezzo**
   ITALIA COSÌ
   LETTURA CULTURALE: Lo sport in Italia

# I. GRAMMATICA

## A. Comparison of the *passato prossimo* and the *imperfetto*

Era una bella giornata: il sole splendeva e la primavera era finalmente arrivata. Marco si sentiva felice perchè aveva un appuntamento con una bella ragazza che aveva conosciuto la sera prima e pensava di portarla alla partita di calcio. Purtroppo, però, la ragazza non è venuta, il tempo è cambiato ed ha cominciato a piovere e la sua squadra, la Fiorentina, ha perduto contro la Roma: tre a zero! Marco è tornato a casa tutto bagnato e di cattivo umore.

1. *Che tempo faceva?*
2. *Perchè era felice Marco?*
3. *Quando aveva conosciuto la ragazza Marco?*
4. *Perchè è tornato a casa di cattivo umore Marco?*

Both the **passato prossimo** and the **imperfetto** are past tenses that are often used together in past narrations. They express different kinds of actions in the past, however, and cannot be used interchangeably.

1. The **passato prossimo** narrates events completed in the past. It tells what happened at a given moment.

| | |
|---|---|
| Ieri ho ricevuto tre lettere. | *Yesterday I received three letters.* |
| Siamo usciti alle otto. | *We went out at eight.* |

2. The **imperfetto** describes habitual actions in the past (what used to happen).

| | |
|---|---|
| Giocavamo a tennis ogni sabato. | *We played tennis every Saturday.* |

It also describes ongoing actions in the past: what was going on while something else was happening (two verbs in the **imperfetto** in the same sentence), or what was going on when something else happened (one verb in the **imperfetto,** the other in the **passato prossimo**).

| | |
|---|---|
| Io studiavo mentre lui guardava la partita. | *I was studying while he was watching the game.* |
| Mangiavate quando ho telefonato? | *Were you eating when I called?* |

---

It was a beautiful day. The sun was shining and spring had finally arrived. Marco felt happy because he had a date with a pretty girl he had met the night before, and he intended to take her to the soccer game. Unfortunately, however, the girl didn't show up, the weather changed and it began to rain, and his team, the Fiorentina, lost to Roma, three to nothing! Marco went back home soaking wet and in a bad mood.

And it relates conditions or states—physical or mental—that existed in the past, such as appearance, age, feelings, attitudes, beliefs, time, or weather.

| | |
|---|---|
| Non volevo uscire. | *I didn't want to go.* |
| Avevo un appuntamento con Luigi. | *I had a date with Luigi.* |
| Erano le otto di sera. | *It was eight P.M.* |
| Pioveva ma non faceva freddo. | *It was raining, but it wasn't cold.* |
| Non ricordavano il mio nome. | *They didn't remember my name.* |

**3.** Since the **passato prossimo** expresses what happened at a certain moment, whereas the **imperfetto** expresses a state or a habit, the **passato prossimo** is the tense used to indicate a change in a state.

| | |
|---|---|
| Avevo paura dei topi. | *I was afraid of mice. (description of mental state)* |
| Ho avuto paura quando ho visto il topo. | *I got scared when I saw the mouse. (what happened at a given moment)* |

—Mi hanno arrestato mentre uscivo
da un camino° con un sacco!

*chimney*

## E S E R C I Z I

**A.** Replace the italicized words with the **imperfetto** of each verb in parentheses.

   **1.** Giuseppina *guardava la partita* quando sono arrivato. (leggere il giornale / fare la doccia / lavare i piatti / scrivere una lettera / servire il caffè)

   **2.** Gli studenti *ascoltavano* mentre la professoressa spiegava. (prendere appunti [*notes*] / scrivere / fare attenzione / stare zitti [*quiet*] / giocare con la matita)

**B.** Answer in the negative with the information provided, according to the example.

   ESEMPIO: Pioveva quando sei uscito? (nevicare [*to snow*]) →
         No, nevicava quando sono uscito.

1. Mangiavano la frutta quando sei arrivato? (prendere il caffè)
2. Erano le otto quando ti sei svegliato? (essere le sette)
3. Avevi diciotto anni quando hai cominciato l'università? (avere diciassette anni)
4. C'era lo sciopero (*strike*) dei treni quando sei arrivato in Italia? (esserci lo sciopero degli autobus)
5. Aspettavi l'autobus quando hai visto la signora Verdi? (fare la spesa)
6. I bambini dormivano quando hai telefonato? (guardare la televisione)
7. Eri stanco quando sei ritornato a casa? (avere fame)
8. Antonella giocava a tennis quando l'hai vista? (giocare a golf)

C. Tell three things that happened while you were studying yesterday.

ESEMPIO: Mentre studiavo, hanno suonato alla porta.

Now tell three things that were going on while you were studying yesterday.

ESEMPIO: Mentre io studiavo, il mio compagno di camera dormiva.

D. Conversazione

1. Che tempo faceva quando è uscito/a di casa stamattina?   2. Che tempo ha fatto ieri?   3. Era di buono o di cattivo umore quando si è svegliato/a stamattina?   4. Quanti anni aveva quando ha cominciato l'università?   5. Quanti anni avevano i Suoi genitori quando si sono sposati?   6. Che cosa faceva nel tempo libero quando era bambino/a?   7. Che cosa voleva diventare?   8. Dove abitava? In campagna o in città? In una casa grande o in una casa piccola?

## B. The *trapassato*

—Alla tua età io avevo già dichiarato guerra° a qualcuno°!

dichiarato... *declared war / someone*

The **trapassato** is the exact equivalent of the English past perfect (*I had worked, they had left*). It indicates a past action that took place prior to a point in time in the past or prior to another past action expressed by the **passato prossimo** or the **imperfetto**. The **trapassato** is formed with the **imperfetto** of the auxiliary verb (**avere** or **essere**) plus the past participle. Note that the past participle agrees with the subject when the verb is conjugated with **essere**.

| VERBS CONJUGATED WITH **avere** | VERBS CONJUGATED WITH **essere** |
|---|---|
| avevo ⎫<br>avevi ⎪<br>aveva ⎬ lavorato<br>avevamo ⎪<br>avevate ⎪<br>avẹvano ⎭ | ero ⎫<br>eri ⎬ partito/a<br>era ⎭<br>eravamo ⎫<br>eravate ⎬ partiti/e<br>ẹrano ⎭ |

Gianna era partita prima delle otto.

Ero stanco perchè avevo lavorato troppo.

Quando ho telefonato ai Bruzzo, loro erano già usciti.

*Gianna had left before eight o'clock.*

*I was tired because I had worked too much.*

*When I called the Bruzzos, they had already left.*

# E S E R C I Z I

**A.** Replace the subject with each subject in parentheses and change the verb form accordingly.

1. A vent'anni *io* avevo già imparato a sciare (*to ski*). (Paolo / noi due / la signora Bocca / tu)
2. Eravamo stanche perchè avevamo lavorato troppo. (Luisa / tu / i miei compagni di camera)

**B.** Complete each sentence with the appropriate form of the **trapassato,** according to the example.

ESEMPIO: Non ha mangiato perchè <u>aveva già mangiato</u>.

1. Non ha scritto perchè...     2. Non è uscita perchè...     3. Non ti sei lavato perchè...     4. Non mi hanno salutato perchè...     5. Non gliel'ho detto perchè...
6. Non ci siete andati perchè...     7. Non ne abbiamo parlato perchè...
8. Non hai visitato la chiesa perchè...

**C.** Tell three things you had already done by age sixteen. Start with **A sedici anni...**

ESEMPIO: A sedici anni ero già stato in Europa.

**D.** Express in Italian.

1. Michelina had already had breakfast when I got up.     2. It was cold because it had snowed, but there wasn't much snow (**neve** [*f.*]).     3. They were worried because I had not called.     4. We had already seen that movie.     5. At age fourteen they had already learned how to play tennis.     6. She had never been to Europe and wanted to go there.     7. He was in a bad mood because his team had lost.

---

## C. Disjunctive (stressed) pronouns

POSTINO: Signorina, una lettera per Lei! Viene dagli Stati Uniti!

ANNAMARIA: Per me? E chi mi scrive dagli Stati Uniti? Vediamo un po'... « Cara Annamaria, il mio amico Roberto Negri mi ha parlato tanto di te. Desidero conoscerti. Arrivo a Firenze fra un mese. Mike. »

1. *Per chi è la lettera?*
2. *Da dove viene la lettera?*
3. *Chi ha scritto la lettera?*
4. *Chi ha parlato a Mike di Annamaria?*
5. *Quando pensa di arrivare a Firenze Mike?*

1. Unlike the other object pronouns you have learned, disjunctive (stressed) pronouns (**i pronomi di forma tonica**) follow a preposition or a verb. They usually occupy the same position in a sentence as their English equivalents.

|  | SINGULAR |  | PLURAL |
|---|---|---|---|
| me | *me* | noi | *us* |
| te | *you* | voi | *you* |
| Lei | *you* | Loro | *you* |
| lui, lei | *him, her* | loro | *them* |
| sè | *yourself, oneself, himself, herself* | sè | *yourselves, themselves* |

2. Disjunctive (stressed) pronouns are used

   **a.** after a preposition

| | |
|---|---|
| La lettera è per me. | *The letter is for me.* |
| Non voglio uscire con loro. | *I don't want to go out with them.* |
| Avete ricevuto un regalo da lei. | *You have received a present from her.* |
| Amano parlare di sè. | *They like to talk about themselves.* |

---

MAILMAN: Miss, a letter for you! It's from the United States! ANNAMARIA: For me? And who could be writing to me from the United States? Let's see. . . "Dear Annamaria. My friend Roberto Negri has told me so much about you. I'd like to meet you. I'll arrive in Florence in a month. Mike."

---

GRAMMATICA

Four prepositions (**senza** [*without*], **dopo, sotto,** and **su**) require **di** when followed by a disjunctive pronoun.

| | |
|---|---|
| Vengo senza mio marito: vengo senza di lui. | *I'm coming without my husband; I'm coming without him.* |
| Sono arrivati in ufficio dopo il direttore: sono arrivati dopo di lui. | *They got to the office after the director; they got there after him.* |
| Non vuole nessuno sotto di sè. | *He doesn't want anyone below him.* |
| I nonni contano su di noi. | *Our grandparents are counting on us.* |

**b.** after a verb, to give greater emphasis to the object (direct or indirect)

| | |
|---|---|
| Lo amo. (*unemphatic*) | *I love him.* |
| Amo lui. (*emphatic*) | *I love him.* |
| Ti cercavo. (*unemphatic*) | *I was looking for you.* |
| Cercavo proprio te. (*emphatic*) | *I was looking just for you.* |
| Gli scrivevano. (*unemphatic*) | *They wrote to him.* |
| Scrivevano solamente a lui. (*emphatic*) | *They wrote only to him.* |

Note that the emphatic construction is often accompanied by **anche, proprio,** or **solamente.**

**c.** when there are two objects (two direct or two indirect) in a sentence

| | |
|---|---|
| Hanno invitato lui e lei. | *They invited him and her.* |
| Scriveva a me e a Maria. | *He used to write to me and to Maria.* |

**3.** Note the special use of **da** + *disjunctive pronoun* to mean *at, to,* or *in* someone's home or place.

| | |
|---|---|
| Dove andiamo? Da Roberto? —Sì, andiamo da lui. | *Where are we going? To Roberto's? —Yes, we're going to his house.* |

## E S E R C I Z I

**A.** Restate each sentence to include a disjunctive pronoun.

ESEMPIO: Vuoi venire con Mario? → Vuoi venire con lui?

**1.** Ho imparato molto dai miei zii.   **2.** È vero che Vittoria si interessa a (*in*) Beppino?   **3.** Ecco un regalino per la mamma.   **4.** Mi piaceva uscire con gli amici.   **5.** I fiori (*flowers*) non erano per te, erano per il dottore.   **6.** Romeo non può vivere senza Giulietta.   **7.** Ci siamo fermati dal salumiere.

**B.** Restate each sentence making the object pronoun emphatic.

ESEMPIO: Perchè non mi ascoltate? → Perchè non ascoltate me?

**1.** Mi avete chiamato?   **2.** Che sorpresa! Non vi aspettavo!   **3.** Gli hai fatto un regalo?   **4.** Volevano invitarti.   **5.** Non mi hanno salutato.   **6.** Non le telefoneranno.

—Il pranzo solo per me: oggi il conte° non mangia.

*count*

**C.** Express in Italian.

Paolo said to Virginia: "I need you. I think of you night and day. I live for you. I love you. I love only you." Virginia said to Paolo: "I love another man."

**D.** How would you tell . . .

**1.** your friends that you need them?     **2.** a mechanic (**meccanico**) that you need him?     **3.** two children that you are pleased with them?     **4.** a young woman/man that you want to go out with her/him?     **5.** a professor that you've heard about him/her?     **6.** a grandmother that the flowers are for her? and that you are going to her house for the weekend?

## D. Comparatives

—D'accordo° che in agosto è più bello, però i prezzi di fuori stagione° sono più vantaggiosi.

*I agree*
fuori... *off season*

1. There are three kinds of comparison:

   - the comparison of equality (**il comparativo d'uguaglianza**)

   Sergio è così alto come Roberto. ⎫
   Sergio è tanto alto quanto Roberto. ⎭    *Sergio is as tall as Roberto.*

   - the comparison of superiority (**il comparativo di maggioranza**)

   Sergio è più alto di Roberto.    *Sergio is taller than Roberto.*

   - the comparison of inferiority (**il comparativo di minoranza**)

   Sergio è meno alto di Roberto.    *Sergio is less tall than Roberto.*

   As you can see in the preceding examples, comparisons are expressed in Italian with these words:

   | | |
   |---|---|
   | **(così) ... come** | *as . . . as* |
   | **(tanto) ... quanto** | *as . . . as; as much . . . as* |
   | **più ... di (che)** | *more . . . than; -er than* |
   | **meno ... di (che)** | *less . . . than* |

2. The comparison of equality of adjectives is formed by placing **così** or **tanto** before the adjective and **come** or **quanto** after the adjective. **Così** and **tanto** are often omitted.

   Il bambino è (così) bello come la madre.    *The child is as pretty as his mother.*

   Il tennis è (tanto) costoso quanto il golf.    *Tennis is as expensive as golf.*

   Comparisons of equality with verbs are expressed with **(tanto) quanto.**

   Il signor Rossi guadagna (tanto) quanto il signor Giannini.    *Mr. Rossi earns as much as Mr. Giannini.*

   A personal pronoun that follows **come** or **quanto** is a disjunctive pronoun.

   Il bambino è bello come te.    *The child is as pretty as you.*

3. The comparisons of superiority and inferiority are formed by placing **più** or **meno** before the adjective or noun. English *than* is expressed by **di** (or its contractions with an article) in front of nouns or pronouns.

   L'argento è meno prezioso dell'oro.    *Silver is less precious than gold.*

   Ho più libri di te.    *I have more books than you.*

   L'Italia è trenta volte più piccola degli Stati Uniti.    *Italy is thirty times smaller than the United States.*

   Chi è più felice di me?    *Who is happier than I?*

4. The expressions *more than/less than* followed by numbers are **più di/meno di** + *number* in Italian.

   Ho visto più di dieci partite di calcio.    *I've seen more than ten soccer games.*

**5. Che** is used instead of **di.**

- when two qualities pertaining to the same person or thing are compared

Il mio lavoro è più noioso che interessante.     *My job is more boring than interesting.*

- when the comparison is between two verbs in the infinitive

È più facile stare zitti che parlare?     *Is it easier to keep silent than to talk?*

- when the comparison is between two nouns or pronouns preceded by a preposition

Ho conosciuto più persone a Firenze che a Roma.     *I met more people in Florence than in Rome.*

Ha dato più soldi a me che a te.     *He gave more money to me than to you.*

- when there is a direct comparison between two nouns

Hai messo più acqua che vino nel bicchiere.     *You put more water than wine in the glass.*

**6.** Before a conjugated verb, *than* is expressed by **di quel(lo) che.**

Il tennis è più difficile di quel che sembra.     *Tennis is more difficult than it seems.*

Tu giochi bene: sei più bravo di quel che credevo.     *You play well; you're better than I thought.*

—Dice che si diverte più qui che al cinema!

# E S E R C I Z I

**A.** Replace the subject with each subject in parentheses, and make all necessary changes.

1. *Maria* era alta come Stefano. (Roberto / le ragazze / io / voi)
2. *L'avvocato* guadagna quanto il dottor Locascio. (Antonio / loro / anche noi / io)

3. *Il calcio* è più popolare del tennis. (lo sci / il ciclismo / la pesca [*fishing*] / le bocce)
4. *I bambini* sono meno stanchi di me. (Valeria / tu / voi due)
5. *I Costa* hanno più di duecento milioni. (tu / voi / noi / la signora Malvicini)
6. *Lo sci* è più difficile di quel che credi. (questo sport / questi sport / la scherma [*fencing*] / le corse di bicicletta [*bicycle races*])

**B.** Complete each sentence using **di, di** + *article*, **che, di quel che, come,** or **quanto.**

1. Il film era più interessante _____ libro.
2. Il soggiorno è tanto grande _____ la cucina.
3. Mangiano più carne _____ pesce.
4. Sono più brava _____ credete.
5. Avete meno idee _____ me.
6. Non potevamo spendere più _____ ventimila lire al giorno.
7. Hanno più soldi _____ amici.
8. È più facile dirlo _____ farlo.
9. Non sono mai stato tanto malato (*sick*) _____ ora.
10. Hanno dovuto aspettare più _____ un'ora.

**C.** Compare each pair of people or things, according to the model. Use **più, meno,** or **come.**

ESEMPIO: (alto) gli italiani / gli americani → Gli americani sono più alti degli italiani.

1. (felice) i ricchi / i poveri
2. (affettuoso) le madri / i padri
3. (rapido) i treni / le automobili
4. (curioso) i gatti / i cani
5. (istruttivo) la TV / il cinema
6. (facile) l'italiano / il francese
7. (sentimentale) gli italiani / gli inglesi
8. (superstizioso) i vecchi / i giovani
9. (femminile) i calzoni (*pants*) / le gonne (*skirts*)
10. (forte [*strong*]) gli uomini / le donne

**D.** Answer each question according to the example.

ESEMPIO: Il vestito è bello o pratico? →
   Il vestito è più bello che pratico.

1. Il compito (*homework*) è lungo o difficile?   2. Il romanzo (*novel*) è noioso o divertente (*amusing*)?   3. Le bambine sono studiose o intelligenti?   4. Il regalo è bello o utile?   5. Quei ragazzi sono stanchi o malati?

**E.** Answer each question by using the construction **sempre più** (*more and more*) + *adjective,* as in the example.

ESEMPIO: Che cosa succede ai giorni in maggio? (lunghi) →
   Diventano sempre più lunghi.

1. Che cosa succede ai capelli (*hair*) della nonna? (bianchi)   2. Cosa succede a un ragazzo timido quando le persone lo guardano con insistenza? (rosso)   3. Cosa sembra succedere a una valigia (*suitcase*) quando la dobbiamo portare per un bel pezzo di strada? (pesante [*heavy*])   4. Cosa succede alle serate in inverno (*winter*)? (corte)   5. Che cosa succede ai prezzi nei periodi di inflazione? (alti)

**F.** Conversazione

1. Nella Sua famiglia, chi è più alto di Lei? più bravo di Lei negli sport? più grasso? più magro?

2. Ci sono persone nella Sua famiglia alte come Lei? simpatiche come Lei? più giovani di Lei? più romantiche di Lei?
3. Mangia più/meno carne che pesce? Compra più/meno frutta che dolci?
4. Ha più/meno di cinque dollari nel portafoglio?

# II. ESERCIZI DI PRONUNCIA

## The sounds of the letters b and p

1. The letter **b** is pronounced [b] like *b* in English *labial*.

| ba | bo | bu | be | bi |
|----|----|----|----|----|
| bacio | bosco | burro | bene | birra |
| roba | embolia | imbuto | libero | mobile |

Contrast the single and double sound of [b] in these pairs of words.

| roba | cibo | robusto | ribelle | abito |
|------|------|---------|---------|-------|
| abbastanza | babbo | abbuffarsi | ebbene | abbi |

2. The letter **p** is pronounced [p] like *p* in English *tape*. It is different, however, from the **p** when in initial position (as in *pine*), which is aspirated.

| pa | po | pu | pe | pi |
|----|----|----|----|----|
| pane | poco | pure | pesce | piccolo |
| preparare | nipote | saputo | ripetere | capire |

Contrast the single and double sound of [p] in these pairs of words.

| papa | capelli | capi |
|------|---------|------|
| pappa | cappelli | cappi |

3. Practice the sounds [b] and [p] in these sentences.
   1. Paolo ha i capelli e i baffi bianchi.
   2. Ho paura di guidare quando c'è la nebbia.
   3. Non capisco perchè ti arrabbi sempre.
   4. Il bambino ha bisogno di bere.
   5. Hai già buttato giù la pasta?
   6. Può portarmi subito a Pisa?
   7. Non potevano saperlo.
   8. Giuseppe, stappa una bottiglia di vino buono!

> ### SCIOGLILINGUA
>
> Sopra la panca, la capra campa; sotto la panca, la capra crepa.

# III. DIALOGO

*Beppino è invitato a cena in casa di Vittoria. Arriva puntuale alle otto, suona il campanello° e Vittoria gli apre la porta e lo precede nel soggiorno. Nel soggiorno c'è il padre di Vittoria che guarda la televisione.*

    *bell*

VITTORIA: Papà, ti presento Beppino Pepe, il cugino della mia amica Marcella.

SIGNOR PIATTELLI: Piacere! Ti piace il calcio? Stasera ci sono i campionati mondiali.°

    *campionati... world championship*

BEPPINO: Ho incominciato a interessarmi al calcio qui in Italia. Un gran° bello sport!

    *quite*

SIGNOR PIATTELLI: Uno sport molto antico° e molto fiorentino. I fiorentini lo giocavano già nel Quattrocento° e ogni occasione era buona per una partita.

    *old*
    *fifteenth century*

*(Entra nel soggiorno la signora Piattelli.)*

SIGNORA PIATTELLI: Finalmente ho il piacere di fare la tua conoscenza, Beppino. Ti posso dare del° tu, vero?

    *dare... address you as*

BEPPINO: Certamente, signora. Molto lieto° di conoscerLa.

    *glad*

SIGNORA PIATTELLI: Di dove sei, figliolo?

VITTORIA: Mamma, te l'ho detto, è del Texas.

SIGNORA PIATTELLI: Il Texas è così grande! Di dove nel Texas?

BEPPINO: Sono di Houston.

SIGNORA PIATTELLI: Ah, Houston! Ne ho sentito parlare. Una grande città, vero? E qual è quella città del Texas famosa per le missioni?

BEPPINO: San Antonio.

SIGNORA PIATTELLI: Bravi! Così anche voi texani onorate i santi! E da quanto tempo sei in Italia, Beppino?

BEPPINO: Da un paio di mesi.

SIGNORA PIATTELLI: E come ti trovi° a Firenze? Ti piace?

    *ti... are you getting along*

VITTORIA: Santo[1] cielo, Mamma, quante domande! Vuoi proprio sapere vita, morte e miracoli di Beppino?

BEPPINO: Che significa « vita, morte e miracoli »?

VITTORIA: Significa *"life, death, and miracles,"* cioè tutto di una persona, come nelle vite dei santi. Ecco San Beppino, famoso per la sua pazienza come Sant'Antonio!

SIGNORA PIATTELLI: Ho capito, vi scoccio.° E va bene, vi lascio in pace e vado in cucina a buttare giù° la pasta. Tra dieci minuti porto in tavola. *(Rivolta° al marito.)* E tu, Attilio, stappa° una bottiglia di vino!

    *I'm bothering*
    *buttare... to start cooking*
    *Turned*
    *open*

---

[1]When **santo (a/i/e)** precedes a common noun, it means *holy* or *saintly:* **santo cielo!** (*good heavens!*).

When **santo (san, sant', santa)** precedes a proper name, it means *saint:* **San Pietro, Santo Stefano, Sant'Anna.**

**Dialogue comprehension check**

*Rispondete alle seguenti domande.*

**1.** Dov'è invitato a cena Beppino? **2.** Che cosa fa nel soggiorno il padre di Vittoria? **3.** Perchè il signor Piattelli dice che il calcio è un gioco molto fiorentino? **4.** Il calcio piace a Beppino? **5.** Che cosa vuole sapere da Beppino la signora Piattelli? **6.** Quale espressione usiamo in italiano per dire « sapere tutto di una persona »?

---

# IV. DI TUTTO UN PO'

**A.** Complete the sentences with the **passato prossimo** or the **imperfetto** of the verbs in parentheses, as appropriate.

1. Il tempo (cambiare) mentre noi (essere) al cinema. Quando (uscire), (piovere)!
2. Che cosa (fare) il bambino ogni volta che (vedere) un topo? (Stare) fermo (*still*) e zitto. Ieri, invece (*on the other hand*) (gridare [*to shout*])!
3. I miei cugini (venire) qui, in questa grande città, perchè (avere) bisogno di trovare un buon lavoro.
4. Nonno, quanti anni (avere) quando (andare) in Australia?
5. Marco (sentirsi) felice perchè (avere) due biglietti gratis per la partita Fiorentina-Roma.

**B.** Restate the following passage (adapted from Carlo Manzoni) in the past tense, using the **passato prossimo** or the **imperfetto,** as appropriate.

La villa sembra disabitata (*uninhabited*). Mi avvicino (*I go near it*). Metto il dito (*finger*) sul campanello e sento il suono (*sound*) nell'interno. Aspetto ma nessuno (*no one*) viene ad aprire. Suono ancora, e ancora niente (*nothing*). Controllo (*I check*) il numero sulla porta: è proprio il 43 B, e corrisponde al numero che cerco. Suono per la terza (*third*) volta. Siccome (*As*) non viene nessuno, metto la mano sulla maniglia (*handle*) e sento che la porta si apre. Entro piano. Mi trovo in una grande sala. Silenzio. Chiudo (*I close*) la porta e faccio qualche passo (*a few steps*). Vedo un'altra porta ed entro in una specie (*kind*) di biblioteca. La prima cosa che vedo appena entro è un uomo che sta steso (*stretched out*) per terra in una grande macchia di sangue (*blood stain*). Deve essere morto. Guardo l'ora. Sono esattamente le undici e dodici minuti.

**C.** Express in Italian.

1.    GIULIA: How long have you been playing tennis, Giancarlo? Are you any good?

GIANCARLO: I've been playing for four years, but I'm not a champion. My brother is much better than I! He plays the whole year; I play in the summer (**in estate**). In the winter (**In inverno**) I prefer to ski!

GIULIA: Where do you go skiing?

GIANCARLO: This year I want to go to Cortina where it snows a lot.

---

—Non voglio diventare grasso come te! Voglio diventare magro
come quel signore che piace tanto alla mamma...

2.     PATRIZIA: I don't understand! I eat less than you and I'm fatter!

    ANNAMARIA: It's not true that you eat less than I (do). You usually eat as much as
I do, and sometimes more than I (do)!

    PATRIZIA: My problem (**problema** [*m.*]) is that I like to eat and can't follow a
diet (**seguire una dieta**).

**D.** Conversazione

**1.** Ha mai visto una partita di calcio? Dove e quando?   **2.** Di quali grandi giocatori
(*players*) di calcio ha sentito parlare?   **3.** A quali sport si interessa?   **4.** Di solito arriva
puntuale quando è invitato/a a cena?   **5.** Quali cose voleva fare ieri ma non ha potuto
fare?

# V. PAROLE DA RICORDARE

VERBI

**avere il piacere di** + *inf.* to be
delighted to (*do something*)
***cambiare** to change; to be-
come different
**cominciare a** + *inf.* to start to
(*do something*)
**dare del tu a** + *person* to address a person in the **tu** form
**fare la conoscenza di** to meet,
make the acquaintance of
**guadagnare** to earn
**lasciare in pace** to leave alone
**nevicare** to snow
**onorare** to honor
**pensare di** + *inf.* to intend to
(*do something*)
**piovere** to rain

**precedere** to precede
**sciare** to ski
**scocciare** to bother, "bug"
**sentire parlare di** to hear
about
**suonare** to ring (*the doorbell*)
**trovarsi** to get along (*in a
place*); to find oneself

NOMI

**il calcio** soccer
**il campanello** doorbell
**il fiore** flower
**la giornata** day (*descriptive*)
**la partita** game; match
**il regalo** present
**il santo** saint
**lo sci** skiing

**la squadra** team
**il topo** mouse

AGGETTIVI

**bagnato** wet, soaked
**bravo (in)** good, talented (at)
**felice** happy
**lieto (di)** glad (about)
**malato** sick
**puntuale** punctual, on time
**santo** holy, saint, blessed

ALTRE PAROLE ED ESPRESSIONI

**mentre** while
**santo cielo!** good heavens!
**senza** without
**solamente** only

## ITALIA COSÌ

**A. La partita di pallone (*football*).** Quante sono le donne di questo mondo che si lamentano perchè si sentono trascurate (*neglected*) per uno sport?

Ecco come si lamenta una popolare cantante italiana, Rita Pavone.

**La partita di pallone**

Perchè perchè la domenica
mi lasci sempre sola,
per andare a vedere
la partita di pallone;
perchè, perchè una volta
non ci porti pure° me.                          *also*
Chissà, chissà se davvero
vai a vedere la tua squadra
o se invece tu mi lasci
con la scusa del pallone,
chissà chissà se mi dici
una bugia o la verità.
Ma un giorno ti seguirò°                          *I will follow*
perchè ho dei dubbi°                              *dei... some doubts*
che non mi fan° dormir;                           *fanno*
e se scoprir io potrò°                            *scoprir... I can find out*
che mi vuoi imbrogliar°                           *to deceive*
giammai ritornerò.°                               *giammai... I'll never return*

E ora immaginate di essere una donna americana che si lamenta, ma in italiano. Che cosa dite?

**B. Giochiamo al Totocalcio!** Volete imparare a giocare al Totocalcio, il popolare concorso a premi (*pools*) connesso con il calcio? Milioni di italiani giocano al Totocalcio ogni settimana e sognano di diventare milionari...

Prendiamo una schedina (la troviamo al bar o da molti rivenditori di giornali). Sulla schedina sono elencate (*listed*) le principali partite di calcio (tredici in tutto) che saranno (*will be*) giocate la domenica seguente. Dobbiamo indovinare (*guess*) i risultati delle partite. Scriviamo « 1 » se pensiamo che vincerà (*will win*) la prima squadra nominata; scriviamo « 2 » se pensiamo che vincerà la seconda squadra nominata; scriviamo « X » (pronunciato « ics ») se pensiamo che ci sarà (*there will be*) un pareggio (*tie*).

« Fare tredici » significa indovinare tredici risultati; « fare dodici » significa indovinarne dodici, e così via. Ora dobbiamo aspettare fino a domenica prossima per sapere se abbiamo vinto (*won*) e quanti milioni abbiamo vinto… Alcune settimane nessuno (*no one*) fa tredici; allora premiano (*they give the prizes to*) quelli che hanno fatto dodici e undici.

E ora che avete imparato a giocare, perchè non giocate? Scrivete i risultati (1, 2 o X) nella prima colonna solamente e poi confrontate i risultati con i risultati ufficiali che sono in calce.

Ora raccontate la storia illustrata dalla striscia a pag. 217. Il vocabolario qui sotto può esservi utile.

| | |
|---|---|
| il televisore | la partita di calcio |
| il sofà | durante l'intervallo |
| essere seduti davanti al televisore | baciarsi |
| il calcio | guardare dall'altra parte |

Ascoli—Perugia 1; Avellino—Cagliari X; Catanzaro—Como 1; Inter—Napoli 2; Juventus—Bologna 1; Pistoiese—Brescia X; Roma—Torino X; Udinese—Fiorentina 1; Catania—Milan 2; Pescara—Lazio X; Taranto—Foggia 1; Cremonese—Triestina 1; Reggina—Sambened. 1.

# LETTURA CULTURALE

## Lo sport in Italia

Il calcio è lo sport preferito degli italiani. Ogni domenica milioni di persone affollano° gli stadi o seguono le partite alla televisione. Ogni città ha la sua squadra di calcio formata da giocatori professionisti; alcune grandi città come Roma, Milano, Torino e Genova ne hanno due. La squadra nazionale che rappresenta l'Italia negli incontri internazionali, in Italia o all'estero,° è composta dai migliori giocatori delle varie squadre. Sono i cosiddetti° Azzurri; il nome deriva dal colore della maglietta.

    *fill*

    *abroad*
    *so-called*

Altri sport importanti sono il ciclismo (la corsa° principale è il Giro° d'Italia), le corse automobilistiche, il pugilato e lo sci, lo sport di moda. Molte persone vanno a sciare nelle numerose località alpine o negli Appennini per un week-end, una settimana « bianca » o vacanze più lunghe.

    *race*
    *Tour*

Negli ultimi anni gli italiani hanno cominciato a fare più sport. Le scuole non hanno piscine o campi da tennis perchè lo stato italiano non provvede a queste forme di ricreazione ma ci sono molte società sportive o club che offrono la possibilità di praticare sport come il tennis, il nuoto, il golf, l'equitazione e tutti i tipi di ginnastica (l'ultima moda è la ginnastica aerobica). L'italiano medio° si limita a fare passeggiate, un po' di footing° e a nuotare quando va al mare in luglio o in agosto.

    *average / jogging*

## Reading comprehension check

**A.** Vero o no? Spiegate se non è vero.

**1.** Tutte le università italiane hanno una squadra di calcio. **2.** Il Totocalcio è un gioco con venti giocatori. **3.** Lo stato italiano non provvede allo sport nelle scuole. **4.** Bisogna (*It's necessary*) andare in Austria o in Svizzera per sciare. **5.** Gli italiani sono diventati più sportivi. **6.** Gli Azzurri sono i giocatori della squadra nazionale. **7.** Il Giro d'Italia è una corsa automobilistica.

**B.** Ci sono differenze fra gli Stati Uniti e l'Italia nel campo dello sport? Spiegate.

Corsa di biciclette.

Lo sci è lo sport di moda.

Il gioco del calcio.

# Vacanze al mare o in montagna?

È agosto: l' Italia è in vacanza... Le città sono deserte, le località di villeggiatura molto affollate. Alla fine del mese, tutti torneranno a casa e la vita tornerà normale.

# I. GRAMMATICA

## A. The future

### PROGETTI PER LE VACANZE[1]

JEFF: Alla fine di giugno partirò per l'Italia con i miei genitori e mia sorella. Prenderemo l'aereo a New York e andremo a Roma. Passeremo una settimana insieme a Roma, poi i miei genitori noleggeranno una macchina e continueranno il viaggio con mia sorella. Io, invece, andrò a Perugia dove studierò l'italiano per sette settimane. Alla fine di agosto ritorneremo tutti insieme negli Stati Uniti.

1. *Quando partirà Jeff con la sua famiglia?*
2. *In quale città italiana arriveranno?*
3. *Dopo la settimana a Roma, che cosa faranno i genitori di Jeff?*
4. *Che cosa farà Jeff?*

In both English and Italian, the future is used to express an action that will take place or is going to take place at a future time.

1. In Italian the future (**il futuro semplice**) is formed by adding the endings **-ò, -ai, -à, -emo, -ete, -anno** to the infinitive minus the final **-e.** Verbs ending in **-are** change the **a** of the infinitive ending (**lavorar-**) to **e** (**lavorer-**).

| lavorare | scrivere | finire |
|----------|----------|--------|
| lavorerò | scriverò | finirò |
| lavorerai | scriverai | finirai |
| lavorerà | scriverà | finirà |
| lavoreremo | scriveremo | finiremo |
| lavorerete | scriverete | finirete |
| lavoreranno | scriveranno | finiranno |

VACATION PLANS    JEFF: At the end of June I'll leave for Italy with my parents and my sister. We'll catch a plane in New York and go to Rome. We'll spend a week together in Rome, then my parents will rent a car and (will) continue the trip with my sister. I, on the other hand, will go to Perugia, where I'll study Italian for seven weeks. At the end of August, we'll all return to the United States together.

[1]The plural form **vacanze** is generally used to refer to vacations. Note, however, the expression **andare in vacanza.**

2. The spelling changes that you learned for the present tense of verbs like **giocare,** **pagare, cominciare,** and **mangiare** apply to the future as well. In the future, however, these changes apply to all persons.

| giocare | pagare | cominciare | mangiare |
|---------|--------|------------|----------|
| giocherò | pagherò | comincerò | mangerò |
| giocherai | pagherai | comincerai | mangerai |
| giocherà | pagherà | comincerà | mangerà |
| giocheremo | pagheremo | cominceremo | mangeremo |
| giocherete | pagherete | comincerete | mangerete |
| giocheranno | pagheranno | cominceranno | mangeranno |

3. Some two-syllable verbs that end in **-are** keep the characteristic **-a** of the infinitive ending.

| dare | fare | stare |
|------|------|-------|
| (**dar-**) | (**far-**) | (**star-**) |
| darò | farò | starò |
| darai | farai | starai |
| darà, ecc. | farà, ecc. | starà, ecc. |

4. Some verbs have irregular future stems, although they use the regular future endings.

| andare | avere | dovere | potere | vedere | venire | volere |
|--------|-------|--------|--------|--------|--------|--------|
| (**andr-**) | (**avr-**) | (**dovr-**) | (**potr-**) | (**vedr-**) | (**verr-**) | (**vorr-**) |
| andrò | avrò | dovrò | potrò | vedrò | verrò | vorrò |
| andrai | avrai | dovrai | potrai | vedrai | verrai | vorrai |
| andrà, ecc. | avrà, ecc. | dovrà, ecc. | potrà, ecc. | vedrà, ecc. | verrà, ecc. | vorrà, ecc. |

5. The future forms of **essere** are

| | |
|------|---------|
| sarò | saremo |
| sarai | sarete |
| sarà | saranno |

6. The Italian future is expressed in English with the auxiliary verb *will* or with the phrase *to be going to.*

| | |
|---|---|
| Prenderemo un caffè insieme. Pagheremo noi! | *We'll have coffee together. We'll pay!* |
| Quanto tempo resterai in Italia? | *How long are you going to stay in Italy?* |
| Sarà meglio telefonare dopo cena. | *It will be better to phone after supper.* |
| Non potrò venire prima delle otto. | *I won't (will not) be able to come before eight.* |

Noleggeranno una macchina? —No, viaggeranno in treno.

*Will they rent a car? —No, they'll travel by train.*

—Io vivrò a lungo° perchè sono protetto dalla società per la protezione degli animali rari.

Io... *I'll live a long time*

## E S E R C I Z I

**A.** Replace the subject with each subject in parentheses and change the verb form accordingly.

1. *Stefano* arriverà domenica. (gli zii / voi due / tu / noi)
2. Prenderemo il caffè dopo cena. (tu / il dottor Bianchi / i miei amici / io)
3. Dormirò fino a mezzogiorno. (Luigino / i bambini / noi / tu e Roberto)
4. Non avranno paura. (io / la ragazza / voi / tu)

**B.** Answer each question according to the example.

ESEMPIO: Roberto prenderà lezioni di piano. E i suoi cugini? →
Anche i suoi cugini prenderanno lezioni di piano.

1. Laura ordinerà lasagne. E noi?
2. Io noleggerò una macchina. E Paolo?
3. Tu giocherai a ping-pong. E loro?
4. Noi mangeremo a casa. E Patrizia?
5. Loro saranno pronti alle nove. E noi?
6. Voi non vorrete aspettare. E loro?
7. Io andrò a piedi. E la signora?
8. Lei potrà venire. E l'avvocato?

**C.** Answer each question, using either the same verb as in the question or another verb.

ESEMPIO: Io lavorerò otto ore al giorno. E voi? → Noi lavoreremo sei ore.
Noi giocheremo a golf.

**1.** Io starò a Firenze ancora due mesi. E Pietro?
**2.** Noi compreremo un chilo di parmigiano. E tu?
**3.** La mamma andrà al cinema. E i bambini?
**4.** Loro la aiuteranno. E lui?
**5.** Tu farai una passeggiata. E lei?
**6.** Voi suonerete la chitarra. E le ragazze?
**7.** Gianni non ne avrà bisogno. E voi?

**D.** Conversazione

**1.** Fra (*In*) quanti minuti finirà questa lezione?   **2.** Fra quanto tempo prenderà la laurea (*doctorate*)?   **3.** Quanti anni avrà?   **4.** Lavorerà quest'estate (*summer*)?

**E.** Tell four things you will be doing next weekend. Tell four things you won't be doing next summer.

## B. Future of probability and other uses of the future

—È un regalo di quel tuo amico indiano: che cosa sarà mai?

**1.** In addition to expressing an action that will take place in the future, the Italian future is often used to express probability: something that, in the opinion of the speaker, is probably true. This is called the future of probability. English expresses probability with words such as *probably*, *can*, and *must*. In Italian the verb is put into the future, and no other words are needed.

| | |
|---|---|
| Quanti anni ha? —Avrà quarant'anni. | *How old is he? —He's probably (must be) forty.* |
| Suonano alla porta: chi sarà? | *They're ringing the doorbell. Who can it be?* |
| Non vedo i bambini. Dove saranno? | *I don't see the children. Where can they be?* |
| La signora non vorrà aspettare. | *The lady probably doesn't want to wait.* |

2. The future is commonly used in dependent clauses with **quando, appena,** and **dopo che** and frequently after **se** (*if*), when the verb of the main clause is in the future tense. This contrasts with English, where the present tense is used in the dependent clause.

| | |
|---|---|
| Quando arriverà, sarà stanco. | *When he gets here, he'll be tired.* |
| Se farà caldo, andremo al mare. | *If it's hot, we'll go to the beach.* |
| Scriveranno appena potranno. | *They'll write as soon as they can.* |

## E S E R C I Z I

**A.** Restate each sentence using the future to express probability.

ESEMPIO: Devono essere le undici. → Saranno le undici.

**1.** Devono essere pronti.  **2.** Dovete avere fame.  **3.** Deve fare molto sport.
**4.** Devi ricordare il nome.  **5.** Ci deve essere una festa.  **6.** Non deve stare bene.

**B.** Answer each question using the future.

**1.** Quanto costa? (dieci dollari)
**2.** Che ora è? (le otto e mezzo)
**3.** Dov'è la mamma? (al mercato)
**4.** Chi sono quei ragazzi? (i cugini di Carlo)
**5.** Che cosa fanno? (la doccia)
**6.** Come vanno in ufficio? (a piedi)

**C.** Answer the following questions using the future to express probability.

**1.** Quanto costa una camicetta?  **2.** Quanti anni ha il presidente?  **3.** Di che cosa parlano le ragazze?  **4.** Cosa fanno gli studenti dopo la lezione d'italiano?

**D.** Replace the subject with each subject in parentheses and change the verb form accordingly.

**1.** Parlerò italiano quando sarò in Italia. (lui / loro / anche noi / voi due)
**2.** Verremo appena potremo. (loro / tu / il dottore / io)
**3.** Se non avrai la febbre (*a fever*), ti alzerai. (voi / i bambini / noi / lei)

**E.** Restate each sentence in the future.

**1.** Siamo contenti quando ci pagano.  **2.** Lo saluto se lo riconosco.  **3.** Se fa bel tempo, uscite.  **4.** Appena arrivano a casa mangiano.  **5.** Se mi scrivi, ti rispondo.  **6.** Quando lei torna dal lavoro, ha fame ed è stanca.

## C. Future perfect

BARBARA: Dopo che avrete visitato Roma, tornerete negli Stati Uniti?
CRISTINA: Solamente mio marito: lui tornerà a New York, ma io partirò per la Sicilia.
BARBARA: Quanto tempo ti fermerai in Sicilia?
CRISTINA: Dipende: se non avrò finito tutti i soldi, ci resterò un mese.

1. *Chi visiterà Roma?*
2. *Tornerà subito negli Stati Uniti Cristina?*
3. *Quanto tempo resterà in Sicilia Cristina se non avrà finito tutti i soldi?*

1. The future perfect (*I will have sung, they will have arrived*) is formed with the future of **avere** or **essere** + *past participle*.

| FUTURE PERFECT WITH **avere** | FUTURE PERFECT WITH **ẹssere** |
|---|---|
| avrò<br>avrai<br>avrà<br>avremo } lavorato<br>avrete<br>avranno | sarò<br>sarai } partito/a<br>sarà<br>saremo<br>sarete } partiti/e<br>saranno |

2. In Italian, the future perfect (**il futuro anteriore**) is used to express an action that will already have taken place by a specific time in the future or when a second action occurs. The second action, if expressed, is always in the future.

| | |
|---|---|
| Alle sette avremo già mangiato. | *By seven, we'll already have eaten.* |
| Dopo che avranno visitato la Sicilia, torneranno a casa. | *After they have visited Sicily, they'll return home.* |

Just as the future is used to express probability in the present, the future perfect can be used to indicate probability or speculation about something in the past—something that may or may not have happened.

---

BARBARA: After you've visited Rome, will you come back to the United States? CRISTINA: Only my husband will. He'll go back to New York, but I'll leave for Sicily. BARBARA: How long will you stay in Sicily? CRISTINA: It depends. If I haven't spent all my money by then, I'll stay a month.

Fausto non è venuto. Avrà dimenticato che avevamo appuntamento.

*Fausto didn't come. He must have forgotten we had a date.*

Le finestre sono chiuse. I Costa saranno partiti.

*The windows are closed. The Costas (have) probably left.*

—Ieri quella perdita° non c'era: qualcuno avrà rubato una mela°…

*drip / apple*

## E S E R C I Z I

**A.** Replace the subject with each subject in parentheses and change the verb form accordingly.

1. Domani, a quest'ora, avrò già finito. (noi / loro / voi / lei)
2. Dopo che avrò studiato, guarderò la televisione. (i bambini / tu / lui / noi)
3. Partiranno appena avranno venduto la casa. (noi / il dottore / voi / io)

**B.** Answer each question according to the example.

ESEMPIO: Quanto hanno pagato? Cinquanta dollari? →
   Sì, avranno pagato cinquanta dollari.

1. Quante ore hanno lavorato? Otto ore?
2. Quante lettere hanno scritto? Sei lettere?
3. Quante persone ha invitato? Trenta persone?
4. Quanti vestiti hanno comprato? Tre vestiti?
5. Quanti bambini hanno avuto? Due bambini?
6. Quanti stati hanno visitato? Dodici stati?

*poisoned*

—Appena avrai finito di bere ti dirò una cosa...

**C.** Expand each statement according to the example.

ESEMPIO: Ha comprato qualcosa (*something*). → Chissà cosa avrà comprato!

**1.** Ha scritto qualcosa. **2.** Hanno detto qualcosa. **3.** Hanno regalato qualcosa. **4.** Hai cucinato qualcosa. **5.** Avete preso qualcosa. **6.** Ha servito qualcosa.

**D.** Completate in italiano.

**1.** Cercherò (*I will look for*) un lavoro quando... **2.** Quando avrò lavorato due o tre anni... **3.** Quando avrò finito tutti i miei soldi... **4.** Quest'anno passerò le vacanze in Europa; dopo che sarò ritornato negli Stati Uniti...

## D. Summary of the uses of the definite article

—Attenzione: gli orsi sono animali molto scaltri°!

*shrewd*

1. Unlike English, the definite article is required in Italian:

   · before nouns used in a general sense or to indicate a whole category

   **La** generosità è una virtù.
   A molti non piacciono **gli** spinaci.

   · before names of languages

   Ho dimenticato **il** francese.

   · with proper names accompanied by a title or an adjective

   **il** signor Bandelli
   **il** piccolo Franco

   · with days of the week to indicate a routine event

   **Il** martedì ho lezione di matematica.

   · with dates

   Oggi è **il** quattro dicembre.

   · with possessive forms

   Ecco **la** mia casa!

   · with parts of the body or items of clothing, provided there is no ambiguity about the possessor

   Perchè non ti sei messo **la** cravatta?

   · with geographical names

   Quest'estate visiteremo **l'**Italia e **la** Francia.

2. Note that the category of geographical names includes the names not only of continents and countries but also of states, regions, large islands, mountains, and rivers.

   | | |
   |---|---|
   | L'estate scorsa abbiamo visitato **il** Colorado, **l'**Arizona e **la** California. | *Last summer we visited Colorado, Arizona, and California.* |
   | Ho ricevuto una cartolina **dalla** Sardegna. | *I've received a card from Sardinia.* |

3. The definite article is omitted after **in** (*in, to*) if the geographical term is unmodified, feminine, and singular.

   | | |
   |---|---|
   | Avete parenti in Florida? | *Do you have any relatives in Florida?* |
   | Chi vuole andare in Italia? | *Who wants to go to Italy?* |

   *but:*

   | | |
   |---|---|
   | Chi vuole andare **nell'**Italia Centrale? | *Who wants to go to Central Italy?* |

   If the name is masculine, **in** + *article* (or sometimes **in** alone) is used.

   | | |
   |---|---|
   | Quando vai **nel** Messico? | *When are you going to Mexico?* |
   | Aspen è **nel** Colorado. | *Aspen is in Colorado.* |

---

If the name is plural, **in** + *article* is used.

Mio padre non è nato **negli** Stati Uniti.     *My father wasn't born in the United States.*

4. The definite article is not used with cities. *In* or *to* before the name of a city is expressed by **a** in Italian.

Napoli è un porto importante.     *Naples is an important harbor.*

La Torre Pendente è a Pisa.     *The Leaning Tower is in Pisa.*

5. Some states in the United States are feminine in Italian and follow the same rules as those for feminine countries.

la Carolina (del Nord, del Sud)     la Louisiana
la California     la Pennsylvania
la Florida     la Virginia
la Georgia

Conosci la California?     *Do you know California?*

Dov'è l'Università della Georgia?     *Where's the University of Georgia?*

Quante cartoline hai ricevuto dalla     *How many cards have you received from*
Louisiana?     *Louisiana?*

Sei mai stato in Virginia?     *Have you ever been to Virginia?*

All other states are masculine and usually take the article whether they are used alone or with a preposition.

**Il** Texas è un grande stato.     *Texas is a big state.*

L'Università **del** Colorado è a Boulder.     *The University of Colorado is in Boulder.*

New Haven è **nel** Connecticut.     *New Haven is in Connecticut.*

## E S E R C I Z I

**A.** Create a sentence according to the model.

ESEMPIO: Ottawa / Canadà (*m.*) / canadese →
Ottawa è la capitale del Canadà. Gli abitanti del Canadà si chiamano canadesi.

1. Tokyo / Giappone (*m.*) / giapponese     5. Madrid / Spagna / spagnolo
2. Parigi / Francia / francese     6. Pechino / Cina / cinese
3. Londra / Inghilterra / inglese     7. Dublino / Irlanda / irlandese
4. Washington / Stati Uniti / americano

**B.** Da dove vi scrive il vostro amico Fabio? Seguite il modello!

ESEMPIO: Cagliari / Sardegna →
Questa cartolina viene da Cagliari. Fabio è in Sardegna: mi scrive dalla
Sardegna!

1. Taormina / Sicilia     3. Siena / Toscana
2. Asti / Piemonte (*m.*)     4. Perugia / Umbria

5. Londra / Inghilterra
6. Chambéry / Francia

7. Lisbona / Portogallo
8. Portland / Oregon

**C.** Correct each sentence according to the model.

ESEMPIO: La Monna Lisa è a Roma. (Parigi) → No, la Monna Lisa è a Parigi!

1. La sede (*headquarters*) delle Nazioni Unite è a Washington. (New York)
2. La Torre Pendente è a Napoli. (Pisa)
3. Il Teatro alla Scala è a Torino. (Milano)
4. Il Ponte Vecchio è a Venezia. (Firenze)
5. Il Vesuvio è a Palermo. (Napoli)
6. La Torre Eiffel è a Londra. (Parigi)

**D.** Express in Italian.

1. Where did you meet Professor Fermi? In Sicily or in Rome? 2. Do Italian children go to school on Saturdays? 3. I don't like museums. I don't want to see another museum for the rest of my life! 4. We'll eat after you've washed your hands.

**E.** Fate una lista.

1. quattro cose che amo 2. quattro cose che odio 3. due cose che lavo ogni giorno 4. due cose che mi lavo ogni giorno

**F.** Domande geografiche

1. In quali stati sono queste città: Chicago, Denver, Detroit, Omaha, Miami, Los Angeles, Phoenix, Houston? 2. Quali sono gli stati che confinano con (*border on*) il Colorado? 3. Di quale stato è il Presidente degli Stati Uniti? Di quale città? 4. E il Vice-Presidente? 5. Di quale stato sono i Suoi genitori? 6. In quale stato abita ora la Sua famiglia? 7. In quale stato è nato/a Lei? 8. Quanti e quali stati ha già visitato?

---

CURIOSITÀ

*I GIORNI DELLA SETTIMANA:* Quasi tutti i nomi dei giorni della settimana derivano dal nome di un dio (*god*) + la parola **dì** (dal latino *dies* che significa **giorno**).

Lunedì è il giorno della luna (*moon*).

Martedì è il giorno di Marte (*Mars*); Marte era il dio della guerra (*war*).

Mercoledì è il giorno di Mercurio (*Mercury*); Mercurio era il dio del commercio.

Giovedì è il giorno di Giove (*Jove or Jupiter*); Giove era il padre degli dei (*gods*).

Venerdì è il giorno di Venere (*Venus*); Venere era la dea (*goddess*) della bellezza e dell'amore.

Sabato deriva dall'ebraico (*Hebrew*) *shabbath* e significa giorno di riposo.

Domenica è il giorno del Signore (*dies dominicus*), il giorno consacrato a Dio.

---

# II. ESERCIZI DI PRONUNCIA

## The sound of the letter r

**A.** The sound of the letter **r** [r] is completely different from English [r]. The Italian [r] is trilled: it is pronounced with the tip of the tongue vibrating against the alveolar ridge. Imitate your instructor.

| **ra** | **ro** | **ru** | **re** | **ri** |
|--------|--------|--------|--------|--------|
| ragione | romano | rubare | regalo | ricetta |
| ancora | giro | erudito | avere | aperitivo |

Contrast the single and double sound of [r] in these pairs of words.

| sera | caro | Aruba | ere | cori |
|------|------|-------|-----|------|
| serra | carro | carruba | erre | corri |

Practice the [r] in final position in:

bar, amor(e), pur(e), per, dir(e)

**B.** Practice the sound [r] in these sentences.

1. I Re Magi offrono oro, incenso e mirra.
2. I turisti americani amano cantare « Arrivederci, Roma! »
3. Non trovate l'odore del Gorgonzola troppo forte?
4. La Roma giocherà con il Torino tra quindici giorni.
5. Ricordi i versi del Petrarca: « Chiare, fresche e dolci acque... »?
6. Nella tradizione lirica provenzale **amore** rima sempre con **cuore** e **dolore**.
7. Le ostriche sono buone nei mesi con la erre, come febbraio e marzo.

SCIOGLILINGUA

Una tigre, due tigri, tre tigri.

**D.** Conversazione

**1.** Ha amici che andranno in Europa quest'estate?    **2.** Quali città visiteranno?
**3.** Come viaggeranno?    **4.** Le piace ricevere complimenti?    **5.** Qual è
l'ultimo complimento che ha ricevuto?    **6.** Che cosa farà appena potrà?
**7.** Dove pensa di passare le vacanze quest'anno?

—Quest'anno passo le vacanze nel canile° comunale: e tu?

*kennel*

# V. PAROLE DA RICORDARE

VERBI

**allontanarsi**  to walk away
**arrabbiarsi**  to get angry, mad
**cercare**  to look for
**imparare a** + *inf.*  to learn
    (*how to do something*)
**noleggiare**  to rent (*a car, etc.*)
**passare**  to spend (*time*); to go
    by (**passato prossimo**
    *formed with* **essere**)
*****restare**  to stay
**scambiare quattro chiac-
    chiere**  to have a chat
**scavare**  to dig
**sedersi**  to sit down

NOMI

**il complimento**  compliment
**l'estate** (*f.*)  summer
**il giro**  tour
**il gruppo**  group
**il lago** (*pl.* **i laghi**)  lake
**il mare**  sea
**il posto**  place
**il progetto**  project, plan
**il sud**  south
**la vacanza**  vacation, holiday
**il viale**  avenue
**la zona**  area; zone

AGGETTIVI

**affollato**  "packed," crowded
**faticoso**  tiring

**forte**  strong
**grazioso**  pretty
**turistico**  tourist

ALTRE PAROLE ED ESPRESSIONI

**a lungo**  a long time
**caspita!**  you don't say!
**circa**  approximately, about
**dipende**  it depends
**dopo che**  after
**fra**[1]  in, within
**invece**  on the other hand,
    instead
**meglio**  better
**neanche per idea!**  not on your
    life!
**quanto tempo**  how long
**se**  if

[1]**Fra** and **tra** are interchangeable in Italian.

## ITALIA COSÌ

### BUONO A SAPERSI

Prima di andare in Italia, potete ottenere (*obtain*) informazioni su alberghi e pensioni dall'ENIT (Ente Nazionale Italiano Turismo) che ha uffici a New York, San Francisco e Chicago (gli indirizzi sono al fondo della pagina). In Italia, andate invece agli uffici dell'EPT (Ente Provinciale Turismo) che ha uffici nei novantacinque capoluoghi di provincia o agli uffici delle varie Aziende Autonome di Soggiorno. Ce ne sono oltre quattrocento!

Gli alberghi possono essere di lusso (*deluxe*), di prima, seconda, terza o quarta categoria. Le pensioni, che offrono sistemazioni (*accommodations*) più modeste, possono essere di prima, seconda o terza categoria. Il conto (*bill*) di solito include il servizio e le tasse (la cosiddetta IVA, cioè Imposta di Valore Aggiunto [*sales tax*]).

**A. Una camera** (*room*) **con bagno, per favore!** Che cosa diciamo quando arriviamo in un albergo? Ecco alcune espressioni utili.

Ha una camera con doccia?
　　una camera singola (doppia, a due letti)?
　　　　　per una notte (per due notti, per una settimana)?
Desidero pensione completa (mezza pensione).

Ed ecco alcune espressioni che potete sentire.

Mi dispiace, siamo al completo.

Il nome, prego?

Ha una prenotazione (*reservation*)?

Passaporto, prego!

Vuole vedere la camera?

Ecco il conto. Il servizio è compreso (*included*).

ENIT
626 Fifth Avenue
New York NY 10020

ENIT
500 North Michigan Avenue
Chicago IL 60611

ENIT
St. Francis Hotel
Post Street
San Francisco CA 94102

Ed ora leggete le seguenti richieste molte volte e poi attribuitele alle persone elencate qui sotto.

1. Una doppia con bagno per quindici giorni.
2. Una singola con colazione per una notte.
3. Una doppia e una camera a due letti.
4. Una camera doppia e una singola.
5. Una camera con tre letti per una settimana.

    a. Peter Taylor, studente, che è di passaggio (*passing through*)
    b. i signori Colombo che viaggiano con il figlio di diciotto anni
    c. i signori Rossi che viaggiano con due bambine, una di cinque e l'altra di quindici anni
    d. tre studenti canadesi che hanno intenzione di fermarsi una settimana
    e. Maria e Giuseppe Bianchi, in viaggio di nozze (*on their honeymoon*) per due settimane

**B. Scelte** (*Choices*). È meglio andare in Abruzzo o in Basilicata? Studiate attentamente la seguente réclame (*ad*) e quella a pag. 238 e poi fate la vostra scelta. Dovete solo spiegare il perchè della vostra scelta. Aiutatevi con le parole della réclame!

**L'ABRUZZO VI ATTENDE**
...... splendide spiaggie, mare pulito..... ma potrete scegliere anche le verdi colline e le maestose montagne...... eleganti alberghi, accoglienti appartamenti privati, campings .....la buona tradizionale cucina abruzzese......il verde, le terme; i boschi il Parco Nazionale......tranquillità, riposo.......... giorni sereni.....
**una vasta offerta con prezzi a misura di tutte le possibilità veramente allettanti nei mesi di maggio, giugno e settembre.....**
a partire da L. 12.000 (mezza pensione L. 10.000) a persona, compresi cabine, ombrelloni e sdrai alla spiaggia.
Prenotatevi per tempo!!!
......continuerete a praticare il vostro sport e hobby preferito in moderni impianti sportivi e ricreativi......scuole di tennis, nuoto, vela, ippica, manifestazioni folkloristiche, sportive, culturali ......
......escursioni, navi traghetto, aliscafi, minicrociere......

**VACANZE INDIMENTICABILI IN ABRUZZO**
Per informazioni:
**Alberghi:** "Abruzzo Turismo,, - Corso Umberto, 64 - Pescara Tel. 085/299210-378125-95273-837316 - Telex: 600119
**Campeggi:** F.A.I.T.A. Abruzzo - Via Arno, Riviera Nord Montesilvano (Pescara) Tel. 085/75035

# La Basilicata è al centro del Sud.
# Se arrivarci è piacevole,
# esplorarla sarà una sorpresa.

Provate a immaginare una terra che conservi ancora intatti - come secoli fa - una natura di incontrastata bellezza, un susseguirsi affascinante di paesaggi - ora aspri ed impervi, ora dolci e carichi di storia - e pensate a della gente che sia pronta ad accogliervi con simpatica, coinvolgente cordialità... Ecco, siete in Basilicata.

Una terra che forse conoscete appena, per aver fatto il bagno qualche estate fa nel mare di Maratea, e che invece ha ancora mille cose da mostrarvi. A partire dal suo mare, che a quello di Maratea aggiunge lo stupefacente litorale del Metapontino, caratterizzato da 35 chilometri di spiaggia e acqua di assoluta purezza. Per passare quindi alle montagne, che costituiscono la parte preponderante di tutta la regione. Dal massiccio del Pollino al gruppo del monte Vulture, alla Murgia materana, alla Sellata, al Sirino, lo scenario che si presenterà ai vostri occhi sarà di suggestiva, imprevedibile varietà. E diverso da qualsiasi altra montagna. Ma la Basilicata non è solo spettacolo della natura.

I vari itinerari di viaggio che potrete fare (nel Melfese, nel Lagonegrese, nella Val d'Agri e nelle Dolomiti Lucane o nel Materano) vi faranno scoprire i segni più vividi delle molte civiltà che sono passate in terra lucana e che trovano un mirabile compendio negli antichissimi Sassi di Matera. E potranno farvi entrare nel vivo - quasi da protagonisti - dei riti folkloristici della gente lucana, che conserva con inalterato calore tradizioni, costumi e lingua dei loro avi. Qualche piacevole sosta lungo questi itinerari vi farà poi assaggiare i sapori vivaci e genuini della gastronomia lucana e vi farà apprezzare le espressioni più interessanti dell'artigianato locale, che propone - ancora miracolosamente intensi - il gusto e la schiettezza di un'autentica, incontaminata tradizione contadina, come avviene da secoli presso le antiche comunità albanesi.

**Basilicata.**
**Una regione tutta da scoprire.**

A cura della Regione Basilicata Ufficio Turismo tel. 0971/22989-21516

# LETTURA CULTURALE

## Andare in vacanza

Dove andiamo in vacanza quest'anno? Al mare? In montagna? In campagna? Ai laghi? Andiamo in un albergo o affittiamo° un appartamentino? Se andiamo in un albergo, prendiamo la pensione completa o mezza pensione? Come viaggiamo: in macchina o in treno? Quante decisioni dobbiamo prendere! L'unica cosa che molto probabilmente è già decisa per noi è la data delle nostre vacanze. Tutto dipende dai nostri impegni° di lavoro o di studio.

    Il mese tradizionale delle vacanze è agosto, il mese più caldo dell'anno. In questo mese le città si svuotano° e tutti quelli che possono vanno a cercare refrigerio o su una spiaggia° o in montagna. Le località di villeggiatura° sono affollatissime, gli alberghi pieni e il trattamento,° di conseguenza, poco° buono. La vacanza delle vacanze è il quindici agosto, chiamato Ferragosto: è quasi obbligatorio far vacanza in quel giorno! Il Ferragosto rappresenta non solo il culmine ma anche la fine delle vacanze. È tradizionale, infatti, ritornare al lavoro in città alla fine del mese e riprendere le abitudini di sempre o subito dopo il 15 agosto o alla fine del mese.

*shall we rent*

*commitments*

*si... empty out*
*beach*
*località... vacation spots*
*service / not very*

### Reading comprehension check

*Rispondete alle seguenti domande.*

**1.** Dove è possibile andare in vacanza?　**2.** Da che cosa dipende la data delle vacanze?　**3.** Qual è il mese tradizionale delle vacanze? Perchè?　**4.** Perchè, in agosto, il trattamento in albergo è poco buono?　**5.** In che giorno è il Ferragosto? **6.** Che cosa rappresenta il Ferragosto?

Pompei
(Napoli).

Vernazza (Cinque Terre).

Pisa: Duomo e Torre.

# Cercare casa

La casa è il sogno di ogni italiano.

# I. GRAMMATICA

## A. Indefinite adjectives

GIGI: Ciao, Claudio! Ho sentito che hai cambiato casa. Dove abiti adesso?

CLAUDIO: Prima vivevo in un appartamentino al centro, ma c'era troppo traffico e troppo rumore; così sono andato a vivere in campagna. Ho trovato una casetta che è un amore... È tutta in pietra, ha un orto enorme e molti alberi da frutta.

GIGI: Sono contento per te! Sai cosa ti dico? Alcune persone nascono fortunate!

1. *Dove abitava prima Claudio?*
2. *Dove abita adesso (now)?*
3. *Qual è il commento di Gigi?*

Indefinite adjectives such as *every, any,* and *some* indicate quantity and quality, without referring to any particular person or thing.

1. The most common indefinite adjectives are

| | | |
|---|---|---|
| **ogni** | } used with singular nouns | *every* |
| **qualche** | | *some, a few* |
| **qualunque** | | *any, any sort of* |
| **alcuni/alcune** | used with plural nouns | *some, a few* |

Ogni inverno andiamo a sciare.      *Every winter we go skiing.*

Qualunque vino va bene per me.      *Any wine is all right with me.*

Qualche negozio è ancora aperto.      *Some stores are still open.*

Alcuni negozi sono ancora aperti.      *Some stores are still open.*

2. There is no difference in meaning between **qualche** and **alcuni/alcune.** Remember only that **qualche** takes the singular, **alcuni/alcune** the plural.

Qualche parola è nuova.   }
Alcune parole sono nuove.   }      *Some words are new.*

---

GIGI: Hi, Claudio! I heard (that) you've moved. Where are you living now? CLAUDIO: At first I was living in a small apartment downtown, but there was too much traffic and too much noise, so I've moved to the country. I found a little house that's a real gem. . . . It's all stone, has an enormous garden and lots of fruit trees. GIGI: I'm happy for you! You know what? Some people are born lucky!

**3.** Another way to express *some* or *any* (a concept called the *partitive* [**il partitivo**]) is to use the various combinations of **di** + *article.*

singular:   **del, dello, della, dell'**
plural:      **dei, degli, delle**

Delle parole sono nuove.                    *Some words are new.*

Ecco del latte per il tè.                    *Here's some milk for the tea.*

The use of the partitive, although frequent, is not mandatory. Just as one can say in English *I have some relatives in Italy* or *I have relatives in Italy,* one can say in Italian

Ho dei parenti in Italia.
Ho alcuni parenti in Italia.   } *or*   Ho parenti in Italia.
Ho qualche parente in Italia.

In questions, and especially in negative sentences, the partitive is almost always left out.

Avete amici a Milano?                    *Do you have any friends in Milan?*

Non avete amici a Milano.                    *You don't have any friends in Milan.*

—Per renderlo° più umano gli ho creato delle paure.

*to make him*

## E S E R C I Z I

**A.** Restate each sentence, replacing **tutto** with **ogni.**

ESEMPIO: Tutte le ragazze studiano. → Ogni ragazza studia.

**1.** Tutti i bambini vanno a scuola.    **2.** Tutte le banche erano aperte.    **3.** Tutti

---

gli studenti dovranno venire.    4. Tutti gli zii sono partiti.    5. Tutte le fontane sono senza acqua.    6. Tutti gli amici avevano fatto un regalo.

**B.  Sì, ma...** React to each statement as in the example.

ESEMPIO: I bambini vanno a scuola. →
Sì, ma qualche bambino non vuole andare a scuola.

**1.** Gli studenti frequentano le lezioni.    **2.** I dottori lavorano all'ospedale. **3.** Le signore fanno la spesa.    **4.** Gli uccelli cantano.    **5.** Le mamme raccontano favole ai bambini.    **6.** Gli italiani mettono zucchero nel caffè.

**C.** Tell five things that always happen to you at the same time. Use the expression **ogni volta che** (*whenever*), as in the model.

ESEMPIO: Ogni volta che vado a quel bar, incontro Fred.

**D.** Answer each question using **qualunque** as in the example.

ESEMPIO: Quale rivista vuole? → Qualunque rivista va bene.

**1.** Quale vino preferisce?    **2.** Quale camera (*room*) desidera?    **3.** Quale giornale vuole leggere?    **4.** Quale avvocato vuole?    **5.** Quale numero giochiamo? **6.** In quale ristorante andiamo?

**E.** Replace the partitive with an alternate form and make any other necessary changes.

ESEMPIO: Ho letto qualche libro. → Ho letto alcuni libri.

**1.** Ci sono degli appartamenti liberi (*vacant*).    **2.** Ho qualche indirizzo (*address*) di case in affitto (*for rent*).    **3.** C'è qualche errore in questa lezione.    **4.** Alcune camere sono ammobiliate (*furnished*).    **5.** Abbiamo visto dei palazzi senza ascensore (*elevator*).    **6.** Alcuni esami sono obbligatori.

—Ed ora, cari telespettatori, qualche consiglio°
per il vostro cane...

*advice*

## B. Indefinite pronouns

—Qualcuno dei presenti può indicarci dove possiamo
trovare un appartamento in affitto°?

in... *for rent*

**1.** The most common indefinite pronouns are

| | |
|---|---|
| ognuno | *everyone, each one* |
| qualcuno | *someone, some, anyone (in an affirmative question)* |
| alcuni | *some* |
| tutti | *everybody, all, anyone* |
| qualche cosa (qualcosa) | *something, anything (in an affirmative question)* |
| tutto | *everything* |

| | |
|---|---|
| Qualcuno ha preso la mia matita. | *Someone took my pencil.* |
| Tutti avevano capito. | *Everyone had understood.* |
| Vuoi mangiare qualcosa? | *Do you want to eat something?* |

**2.** Note the following constructions:

**qualcosa di** + *adjective* (always in the masculine singular)

C'è qualcosa di buono nel frigo.        *There's something good in the refrigerator.*

**qualcosa da** + *infinitive*

C'è qualcosa da mangiare?        *Is there something to eat?*

**Qualche cosa** (**qualcosa**) is considered masculine for purposes of agreement.

È successo qualcosa?        *Has anything happened?*

---

**GRAMMATICA**

**3.** Another common indefinite expression is **un po' di,** which means *some* when used with nouns commonly used in the singular.

Dammi un po' di $\begin{cases} \text{birra.} \\ \text{zucchero.} \\ \text{acqua.} \end{cases}$ 　　　Give me some $\begin{cases} beer. \\ sugar. \\ water. \end{cases}$

## un proverbio italiano

« Ognuno per sè e Dio per tutti. »

*(Everyone for himself and God for all.)*

# E S E R C I Z I

**A.** Complete the following sentences with the appropriate word.
1. _____ (Ogni/Ognuna) cosa era sul tavolo.
2. Possiamo fare _____ (qualcuno/qualcosa) per te?
3. C'erano _____ (ogni/alcuni) errori nell'esercizio.
4. Hai degli amici a Roma? —Sì, _____ (qualche/qualcuno).

**B.** Complete each sentence with one of the following adjectives: **bello, utile, pratico, originale, speciale, esotico, caro, divertente** (*amusing*), **buffo** (*comic*).

ESEMPIO: Alla mamma preferisco regalare qualcosa di originale.

1. Ai miei amici... 　　2. Ai miei genitori... 　　3. A un bambino... 　　4. Al mio ragazzo (Alla mia ragazza)... 　　5. Al mio dottore...

**C.** Express in Italian.
1. Every day we learn something new.
2. I know someone who can help you.
3. Each of us ate a pastry.
4. Everybody here speaks Italian.
5. Not all the girls were dancing; some were watching.
6. Everyone knows how to do it.

**D.** Conversazione
1. Ha qualcosa da fare stasera?
2. Conosce qualcuno in Sicilia?
3. È vero che tutti amano le vacanze?
4. Ha visto qualcosa di bello alla televisione questa settimana?
5. Quanti dei Suoi amici sono vegetariani?

# C. Negatives

MARITO: Sento un rumore in cantina: ci sarà qualcuno, cara...
MOGLIE: Ma no, non c'è nessuno: saranno i topi!
MARITO: Ma che dici? Non abbiamo mai avuto topi in questa casa. Vado a vedere.

(*Alcuni minuti dopo*)

MOGLIE: Ebbene?
MARITO: Ho guardato dappertutto ma non ho visto niente di strano.
MOGLIE: Meno male!

1. *Che cosa sente il marito?*
2. *Che cosa dice la moglie?*
3. *Dove va il marito?*
4. *Vede qualcosa di strano?*

1. As you already know, an Italian sentence is usually made negative by placing **non** (*not*) in front of the verb. Only object pronouns are placed between **non** and the verb.

| | |
|---|---|
| I bambini capiscono l'italiano. | *The kids understand Italian.* |
| I bambini non capiscono l'italiano. | *The kids don't understand Italian.* |
| I bambini non lo capiscono. | *The kids don't understand it.* |

2. Other negative words or expressions occur in combination with **non**. When the negative expression follows the conjugated verb, **non** must precede the verb.

| AFFIRMATIVE EXPRESSIONS | NEGATIVE EXPRESSIONS |
|---|---|
| qualcosa <br> tutto | non... niente/nulla (*nothing*) |
| qualcuno <br> tutti | non... nessuno (*nobody*) |
| sempre <br> qualche volta | non... mai (*never*) |
| già | non... ancora (*not yet*) |
| ancora | non... più (*no longer*) |
| e *or* o | nè... nè (*neither... nor*) |

---

HUSBAND: I hear a noise in the basement. There must be someone down there, dear. . . . WIFE: No, there's nobody there. It must be mice! HUSBAND: What are you talking about? We've never had any mice in this house. I'm going to have a look. (*a few minutes later*) WIFE: Well? HUSBAND: I've looked everywhere but I didn't see anything strange. WIFE: Thank goodness!

---

**GRAMMATICA**

| | |
|---|---|
| Fate qualcosa domenica? —Non facciamo niente. | *Are you doing anything (something) Sunday? —We're doing nothing. (We're not doing anything.)* |
| Hai visto qualcuno? —Non ho visto nessuno. | *Have you seen anyone? —I saw no one. (I didn't see anyone.)* |
| Canti mai canzoni tristi? —Non canto mai canzoni tristi. | *Do you ever sing sad songs? —I never sing any sad songs.* |
| Parla già il bambino? —No, non parla ancora. | *Does the baby talk already? —No, he doesn't talk yet.* |
| Abitano qui i Rossi? —No, non abitano più qui. | *Do the Rossis live here? —No, they don't live here anymore.* |
| Bevi caffè o tè? —Non bevo nè caffè nè tè. | *Do you drink coffee or tea? —I drink neither coffee nor tea.* |

3. When **niente** or **nessuno** precedes the verb, **non** is omitted.

| | |
|---|---|
| Niente era facile. | *Nothing was easy.* |
| Nessuno lo farà. | *No one will do it.* |

Similarly, when a construction with **nè... nè** precedes the verb, **non** is omitted. Note that a plural verb is used in Italian.

| | |
|---|---|
| Nè Mario nè Carlo sono americani. | *Neither Mario nor Carlo is American.* |

4. Just like **qualcosa, niente (nulla)** takes **di** in front of an adjective and **da** before an infinitive.

| | |
|---|---|
| Non ho niente di buono da offrirti. | *I have nothing good to offer you.* |
| C'è qualcosa di bello alla televisione stasera? | *Is there anything good on TV tonight?* |

—Ma allora la mamma non ti ha detto niente...

# E S E R C I Z I

**A.** Expand each sentence as in the example.

ESEMPIO: Non abbiamo detto niente. → Non avevamo niente da dire.

—Carletto, ti ho detto mille volte che
non devi indicare nessuno col dito!°

*finger*

**1.** Non abbiamo scritto niente.     **2.** Non ha fatto niente.     **3.** Non hai letto niente.     **4.** Non hanno bevuto niente.     **5.** Non avete mangiato niente.
**6.** Non ho raccontato niente.

**B.** Answer each question in the negative and then provide additional information. Be creative!

ESEMPIO:  Parla inglese o francese? →
         Non parla nè inglese nè francese: parla tedesco. È nato in Germania.

**1.** Andrà al mare o in montagna?     **2.** Ha mangiato in casa o fuori (*out*)?
**3.** Prenderanno l'aereo o il treno?     **4.** Aveva bisogno di carne o di pesce?
**5.** Vuole una Coca-Cola o un'aranciata?     **6.** Glielo diranno oggi o domani?

**C.** Expand each sentence by using an affirmative or negative construction. Follow the examples.

ESEMPI:  Michele odia lavorare. → Non lavora mai.
         Michele ama giocare a carte. → Gioca sempre a carte.

**1.** Noi odiamo correre.     **2.** Io odio scrivere.     **3.** Amano guardare la televisione.     **4.** Odiavate fare la spesa.     **5.** Amava mangiare in trattoria.
**6.** È vero che ami scommettere (*to bet*)?

**D.** Answer each question in the negative using **non** and another negative word or expression.

**1.** Conosce qualcuno a Milano?     **2.** Ha qualcosa da dire?     **3.** Ha sempre fame?
**4.** Ama ancora la campagna?     **5.** Vive in una casa o in un appartamento?
**6.** Ha già visto questo film?

---

**GRAMMATICA**

# D. Ordinal numbers

—L'ufficio reclami° è al diciottesimo piano°...  *complaints / floor*

The Italian ordinal numbers correspond to English *first, second, third, fourth,* etc.

| CARDINAL NUMBERS | | ORDINAL NUMBERS | |
|---|---|---|---|
| 1 | uno | 1° | primo |
| 2 | due | 2° | secondo |
| 3 | tre | 3° | terzo |
| 4 | quattro | 4° | quarto |
| 5 | cinque | 5° | quinto |
| 6 | sei | 6° | sesto |
| 7 | sette | 7° | sęttimo |
| 8 | otto | 8° | ottavo |
| 9 | nove | 9° | nono |
| 10 | dieci | 10° | dęcimo |
| 11 | ụndici | 11° | undicęsimo |
| 12 | dọdici | 12° | dodicęsimo |
| 50 | cinquanta | 50° | cinquantęsimo |
| 100 | cento | 100° | centęsimo |
| 500 | cinquecento | 500° | cinquecentęsimo |
| 1000 | mille | 1000° | millęsimo |

1. Each of the first ten ordinal numbers has a distinct form. After **decimo,** they are formed by dropping the final vowel of the cardinal number and adding **-esimo.** Numbers ending in **-trè** and **-sei** retain the final vowel.

| | |
|---|---|
| undici | undic**esimo** |
| ventitrè | ventitre**esimo** |
| trentasei | trentasei**esimo** |

**2.** Unlike cardinal numbers, ordinal numbers agree in gender and number with the nouns they modify.

| | |
|---|---|
| la prima volta | *the first time* |
| il centesimo anno | *the hundredth year* |

**3.** As in English, ordinal numbers normally precede the noun. Abbreviations are written with a small ° (masculine) or ª (feminine).

| | |
|---|---|
| il **5°** piano | *the fifth floor* |
| la **3ª** pagina | *the third page* |

**4.** Roman numerals are frequently used, especially when referring to royalty, popes, and centuries. In such cases, they usually follow the noun.

| | |
|---|---|
| Luigi XV (Quindicesimo) | *Louis XV* |
| Papa Giovanni Paolo II (Secondo) | *Pope John Paul II* |
| il secolo XIX (diciannovesimo) | *the nineteenth century* |

## E S E R C I Z I

**A.** Give the ordinal number that corresponds to each cardinal number.

**1.** cinque   **2.** nove   **3.** settantotto   **4.** uno   **5.** undici
**6.** trentatrè   **7.** ventisei   **8.** mille   **9.** quaranta

**B.** Answer each question in the affirmative, using an ordinal number.

ESEMPIO: Scusi (*Pardon me*), è la lezione numero otto? →
          Sì, è l'ottava lezione.

**1.** Scusi, è il capitolo numero tredici?   **2.** Scusi, è la sinfonia numero nove?
**3.** Scusi, è il piano numero quattro?   **4.** Scusi, è la lettura numero tre?
**5.** Scusi, è la fila (*row*) numero sette?   **6.** Scusi, è la pagina numero ventisette?

**C.** Express each ordinal number in Italian.

**1.** Paolo VI   **2.** Carlo V   **3.** Elisabetta II   **4.** Giovanni Paolo II
**5.** Giovanni XXIII   **6.** Enrico IV   **7.** Enrico VIII   **8.** Luigi XIV

**D.** Conversazione

**1.** A una festa, arriva sempre primo/a? Perchè (no)?   **2.** In quale città è la famosa Quinta Strada? L'ha mai vista?   **3.** Nella Sua città, le vie hanno un numero o un nome?   **4.** Ricorda quanti anni aveva quando è andato/a al cinema per la prima volta?

---

# II. ESERCIZI DI PRONUNCIA

## The sounds of the letter combinations qu, cu, and gu

**A.** The letter combinations **qu** or **cu** correspond to [kʷ], as in English *quick*.

| **qua** | **quo/cuo** | **que** | **qui** |
|---------|-------------|---------|---------|
| quasi | quota, cuoco | questo | quinto |
| Pasqua | equo, vacuo | qualunque | iniqui |

Note the difference between the pronunciation of **cui** [kùi] and **qui** [kʷi]. Contrast the single and double sound of [kʷ] in these pairs of words.

| aquilone | acquisto |
|----------|----------|
| quadro | soqquadro |

**B.** The combination **gu** corresponds to [gʷ], as in English *Gwen*.

| **gua** | **guo** | **gue** | **gui** |
|---------|---------|---------|---------|
| guasto | — | guerra | guida |
| riguardo | languore | Igueglia | disguido |

Contrast the single and double sound of [gʷ] in these pairs of words.

| guato | agguato |
|-------|---------|
| guerra | agguerrito |

**C.** Practice the sounds [kʷ] and [gʷ] in these sentences.
1. Quando incominciano i corsi quest'anno?
2. Sono quasi le quattro e un quarto.
3. I cinesi non cuociono mai il riso nell'acqua.
4. In questa zona ogni lago è inquinato.
5. La guida turistica con cui abbiamo viaggiato non è qui.
6. Gwen fa un Martini squisito con un quinto di vermouth e quattro quinti di gin.

> SCIOGLILINGUA
>
> Il cuoco cuoce in cucina e dice che la cuoca giace e tace perchè sua cugina non dica che le piace cuocere in cucina col cuoco.

# III. DIALOGO

*Pietro cerca da tempo un appartamentino o almeno una stanza° con uso di cu-*      *room*
*cina. Gli appartamenti a Firenze sono scarsi e costano molto, ma alcuni amici*
*americani partono per Parigi e sono disposti a lasciare il loro appartamento a*
*Pietro per qualche mese. Pietro vuole convincere Beppino a dividere con lui*
*l'appartamento e la spesa.°*      *expense*

BEPPINO: Prima di tutto, quanto costa quest'appartamento?

PIETRO: Centottantamila lire al mese.

BEPPINO: Sei matto?° È troppo caro! E quante stanze ha?      *crazy*

PIETRO: Due camere, più bagno e cucina.

BEPPINO: Soltanto?° E in quale zona è?      *Is that all?*

PIETRO: In centro; all'ultimo piano di una vecchia casa in Via del
Corso.

BEPPINO: All'ultimo piano? E quanti scalini° ci sono?      *steps*

PIETRO: Be', ce ne sono centottanta.

BEPPINO: Benone! Mille lire a scalino. Ci sarà almeno l'ascensore?

PIETRO: Veramente l'ascensore non c'è. Ma cosa importa? Sarà un ot-
timo° esercizio. Tu non cammini° mai, non sali° mai scale,°      *excellent / walk / climb /*
non fai mai esercizio. Se continui così, morirai d'infarto° a      *stairs*
cinquant'anni.      *of a heart attack*

BEPPINO: Ma che dici? A Firenze non ho nemmeno° la macchina: vado      *even*
sempre a piedi. Non prendo neanche° l'autobus. E a casa fac-      *even*
cio molto sport: jogging, tennis, nuoto.

PIETRO: Insomma, t'interessa o no questo appartamento? Se non
t'interessa, troverò qualcun altro.°      *qualcun... someone else*

BEPPINO: Mi puoi dare qualche altra informazione? C'è almeno il frigorifero, il riscaldamento° centrale?      *heating*

PIETRO: No, non c'è nè frigorifero nè riscaldamento centrale.

BEPPINO: Ma non c'è nulla in questo appartamento! Centottantamila lire
per nulla!

PIETRO: E invece c'è qualcosa di meraviglioso: c'è una vista° unica. La      *view*
cupola° del Duomo° e il Campanile° di Giotto quasi a portata      *dome / Cathedral / Bell*
di mano,° e tetti° e terrazzini.° Vedrai che belle foto potrai fare!      *Tower*
     *a... close by / roofs /*
     *small balconies*

BEPPINO: E va bene, andiamo a vedere questo famoso appartamento.

---

## Dialogue comprehension check

*Rispondete alle seguenti domande.*

1. Che cosa cerca Pietro da tempo?
2. È facile trovare un appartamento a Firenze?
3. Ha finalmente trovato un appartamento Pietro? Come?
4. Con chi vuole dividere l'appartamento Pietro?

5. Quanto costa l'appartamento al mese?
6. C'è l'ascensore? Il frigorifero? Il riscaldamento centrale?
7. Cosa c'è di bello nell'appartamento?
8. Che cosa potrà fare Beppino se prende l'appartamento?

---

# IV. DI TUTTO UN PO'

**A.** Give the opposite of each sentence, using a negative construction.

ESEMPIO: È uno che ha paura di tutto. → È uno che non ha paura di niente.

1. Prendono ancora lezioni di piano.    2. Qualcuno ha capito.    3. Andavamo sempre a piedi.    4. Ho qualcosa di buono da offrirti.    5. Avete invitato tutti?
6. Bevono tè e caffè.    7. I miei cugini si lamentano di tutto.    8. Faccio sempre la spesa il sabato.

**B.** Express in Italian.

1. I didn't speak to you because I had nothing to tell you.    2. Someone will have to explain to me why we are here.    3. We have eaten enough. We don't want any dessert.    4. Is it true that nobody likes to leave on Fridays?    5. They want to buy my house at any price.    6. Nobody will have the courage to answer.
7. Many people hadn't arrived yet.

**C.** Answer each question in the negative, as in the example.

ESEMPIO: Hai visto qualcosa di strano? → No, non ho visto niente di strano.

1. Hai mangiato qualcosa di buono?    2. Avete letto qualcosa di interessante?
3. Avete imparato qualcosa di nuovo?    4. Hai sentito qualcosa di importante?
5. Hai scritto qualcosa di originale?

**D.** Express in Italian.

JOHN: How many floors are there in your apartment house (**palazzo**)?
PETER: Eleven. I live on the (**al**) tenth. My parents live on the eleventh.
JOHN: How lucky they are! They must have a nice view of the city and they don't have anyone above them (**sopra di loro**)!

**E.** Conversazione

1. Lei risponde al telefono ogni volta che suona?    2. In un palazzo dove c'è l'ascensore, Lei sale mai le scale a piedi?    3. Fa molto sport?    4. Ha qualche consiglio da darmi?    5. Lei si trova bene in qualunque città?    6. Dorme bene in qualunque letto?    7. È vero che non c'è niente di nuovo sotto il sole?

**F.** Per ciascuna (*each*) delle cose seguenti indicate se è: un bisogno, una necessità assoluta, qualcosa di inutile, qualcosa di piacevole (*pleasant*).

1. il sonno (*sleep*)    3. le vacanze    5. gli hobby    7. la musica
2. il lavoro    4. il caffè    6. lo sport    8. la libertà

---

Ora domandate a un altro studente se considera le cose sopra elencate una necessità.

ESEMPIO: Il caffè è qualcosa di necessario? → Sì, è una necessità assoluta per me.
No, ma è qualcosa di piacevole.

—...al centro ho sistemato il soggiorno-pranzo, a sinistra la camera da letto e quella per gli ospiti,° a destra lo studio di mio marito, la cucina e i servizi!     *guests*

# V. PAROLE DA RICORDARE

VERBI

**cambiare casa**  to move
**convịncere qualcuno a** + *inf.*
  (*pp.* **convinto**)  to convince
  someone to (*do something*)
**divịdere** (*pp.* **diviso**)  to share,
  split, divide
**salire**  to climb

NOMI

**l'ạlbero**  tree
  **l'ạlbero da frutta**  fruit tree
**l'appartamento**  apartment
**l'ascensore** (*m.*)  elevator
**il bagno**  bathroom, bath
**la cạmera**  bedroom
**la cantina**  cellar, basement
**il duomo**  cathedral

**il piano**  floor
**il rumore**  noise
**la scala**  staircase
**lo scalino**  step
**la spesa**  expense
**la stanza**  room
**il trạffico**  traffic
**la vista**  view

AGGETTIVI

**alcuni/alcune**  some, a few
**disposto a** + *inf.*  willing (*to do
  something*)
**fortunato**  fortunate
**matto**  crazy
**meraviglioso**  marvelous
**qualche**  some, a few
**qualunque**  any, any sort of

**scarso**  scarce
**strano**  strange
**ụnico**  only

ALTRE PAROLE ED ESPRESSIONI

**ebbene**  well then
**in affitto**  for rent
**insomma**  in short
**meno male!**  thank goodness!
**nè... nè**  neither . . . nor
**non... ancora**  not yet
**non... nessuno**  no one,
  nobody
**non... niente/nulla**  nothing
**ognuno**  everyone
**qualche cosa (qualcosa)**
  something, anything
**qualcuno**  someone, anyone

---

## ITALIA COSÌ

**A. Sogno e realtà.** Ecco come un poeta sogna la sua casa e come un canzoniere (*songwriter*) descrive una casa veramente insolita (*unusual*). Leggete attentamente e poi date la vostra versione: descrivete cioè la casa dei vostri sogni e poi una casa un po' bizzarra.

### Una casina di cristallo

Non sogno più castelli rovinati,°     *ruined*
decrepite ville abbandonate
dalle mura screpolate°     dalle... *with cracked walls*
dove ci passa il sole...
...Io sogno una casina di cristallo
proprio nel mezzo della città,
nel folto dell'abitato.°     nel... *in the heart of things*
Una casina semplice, modesta,
piccolina piccolina:
tre stanzette e la cucina.
Una casina...

     —Aldo Palazzeschi, *Poesie*

### La casa dei matti

Era una casa molto carina,
senza soffitto,° senza cucina.     *ceiling*
Non si poteva° entrarci dentro°     Non... *One could not /*
perchè non c'era il pavimento.°     *inside*
Non si poteva andare a letto:     *floor*
in quella casa non c'era il tetto.
Non si poteva fare pipì
perchè non c'era vasino° lì.     *chamber pot*
Ma era bella, bella davvero,
in via dei Matti numero zero.

**B. Cerco casa...** Cercate un appartamento e volete mettere un annuncio sul giornale. Esaminate diversi annunci (richieste e offerte) e poi decidete il testo del vostro annuncio.

· Cerco in affitto a Milano, zona Duomo, un appartamentino di due stanze più servizi, non arredato (*furnished*). Rispondo al numero 02/6450725: telefonate dopo le 18,30.

- Cerco in affitto a Venezia, annualmente o stagionalmente o per il mese di agosto, un miniappartamento per quattro persone adulte. Telefonate alle ore dei pasti al numero 030/731371.
- Studentesse referenziate cercano in affitto a Firenze un trivani (*three-room apartment*) ammobiliato, per un massimo di 500.000 lire mensili. Telefonate dopo cena al numero 055/295007.
- A Genova affitto un appartamento modernamente arredato una camera, cucina, bagno, terrazzo. Se interessati, telefonate al numero 010/214667.
- A Courmayeur affitto, dal quindici gennaio al trenta aprile, un appartamento composto da due camere da letto, soggiorno, cucina, bagno, terrazzo, con telefono. Telefonate al numero 0381/85940.
- Affitto per week-end, settimane o mesi, alle Cinque Terre casetta sul mare per quattro/sei persone, completamente arredata e attrezzata (*equipped*), con riscaldamento. Siete interessati? Telefonate al numero 228277 di Milano.

**RONCIGLIONE**
**Via Padre Mariano da Torino, 4**

A pochi passi dal Lago, in centro residenziale panoramicissimo con piscina, vendiamo appartamenti ottimamente rifiniti così composti:
LIBERO: saloncino, due camere, cameretta, cucina, due bagni, L. 29.500.000 (MQ 110).
Ampia disponibilità di appartamenti anche affittati a prezzi eccezionali.

**MINIMO CONTANTI - MUTUO - FACILITAZIONI**

**PERSONALE SUL POSTO SOLO FESTIVI.**

# LETTURA CULTURALE

## Il problema della casa

La casa sembra essere un miraggio per milioni di italiani: i giovani, specialmente nelle grandi città, sono spesso costretti° a rimandare° il matrimonio perchè non trovano un appartamento in cui° andare ad abitare dopo le nozze.° Anche la soluzione di vivere fuori città sta diventando° problematica; sia° per la difficoltà di trovare un'abitazione anche nei piccoli centri, sia per il costo sempre più elevato dei mezzi di trasporto. E allora com'è possibile trovare un appartamento?

*compelled*
*to postpone*
*in... in which / wedding*
*sta... is becoming /*
*sia... sia both . . . and*

Il cartello « Affittasi »° è sparito o quasi; alcune case in vendita ci sono, ma i prezzi sono molto alti. Non tutti possono pagare in contanti.° I fortunati che hanno in tasca° almeno la metà del costo dell'appartamento trovano spesso l'altra metà grazie a parenti e amici; altrimenti° devono aspettare dai sei agli otto mesi per ottenere un finanziamento dalle banche. Gli altri, quelli che hanno limitata disponibilità economica, continuano ad aspettare e… sperare.

*"For Rent"*

in… *in cash* / in… *in hand*

*otherwise*

## Reading comprehension check

**A.** Completate o rispondete alle seguenti frasi.

1. Molti giovani italiani rimandano il matrimonio perchè…
2. Vivere fuori città è difficile perchè…
3. I prezzi delle case in vendita sono…
4. Quanti mesi sono necessari per ottenere un finanziamento dalle banche?
5. Chi aiuta spesso i giovani a comprare una casa?

**B.** Esiste il problema della casa negli Stati Uniti? Spiegate la situazione a un amico italiano.

Case vecchie e nuove.

Napoli.

Palazzi moderni.

**A.** Circle the letter of the item that best fits the blank.

1. Come siete carine! Come sono belli _____ occhi!
   **a.** i tuoi    **b.** i Suoi    **c.** i vostri

2. Il nonno è venuto in America quando _____ quattordici anni.
   **a.** aveva    **b.** aveva avuto
   **c.** ha avuto

3. Nella mia città ci sono più chiese _____ scuole.
   **a.** di    **b.** che    **c.** come

4. Di solito il bambino non _____ dormire, ma quel giorno ha dormito dodici ore consecutive!
   **a.** ha voluto    **b.** vorrebbe
   **c.** voleva

5. Perchè hanno invitato Silvia ma non hanno invitato _____ padre?
   **a.** sua    **b.** suo    **c.** sue

6. C'erano _____ errori nell'esercizio.
   **a.** ogni    **b.** qualche
   **c.** alcuni

7. Questa lezione finirà _____ trentacinque minuti.
   **a.** fa    **b.** fra    **c.** fino a

8. Uno di questi giorni, scriverò anche a _____!
   **a.** ti    **b.** te    **c.** tu

9. Chi ha ricevuto una lettera _____ Texas?
   **a.** di    **b.** da    **c.** dal

10. Tu hai parlato con tutti; io non ho parlato con _____!
    **a.** niente    **b.** neanche
    **c.** nessuno

**B.** Read the following paragraph, then restate it substituting **due gatti** for **un gatto** and making all necessary changes.

Io ho un gatto. Il mio gatto si chiama Piruli. È bianco e nero e ha due grandi occhi verdi. È giovane: ha solo sette mesi. È un po' grasso perchè mangia molto. Gli do da mangiare tre volte al giorno. Forse devo metterlo a dieta! È molto intelligente e simpatico. Quando arrivo a casa, lo chiamo e lui viene. Gli parlo in italiano e lui capisce. Molte volte ci guardiamo soltanto; io non dico niente, ma lui sa quello che io voglio da lui.

**C.** Interview a classmate to find out the following information.

1. In which room he/she studies, watches TV, eats, and sleeps.
2. Where he/she will go on vacation and what he/she will do.
3. Whether his/her grandmother used to tell him/her stories when he/she was little.
4. How many football games he/she has seen and whether he/she likes football.
5. Whether he/she lives alone or whether he/she shares an apartment with someone.
6. Who, according to him/her, is the most obnoxious (**antipatico**) person on TV.

Add any other questions you can think of and take notes during the interview. Report what you have learned to the class.

# Ma guidano come pazzi...

Una città italiana nell'ora di punta (*rush hour*): macchine, autobus, moto, biciclette, pedoni...

I. GRAMMATICA
  A. Present conditional
  B. **Dovere, potere,** and **volere** in the conditional
  C. Demonstrative pronouns
  D. Dates

II. ESERCIZI DI PRONUNCIA: The sound of the letter **d**

III. DIALOGO

IV. DI TUTTO UN PO'

V. PAROLE DA RICORDARE

**intermezzo**
  ITALIA COSÌ
  LETTURA CULTURALE: L'automobile in Italia

# I. GRAMMATICA

## A. Present conditional

LUISA: Pronto, Fausto? Senti: oggi sono senza macchina. Se vai in centro, mi daresti un passaggio?

FAUSTO: Ma certo! A che ora devo venire a prenderti? Va bene alle nove?

LUISA: Non sarebbe possibile un po' prima: diciamo, alle otto e mezzo? Mi faresti un vero piacere! Devo essere in banca alle nove meno un quarto.

FAUSTO: Va bene, vengo alle otto e mezzo.

1. *Dove deve andare Luisa?*
2. *Perchè Luisa chiede un passaggio a Fausto?*
3. *A che ora passerà Fausto?*

1. In Italian, the present conditional corresponds to English *would* + *verb* (*I would sing*). Like the future, the present conditional is formed by dropping the final **-e** of the infinitive and adding a set of endings: **-ei, -esti, -ebbe, -emmo, -este, -ebbero.** Verbs ending in **-are** also change the **a** of the infinitive ending to **e.**

| lavorare | scrivere | finire |
|---|---|---|
| lavor**erei** | scriv**erei** | finir**ei** |
| lavor**eresti** | scriv**eresti** | finir**esti** |
| lavor**erebbe** | scriv**erebbe** | finir**ebbe** |
| lavor**eremmo** | scriv**eremmo** | finir**emmo** |
| lavor**ereste** | scriv**ereste** | finir**este** |
| lavor**erebbero** | scriv**erebbero** | finir**ebbero** |

2. The conditional stem is always the same as the future stem. Verbs that form the future with an irregular stem are also irregular in the present conditional. (See p. 222 for verbs with irregular future stems.)

---

LUISA: Hello, Fausto? Listen, today I'm without a car. If you're going downtown, could you give me a lift? FAUSTO: Sure! What time do I need to pick you up? Is nine OK? LUISA: Would(n't) a little earlier be possible? Let's say at eight thirty? You'd do (be doing) me a real favor! I have to be at the bank at eight forty-five. FAUSTO: OK, I'll come by at eight thirty.

Non sai cosa farei per vederti.    *You don't know what I would do to see you.*

Verrebbero nella stessa macchina.    *They would come in the same car.*

Avrebbe paura al mio posto?    *Would you be afraid if you were in my shoes?*

3. The same spelling changes that occur in the future for verbs ending in **-care** and **-gare,** and **-ciare, -giare,** and **-sciare** also occur in the conditional.

Io giocherei volentieri a tennis.    *I would be glad to play tennis.*

Pagheremmo ora, ma non possiamo.    *We would pay now, but we can't.*

Dove cominceresti?    *Where would you begin?*

Non lascerebbero mai i bambini a casa soli.    *They would never leave the kids at home alone.*

4. The conditional forms of **essere** are

| | |
|---|---|
| sarei | saremmo |
| saresti | sareste |
| sarebbe | sarębbero |

5. In general, the present conditional in Italian is used (like its English equivalent) to express polite requests, wishes, and preferences.[1]

Mi presteresti la tua macchina?    *Would you lend me your car?*

# E S E R C I Z I

**A.** Replace the subject with each subject in parentheses and change the verb form accordingly.

1. Dormirei tutto il giorno. (noi / i bambini / voi due / quella ragazza)
2. Avresti il coraggio di farlo? (voi / la mamma / i tuoi amici / Lei)
3. Berrebbero sempre Coca-Cola. (io / noi / anche tu / voi)
4. Farei un giro con lei. (Pietro / loro / noi / tu)

**B.** Restate each sentence in the present conditional to make your wish or request polite.

ESEMPIO: Mi dai cinque dollari? → Mi daresti cinque dollari?

1. Me lo spiegate?    2. Ci fa una fotografia?    3. Le compri un gelato?
4. Preferisco aspettare qui.    5. La accompagnate a casa?    6. Mi dà un esempio?

**C.** In a complete sentence, indicate what you would rather do instead of the activities suggested.

ESEMPIO: vivere solo (*alone*) →
    Preferirei dividere un appartamento con un amico piuttosto che vivere solo.

[1]The conditional is most frequently used with an *if* clause indicating a condition. (*If I were a rich man, I wouldn't have to work.*) See **Capitolo venti.**

—Comprarlo? Sei matto: non uscirei con un cane
così ridicolo per nessuna cosa al mondo!

**1.** mangiare gli spinaci    **2.** giocare a bridge    **3.** pagare i conti (*bills*)
**4.** fare un discorso (*speech*)    **5.** lavare i piatti    **6.** prestare (*to lend*) la mia
macchina

**D.** Conversazione

**1.** Dove Le piacerebbe essere in questo momento?    **2.** Che cosa Le piacerebbe
fare?    **3.** Avrebbe il coraggio di andare in una colonia di nudisti?
**4.** Che tipo di macchina Le piacerebbe noleggiare?    **5.** Sarebbe contento/a di
nascere un'altra volta?    **6.** Che cosa non farebbe per nessuna cosa al mondo?

## B. *Dovere, potere,* and *volere* in the conditional

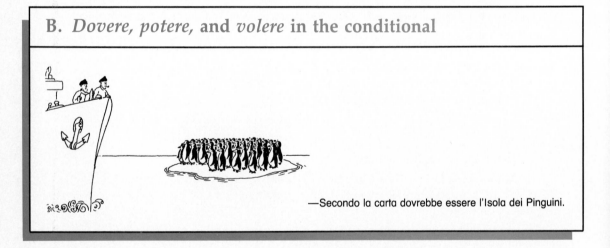

—Secondo la carta dovrebbe essere l'Isola dei Pinguini.

The present conditional of verbs such as **dovere, potere,** and **volere** is often used instead of the present tense to make them less forceful.

The present conditional of **dovere** (**dovrei**) expresses *should* or *ought to* (in addition to
meaning *would have to*), compared to the present tense form **devo** (*I must, I have to*).

Perchè dovrei andare a scuola? — *Why should I go to school?*

Dovremmo seguire il tuo esempio. — *We ought to follow your example.*

The present conditional of **potere** (**potrei**) is equivalent to English *could, would be able,* and *would be allowed.*

Potreste darmi una mano? — *Could you give me a hand?*

Potrei farlo, ma non ho tempo. — *I could do it, but I don't have the time.*

The present conditional of **volere** (**vorrei**) means *I would want* or *I would like;* it is much more polite than the present tense form **voglio.**

Non vogliamo parlare a questi due; vorremmo parlare a quei due. — *We don't want to talk to these two; we'd like to talk to those two.*

Vorresti andarci con me? — *Would you like to go there with me?*

---

### E S E R C I Z I

**A.** Restate each sentence, substituting the conditional of **potere** for the expression **essere capace di** (*to be capable of*).

ESEMPIO: Saresti capace di imitare la sua pronuncia? →
Potresti imitare la sua pronuncia?

**1.** Non sarei capace di vivere senza di lei. **2.** Saremmo capaci di lavorare dodici ore al giorno. **3.** Sareste capaci di alzarvi alle quattro domani mattina? **4.** Non sarebbe capace di costruire una casa da solo. **5.** Sarebbero capaci di ripetere le mie parole?

—Il pieno°... ma vorrei prima un preventivo°!

Il... *Fill her up / estimate*

---

**B.** Restate each of the following sentences, substituting **dovere** for **avere bisogno di.**

ESEMPIO: Per stare bene avrei bisogno di dormire molto. →
Per stare bene dovrei dormire molto.

**1.** Avremmo bisogno di parlarti. **2.** Avrebbe bisogno di dividere l'appartamento con un amico. **3.** Avresti bisogno di fare dello sport. **4.** Avreste bisogno di comprare un frigo. **5.** Tutti avrebbero bisogno di camminare (*to walk*) un po' ogni giorno.

**C.** Restate each of the following sentences, substituting **volere** for **piacere.**

ESEMPIO: Ci piacerebbe fare quattro chiacchiere (*to chat*) con te. →
Vorremmo fare quattro chiacchiere con te.

**1.** Mi piacerebbe passare le vacanze in Tunisia. **2.** È vero che Le piacerebbe studiare un'altra lingua? **3.** Non ti piacerebbe uscire con lei? **4.** Ci piacerebbe affittare una casa con giardino. **5.** Vi piacerebbe mangiare al ristorante stasera? **6.** Gli piacerebbe fermarsi per fare benzina (*to get gas*).

**D.** Tell five things that you ought to do but don't.

ESEMPIO: Dovrei controllare (*check*) l'acqua e l'olio.

---

## C. Demonstrative pronouns

SANDRO: Di chi è quell'automobile?
GABRIELLA: Quale? Quella targata Milano?
SANDRO: No, quella nera; quella che è parcheggiata in divieto di sosta...
GABRIELLA: Non sono sicura, ma deve essere la macchina del Professor Fido, quello che è sempre così distratto...
SANDRO: Uno di questi giorni, gli daranno la multa, vedrai!

*1. Di chi sarà la macchina parcheggiata in divieto di sosta?*
*2. Secondo Gabriella, com'è il professor Fido?*
*3. Secondo Sandro, cosa daranno al professor Fido uno di questi giorni?*

---

SANDRO: Whose car is that? GABRIELLA: Which one? The (one with a) Milano license plate? SANDRO: No, the black one; the one that is parked in the no parking zone. . . . GABRIELLA: I'm not sure, but it must be Professor Fido's car, the one who is always so absent-minded. . . . SANDRO: One of these days, they'll give him a ticket, you'll see!

---

A demonstrative word indicates particular persons, places, or things: *These cookies are too sweet. Who is **that** man?*

1. You have already learned the demonstrative adjectives **questo** (*this, these*) and **quello** (*that, those*). **Questo,** like all adjectives ending in **-o,** has four endings. Also, it may be shortened to **quest'** in front of singular nouns, masculine or feminine, that begin with a vowel.

| | |
|---|---|
| Questo ristorante è troppo caro. | *This restaurant is too expensive.* |
| Quest'estate sto a casa. | *This summer I'm staying home.* |

**Quello** has several forms that follow the same pattern as the definite article combined with **di** (**del, dello, dell',** and so on) and **bello.** (See **Capitolo sette,** Section D.)

| | |
|---|---|
| Quegli studenti sono stranieri. | *Those students are foreign.* |
| Com'è bella quell'insalata! | *How beautiful that salad is!* |

2. **Questo** and **quello** function as pronouns when used alone (without a following noun). Each has four forms:

| | | | | |
|---|---|---|---|---|
| questo | questa | | quello | quella |
| questi | queste | | quelli | quelle |

| | |
|---|---|
| Questo è il mio cappotto e questi sono i miei guanti. | *This is my coat and these are my gloves.* |
| Quale albergo preferisci?—Quello vicino alla stazione. | *Which hotel do you prefer?—The one near the station.* |
| Questa è la vecchia ricetta; ora ti do quella nuova. | *This is the old recipe; now I'll give you the new one.* |
| I miei occhiali sono vecchi; quelli di Mario sono nuovi. | *My glasses are old; Mario's (those of Mario) are new.* |

Note that **quello** + *adjective* corresponds to English *the* + *adjective* + *one(s).*

3. **Ciò** (always singular and invariable) is used only in reference to things. It means **questa cosa, quella cosa.**

| | |
|---|---|
| Ciò non mi sorprende. | *This doesn't surprise me.* |
| Ciò è vero. | *That is true.* |

# E S E R C I Z I

A. Substitute each word or phrase in parentheses for the italicized word and make all other necessary changes.

1. Quest'*indirizzo* (*address*) non è quello che cercavo. (libro / rivista / chiavi / esami)

**2.** *La zia* è cambiata; non sembra più quella di una volta. (Giorgio / i nonni / anche noi / le mie amiche)

**3.** Preferisco questa *casa* a quella. (appartamento / scarpe [*shoes*] / vestito / guanti)

**B.** Answer each question with the word or phrase in parentheses according to the example.

ESEMPIO: Ti piace la birra italiana? (tedesca) → No, preferisco quella tedesca.

**1.** Ti piace quel vestito bianco? (nero)
**2.** Ti piacciono i formaggi italiani? (francesi)
**3.** Ti piace l'arte spagnola? (francese)
**4.** Ti piacciono i romanzi (*novels*) di Faulkner? (di Hemingway)
**5.** Ti piace la musica moderna? (classica)
**6.** Ti piacciono le mie scarpe? (di tua sorella)

**C.** Express in Italian.

**1.** Who are those men? Do you know them?
**2.** These cigarettes are not the ones I was looking for.
**3.** Which one is your car? —The one parked near yours.
 The black one? —No, the red one.
**4.** They should buy that house, not this one!
**5.** I can't find my pen; may I use yours? —No, use Luigi's!

**D.** Conversazione

**1.** Preferisce i film tristi o quelli allegri?   **2.** Preferisce le storie che finiscono bene o quelle che finiscono male?   **3.** Preferisce la cucina italiana o quella messicana?   **4.** Preferisce le automobili che hanno due porte o quelle che ne hanno quattro?   **5.** Preferisce i frigo che hanno una porta o quelli che ne hanno due?

Now ask a classmate the same questions.

—Questo è il mio appartamento e quella è la dépendance per gli ospiti.°   dépendance... *guest house*

# D. Dates

—Non dovresti, in estate, permettere l'accesso ai turisti...

**1.** Seasons and months of the year are not capitalized in Italian.

I MESI DELL'ANNO

| | | | |
|---|---|---|---|
| gennaio | *January* | luglio | *July* |
| febbraio | *February* | agosto | *August* |
| marzo | *March* | settembre | *September* |
| aprile | *April* | ottobre | *October* |
| maggio | *May* | novembre | *November* |
| giugno | *June* | dicembre | *December* |

LE STAGIONI DELL'ANNO

| | | | |
|---|---|---|---|
| la primavera | *spring* | l'autunno | *fall* |
| l'estate (*f.*) | *summer* | l'inverno | *winter* |

**2. In** or **di** is used to express *in* with seasons; **in** or **a** is used to express *in* with months.

| | |
|---|---|
| Piove molto in primavera? | *Does it rain a lot in the spring?* |
| Dove vanno i turisti d'inverno (in inverno)? | *Where do tourists go in the winter?* |
| Ci sposeremo a maggio. | *We'll get married in May.* |
| Nevica molto in marzo? | *Does it snow a lot in March?* |

**3.** In English, days of the month are expressed with ordinal numbers (*November first, November second,* and so on). In Italian, only the first day of the month is indicated by the ordinal number, preceded by the definite article: **il primo.** All other dates are expressed by cardinal numbers, preceded by the definite article.

---

Oggi è il primo novembre.      *Today is November first.*

Domani sarà il due novembre.      *Tomorrow will be November second.*

Notice that the word order used to express the date is different from that used in English. In Italian, the day of the month is given before the name of the month.

**4.** A different word order is also used in abbreviations.

Italian: 22/11/80 = il ventidue novembre 1980      *English: 11/22/80 = November 22, 1980*

## E S E R C I Z I

**A.** Give the date of each event using a complete sentence.

ESEMPIO: il compleanno di Lincoln (12/2) → Il compleanno di Lincoln è il dodici febbraio.

1. il giorno di San Valentino (14/2)
2. il compleanno di George Washington (22/2)
3. il giorno di San Patrizio (17/3)
4. la giornata della donna (8/3)
5. la festa (*holiday*) nazionale americana (4/7)
6. la festa nazionale francese (14/7)
7. Halloween (31/10)
8. Natale (25/12)

**B.** Rispondete in italiano.

ESEMPIO: Quand'è la Festa del Lavoro (*Labor Day*)? →
La Festa del Lavoro è il primo lunedì di settembre.

**1.** Quand'è la Festa del Ringraziamento (*Thanksgiving*)?    **2.** Quand'è la Festa della Mamma?    **3.** Quand'è la Festa del Papà?    **4.** Quand'è il giorno delle elezioni in USA?    **5.** Quand'è Pasqua (*Easter*) quest'anno?

**C.** Leggete le date dei seguenti giorni festivi (*holidays*) italiani.

1. Capo d'anno (*New Year's Day*), 1/1
2. Epifania (Befana), 6/1[2]
3. Anniversario della Liberazione, 25/4 (data della Liberazione: 24/4/1945)
4. Festa del Lavoro, 1/5
5. Anniversario della Repubblica, 2/6 (nascita della Repubblica: 2/6/1946)
6. Assunzione (Ferragosto), 15/8[2]
7. Ognissanti (*All Saints Day*), 1/11
8. Immacolata Concezione, 8/12[2]
9. Natale, 25/12
10. Santo Stefano, 26/12[2]

---

[2]Holidays of the Catholic Church: **Epifania** = *Twelfth Night* (arrival of the Three Kings); **Assunzione** = *Feast of the Assumption of Our Lady* (ascension of the Virgin Mary into Heaven); **Immacolata Concezione** = *Feast of the Immaculate Conception* (conception of the Virgin Mary without original sin); **Santo Stefano** = *Saint Stephen* (first Christian martyr)

**D.** Conversazione

**1.** Quand'è il Suo compleanno?    **2.** Come lo festeggia?    **3.** Lei ricorda i compleanni dei Suoi amici? Come? Fa un regalo, scrive o telefona?    **4.** Quale giorno dell'anno considera molto importante dopo il Suo compleanno? Perchè?    **5.** Quale stagione preferisce e perchè?    **6.** Di che anno è la Sua macchina?

# II. ESERCIZI DI PRONUNCIA

## The sound of the letter d

**A.** The letter **d** is pronounced like *d* in English *tide* [d]. Unlike English, however, the Italian [d] is always pronounced the same way, regardless of position. Contrast Italian and English [d] in these pairs of words.

| dito | dei | dadi | vedi |
|------|-----|------|------|
| *ditto* | *day* | *daddy* | *wedding* |

| **da** | **do** | **du** | **de** | **di** |
|--------|--------|--------|--------|--------|
| data | domani | durare | derivare | dire |
| adagio | odore | educato | rịdere | edificio |

Contrast the single and double sound of [d] in these pairs of words.

| Ada | cade | cadi |
|-----|------|------|
| adda | cadde | caddi |

**B.** Practice the sound [d] in these sentences.
   **1.** Avete deciso dove andare questo week-end?
   **2.** Fa freddo in dicembre?
   **3.** Cosa hai fatto dei soldi che ti ho dato?
   **4.** Non devi dare del tu a tutti.
   **5.** Dieci più dodici fa ventidue.
   **6.** Non so cosa devo dire al dottore.

# III. DIALOGO

*Quattro chiacchiere sulle vacanze tra Marcella e Vittoria.*

MARCELLA: Dovrei studiare, ma non ne ho voglia.
VITTORIA: Neanch'io! Ora preparo un caffè e chiacchieriamo un po'; studieremo più tardi.
MARCELLA: Buona idea, ma invece del caffè, preferirei qualcosa di fresco da bere: ho una gran sete.

VITTORIA: Mi dispiace, ma non ho nè aranciata nè Coca-Cola in frigo; potrei preparare del tè freddo. Ti va?° — *Ti... Is that OK?*

MARCELLA: Per me va benissimo. Senti, Vittoria, hai deciso° cosa fare durante le vacanze? — *decided*

VITTORIA: Ancora no; i miei genitori vorrebbero andare in montagna, ma io ne ho poca voglia. Tu hai qualche idea?

MARCELLA: Io vorrei fare un campeggio° con gli amici; ti piacerebbe? — *camping*

VITTORIA: Splendida idea! Mi piacerebbe molto. Potremmo andare in Puglia o in Calabria. Non ci sono mai stata, e tu?

MARCELLA: Nemmeno io! Ma come ci andiamo? La mia Mini è troppo piccola.

VITTORIA: Tuo padre ha il pulmino° VW. Non ce lo potrebbe prestare? — *van*

MARCELLA: Per carità! Andrebbe in bestia°... A meno che°... — *Andrebbe... He would be furious. / A... Unless*

VITTORIA: A meno che?

MARCELLA: A meno che non invitiamo anche lui: sarebbe tutto contento!

VITTORIA: Mah! Io ci penserei due volte: il tuo babbo[3] è simpatico, ma i genitori è sempre meglio lasciarli a casa.

---

## Dialogue comprehension check

*Rispondete alle seguenti domande.*

**1.** Che cosa non hanno voglia di fare Marcella e Vittoria?   **2.** Che cosa vorrebbe bere Marcella? Perchè?   **3.** Che cosa le offre Vittoria?   **4.** Dove vorrebbero andare i genitori di Vittoria durante le vacanze?   **5.** Che cosa vorrebbe fare Marcella?   **6.** Dove potrebbero andare le due ragazze?   **7.** Di che cosa avrebbero bisogno?   **8.** Secondo Vittoria, è una buona idea passare le vacanze con i genitori?

---

# IV. DI TUTTO UN PO'

**A.** Restate each command with a question that starts with the conditional of **potere.**

ESEMPIO: Prestami l'automobile! → Potresti prestarmi l'automobile?

**1.** Dimmi dove sono i soldi!   **2.** Fammi una fotografia!   **3.** Dammi qualcosa da bere!   **4.** Accompagnatemi a casa!   **5.** Compratemi una bicicletta!   **6.** Scrivimi una lettera!

**B.** Answer each question by stating that you'd be glad to do what you are asked to do. Whenever possible, use an object pronoun (or **ne** or **ci**) in your answers.

ESEMPIO: Parleresti all'avvocato? → Sarei contento/a di parlargli.

**1.** Andresti in Giappone?   **2.** Prendereste quell'appartamento?   **3.** Mangeresti

---

[3]In Tuscany, and in some other areas of central Italy, **babbo** is used instead of **papà.**

questa carne?   **4.** Lavorereste per i signori Verdi?   **5.** Parlerebbe delle feste italiane?   **6.** Telefoneresti alla nonna?

**C.** Express in Italian.

**1.**   SANDRO: How many floors are there?
    GABRIELLA: Eleven.
    SANDRO: I'd like to live on (**a**) the eleventh floor. I don't want to have anyone above (**sopra di**) me, and I want to have a nice view of the city.

**2.**   CLIENTE: Good afternoon. I'd like to speak to the lawyer.
    SEGRETARIO: I'm sorry, but the lawyer isn't in (**non c'è**). He's in a conference (**in conferenza**) in another office. Can you wait, or would you prefer to return later?
    CLIENTE: I'd rather (I would prefer to) wait. I need to talk to him.
    SEGRETARIO: OK, but he might not come back here. He might go home to eat.

---

### CURIOSITÀ

*TOPOLINO:* Il diminutivo di **topo** è **topolino** (piccolo topo), e Topolino è il nome italiano dato a un celebre personaggio dei cartoni animati di Walt Disney: Mickey Mouse.

Fino dal suo arrivo in Italia nel 1932 il personaggio di Topolino ha avuto una grande popolarità: al cinema, nei fumetti (*comics*), nella pubblicità.

Quando nel 1936 la FIAT ha cominciato a costruire in grande serie la più piccola automobile del mondo, la Fiat 500, il pubblico l'ha paragonata (*compared*) subito al simpatico personaggio disneyano e le ha attribuito il nome di Topolino. Con l'uso, il nome ha perso la sua qualità di nome proprio (Topolino) ed è diventato un nome comune (una topolino).

La produzione della Topolino è cessata, ma l'interesse degli appassionati per la vecchia 500 è più vivo che mai. In Italia esiste un « Club Amici della Topolino » a carattere nazionale, e club simili operano in Svizzera, Inghilterra, Australia ed in molti altri paesi.

---

**D.** Conversazione

1. Li sa già cosa fare durante le vacanze?
2. Le piacerebbe fare un campeggio? Dove andrebbe? Con chi andrebbe?
3. Ha voglia di bere qualcosa in questo momento? Che cosa?

—Non avete qualcosa di più sportivo?

# V. PAROLE DA RICORDARE

VERBI

**andare (venire) a prẹndere**  to pick up
**camminare**  to walk
**chiacchierare**  to chat
**controllare**  to check
**dare la multa**  to give a ticket
**dare un passaggio**  to give a lift
**decịdere** (*p.p.* **deciso**)  to decide
**fare benzina**  to get gas
**fare il pieno**  to fill it up
**parcheggiare**  to park
**prestare**  to lend

NOMI

**l'autunno**  autumn
**la benzina**  gas
**il campeggio**  camping
  **fare un campeggio**  to go camping
**la chiạcchiera**  chat
**il conto**  bill
**il divieto di sosta**  no parking
**la festa**  holiday
**il guanto**  glove
**l'indirizzo**  address
**l'inverno**  winter
**l'ora di punta**  rush hour
**la primavera**  spring
**il pulmino**  van
**la scarpa**  shoe
**la targa**  license plate
**il tè**  tea

AGGETTIVI

**distratto**  absent-minded
**nero**  black
**splẹndido**  splendid

ALTRE PAROLE ED ESPRESSIONI

**a meno che non**  unless
**benịssimo**  very well
**ciò**  this, that
**ti vạ?**  is that OK? does that suit you?

## ITALIA COSÌ

**A. Il pieno, per favore!** Di quali espressioni potete aver bisogno quando vi fermate in una stazione di servizio? Eccone alcune:

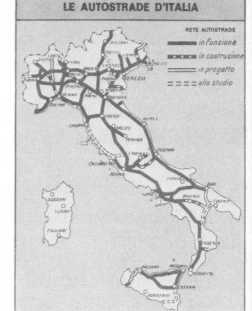

Benzina normale
Benzina super
Gasolio (*Oil*)
Diecimila di super!
Dieci litri di super!
Il pieno, per favore.
Può controllare l'olio?
          l'acqua?
          il radiatore?
          le gomme (*tires*)?
C'è qualcosa che non va (*isn't working*).
I freni (*brakes*) non funzionano.
Sono rimasto/a senza benzina.
Ho una gomma a terra (*flat tire*).
Può farmi un preventivo (*give me an estimate*)?
Vuole vedere l'assicurazione (*insurance policy*)?
Posso vedere il conto?
Potrei noleggiare una macchina?

E ora, con un compagno/una compagna, preparate un dialogo tra un turista e un benzinaio (*gas station attendant*).

### B U O N O   A   S A P E R S I

**B. Auto in sosta** (*Parked cars*). La bionda Lisa, o uno dei suoi cinque amici, ha parcheggiato l'auto tre in divieto di sosta. Il vigile (*policeman*) vorrebbe farsi pagare subito la multa, ma non sa a chi rivolgersi (*deal with*). Osservate con attenzione testo (*text*) e disegni a pag. 276 e dite chi dei sei è l'automobilista indisciplinato (*careless*). La soluzione è a pag. 276.

vehicle
It is from

SOLUZIONE AL GIOCO *AUTO IN SOSTA*. L'automobilista indisciplinato è la ragazza D. Infatti A e B (numero della targa divisibile per sette e auto di province diverse) sono i proprietari dell'auto cinque (d'obbligo, perché unica targa Venezia divisibile per sette) e dell'auto due o sei, targate Milano. Di conseguenza E e Lisa, che hanno l'auto dello stesso colore, non possono che (*can only be*) essere i proprietari della uno e della quattro perché l'accoppiamento della due o della sei alla cinque esclude ogni altra possibilità di abbinare due auto dello stesso colore essendo la cinque bianca e la due e la sei nere. Ne deriva che quella scartata (*eliminated*) dall'accoppiamento con la cinque, non importa se due o sei, è di proprietà di C, il quale (*who*) afferma che la sua vettura è targata Milano. Per esclusione, l'auto tre è in divieto di sosta appartiene a D.

## TARGHE

Le targhe delle automobili italiane portano il nome della città dove l'automobile è immatricolata (*registered*). Solo la città di Roma usa il nome intero sulla targa; le altre città usano, di solito, le prime due lettere del nome della città.

### SIGLE AUTOMOBILISTICHE ITALIANE

| | | | | | |
|---|---|---|---|---|---|
| AG | Agrigento | FO | Forlì | RC | Reggio Calabria |
| AL | Alessandria | FR | Frosinone | RE | Reggio Emilia |
| AN | Ancona | GE | Genova | RG | Ragusa |
| AO | Aosta | GO | Gorizia | RI | Rieti |
| AP | Ascoli Piceno | GR | Grosseto | RO | Rovigo |
| AQ | L'Aquila | IM | Imperia | ROMA | Roma |
| AR | Arezzo | LE | Lecce | SA | Salerno |
| AT | Asti | LI | Livorno | SI | Siena |
| AV | Avellino | LT | Latina | SO | Sondrio |
| BA | Bari | LU | Lucca | SP | La Spezia |
| BG | Bergamo | MC | Macerata | SR | Siracusa |
| BL | Belluno | ME | Messina | SS | Sassari |
| BN | Benevento | MI | Milano | SV | Savona |
| BO | Bologna | MN | Mantova | TA | Taranto |
| BR | Brindisi | MO | Modena | TE | Teramo |
| BS | Brescia | MS | Massa Carrara | TN | Trento |
| BZ | Bolzano | MT | Matera | TO | Torino |
| CA | Cagliari | NA | Napoli | TP | Trapani |
| CB | Campobasso | NO | Novara | TR | Terni |
| CE | Caserta | NU | Nuoro | TS | Trieste |
| CH | Chieti | PA | Palermo | TV | Treviso |
| CL | Caltanissetta | PC | Piacenza | UD | Udine |
| CN | Cuneo | PD | Padova | VA | Varese |
| CO | Como | PE | Pescara | VC | Vercelli |
| CR | Cremona | PG | Perugia | VE | Venezia |
| CS | Cosenza | PI | Pisa | VI | Vicenza |
| CT | Catania | PR | Parma | VR | Verona |
| CZ | Catanzaro | PS | Pesaro Urbino | VT | Viterbo |
| EN | Enna | PT | Pistoia | EE | Immatricolazione provvisoria in Italia |
| FE | Ferrara | PV | Pavia | CD | Corpo diplomatico |
| FG | Foggia | PZ | Potenza | CC | Corpo consolare |
| FI | Firenze | RA | Ravenna | | |

# LETTURA CULTURALE

## L'automobile in Italia

Il Novecento° è certamente il secolo dell'automobile e tutti sanno *twentieth century*
che i pionieri di quest'industria sono gli Stati Uniti e Detroit. In
Italia l'automobile è arrivata alla fine del XIX secolo: nel 1899, a
Torino, nasce la Fiat, la prima fabbrica° italiana. *factory*

La Fiat non ha l'esclusiva in fatto di° macchine; ci sono altre *in... in regard to*
fabbriche che producono macchine di lusso° e da corsa,° come le *di... luxury / da... racing*
Alfa Romeo, le Ferrari e le Maserati. Però sono Fiat quasi tutte
quelle che vediamo correre per le città, i paesi e le autostrade.° *highways*

La passione degli italiani per le macchine è particolarmente
evidente durante le ore di punta: motori e claxon° risuonano° al- *horns / reverberate*
legramente, mentre i guidatori° fanno intricate manovre per evi- *drivers*
tare° di scontrarsi.° *avoid / colliding*

Dovrebbero, effettivamente,° esserci molti scontri,° ma i ri- *in effect / collisions*
flessi dei guidatori, generalmente, sono ottimi° e le piccole mac- *excellent*
chine facilmente manovrabili.

Il sistema di autostrade è efficiente, specialmente dopo il
completamento dell'Autostrada del Sole che attraversa la penisola da nord a sud. È stato necessario costruire molte gallerie° *tunnels*
attraverso gli Appennini per completare quest'autostrada che è
molto usata d'estate da gente che va al mare o in montagna.

**Reading comprehension check**

**A.** Rispondete alle seguenti domande.

**1.** Dov'è nata la Fiat?  **2.** Quando è arrivata l'automobile in Italia?  **3.** Come possono evitare molti scontri gli italiani?  **4.** In quali ore c'è molto traffico nelle città?  **5.** Dove comincia e dove finisce l'Autostrada del Sole?

**B.** Completate secondo la lettura.

**1.** Le macchine italiane sono più piccole e...  **2.** Oltre alla Fiat ci sono macchine meno comuni come...  **3.** In generale gli italiani hanno riflessi...  **4.** Le macchine piccole sono facilmente...  **5.** È stato necessario costruire gallerie per...

Torino: la Fiat (Fabbrica Italiana Automobili Torino).

Roma: un vigile fa la multa.

# capitolo quattordici

# Musica, maestro!

Un concerto alla Scala di Milano.

I. GRAMMATICA
   A. Conditional perfect
   B. Relative pronouns
   C. The formation of feminine nouns

II. ESERCIZI DI PRONUNCIA: Syntactic doubling

III. DIALOGO

IV. DI TUTTO UN PO'

V. PAROLE DA RICORDARE

**intermezzo**
   ITALIA COSÌ
   LETTURA CULTURALE: La musica in Italia

# I. GRAMMATICA

## A. Conditional perfect

GIANCARLO: Ciao, Paolo, speravo di vederti a Spoleto:[1] come mai non sei venuto?

PAOLO: Sarei venuto molto volentieri, ma purtroppo non ho trovato posto all'albergo.

GIANCARLO: Peccato! Avresti dovuto prenotare la camera un anno fa, come ho fatto io.

1. *Giancarlo e Paolo si sono visti a Spoleto?*
2. *Come mai non è andato a Spoleto Paolo?*
3. *Che cosa avrebbe dovuto fare?*

**1.** The conditional perfect (*I would have sung, they would have left*) is formed with the conditional of **avere** or **essere** + *past participle*.

| CONDITIONAL PERFECT WITH **avere** | | CONDITIONAL PERFECT WITH **essere** | |
|---|---|---|---|
| avrei | | sarei | |
| avresti | | saresti | partito/a |
| avrebbe | lavorato | sarebbe | |
| avremmo | | saremmo | |
| avreste | | sareste | partiti/e |
| avrebbero | | sarebbero | |

**2.** The Italian conditional perfect (**il condizionale passato**) corresponds to English *would have* + *verb*.

| | |
|---|---|
| Voi avreste mangiato una pizza? | *Would you have eaten a pizza?* |
| Saremmo venuti prima, ma non abbiamo potuto. | *We would have come earlier, but we couldn't.* |

---

GIANCARLO: Hi, Paolo, I was hoping to see you in Spoleto. How come you didn't show up?  PAOLO: I would have been happy to come, but unfortunately I didn't find room at the hotel.  GIANCARLO: Too bad! You should have reserved a room a year ago like I did.

[1]The Festival of the Two Worlds, started by the Italian-American composer Giancarlo Menotti in 1958, takes place in Spoleto in June and July. It attracts the international avant-garde of music, theater, ballet, cinema, and the arts.

**3.** The conditional perfect of **dovere** + *infinitive* is equivalent to English *should have* or *ought to have* + *past participle*.

Avreste dovuto invitarlo. *You ought to have invited him.*

Non sarei dovuto arrivare in ritardo. *I shouldn't have arrived late.*

**4.** The conditional perfect of **potere** + *infinitive* is equivalent to English *could (might) have* + *past participle*.

Avrei potuto ballare tutta la notte. *I could have danced all night.*

Sarebbe potuto arrivare prima. *He might have arrived earlier.*

**5.** In Italian, the conditional perfect (instead of the present conditional, as in English) is used in indirect discourse to express a future action seen from a point in the past.

Ho detto che avrei pagato. *I said I would pay.*

Hanno scritto che sarebbero venuti. *They wrote that they would come.*

Ha telefonato che sarebbe arrivato a mezzogiorno. *He phoned to say he would arrive at noon.*

—La mia maestra me lo diceva che la pittura mi avrebbe portato in alto.°

portato... *take me places*

## E S E R C I Z I

**A.** Replace the subject with each subject in parentheses and change the verb form accordingly.

1. *Paolo* mi avrebbe prestato la macchina. (loro / tu / voi / la signora)
2. *Io* ci sarei andato volentieri. (noi due / i bambini / il dottore / voi)
3. *Avremmo* dovuto comprare una casa. (i miei amici / tuo zio / tu / anch'io)

**B.** Complete each sentence by indicating what you would have done but couldn't do because of the circumstances indicated.

ESEMPIO: ... ma ho dovuto studiare. → Sarei andato al cinema ma ho dovuto studiare.

**1.** ... ma era troppo tardi.
**2.** ... ma non ricordavo il suo numero.
**3.** ... ma non avevo fame.

**4.** ... ma sono arrivato/a in ritardo.
**5.** ... ma non ho avuto tempo.

**C.** **Le ultime parole famose.** Form a new sentence starting with **Ha detto che...**, according to the example.

ESEMPIO: Finirò presto. → Ha detto che avrebbe finito presto.

**1.** Scriverò una volta alla settimana. **2.** Ritornerò a casa prima di mezzanotte. **3.** Berrò solo acqua minerale. **4.** Non mangerò più gelati. **5.** Mi alzerò presto ogni giorno. **6.** Non mi arrabbierò. **7.** Farò la doccia. **8.** Andrò sempre a piedi.

**D.** Lei fa sempre le cose che dice che farà? In particolare, Lei ha fatto tutte le cose che, il primo giorno dell'anno, ha detto che avrebbe fatto? Può dare qualche esempio?

**E.** Tell four things you could have done yesterday. Then tell four things you should have done yesterday.

---

## B. Relative pronouns

ANGELA: Vittoria, ben tornata! Ti sei divertita al Festival? Ho saputo che eri sempre in compagnia di un bellissimo ragazzo che fa l'attore, un Don Giovanni di cui tutte le donne s'innamorano.

VITTORIA: I soliti pettegolezzi! Non bisogna credere a tutto quello che dice la gente!

ANGELA: È vero. Però in ciò che dice la gente c'è spesso un granello di verità.

*1. Dove è stata Vittoria?*
*2. Che cosa hanno detto ad Angela?*
*3. Qual è il commento di Vittoria?*
*4. È vero ciò che dice la gente?*

**1.** Relative pronouns (*who, whose, whom, which, that*) link one clause to another.

What's the name of the girl? The girl is playing the piano.

What's the name of the girl *who* is playing the piano?

---

ANGELA: Vittoria, welcome back! Did you have a good time at the Festival? I heard you were always seen with a very handsome young man who is an actor, a Don Juan that all the women fall in love with. VITTORIA: The usual gossip! You shouldn't believe everything people say! ANGELA: That's true. However, there's often a grain of truth in what people say.

---

*Whom* or *that* can often be omitted in English (*the man I love = the man whom I love*), but must be expressed in Italian. The clause that contains the relative pronoun is called the relative clause. The Italian relative pronouns are **che**, **cui**, and **chi**.

2. **Che** corresponds to *who, whom, that,* and *which*; it is the most frequently used relative pronoun. It is invariable, can refer to people or things, and functions either as a subject or an object.

| | |
|---|---|
| Come si chiama la ragazza che suona il piano? | *What's the name of the girl who is playing the piano?* |
| Abbiamo comprato il libro che volevamo. | *We bought the book (that) we wanted.* |

3. **Cui** is used instead of **che** after a preposition. It is also invariable.

| | |
|---|---|
| È un film di cui tutti parlano. | *It's a movie everyone is talking about (about which everyone is talking).* |
| Ecco la signora a cui devi dare l'indirizzo. | *Here's the lady you must give the address to (to whom you must give the address).* |
| I ragazzi con cui studiamo sono bravi. | *The guys we study with (with whom we study) are capable.* |

4. **Chi** can be used to mean **la persona che, le persone che** (*the one who, the ones who, those who*) only when referring to people and with a singular verb. It is frequently used in proverbs and in making general statements or generalizations. In addition, as you know, it can be used as an interrogative pronoun (*Chi è?*).

| | |
|---|---|
| Chi sta attento capisce. | *Those who pay attention understand.* |
| Non parlare con chi non conosci! | *Don't talk to (those) people (whom) you don't know.* |
| Chi tardi arriva, male alloggia. | *Those who arrive late don't find good lodging. (First come, first served.)* |

5. **Quello (quel)** and **ciò** combine with **che** or **cui** to form a relative pronoun.

quello che
quel che        } *what, that which*
ciò che

quello di cui } *that of which*
ciò di cui

tutto quello che
tutto quel che   } *all (that), everything*
tutto ciò che

| | |
|---|---|
| Puoi ordinare quello che vuoi. | *You may order what you want.* |
| Vorrei raccontarvi tutto quel che ho fatto. | *I'd like to tell you everything I did.* |
| Ecco ciò che hanno intenzione di fare. | *This is what they are planning to do.* |
| È proprio quello di cui ho paura. | *It's exactly what I'm afraid of (that of which I am afraid).* |

—Ti ho portato quello che hai sempre desiderato: uno
smacchiatore.°

*spot remover*

# E S E R C I Z I

**A.** Complete the following sentences with a relative pronoun, with or without a
preposition.

1. Mi piacciono le canzoni (*songs*) _____ cantate.
2. La cosa _____ vi ho raccontato è vera.
3. La ragazza _____ hai ballato è molto carina.
4. Ci sono delle persone _____ si lamentano (*complain*) sempre.
5. La città _____ vengono è Genova.
6. Ti piace l'appartamento _____ abiti?
7. Come si chiama il formaggio _____ hanno comprato?
8. Ecco un colore _____ dovreste portare.
9. Vi presenterò un mio amico _____ fa il giornalista.

**B.** Ask questions based on each definition. Follow the example.

ESEMPIO: È la persona che vende salame e prosciutto. → Che cos'è un salumiere?

**1.** È la persona che serve a tavola in ristoranti, trattorie e caffè.    **2.** È qualcuno
che non sente suoni e rumori.    **3.** È una cabina che trasporta le persone da un
piano all'altro.    **4.** È quello che alcuni bevono prima di un pasto per stimolare
l'appetito.    **5.** È la chiesa più importante di una città.

Now answer each question.

**1.** Che cos'è un postino?    **2.** Che cos'è l'antipasto?    **3.** Che cos'è una
parolaccia?    **4.** Che cos'è un viale?    **5.** Che cos'è la mancia?

**C.** Answer each question, using the name of a person or object in your classroom.

ESEMPI: Con che cosa scrive? → Ecco la matita con cui scrivo.
        Con chi vorrebbe studiare? → Ecco il ragazzo con cui vorrei studiare.

1. A chi dice « Ciao! »?   2. Chi conosce bene?   3. Dove ha scritto il Suo nome?
4. Che cosa guarda?   5. Quale libro è Suo?

D. Completate in italiano.

1. Quello che non capisco è perchè...   2. Le sere in cui non ho niente da
fare...   3. Chi non lavora...   4. Non dimenticherò mai quello che...
5. Conosco una signora che...

E.   Express in Italian.

1. Say what you want, Pietro!   2. Did you like the present I gave you?   3. The
room I study in is small.   4. They'll do all they can to (**per**) help us.   5. The
cheese I like is **Bel Paese.**

F. Complete each sentence with **quello che, quello di cui,** or **quello a cui.**

ESEMPIO: <u>Quello che</u> hai raccontato non è vero.

1. Ascoltate _____ dico!
2. L'astronomia è _____ vi interessate.
3. È proprio _____ abbiamo bisogno.
4. _____ dovevamo dire era molto importante.
5. Hanno comprato _____ avevano voglia.
6. Questo è _____ ricordiamo.

—Finalmente una volta in cui
non mi chiedi cosa c'è a pranzo!

## C. The formation of feminine nouns

CLAUDIO: Ieri al ricevimento dai Brambilla c'era un sacco di gente interessante.

MARINA: Ah sì? Chi c'era?

CLAUDIO: Il pittore Berardi con la moglie, pittrice anche lei; dicono che è più brava del marito... la professoressa di storia dell'arte Stoppato, il poeta Salimbeni con la moglie scultrice, un paio di scrittori e scrittrici di cui non ricordo i nomi...

MARINA: Che ambiente intellettuale! Ma i Brambilla cosa fanno?

CLAUDIO: Beh, lui è un grosso industriale tessile e lei è un'ex-attrice.

*1. Chi ha partecipato al ricevimento in casa Brambilla?*
*2. Perchè Marina usa il termine « intellettuale »?*
*3. Che cosa fa il signor Brambilla? E la signora Brambilla?*

1. Most nouns referring to people or animals have one form for the masculine and one for the feminine.

   **a.** Generally, the feminine is formed by replacing the masculine ending with **-a**.

   ragazzo → ragazza  cameriere → cameriera
   signore → signora  gatto → gatta

   **b.** A few nouns, especially those indicating a profession or a title, use the ending **-essa** for the feminine.

   dottore → dottoressa  poeta → poetessa
   professore → professoressa  principe → principessa

   **c.** Most nouns ending in **-tore** in the masculine end in **-trice** in the feminine.

   pittore → pittrice  sciatore → sciatrice
   lettore → lettrice  attore → attrice

---

CLAUDIO: Yesterday at the party at the Brambillas there were a lot of interesting people. MARINA: Were there? Who was there? CLAUDIO: The painter Berardi and his wife, who also paints. They say she's better than her husband. . . . The art history teacher Stoppato, the poet Salimbene and his sculptor wife, and several writers whose names I don't remember. MARINA: What an intellectual atmosphere! What do the Brambillas do? CLAUDIO: Well, he's a big textile tycoon and she's a former actress.

**d.** Nouns ending in **-e, -ga,** and **-ista** are masculine or feminine, depending on the person referred to.

un cantante → una cantante     il regista → la regista
il mio collega → la mia collega    (*movie director*)
                                     un dentista → una dentista

**e.** Some nouns have a completely different form for the masculine and feminine.

uomo      donna
marito     moglie
fratello    sorella
maschio   femmina

## E S E R C I Z I

**A.** Change these phrases from the feminine to the masculine.

**1.** un'operaia (*worker*) comunista    **2.** una moglie stanca    **3.** una vecchia attrice    **4.** delle vecchie amiche    **5.** una principessa straniera    **6.** una poetessa pessimista    **7.** le grandi pittrici    **8.** delle donne simpatiche

**B.** Express in Italian.

**1.** How many actors and actresses would you recognize?    **2.** She's going to be a famous movie director.    **3.** Have you ever spoken to a princess?    **4.** Are there many Italian singers in the United States?    **5.** Mary is a good skier; she's been skiing for many years.

—Insomma si decida:° vuole un uomo o una donna?

si... *make up your mind*

# II. ESERCIZI DI PRONUNCIA

## Syntactic doubling

Syntactic doubling is a term that describes an automatic doubling of consonants. This phenomenon occurs not within words but between them, as in **a Napoli** which is pronounced [annàpoli].

Normally, the doubling of consonants in a phrase or sentence occurs after words ending in a stressed vowel or after a few unstressed monosyllabic words. Sometimes this doubling has affected the spelling of words, as in **dammi** (from **da'** + **mi** [*give me*]) and in **soprattutto** (from **sopra** + **tutto** [*above all*]).

Contrast the sounds in these pairs of words.

| Single: | aroma | Double: | a Roma |
|---|---|---|---|
| | alato | | a lato |
| | ameno | | a meno |

Practice syntactic doubling in these sentences.

1. Ciao, Andrea! Come stai? —Sto bene, grazie. E tu?
2. Dove va? —Vado a Firenze, e Lei? A Genova? —No, a Teramo.
3. È a casa Luigi? —No, è lì, vicino a Maria.
4. Che cosa dici? —Niente, non ho detto niente.
5. Che ora è? È tardi? —No, è l'una.
6. Guarda che luna! Guarda che mare!
7. Dov'è lei? —È giù.
8. Va' prima a sinistra e poi a destra!

# III. DIALOGO

*Lettera di Beppino da Spoleto.*

12 luglio 19..

Cara mamma,

avrei voluto scriverti prima ma non ne ho avuto proprio il tempo. Una settimana fa sono partito con Marcella, Pietro, Vittoria ed altri amici che ho conosciuto a Firenze per il campeggio di cui ti avevo parlato nella mia lettera precedente.° Ci troviamo ora in campagna, vicino a Spoleto, che è una piccola città molto interessante dell'Italia centrale.

*last*

In questi giorni a Spoleto c'è il Festival dei due Mondi, di cui forse avrai sentito parlare dai giornali americani. Ogni sera c'è uno spettacolo

---

diverso: un'opera o una commedia o un balletto, e di solito gli autori sono giovani e molto originali. La città intera è diventata un teatro: c'è gente di tutto il mondo, tra cui molti personaggi° famosi, e ciò che mi sorprende° soprattutto° è il modo stravagante in cui tutti si vestono. Le boutique di moda° creano infatti dei modelli speciali per quest'occasione e ognuno cerca di mettersi in mostra° e di attirare l'attenzione su di sè.° La città è piena come un uovo° ed è impossibile trovare una camera, ma noi per fortuna abbiamo la nostra tenda.

*characters*
*surprises / especially*
*di... fashionable*
*cerca... tries to show off / su... to himself*
*piena... jam packed*

Vicino al campeggio c'è una fattoria° che appartiene° a una famiglia texana. Non ci credi? Ma è la verità, te lo giuro!° Questi texani si chiamano Joe e Sally Brown, ma i contadini° li hanno ribattezzati° « sale e pepe. »² Durante il giorno noi li aiutiamo coi lavori della « farm » e così ci guadagniamo il pranzo.

*farm / belongs*
*swear*
*farmers / renamed*

Fra tre giorni partiremo per la Calabria e appena potrò ti scriverò di nuovo.°

*di... again*

Un abbraccio affettuoso a te, papà e la sorellina.

*Beppino*

P.S. Accludo° una foto del nostro gruppo: quei due al centro sono Joe e Sally e quella accanto a me è Vittoria. Non è carina?

*I'm enclosing*

---

**Dialogue comprehension check**

*Rispondete alle seguenti domande.*

**1.** Perchè non ha scritto prima alla mamma Beppino?     **2.** Dove si trova ora Beppino coi suoi amici?     **3.** Perchè in questi giorni c'è tanta gente a Spoleto?     **4.** Che cosa sorprende Beppino in modo particolare (*particularly*)?     **5.** Hanno trovato una camera Beppino e gli amici? **6.** Come si guadagnano il pranzo?     **7.** Chi sono Joe e Sally Brown?     **8.** Dove andranno presto Beppino e gli amici?     **9.** Come termina la lettera Beppino?     **10.** Che cosa acclude alla lettera Beppino?

# IV. DI TUTTO UN PO'

**A.** Use a relative pronoun to combine each pair of sentences. Use a preposition if necessary.

ESEMPIO: Questo è l'indirizzo. Non dovete dimenticarlo. →
Questo è l'indirizzo che non dovete dimenticare.

**1.** Vorrei conoscere quel ragazzo. Il ragazzo è entrato in questo momento.     **2.** Mi è piaciuta la stanza. Nella stanza ci sono tre finestre.     **3.** È una cosa delicata. Non

**Sale e pepe** (*salt and pepper*) sounds very much like *Sally and Beppe* (the nickname for **Giuseppe** [*Joseph*]).

ne parlo volentieri.     **4.** È arrivata molta gente. Tra la gente ci sono personaggi famosi.     **5.** Non ricordo lo studente. Gli ho prestato il dizionario.     **6.** Avrebbero dovuto vendere la casa. La casa aveva bisogno di molte riparazioni (*repairs*). **7.** Vi do una regola (*rule*) importante. Dovete fare attenzione a questa regola. **8.** Spiegaci la ragione. Sei andato via per questa ragione.

**B.** Express in Italian.

**1.** It was a strange question. What would you have answered?     **2.** Where's the child you lent the bike to?     **3.** They could have taken the apartment I showed them.     **4.** You shouldn't have repeated what I said.     **5.** Everything they wrote is true.     **6.** She said she would come at eight-thirty.     **7.** I have read the old magazines; where are the new ones?     **8.** Those who cannot remember the past are condemned to (**condannato a**) repeat it.

**C.** Express in Italian.

Dear Abby,
I need your advice. I never know what to say when someone asks me a question I prefer not to answer. For example, personal questions like, what happened between your sister and her husband? Or, why doesn't your son marry that girl he's been living with for so long?

Other questions that aren't too personal also irritate me, such as, how much did you pay for those shoes?

I could say, it's none of your business (**non sono affari vostri**), but I don't have the nerve, so I answer a lot of questions I don't really want to answer.

If you have a solution for my problem, please put it in your column (**rubrica**), because I'm sure there are other people who would like to know.

Now imagine that you are "Dear Abby" and answer the letter in Italian.

**D.** Conversazione

**1.** Lei dice sempre quello che pensa?     **2.** Che cosa farebbe Lei per attirare l'attenzione su di sè?     **3.** Lei crede a quel che dice la gente? A quello che legge sui giornali? All'oroscopo? Alle previsioni del tempo? Agli UFO?     **4.** Le piacerebbe potere mangiare sempre quello che vuole?     **5.** Quali personaggi famosi (del cinema, del teatro, della televisione) si vestono in modo stravagante secondo Lei?

La... *The Thieving Magpie*

---

La... *Swan Lake (lit.: The Death of the Swan)*

# V. PAROLE DA RICORDARE

VERBI

**accludere** (*p.p.* **accluso**) to enclose

**attirare** to attract

**\*bisognare** to be necessary

**cercare di** + *inf.* to try, attempt (to do something)

**creare** to create

**fare il/la** + *profession* to be a + *profession*

**giurare** to swear

**mettersi in mostra** to show off

**prenotare** to reserve, book

**ribattezzare** to rename

**sorprendere** (*p.p.* **sorpreso**) to surprise

**sperare di** + *inf.* to hope (to do something)

NOMI

**l'abbraccio** embrace, hug

**l'attore** (*m.*) actor

**l'autore** (*m.*) author

**il balletto** ballet

**il/la cantante** singer

**la canzone** song

**la commedia** comedy; play

**la compagnia** company

  **in compagnia di** in the company of

**il contadino** farmer

**la fattoria** farm

**la moda** fashion

  **di moda** fashionable

**il modello** model

**il modo** way

**il pepe** pepper

**il personaggio** famous person; character

**il pettegolezzo** gossip

**il pittore** painter

**il principe** prince

**il/la regista** movie director

**il sale** salt

**lo scrittore** writer

**la tenda** tent

AGGETTIVI

**affettuoso** affectionate

**intero** entire

**originale** original

**precedente** preceding

**stravagante** eccentric

ALTRE PAROLE ED ESPRESSIONI

**ben tornato** welcome back

**di nuovo** again

**infatti** in fact

**peccato** too bad

**soprattutto** above all

## ITALIA COSÌ

**A.** « **Canta che ti passa.** » Queste parole, scritte da un soldato sconosciuto (*unknown*) in una trincea (*trench*) italiana nella guerra del 1915–1918, sono diventate famose. Che cosa significano? Significano che quando cantiamo passa, va via (*goes away*) la tristezza, la noia, la malinconia. Il canto e la musica in generale hanno il potere di calmarci e di rasserenarci (*to cheer us up*). Quali altre attività possono ottenere lo stesso effetto secondo voi? Sostituite due altri verbi a **canta** e confrontateli con quelli scelti dai vostri compagni, poi votate per le attività più originali.

**B.** **La canzone che non muore** (*dies*) **mai.** « Volare », la canzone di Domenico Modugno del 1958, ha fatto il giro del mondo, è arrivata dappertutto, ha scavalcato (*went beyond*) le mode, si è persa e ritrovata. Qualche tempo fa la Crysler ha creato un nuovo modello e l'ha chiamato « Volare ». « Questa canzone » ha detto Domenico Modugno « è un mostro (*monster*), di continuo muore e rinasce ».

Attualmente in USA le note di « Volare » sono la sigla (*theme song*) di un programma televisivo settimanale che durerà cinque anni.

Volete imparare le parole del ritornello (*refrain*)? La musica già la conoscete!

| | |
|---|---|
| Volare, oh oh, cantare, oh, oh, oh, oh! | |
| Nel blu, dipinto° di blu, | *painted* |
| Felice di stare lassù° | *up there* |
| E volavo, volavo, felice | |
| Più in alto del sole | |
| Ed ancora più su,° | *più… higher* |
| Mentre il mondo pian piano | |
| Spariva° lontano laggiù,° | *disappeared / down there* |
| Una musica dolce | |
| Suonava soltanto per me | |
| Volare, oh, oh, cantare, oh, oh, oh, oh! | |
| Nel blu, dipinto di blu, | |
| Felice di stare lassù. | |

**C. Un'aria famosa.** Conoscete il nome di Figaro, il barbiere? Ecco l'aria di Figaro, dall'opera di Rossini *Il Barbiere di Siviglia*, rappresentata per la prima volta al Teatro Argentina di Roma il 20 febbraio 1816.

La ran la lera, la ran la la
La ran la lera, la ran la la
Largo al factotum° della città, largo!     Largo... *Make way for the Jack-of-all-trades*
La ran la, la ran la, la ran la, la!
Presto a bottega,° chè l'alba° è già, presto!     a... *to my shop* / *dawn*
La ran la, la ran la, la ran la, la.
Ah, che bel vivere,
Che bel piacere,
Che bel piacere
Per un barbiere, di qualità,
Di qualità!
Ah, bravo Figaro, bravo, bravissimo
     bravo!
La ran la, la ran la, la ran la, la.
Fortunatissimo per verità!
La ran la, la ran la, la ran la, la.
Pronto a far tutto, la notte, il giorno,
Sempre d'intorno in giro sta.
Miglior cuccagna° per un barbiere,     *fortune, luck*
Vita più nobile, no, non si dà.°     non... *non c'è*
La, la ran la, la ran la, la ran la.
Rasoi° e pettini,° lancette° e forbici°     *Razors* / *combs* / *lancets* / *scissors*
Al mio comando tutto qui sta,
V'è° la risorsa° poi del mestiere°     *C'è* / *tools* / *trade*
Colla° donnetta, col cavaliere.°     *Con la* / *knight*
Ah, che bel vivere,
Che bel piacere
Per un barbiere di qualità, di qualità!
Tutti mi chiedono,° tutti mi vogliono,     mi... *send for me*
Donne, ragazzi, vecchi, fanciulle;°     *ragazze*
Quà° la parrucca°... presto la barba.     *Here* / *wig*
Qua la sanguigna,° presto il biglietto!     *bloodstone (barber's tool)*
Figaro, Figaro, Figaro, Figaro!

# LETTURA CULTURALE

## La musica in Italia

Musica e Italia: è quasi impossibile parlare di musica senza pensare alla vasta produzione musicale italiana. La musica italiana è particolarmente famosa per l'opera, di cui° il genio° più prolifico è Giuseppe Verdi, compositore° di ventisei opere.

*di... whose / genius*
*composer*

Nato in Emilia nel 1813 da umili° contadini, Giuseppe dimostra presto le sue doti° musicali e, giovanissimo,° diventa organista del suo villaggio, Le Roncole. A vent'anni è a Milano, al famoso Teatro alla Scala che era ed ancora è la meta° più ambita° di tanti cantanti e compositori. È qui che Verdi comincia la sua carriera di compositore che lo porterà a strepitosi° successi ed è qui che egli° presenterà la sua ultima opera, il *Falstaff*, all'età° di ottanta anni.

*humble*
*gifts / very young*

*goal / sought-after*

*striking*
*he / age*

Ma non è stato solamente il suo genio musicale (*Aida, La traviata, Rigoletto, Otello* e tante altre opere) che ha suscitato° l'affetto° degli italiani per Verdi. Bisogna tener presente° che il grande compositore era anche profondamente patriota e che con la sua musica ha ispirato gli italiani durante il difficile e glorioso Risorgimento, il periodo delle lotte° d'indipendenza dalla dominazione austriaca.° Verdi, infatti, ha infuso d'amor di patria molte delle sue opere, a cominciare dal *Nabucco* in cui, nella tragica storia degli ebrei° in prigione,° gli italiani, stanchi della tirannia° austriaca, riconoscevano facilmente la loro. Per i patrioti il nome Verdi significava « Vittorio Emanuele, Re d'Italia », il re del Piemonte che finalmente riunificò° tutta l'Italia nel 1870; e il grido°« Viva Verdi! » esprimeva° il loro desiderio d'indipendenza dallo straniero.

*aroused*
*affection / tener... keep in mind*

*struggles*
*Austrian*

*Jews / captivity*
*tyranny*

*he united*
*cry / expressed*

---

### Reading comprehension check

**A.** Rispondete alle seguenti domande.

1. In quale regione è nato Giuseppe Verdi?   2. Quali sono alcune delle sue opere?   3. Perchè il *Nabucco* ha ispirato i patrioti italiani?   4. Che cos'è il Risorgimento?   5. Perchè gli italiani esclamavano « Viva Verdi »?

**B.** Completate secondo la lettura.

1. Verdi era un prolifico compositore che ha messo in musica...   2. I genitori di Verdi erano...   3. Gli italiani erano stanchi...   4. La Scala rappresenta ancora oggi la meta...   5. Il re piemontese che riunificò l'Italia si chiamava...

Luciano Pavarotti durante una prova all'aperto.

Vetrina di un negozio di dischi.

Venezia: Teatro La Fenice.

Teatro Comunale di Firenze: *La forza del destino* di Giuseppe Verdi.

# La televisione

Una famiglia italiana, riunita davanti al televisore, guarda una partita di calcio.

I. GRAMMATICA
   A. The **passato remoto**
   B. Adverbs
   C. Superlatives
   D. Irregular comparatives and superlatives

II. DIALOGO

III. DI TUTTO UN PO'

IV. PAROLE DA RICORDARE

**intermezzo**
   ITALIA COSÌ
   LETTURA CULTURALE: La televisione in Italia

# I. GRAMMATICA

## A. The *passato remoto*

Il professor Maffei, insegnante di storia italiana moderna, fa una lezione sui mezzi di comunicazione di massa. « Nel 1954 un nuovo mezzo di comunicazione di massa, la televisione, arrivò in Italia ed entrò pian piano in ogni casa. Alcuni programmi ebbero particolare successo fin dall'inizio: i programmi a quiz e i programmi di varietà. Molto seguiti erano e sono ancora i notiziari, chiamati telegiornali. I presentatori dei programmi più popolari sono spesso famosi come gli attori del cinema. Per esempio, Mike Bongiorno, un italo-americano che si trasferì in Italia negli anni 50, ha dominato la scena televisiva italiana negli ultimi trent'anni. »

1. *In che anno arrivò in Italia la televisione?*
2. *Quali programmi ebbero subito successo?*
3. *Chi è Mike Bongiorno?*

1. The **passato remoto** (*I worked, I did work*) is another past tense that reports actions completed in the past. Unlike the **passato prossimo,** the **passato remoto** is a simple past tense (consisting of one word).

   With the exception of the third person singular, all persons of the tense retain the characteristic vowel of the infinitive, to which are added these endings: **-i, -sti,** . . . , **-mmo, -ste, -rono.** To form the third person singular, **-are** verbs add **-ò** to the infinitive stem, **-ere** verbs add **-è,** and **-ire** verbs add **-ì.**

| lavorare | | credere | | finire | |
|---|---|---|---|---|---|
| lavorai | *I worked* | credei | *I believed* | finii | *I finished* |
| lavorasti | *you worked* | credesti | *you believed* | finisti | *you finished* |
| lavorò | *he, she, it worked* | credè | *he, she, it believed* | finì | *he, she, it finished* |
| lavorammo | *we worked* | credemmo | *we believed* | finimmo | *we finished* |
| lavoraste | *you worked* | credeste | *you believed* | finiste | *you finished* |
| lavorarono | *they they believed* | finirono | *they finished* | | |

---

Professor Maffei, teacher of modern Italian history, is giving a lesson on mass media. "In 1954, a new medium, television, arrived in Italy and came—little by little—into every house. Some programs were particularly successful from the very beginning: the quiz programs and the variety shows. News programs—called **telegiornali**—were and are still very popular. The hosts of the most popular programs are often as famous as movie stars. For example, Mike Bongiorno, an Italian-American who moved to Italy in the 1950's, has dominated the Italian TV scene for the last thirty years."

Chiamai il cameriere e pagai il conto.     *I called the waiter and paid the bill.*

Riceverono la mia lettera dopo due settimane.     *They received my letter after two weeks.*

Quell'anno Aldo passò le vacanze alle Hawaii e si divertì molto.     *That year Aldo spent his vacation in Hawaii and had a great time.*

2. The **passato remoto** of **essere, dare, dire, fare,** and **stare** is irregular in all persons.

| ẹssere | dare | dire | fare | stare |
|--------|------|------|------|-------|
| fui | diedi | dissi | feci | stetti |
| fosti | desti | dicesti | facesti | stesti |
| fu | diede | disse | fece | stette |
| fummo | demmo | dicemmo | facemmo | stemmo |
| foste | deste | diceste | faceste | steste |
| fụrono | diẹdero | dịssero | fẹcero | stẹttero |

3. Many other Italian verbs (most of them **-ere** verbs) are irregular in the **passato remoto.** They follow a 1–3–3 pattern: the irregularity occurs only in the first person singular and the third person singular and plural.

AVERE

**ebbi** (1)     irregular stem (**ebb-**) +**-i**
avesti
**ebbe** (3)     irregular stem (**ebb-**) +**-e**
avemmo
aveste
**ẹbbero** (3)     irregular stem (**ebb-**) +**-ero**

The most common verbs that follow the 1–3–3 pattern are:

| | | | |
|---|---|---|---|
| avere: | ebbi | prendere: | presi |
| chiedere: | chiesi | rispondere: | risposi |
| conoscere: | conobbi | scrivere: | scrissi |
| decidere: | decisi | succedere: | successi |
| leggere: | lessi | vedere: | vidi |
| mettere: | misi | venire: | venni |
| nascere: | nacqui | vivere: | vissi |

4. There is no difference in meaning between the **passato prossimo** and the **passato remoto:** both express a past action. There are, however, differences in usage. If the action occurred in the past (last year, three months ago, the other day) and is completely finished, that is, has no reference to the present, the **passato remoto** should be used.

L'anno scorso andai a Londra.     *Last year I went to London.*

—Non fu facile trovare la mia strada nella vita...

| | |
|---|---|
| Dante morì nel 1321. | *Dante died in 1321.* |

If the action took place during a period of time that is not yet over (today, this month, this year), or if the effects of the action are continuing into the present, the **passato prossimo** should be used.

| | |
|---|---|
| Oggi ho studiato. | *Today I studied.* |
| In questo mese ho guadagnato molto. | *This month I've earned a lot.* |
| Dio ha creato il mondo. | *God created the world.* |

5. Those are the formal rules, but in modern Italian the **passato remoto** is seldom used in conversation except in certain areas of the country. However, it is commonly used in writing to narrate historical events, the lives of people who are no longer living, fables, tales, and the like. The **passato prossimo** is the tense used in contemporary spoken Italian to express a past action with or without reference to the present.

6. To describe a habitual action or an ongoing action in the past, the **imperfetto** is used with the **passato remoto** exactly as it is used with the **passato prossimo** (**Capitolo dieci**).

| | |
|---|---|
| Non comprai la borsa perchè non avevo abbastanza soldi. | *I didn't buy the purse because I didn't have enough money.* |
| Arrivammo alla stazione mentre il treno partiva. | *We got to the station while the train was leaving.* |
| Mi chiesero se volevo guardare la televisione. | *They asked me if I wanted to watch TV.* |
| Mi hanno chiesto come stavo. | *They asked me how I was.* |

**A.** Replace the subject with each subject in parentheses and change the verb accordingly. Make any other necessary changes.

1. *Io* visitai le mostre più importanti. (i turisti / anche noi / Giuliana / voi)
2. Le offrimmo delle rose. (il dottore / i bambini / io / tu)
3. Prendesti il caffè al bar. (noi / Guido / i signori / anch'io)
4. Feci colazione tardi. (le ragazze / lo zio Giovanni / tu ed io / tu)
5. Ebbero fortuna e diventarono ricchi. (Salvatore / noi / voi due)
6. *La nonna* fu contenta di vederli. (io / noi / tutti / anche tu)

**B.** Restate the following sentences replacing the **passato prossimo** with the **passato remoto**.

ESEMPIO: Quando ha ricevuto la mia lettera, ha risposto subito. →
Quando ricevè la mia lettera, rispose subito.

1. Abbiamo cercato di entrare ma non abbiamo potuto.    2. Ha aperto la finestra e ha guardato fuori (*out*).    3. Hanno avuto molti problemi dopo che si sono sposati.    4. Dove è nato e dove è morto Dante?    5. Non hanno preso l'autobus; sono venuti a piedi.    6. Chi ha dato la festa in onore di Beppino?

**C.** Restate the following sentences replacing the **passato remoto** with the **passato prossimo**.
1. Le nostre amiche arrivarono molto stanche.    2. Dovei andare via per alcuni giorni e non potei informarti.    3. Lo diceste a tutti.    4. Nessuno ci diede una mano.    5. La pagasti pochissimo.    6. Non videro niente di bello.    7. Lessi molti romanzi (*novels*) quell'inverno.    8. Sai dove misero le chiavi?    9. La conobbe in casa di amici.    10. Tutti stettero a casa quel week-end.

**D.** Qualche domanda di storia e di cultura generale... (*The answers appear below.*)

1. In che anno scoprì (**scoprire:** *to discover*) l'America Cristoforo Colombo?    2. Chi fu il primo presidente americano?    3. In che anno ci fu la grande crisi economica in America?    4. La Ford nacque prima della Fiat o dopo la Fiat?    5. Chi disse « La sola cosa di cui dobbiamo aver paura è la paura stessa »?    6. Chi scrisse l'*Amleto*?    7. Quale grande pittore italiano fece il celebre ritratto di Monna Lisa?    8. Quale altro grande pittore italiano affrescò la Cappella Sistina?
9. Chi scoprì la legge (*law*) della gravità?    10. Quanti anni dormì Rip Van Winkle?

**E.** Restate the following anecdote by changing the verbs from the present to the **passato remoto**. Leave the direct quotations in the present tense.

### Una coppia° aristocratica                                                                 *couple*

Due signori di mezz'età° arrivano in un albergo di montagna e chie-     *middle-aged*
dono una camera. « Mi dispiace », dice loro il proprietario

ANSWERS: 1. 1492  2. George Washington  3. 1929  4. La Ford nacque dopo la Fiat (1899)  5. Franklin D. Roosevelt  6. Shakespeare  7. Leonardo da Vinci  8. Michelangelo  9. Newton  10. vent'anni

dell'albergo, « ma siamo al completo. »° I due insistono per ottenere° una sistemazione° almeno per quella notte e promettono° una mancia generosa. L'albergatore ha finalmente un'idea. « Io ho le chiavi della chiesa del paese, di cui sono custode », dice. « Questa notte i signori potrebbero dormire là,° nella stanza dove dorme il curato° quando viene per le funzioni... »°

siamo... *we are filled up /
to obtain
accommodations /
they promise*

*there / parish priest*

*services*

I due signori accettano volentieri.

Il giorno dopo, di mattina presto, le campane° della chiesa cominciano a suonare. « Vai a vedere cosa succede! » ordina l'albergatore a una cameriera. Questa torna poco dopo e spiega: « Sono i signori della chiesa: hanno suonato per ordinare la colazione. »

*bells*

---

## B. Adverbs

—Non vedo chiaramente° le immagini.    *clearly*

1. Adverbs are words that modify verbs, adjectives, or other adverbs. You have already learned a number of common adverbs: **bene, sempre, troppo,** and so on.

| | |
|---|---|
| Stanno bene. | *They are well.* |
| Sofia è molto intelligente. | *Sofia is very intelligent.* |
| Parlate troppo rapidamente. | *You talk too fast.* |

2. Many adverbs are formed by attaching **-mente** to the feminine form of the adjective. They correspond to English adverbs ending in **-ly.**

| | |
|---|---|
| vero → vera → veramente | *truly* |
| fortunato → fortunata → fortunatamente | *fortunately* |
| evidente → evidentemente | *evidently* |

If the adjective ends in **-le** or **-re** preceded by a vowel, the final **-e** is dropped before adding **-mente.**

| | |
|---|---|
| gentile → gentil- → gentilmente | *kindly* |
| regolare → regolar- → regolarmente | *regularly* |

---

**3.** Adverbs are usually placed directly after a simple verb form.

Mangiano sempre pasta.     *They always eat pasta.*
La vedo raramente.     *I rarely see her.*

In sentences with compound tenses, most adverbs of time, place, and manner are placed after the past participle. However, some common adverbs of time (**già, mai, ancora, sempre**) are placed between the auxiliary verb and the past participle.

Sei arrivata tardi.     *You arrived late.*
Non avevo capito bene.     *I hadn't understood well.*
Sono stati dappertutto.     *They've been all over.*
Avete già cenato?     *Have you had supper yet?*

## E S E R C I Z I

**A.** Complete the second half of each sentence with the adverb that corresponds to the adjective in the first half.

ESEMPIO:  La signora Crespi è elegante: si veste sempre <u>elegantemente</u>.

1. Luigino è un bambino molto attento: ascolta tutto _____.
2. È stata una visita inaspettata (*unexpected*): sono arrivati _____.
3. Ha dato una risposta intelligente: ha risposto _____.
4. Mariuccia e Pierina sono bambine tranquille: giocano sempre _____.
5. Le sue lettere sono rare: scrive _____.
6. Sandro è una persona molto gentile: tratta tutti _____.
7. « Cantare » è un verbo regolare: è coniugato _____ in tutti i tempi.

**B.** Restate each sentence to include the adverb in parentheses.

ESEMPIO:  (diligentemente) Ho studiato la lezione. → Ho studiato diligentemente la lezione.

1. (abbastanza) L'esercizio era facile.
2. (già) Me lo hanno detto.
3. (molto) Amo i bambini.
4. (sempre) La mamma era preoccupata.
5. (mai) Sei stato a Spoleto?
6. (freddamente) Ci hanno risposto.

**C.** Restate each sentence giving the opposite of the adverb in italics.

ESEMPIO:  Abbiamo mangiato *bene*. → Abbiamo mangiato male.

1. Ritorneranno *presto*.     2. Hai detto che costava *molto*?     3. Perchè vai a trovarli così *raramente*?     4. Credete che risponderà *stupidamente*?     5. Ci hanno ricevuto *caldamente*.

**D.** Conversazione

1. Preferisce le persone che parlano adagio (*slowly*) o quelle che parlano rapidamente? Come parlo io?     2. Spiegano chiaramente i Suoi professori?
3. Di che cosa parliamo spesso in classe? Ci sono cose di cui non parliamo mai?
4. Conosce qualcuno che si veste stravagantemente?

## C. Superlatives

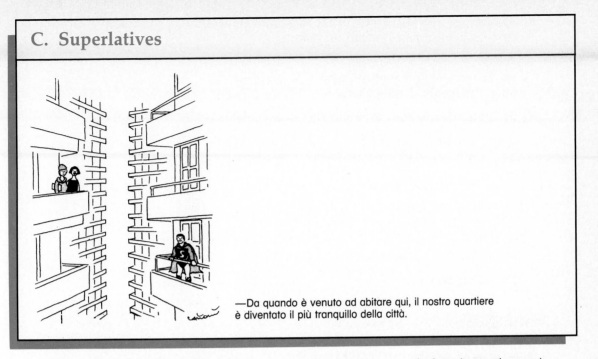

—Da quando è venuto ad abitare qui, il nostro quartiere è diventato il più tranquillo della città.

1. The relative superlative (*the fastest . . . , the most elegant . . . , the least interesting . . .*) is formed in Italian by using the comparative form (**Capitolo dieci**) with its definite article.

| | |
|---|---|
| Di tutte le stagioni, la primavera è la più bella. | *Of all the seasons, spring is the most beautiful.* |
| Giorgio è il meno timido dei fratelli. | *Giorgio is the least shy of the brothers.* |

When the relative superlative is accompanied by a noun, two constructions are possible, depending on whether the adjective normally precedes or follows the noun it modifies.

Adjectives that precede: *article* + **più** + *adjective* + *noun*

| | |
|---|---|
| **La più bella stagione** è la primavera. | *The most beautiful season is spring.* |

Adjectives that follow: *article* + *noun* + **più** + *adjective*

| | |
|---|---|
| Giorgio è **il fratello meno timido.** | *Giorgio is the least shy brother.* |

In English, the superlative is usually followed by *in*. In Italian, it is normally followed by **di**, with the usual contractions.

| | |
|---|---|
| È il bambino più intelligente **della** famiglia. | *He is the smartest kid in the family.* |
| Questi pantaloni sono i più belli **del** negozio. | *Those pants are the most beautiful ones in the store.* |

2. The absolute superlative (*very fast, extremely elegant, quite interesting*) can be formed in two ways.

---

**a.** By dropping the final vowel of the masculine plural form of the adjective and adding **-issimo** (**-issima, -issimi, -issime**).

| | | |
|---|---|---|
| veloce → veloci → velocissimo | *very fast* | |
| vecchio → vecchi → vecchissimo | *very old* | |
| lungo → lunghi → lunghissimo | *very long* | |

**b.** By using adverbs such as **molto** and **estremamente** before the adjective.

| | |
|---|---|
| È un treno molto veloce. | *It's a very fast train.* |
| È un ragazzo estremamente timido. | *He's a very shy boy.* |

Note that the following absolute superlatives often have alternate forms.

| | |
|---|---|
| buonissimo = ọttimo | *very good* |
| cattivissimo = pẹssimo | *very bad* |
| grandissimo = mạssimo | *very big, very great, biggest, greatest* |
| piccolissimo = mịnimo | *very small, smallest* |

| | |
|---|---|
| Era un'ottima idea. | *It was a very good idea.* |
| La differenza tra le due parole è minima. | *The difference between the two words is very small.* |

**3.** The relative superlative of adverbs is formed in much the same way as that of adjectives: by placing the article **il** before the comparative form.

| | |
|---|---|
| Parlava il più forte di tutti. | *He was speaking loudest of all.* |

To form the absolute superlative, **-issimo** is usually added to the adverb minus its final vowel. (An [*h*] is added in the last example to maintain the hard sound.)

| | |
|---|---|
| È arrivato tardissimo. | *He arrived very late.* |
| Hanno risposto benissimo. | *They answered very well.* |
| Quel bambino mangia pochissimo. | *That child eats very little.* |

## E S E R C I Z I

**A.** Expand each statement, using the relative superlative + **che conosciamo.**

ESEMPIO: Non c'è una ragazza più simpatica. →
  È la ragazza più simpatica che conosciamo.

**1.** Non c'è un posto più bello.   **2.** Non c'è una città più pittoresca.   **3.** Non c'è un cantante più bravo.   **4.** Non c'è un negozio più caro.   **5.** Non c'è un libro più noioso.

**B.** Answer each question, first with a form of the absolute superlative, then with the relative superlative + **di tutti/di tutte.**

ESEMPIO: È difficile quella lingua? → Sì, è difficilissima; è la più difficile di tutte.

**1.** È caro quell'avvocato?   **2.** Sono freschi questi pesci?   **3.** È lunga questa lezione?   **4.** È vecchia la chiesa?   **5.** Sono belle quelle isole?

—Prima dell'inquinamento° ero un bellissimo principe...   *pollution*

**C.** Express in Italian.

An English newspaper asked its readers (**lettori**): "In your opinion, what are the ten most beautiful books in the world?" "How can I name (**trovare**) ten"—replied Oscar Wilde—"if so far (**finora**) I have written only five?"

**D.** Conversazione

**1.** Qual è la festa più importante dell'anno per Lei? E per la Sua famiglia?   **2.** Lei sa quali sono i libri più venduti in questo momento?   **3.** Secondo Lei, chi è l'uomo più importante degli Stati Uniti? Chi è la donna più importante degli Stati Uniti? Perchè?   **4.** Qual è il programma televisivo più seguito?   **5.** Lei sa quali sono le temperature minime e massime nella Sua città in estate e in inverno?

## D. Irregular comparatives and superlatives

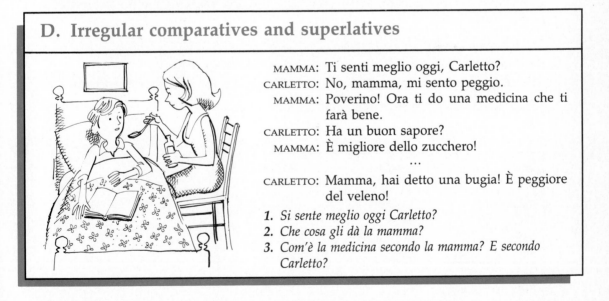

MAMMA: Ti senti meglio oggi, Carletto?
CARLETTO: No, mamma, mi sento peggio.
MAMMA: Poverino! Ora ti do una medicina che ti farà bene.
CARLETTO: Ha un buon sapore?
MAMMA: È migliore dello zucchero!

...

CARLETTO: Mamma, hai detto una bugia! È peggiore del veleno!

*1. Si sente meglio oggi Carletto?*
*2. Che cosa gli dà la mamma?*
*3. Com'è la medicina secondo la mamma? E secondo Carletto?*

MOTHER: Are you feeling better today, Carletto?   CARLETTO: No, Mom, I'm feeling worse.   MOTHER: Poor dear! Now I'll give you some medicine that will be good for you.   CARLETTO: Does it taste good?   MOTHER: It's better than sugar!   CARLETTO: Mom, you told me a lie! It's worse than poison!

1. Some common adjectives have irregular comparative and superlative forms as well as regular ones. Both forms occur, although the irregular forms are used somewhat more frequently.

| ADJECTIVE | COMPARATIVE | SUPERLATIVE |
|---|---|---|
| buono<br>*good* | migliore (più buono)<br>*better* | il/la migliore (il più buono)<br>*the best* |
| cattivo<br>*bad* | peggiore (più cattivo)<br>*worse* | il/la peggiore (il più cattivo)<br>*the worst* |
| grande<br>*big, great* | maggiore (più grande)<br>*bigger, greater, major* | il/la maggiore (il più grande)<br>*the biggest, the greatest* |
| piccolo<br>*small, little* | minore (più piccolo)<br>*smaller, lesser, minor* | il/la minore (il più piccolo)<br>*the smallest (the least)* |

| | |
|---|---|
| I Crespi sono i miei migliori amici. | *The Crespis are my best friends.* |
| Non ho mai avuto una settimana peggiore! | *I've never had a worse week!* |
| Chi è il maggior[1] romanziere italiano? | *Who is the greatest Italian novelist?* |
| Devi scegliere il male minore. | *You must choose the lesser evil.* |

2. **Maggiore** and **minore** mean *greater (major)* and *lesser (minor)*. They can also be used in reference to people (especially brothers and sisters) to mean *older* and *younger*. **Il/la maggiore** means *the oldest* (in a family, for example), and **il/la minore** means *the youngest*. When referring to physical size, *bigger* and *biggest* are expressed by **più grande** and **il/la più grande**; *smaller* and *smallest* by **più piccolo/a** and **il più piccolo/la più piccola**.

| | |
|---|---|
| La tua casa è più grande della mia. | *Your house is bigger than mine.* |
| Carlo è il mio fratello maggiore. | *Carlo is my older brother.* |
| Mariuccia è la minore delle mie sorelle. | *Mariuccia is the youngest of my sisters.* |

3. Some adverbs have irregular comparatives and superlatives.

| ADVERB | COMPARATIVE | SUPERLATIVE |
|---|---|---|
| bene<br>*well* | meglio<br>*better* | (il) meglio<br>*the best* |
| male<br>*badly* | peggio<br>*worse* | (il) peggio<br>*the worst* |
| molto<br>*much, a lot, very* | più, di più<br>*more* | (il) più<br>*the most* |
| poco<br>*little, not very* | meno, di meno<br>*less* | (il) meno<br>*the least* |

---

[1]**Migliore, peggiore, maggiore,** and **minore** can drop the final **-e** before nouns that do not begin with **z** or **s** + *consonant*: **il miglior amico; il maggior poeta;** but **il maggiore scrittore.**

| Stai meglio oggi? | *Are you feeling better today?* |
|---|---|
| Il televisore nuovo funziona peggio di quello vecchio. | *The new TV set works worse than the old one.* |
| Luciano canta meglio[2] di tutti. | *Luciano sings best of all.* |
| Dovete dormire di più.[3] | *You must sleep more.* |

4. The English words *better* or *worse* may be used as adjectives or adverbs. In Italian, there are separate words for the equivalent adjectives and adverbs.

| Adjectives: | **migliore/i** | **peggiore/i** |
|---|---|---|
| Adverbs: | **meglio** | **peggio** |

| Parli meglio di me e la tua pronuncia è migliore della mia. | *You speak better than I (do) and your pronunciation is better than mine.* |
|---|---|
| Nessuno ha voti peggiori dei tuoi! | *Nobody has worse grades than you do!* |
| Perchè mi tratti così? Mi tratti peggio di una schiava! | *Why do you treat me like this? You treat me worse than a slave!* |

## E S E R C I Z I

A. Replace the italicized word with each word in parentheses and make all necessary changes.
1. Qual è il miglior *libro* dell'anno? (film / canzone / canzoni / programma [*m.*])
2. Hanno *dormito* meglio. (mangiato / cantato / risposto / giocato)
3. Dovreste *chiacchierare* di meno. (mangiare / dormire / telefonare / correre)

B. Restate each sentence using a comparative or superlative with the opposite meaning.
ESEMPIO: Non sono i miei migliori ricordi (*memories*). →
Non sono i miei peggiori ricordi.

1. Capiscono di più perchè studiano di più. 2. Cerca di mangiare il meno possibile! 3. Era la maggiore delle tre sorelle. 4. Avete risposto peggio di tutti.

C. Complete the following sentences with **meglio, migliore/i** or **peggio, peggiore/i.**
1. Ora che lavoriamo tutt'e due, le nostre condizioni economiche sono _____.
2. Le cose vanno male: non potrebbero andare _____!
3. È un bravo dottore: è il _____ dottore che conosciamo.
4. L'hai fatto bene, ma devi farlo _____.
5. Ha avuto tutti D: i _____ voti della classe!
6. Guadagna bene; è l'impiegata (*clerk*) pagata _____ della nostra ditta (*firm*).

[2]In the relative superlative the article is frequently omitted when the adverb is modifying a verb.
[3]Note that *more, the most* and *less, the least* are **di più** and **di meno** when used alone without nouns (usually after a verb).

| Ho comprato quello che costava di più. | *I bought the one that cost the most.* |
|---|---|

**D.** Express in Italian.

**1.** The programs we saw today are good, but the ones we saw yesterday were better.

**2.** What is the worst thing that ever happened to you?

**3.** Gabriella is the best of all my students.

**4.** The exam was easy, but Paolo did very poorly (**male**); he couldn't have done worse.

**5.** Is it true that Italians cook better, eat better, and dress better than Americans?

**E.** Conversazione

**1.** Ha un fratello maggiore o una sorella maggiore? Quanti anni hanno più di Lei?    **2.** Quali sono stati i migliori anni della Sua vita? (da uno a cinque, da cinque a dieci, da dieci a quindici, gli ultimi anni)    **3.** Un proverbio italiano dice: « La miglior vendetta è il perdono (*forgiveness*). » Lei è d'accordo?    **4.** Un altro proverbio italiano dice: « Meglio soli che male accompagnati. » È d'accordo o no? Perchè?    **5.** In quale stato abita la maggior parte dei Suoi parenti?    **6.** Per Lei quest'anno è stato migliore di quello passato?

—Ti ho donato i migliori secoli° della mia vita... e adesso vuoi lasciarmi?...    *centuries*

# II. DIALOGO

Dopo la settimana a Spoleto, i nostri amici si sono trasferiti in un campeggio vicino a Napoli. Il tempo è splendido e ogni giorno i giovani fanno gite in macchina o in motoscafo° nei bellissimi dintorni.° Per Beppino questa fermata° è particolarmente piacevole° perchè a Napoli ha finalmente incontrato i nonni materni. Inoltre,° per mezzo di un lontano° parente (a Napoli le parentele sono molto importanti) che lavora a una televisione libera,° ha partecipato a un quiz televisivo.

*motorboat / surroundings / stop*
*pleasing*
*Also / distant*
*private (as opposed to state-owned)*

PRESENTATORE: Abbiamo stasera il grandissimo onore di avere con noi il
signor Beppino Pepe, americano di origine napoletana,
che ha gentilmente accettato di° partecipare alla nostra    accettato... *agreed to*
trasmissione. Beppino ci darà prova della sua ottima co-
noscenza° non solo della lingua italiana, ma anche della    *knowledge*
cultura italiana e... napoletana!

    Beppino, incominciamo con una domanda facilissima:
chi è il maggiore poeta italiano?

BEPPINO: Dante Alighieri, naturalmente!

PRESENTATORE: Benissimo. E ora sapresti dirmi il nome di uno dei più
noti° scrittori napoletani del primo Novecento?°    *well-known* / primo... *early twentieth century*

BEPPINO: Mah, non saprei... Un momento: mio nonno me ne ha
parlato. Salvatore Di Giacomo!

PRESENTATORE: Sei un cannone!° E chi è il più grande commediografo°    *champ* / *playwright*
napoletano al giorno d'oggi?

BEPPINO: Eduardo De Filippo; è anche un grande attore. E suo
fratello Peppino è bravo quanto lui.

PRESENTATORE: Beppino, sei un vero napoletano. Ti meriti la cittadinanza°    *citizenship*
onoraria di Napoli. Senti, ti piacciono gli spaghetti?

BEPPINO: Certo, mi piacciono moltissimo!

PRESENTATORE: Dimmi la verità, Beppino: dove si mangia meglio, a
Napoli o a Firenze?

BEPPINO: È una domanda imbarazzante: la pizza e gli spaghetti alla
pommarola° sono più buoni a Napoli, però le bistecche...    alla... *with fresh tomato sauce*
ecco, le bistecche sono più buone a Firenze!

PRESENTATORE: Un'ultima° domanda: qual è una canzone napoletana    *last*
famosa in America quanto in Italia?

BEPPINO: « O sole mio » e anche « Santa Lucia ».

PRESENTATORE: Buon sangue non mente![4] Sei un vero napoletano, Beppino. Eccoti in premio° un album di canzoni napoletane    *prize*
cantate da Roberto Murolo, un libro di poesie di Salvatore
Di Giacomo e un invito per te e i tuoi nonni per un
pranzo in un notissimo ristorante di Posillipo.[5]

BEPPINO: Grazie mille. Sono veramente commosso;° ricorderò sem-    *moved*
pre Napoli e i napoletani.

---

## Dialogue comprehension check

*Rispondete alle seguenti domande.*

**1.** Dopo la settimana a Spoleto, dove sono andati Beppino e i suoi
amici?    **2.** Che cosa fanno i giovani ogni giorno?    **3.** Chi ha cono-

---

[4]**Buon sangue non mente** (*lit., good blood does not lie*) is an Italian proverb that means that good qualities are
carried over from one generation to the next.

[5]**Posillipo** is a fashionable hillside district of Naples with a beautiful view of the Gulf of Naples.

---

sciuto a Napoli Beppino?    **4.** Come ha potuto partecipare a un quiz
televisivo Beppino?    **5.** Di che cosa deve dare prova Beppino?
**6.** Chi è Salvatore Di Giacomo?    **7.** Chi è Eduardo De Filippo?
**8.** Qual è la domanda che Beppino considera imbarazzante?    **9.** Che
cosa risponde Beppino?    **10.** Quali premi riceve Beppino?

# III. DI TUTTO UN PO'

**A.** Restate each sentence in the past, using first the **passato prossimo** plus the **imper-**
**fetto,** then the **passato remoto** plus the **imperfetto.**

ESEMPIO: Non esco perchè sono stanca. → Non sono uscita perchè ero stanca.
                          Non uscii perchè ero stanca.

**1.** Gli chiedo quanti anni ha.    **2.** Mi risponde che non vuole dirmelo.    **3.** Non
andiamo alla festa perchè non abbiamo niente da metterci.    **4.** Non mangiano gelati perchè sono a dieta.    **5.** Luisa dice che si annoia.    **6.** Mi domandate perchè
sto sempre zitto.

**B.** Complete the following anecdote with the **imperfetto** or the **passato remoto** of the
verbs in parentheses, as needed.

**Un'idea luminosa°**                                                               *bright*

Un giorno, Bridges, famoso organista e compositore inglese, (*trovarsi*)
a Mosca° col suo amico romanziere° Player.                                          *Moscow / novelist*

    I due (*dovere*) andare a Pietroburgo e dato che° (*essere*) già tardi,           *dato... since*
(*prendere*) una carrozza° e (*gridare°*) al cocchiere° di portarli alla sta-          *carriage / to shout /*
zione. Ma il cocchiere non (*capire*) una parola d'inglese, e loro non                    *coachman*
(*conoscere*) il russo. Finalmente (*avere*) un'idea luminosa. Uno (*comin-*
*ciare*) a fare con la bocca il rumore di un treno che parte, mentre
l'altro (*fischiare°*) con tutta la sua forza. Il cocchiere (*fare*) segno°          *to whistle / sign*
d'aver capito e (*spronare°*) il cavallo. « È stata una bella idea, la               *to spur*
nostra! » (*esclamare*) Player. « Oh, era una cosa tanto semplice! »
(*dire*) Bridges, tutto soddisfatto. Dieci minuti dopo, la carrozza (*fer-*
*marsi*) davanti a un manicomio.°                                                    *asylum*

**C.** Express in Italian.

**1.** I don't understand. I eat less than you and I'm fatter!    **2.** It's the most boring
book of all those I've read in the past two years. It is more boring than the telephone directory (**elenco telefonico**)!    **3.** Which is the least expensive store in the
neighborhood?    **4.** The wine was excellent, but you should not have served it so
cold.    **5.** We see her very often.    **6.** It would have been better to wait another
hour.    **7.** You made a big mistake in the easiest part of the exercise.

**D.** How well would you do on a TV quiz show? The answers are at the bottom of
page 313.

**1.** Qual è il giorno più lungo dell'anno?    **2.** Qual è il mese più breve
dell'anno?    **3.** È più grande il Texas o l'Arizona?    **4.** In quale stato è la mon-

tagna più alta degli Stati Uniti? **5.** Qual è la città più grande d'Italia? **6.** Qual è la città più grande del mondo? **7.** Qual è l'opera più famosa di Dante?

**E.** Vogliamo fare un lungo viaggio: qual è il mezzo di trasporto più caro? Più snob? Più sano (*healthy*)? Più pericoloso (*dangerous*)? Più rumoroso (*noisy*)?

**F.** Conversazione

**1.** Ha mai partecipato a un quiz televisivo? Le piacerebbe partecipare? **2.** Conosce qualcuno che ha partecipato e che ha avuto un premio? **3.** Quali sono i Suoi programmi preferiti alla televisione? **4.** In quale giorno della settimana ci sono i programmi migliori? **5.** Quali programmi televisivi Le piacerebbe eliminare?

# IV. PAROLE DA RICORDARE

VERBI

**accettare** (**di** + *inf.*)   to accept
**mentire**   to lie
**partecipare a**   to participate in
**trasferirsi (isc)**   to move

NOMI

**la bistecca**   steak
**la bugia**   lie
**il cannone**   cannon; ace, champion, whiz
**la cittadinanza**   citizenship
**il commediografo**   playwright
**la conoscenza**   knowledge
**i dintorni** (*pl.*)   surroundings
**la fermata**   stop
**l'invito**   invitation
**l'isola**   island
**il mezzo di comunicazione**   means of communication
**il motoscafo**   motorboat
**il notiziario**   news

**la parentela**   relationship
**la poesia**   poem
**il poeta**   poet
**il premio**   prize
**il presentatore**   announcer
**il programma**   program
**la prova**   proof, evidence
**il sangue**   blood
**il sapore**   taste
**la storia**   history
**la trasmissione**   telecast
**il veleno**   poison

AGGETTIVI

**chiaro**   clear
**commosso**   moved
**imbarazzante**   embarrassing
**lontano**   distant, far
**maggiore**   bigger, greater, major
**massimo**   very big, very great

**migliore**   better
**minimo**   very small
**minore**   smaller, lesser, minor
**noto**   well known
**ottimo**   excellent
**peggiore**   worse
**pessimo**   very bad
**piacevole**   pleasant
**pittoresco**   picturesque
**rumoroso**   noisy
**seguito**   watched
**televisivo**   televised
**ultimo**   last

ALTRE PAROLE ED ESPRESSIONI

**inoltre**   also, in addition
**naturalmente**   naturally
**particolarmente**   particularly
**per mezzo di**   through
**peggio**   worse

1. il ventun giugno   2. febbraio   3. il Texas   4. in Alaska   5. Roma   6. Tokyo   7. la *Divina Commedia*

## ITALIA COSÌ

**A. Gusti televisivi.** Il Servizio Opinioni della RAI (Radio Audizioni Italiane—così si chiama l'ente nazionale responsabile di tutti i programmi della radio e della televisione) ha rilevato i seguenti dati sull'interesse del pubblico italiano per i vari generi (*types*) di programmi televisivi (Tabella 1) e per i vari tipi di notizie e di sport (Tabella 2). Potete indovinare il significato delle parole che trovate nelle due tabelle?

TAB. 1. INTERESSE PER I GENERI DI PROGRAMMI TELEVISIVI, MARZO 1982

| Interesse per vari generi di programmi televisivi | |
|---|---|
| | *Indici* |
| Film | 75 |
| Telegiornali | 74 |
| Telefilm | 68 |
| Canzoni e musica leggera | 55 |
| Giochi a quiz | 54 |
| Rivista e varietà | 51 |
| Gialli (a puntate o episodi) | 48 |
| Romanzi sceneggiati | 45 |
| Documentari e inchieste | 41 |
| Trasm. sportive (escluso calcio) | 39 |
| Partite di calcio | 38 |
| Commedie | 38 |
| Servizi sportivi | 37 |
| Trasmissioni culturali | 36 |
| Trasmissioni regionali | 32 |
| Cartoni animati | 31 |
| Operette e commedie musicali | 30 |
| Tribune politiche e sindacali | 30 |
| Programmi religiosi | 29 |
| Opere liriche | 20 |
| Concerti sinfonici | 14 |

Fonte: RAI, Servizio Opinioni

| TAB. 2. INTERESSE PER I VARI TIPI DI NOTIZIE E SPORT, MARZO 1982 | | | |
|---|---|---|---|
| **Interesse per vari tipi di notizie** | | **Interesse per vari tipi di sport** | |
| | *Indici* | | *Indici* |
| Costo della vita | 67 | Calcio | 46 |
| Problemi lavoro, pensioni | 61 | Automobilismo | 42 |
| Incidenti, calamità | 58 | Ciclismo | 40 |
| Guerre, terrorismo | 51 | Pugilato | 39 |
| Cronaca nera | 49 | Atletica leggera | 39 |
| Politica interna | 49 | Sci | 38 |
| Problemi della scuola | 47 | Motociclismo | 35 |
| Notizie sportive | 45 | Tennis | 34 |
| Religione, chiesa | 42 | Nuoto, tuffi | 32 |
| Politica estera | 41 | Pallacanestro | 26 |
| Tecnica, scienza | 41 | Ippica | 24 |
| Scioperi, dimostrazioni | 38 | Pallavolo | 21 |
| Imprese spaziali | 38 | Pallanuoto | 20 |
| Cronaca mondana | 34 | Canottaggio | 17 |
| | | Hockey su ghiaccio | 17 |
| | | Rugby | 13 |
| | | Scherma | 13 |
| | | Atletica pesante | 14 |
| | | Baseball | 10 |
| Fonte: RAI, Servizio Opinioni | | | |

Studiate Tabella 1 e dite quali generi di programmi mettereste ai primi cinque posti della graduatoria. Poi guardate i programmi delle tre reti nazionali a pagina 316 e trovate un programma per almeno sette dei generi sopra elencati. Riconoscete molti programmi americani? Quali?

Ora guardate Tabella 2 ed elencate i cinque tipi di notizie e i cinque sport che vi interessano di più.

B.  **C'erano tre fratelli...** Vi piacciono le favole? Ecco l'inizio (*beginning*) di una divertente favola d'origine popolare messa in versi dallo scrittore Emanuele Luzzati.

> C'erano tre fratelli
> che abitavano in tre castelli.
> Si chiamavano tutti Tommaso,
> ma si distinguevano per il naso.
> Tommasone dal naso arancione°              *orange*
> Tommasetto dal naso violetto°              *purple*
> Tommasino dal naso turchino°              *bright blue*
> e siccome° pensavano alla stessa cosa              *since*
> decisero un giorno di cercarsi una sposa.
>
> (*La continuazione è a pagina 317.*)

## RETE 1

**10.00 IL VALORE COMMERCIALE**
Originale televisivo
**11.30 ALFA**
**Alla ricerca dell'uomo**
**12.30 CHECK-UP**
**Programma di medicina**
**13.25 CHE TEMPO FA**
**13.30 TELEGIORNALE**
**14.00 PRISMA**
**Settimanale di varietà**
**14.30 SABATO SPORT**
Eurovisione **Francia: Morzine** - Sport invernali
**COPPA DEL MONDO DI SCI**
Discesa maschile
**16.30 MUSICA MUSICA**
**Per me, per te, per tutti**
**17.00 TG 1 - FLASH**
**17.05 AVVENTURE, DISAVVENTURE E AMORI DI NERO, CANE DI LEVA**
Un cartone animato
**17.20 CLACSON**
Rotocalco di auto e turismo, 11ª puntata
**18.10 ESTRAZIONE DEL LOTTO**
**18.15 LE RAGIONI DELLA SPERANZA**
Riflessioni sul Vangelo
**18.25 ARTISTI D'OGGI**
Umberto Mastroianni
**18.50 HAPPY MAGIC**
Con Fonzie in
«Happy days»
**19.45 ALMANACCO DEL GIORNO DOPO**
**CHE TEMPO FA**
**20.00 TELEGIORNALE**
**20.30 ZIM ZUM ZAM**
**Spettacolo fra musica e magia**, di Alexander e Eros Macchi, con Nadia Cassini - Regia di Eros Macchi - 2ª trasmissione
**21.40 NASCITA DI UNA DITTATURA**
di Sergio Zavoli
**22.40 TELEGIORNALE**
**22.50 UN GROSSO SQUARCIO NEL CIELO**
con Anthony Allen
**23.40 PROSSIMAMENTE**
a cura di Pia Jacolucci
**23.55 TG 1 NOTTE**
**CHE TEMPO FA**

## RETE 2

**10.00 BIS!**
Un programma di Anna Benassi
**12.00 MERIDIANA**
Informazioni, testimonianze, consigli e materiale d'uso per chi sta in casa e fuori
**Spazio casa**
**12.30 TG 2 - FAVOREVOLE & CONTRARIO**
**13.00 TG 2 - ORE TREDICI**
**13.30 TG 2 - SCOOP**
Tra cultura, spettacolo e altra attualità
**14.00 Dipartimento Scuola Educazione**
**SCUOLA APERTA**
**14.30 AMICI PER LA PELLE**
Film - Regia di Franco Rossi
**16.05 IL DADO MAGICO**
**Rotocalco del sabato**
**17.30 TG 2 - FLASH**
**17.35 ESTRAZIONI DEL LOTTO**
**17.40 PROSSIMAMENTE**
Programmi per sette sere, a cura di Pia Jacolucci
**18.00 TG 2 - ATLANTE**
**I regni perduti**
**18.30 TG 2 - SPORTSERA**
**18.40 IL SISTEMONE**
Un programma a quiz di Leo Chiosso condotto da Gianni Minà
Regia di Carlo Nistri
**PREVISIONI DEL TEMPO**
**19.45 TG 2 - TELEGIORNALE**
**20.30 SARANNO FAMOSI**
**Un passo avanti**
**21.30 ANTEPRIMA 1983**
**21.45 L'uomo dai mille volti - 10 film con Alec Guinness** a cura di Nedo Ivaldi
**HOTEL PARADISO**
Film - Regia di Peter Glenville
Interpreti: Aleć Guinness, Gina Lollobrigida
Primo tempo
**22.35 TG 2 - STASERA**
**22.45 HOTEL PARADISO**
Film - Secondo tempo
**23.40 IL CAPPELLO SULLE VENTITRÈ**
Spettacolo della notte
**0.15 TG 2 - STANOTTE**

## RETE 3

**12.55 Eurovisione**
**Sport invernali: Coppa del Mondo di Sci**
Discesa femminile
**17.10 È l'amor che mi rovina**, film con Walter Chiari, Lucia Bosé, Virgilio Riento, Aroldo Tieri, Eduardo Cianelli, Jackie Frost
**18.45 Prossimamente**, programmi per sette sere a cura di Pia Jacolucci
**19.00 TG 3**
fino alle 19,10 informazione a diffusione nazionale; dalle 19,10 alle 19,30 informazione regione per regione
**19.35 Il pollice**
**Programmi visti e da vedere sulla Terza Rete TV**
**20.05 L'orecchiocchio**
Quasi un quotidiano tutto musica
**20.30 Venezia tra Oriente e Occidente**
**21.25 TG 3**
**22.00 Jacques Offenbach**
**Il signor Cavolfiore**, di Marcel Jullian
**22.55 Un tempo di una partita di campionato A1 di Pallacanestro**

I PROGRAMMI POSSONO SUBIRE VARIAZIONI NON PREVEDIBILI IN TEMPO UTILE

Naturalmente avevano pensato alla stessa moglie
cioè alla figlia del sultano delle Puglie.°          *region of southern Italy*
Il sultano è perplesso perchè
la figlia è una e loro sono tre
e risolve questo dilemma
con uno stratagemma:
« La darò in moglie a quel fratello
che le offrirà il dono° più bello. »          *regalo*

E ora lasciatevi guidare dalla vostra immaginazione e continuate la favola, o in versi o in prosa!

# LETTURA CULTURALE

## La televisione in Italia

Dal 1954 la televisione italiana occupa un posto importante nella vita quotidiana° di quasi ogni famiglia, da quelle più ricche alle più modeste. A differenza dell'America, dove la maggior parte dei programmi sono finanziati dalle ditte° che fanno la pubblicità,° in Italia la TV, come la radio (RAI/TV), è finanziata dallo stato e dagli abbonati.° Infatti tutti quelli che hanno una radio o un televisore devono pagare una tassa annua. La pubblicità è limitata, e i programmi non sono interrotti da inviti a comprare questo o quel prodotto. Le trasmissioni che vanno in onda° sulle tre reti° statali offrono nei programmi la varietà e la frequenza della televisione americana che ha più canali,° ma i nuovi programmi aumentano, mentre quelli vecchi di incontestabile popolarità continuano a divertire il pubblico.

    Un programma di grande successo ha preso lo spunto° dai telequiz americani; si chiama « Lascia o raddoppia ».° Il popolare presentatore è Mike Bongiorno, un italo-americano che ha avuto per primo l'idea di presentare il telequiz in Italia, indovinando° l'entusiastica accoglienza° del pubblico.

    Alcuni programmi sono trasmessi dall'estero° (Svizzera,° Capodistria,° Montecarlo), ma la vera concorrenza° all'attenzione del pubblico italiano è cominciata con la creazione delle TV libere. Diversi organizzatori privati hanno i loro studi televisivi e presentano spettacoli in varie località d'Italia. Questi sono programmi locali che possono piacere molto a spettatori di una regione e non di un'altra: un programma preparato a Napoli non avrà mai fortuna a Trieste, o quello che piace a Catania può non

*daily*

*companies*
*ads*
*viewers (subscribers)*

*in... on the air*
*channels (networks)*
*channels*

*ha... was spurred*
*Lascia... Leave it or double it (double or nothing)*
*guessing*
*reception*
*abroad / Switzerland*
*city in Yugoslavia / competition*

piacere ad ascoltatori romani e così via. Ma questa concorrenza potrà solo stimolare la forza creatrice° della televisione: migliori programmi ne dovrebbero risultare e il pubblico avrà maggiore possibilità di scelta.

*creative*

## Reading comprehension check

**A.** Completate secondo la lettura.

**1.** In America la televisione è finanziata da ditte private, mentre in Italia... **2.** In Italia la pubblicità non interrompe un programma, ma in America... **3.** In Italia ci sono solo tre canali, mentre in America... **4.** Ci sono alcuni programmi trasmessi dall'estero, da... **5.** La concorrenza ai programmi della televisione statale viene da...

**B.** Elaborate con una frase completa.

**1.** « Lascia o raddoppia » **2.** TV libere **3.** Migliori programmi **4.** Mike Bongiorno **5.** La pubblicità in televisione

# Il mondo della politica

Uomini e donne partecipano a una dimostrazione organizzata dal partito comunista.

I. GRAMMATICA
   A. The present subjunctive
   B. The past subjunctive
   C. Verbs and impersonal expressions governing the subjunctive
   D. Nouns and adjectives ending in **-a**

II. DIALOGO

III. DI TUTTO UN PO'

IV. PAROLE DA RICORDARE

**intermezzo**
   ITALIA COSÌ
   LETTURA CULTURALE: I partiti politici italiani

# I. GRAMMATICA

## A. The present subjunctive

PRIMO PENSIONATO: Tutti i giorni c'è uno sciopero; ho l'impressione che in Italia nessuno abbia più voglia di lavorare.

SECONDO PENSIONATO: Però con gli scioperi i lavoratori ottengono gli aumenti di salario. Peccato che i pensionati non possano scioperare anche loro!

PRIMO PENSIONATO: È necessario che i partiti ascoltino anche la nostra voce: dobbiamo organizzare una dimostrazione e farci sentire. Non siamo ancora morti!

1. *Che cosa pensa il primo pensionato?*
2. *Secondo l'altro pensionato, che cosa è possibile ottenere con gli scioperi?*
3. *Che cosa dovrebbero fare i pensionati?*

1. All the tenses you have learned so far (except for the forms of the conditional) belong to the *indicative* mood. The indicative mood states fact; it conveys an idea of certainty or objectivity: **canto, ho cantato, canterò.** The *subjunctive* mood, introduced in this section, expresses uncertainty, doubt, possibility, or personal feelings rather than fact. It conveys the opinions and attitudes of the speaker.

   The subjunctive is seldom used independently; it is generally preceded by a main (independent) clause to which it is connected by **che.**

| INDICATIVE | | | SUBJUNCTIVE |
|---|---|---|---|
| independent clause | + **che** + | | dependent clause |
| Credo | che | | lei **canti** canzoni italiane. |
| *I think* | *(that)* | | *she sings Italian songs.* |

---

FIRST RETIRED MAN: Every day there's a strike. I have the feeling that in Italy nobody feels like working any more. SECOND RETIRED MAN: With strikes, however, workers get salary increases. Too bad retired people can't strike, too! FIRST RETIRED MAN: It's necessary for (political) parties to listen to our voices, too. We should organize a demonstration and make ourselves heard. We're not dead yet!

In English, the subjunctive is used infrequently: *I move **that** the meeting **be** adjourned; we suggest **that he go** home immediately.* In Italian, however, the subjunctive is used often in both speaking and writing.

The subjunctive mood has four tenses: present, past, imperfect, and pluperfect.

2. The present subjunctive (**il presente congiuntivo**) is formed by adding the appropriate endings to the verb stem. Verbs ending in **-ire** that insert **-isc-** in the present indicative also insert **-isc-** in the present subjunctive, except in the first and second persons plural.

|  | lavorare | scrivere | dormire | capire |
|---|---|---|---|---|
| che io | lavori | scriva | dorma | capisca |
| che tu | lavori | scriva | dorma | capisca |
| che lui/lei | lavori | scriva | dorma | capisca |
| che | lavoriamo | scriviamo | dormiamo | capiamo |
| che | lavoriate | scriviate | dormiate | capiate |
| che | lavorino | scrivano | dormano | capiscano |

Note that in the present subjunctive the endings of the three singular persons are the same: **-i** for **-are** verbs; **-a** for **-ere** and **-ire** verbs. To avoid confusion, subject pronouns are generally used with these persons in the subjunctive.

For all three conjugations, the first person plural ending is **-iamo** and the second person plural ending is **-iate**. The third person plural ending adds **-no** to the singular ending.

3. Verbs with infinitive ending in **-care** and **-gare** have an **-h-** between the stem and the present subjunctive endings.

| giocare | | pagare | |
|---|---|---|---|
| giochi | giochiamo | paghi | paghiamo |
| giochi | giochiate | paghi | paghiate |
| giochi | giochino | paghi | paghino |

4. Verbs ending in **-iare** drop the **-i-** from the stem before the present subjunctive endings are added.

| cominciare | | mangiare | |
|---|---|---|---|
| cominci | cominciamo | mangi | mangiamo |
| cominci | cominciate | mangi | mangiate |
| cominci | comincino | mangi | mangino |

**5.** The following verbs have irregular present subjunctive forms:

| | |
|---|---|
| andare | vada, andiamo, andiate, vadano |
| avere | abbia, abbiamo, abbiate, abbiano |
| dare | dia, diamo, diate, diano |
| dire | dica, diciamo, diciate, dicano |
| dovere | debba, dobbiamo, dobbiate, debbano |
| essere | sia, siamo, siate, siano |
| fare | faccia, facciamo, facciate, facciano |
| potere | possa, possiamo, possiate, possano |
| sapere | sappia, sappiamo, sappiate, sappiano |
| stare | stia, stiamo, stiate, stiano |
| uscire | esca, usciamo, usciate, escano |
| venire | venga, veniamo, veniate, vengano |
| volere | voglia, vogliamo, vogliate, vogliano |

—Che pezzo vuoi che ti suoni?

## E S E R C I Z I

**A.** Restate each sentence replacing the italicized word with each word or phrase in parentheses. Change the verb to the subjunctive and make all other necessary changes.

ESEMPIO: Spero che *tu* studi. (i ragazzi) → Spero che i ragazzi studino.

1. Ho l'impressione che *tu* non capisca. (i miei genitori / voi / Giulia / Lei)
2. È necessario che *tutti* ascoltino. (voi / io / noi / anche lui)
3. Peccato che *Laura* non possa venire! (tu / loro / io / noi)
4. Hanno paura che *noi* non paghiamo. (la signora / voi / i bambini / io)
5. La mamma non vuole che *io* lo faccia. (Pierino / tu / loro / voi)
6. Credete che *nessuno* venga? (gli altri / io / noi)

**B.** Restate each sentence beginning with **Bisogna che** and changing the verb to the subjunctive.

ESEMPIO: Sei puntuale. → Bisogna che tu sia puntuale.

**1.** Mangi molta frutta.  **2.** Usi poco sale.  **3.** Pulisci la casa.  **4.** Non dici mai bugie.  **5.** Studi i verbi irregolari.  **6.** Rispondi a tutte le domande.  **7.** Non dimentichi di comprare lo zucchero.  **8.** Vai all'università.  **9.** Mi dai del tu.  **10.** Hai molta pazienza.

Now tell three things you have to do today, using the subjunctive. Begin each sentence with **Bisogna che.**

**C.** Rispondete affermativamente o negativamente.

**1.** È probabile che faccia molto freddo quest'inverno?  **2.** Crede che sia bene razionare la benzina?  **3.** È importante che tutti votino alle elezioni politiche?  **4.** È bene che i giovani vadano a vivere per conto loro (*on their own*) prima dei vent'anni?

**D.** Conversazione

**1.** Quali cose spera che succedano oggi?  **2.** Quali cose ha paura che succedano quest'anno?  **3.** Crede che i pensionati debbiano scioperare?  **4.** Pensa che i lavoratori ottengano aumenti di salario con gli scioperi?

---

## B. The past subjunctive

—Sono proprio contento che sia venuto anche lei a questo ricevimento°!

*reception*

---

1. The past subjunctive (**il passato congiuntivo**) is formed with the present subjunctive of **avere** or **essere** plus the past participle of the main verb.

| VERBS CONJUGATED WITH **avere** | VERBS CONJUGATED WITH **ẹssere** |
|---|---|
| che io abbia | che io sia |
| che tu abbia | che tu sia |
| che lui/lei abbia  } lavorato | che lui/lei sia  } partito/a |
| che abbiamo | che siamo |
| che abbiate | che siate |
| che ạbbiano | che sịano  } partiti/e |

2. The past subjunctive is used in place of either the **passato prossimo** or the **passato remoto** indicative whenever the subjunctive is required.

| | |
|---|---|
| **Hanno capito** tutto. | *They understood everything.* |
| Credo che **abbiano capito** tutto. | *I think they understood everything.* |
| Anche i pensionati **scioperarono**. | *The retired people also went on strike.* |
| Ho l'impressione che anche i pensionati **abbiano scioperato**. | *I think that the retired people also went on strike.* |

The chronological relationship between the dependent clause and the independent clause determines whether the present or the past subjunctive should be used. Use the present subjunctive if the action of the dependent clause (after **che**) takes place *at the same time as* or *after* the action of the independent clause. Use the past subjunctive if the action of the dependent clause took place *before* the action of the independent clause.

| | |
|---|---|
| Ho paura **che non capiate**. | *I'm afraid you* { *don't understand (now).* / *won't understand (later).* } |
| Ho paura **che non abbiate capito**. | *I'm afraid you didn't understand (previously).* |
| Siamo contenti **che vengano**. | *We're glad they* { *are coming (today).* / *will come (later).* } |
| Siamo contenti **che siano venuti**. | *We're glad they came.* |

## E S E R C I Z I

**A.** Replace the subject of the dependent clause with each subject in parentheses and make all necessary changes.

1. Credo che *tu* abbia sbagliato (*were wrong*). (il dottore / i tuoi amici / voi / Lei)
2. Ci dispiace che *Roberto* non si sia laureato. (Marisa / i tuoi cugini / tu / le ragazze)
3. È strano che *le tue amiche* non siano venute. (l'avvocato / voi due / tu / gli altri)

**B.** Combine each pair of sentences adding **che** and making all necessary changes.

ESEMPI: Franca è andata via. Ci dispiace. → Ci dispiace che Franca sia andata via.
Lo sciopero è finito. Lo spero. → Spero che lo sciopero sia finito.

1. Non è successo niente. Lo speriamo.
2. Hanno detto una bugia. Non è possibile.
3. Il dolce vi è piaciuto. Ne sono contenta.
4. Hai dovuto aspettare tanto. È incredibile.
5. Ci sei già stato. Non lo crediamo.
6. Avete capito tutto. È importante.

**C.** Restate each sentence using the past subjunctive.

ESEMPIO: È bene che tu non mangi tutta la pizza. →
È bene che tu non abbia mangiato tutta la pizza.

1. Ho paura che tu non dorma abbastanza.
2. Siamo contenti che compriate questa casa.
3. Sperano che lui ritorni.
4. Immagini che preferiscano prendere l'aereo.
5. È possibile che lui voglia farle un bel regalo.
6. Peccato che non nevichi!
7. È strano che Luisella ti dia del Lei.
8. Ho l'impressione che tu non capisca.

**D.** Complete each sentence in a logical manner.

1. È possibile che i pensionati…     2. Non credo che i partiti politici…     3. Ho paura che lo sciopero degli studenti…     4. Ho l'impressione che il presidente…
5. Spero che nessuno…

—Io direi che è meglio aspettare che siano cadute° tutte.          *fallen*

---

## C. Verbs and impersonal expressions governing the subjunctive

CAMERIERE: Professore, vuole che Le porti il solito caffè o preferisce un poncino?[1]

PROFESSORE: Fa un po' fresco... Forse è meglio che prenda un poncino. Scalda di più.

CAMERIERE: Speriamo che questo sciopero finisca presto, professore.

PROFESSORE: Certo; ma bisogna che prima gli insegnanti ottengano un miglioramento delle loro condizioni di lavoro.

*1. Perchè il professore decide di prendere un poncino?*
*2. Che cosa spera il cameriere?*
*3. Che cosa vogliono ottenere gli insegnanti?*

When two conjugated verbs are connected by **che**, it is necessary to decide whether the second verb should be in the indicative or in the subjunctive. The first verb (in the independent clause) determines whether the indicative or the subjunctive should be used in the dependent clause.

1. The following verbs and expressions normally require the subjunctive in a dependent clause:

   **a.** verbs or phrases expressing emotion: **sono contento che, sono felice che, ho paura che, mi (dis)piace che, preferisco che, spero che**

   **Siamo contenti** che tu sia venuto.          *We're glad you came.*

   **b.** verbs expressing an opinion, doubt, or uncertainty: **credo che, penso che, immagino che, dubito** (*I doubt*) **che**

   **Non credo** che diciate la verità.          *I don't think you're telling the truth.*

   **c.** verbs expressing a command or a wish: **voglio che, desidero che, esigo** (*I demand*) **che**

---

**WAITER:** Professor, do you want me to bring you the usual cup of coffee, or would you prefer a "poncino"?
**PROFESSOR:** It's a bit chilly. Maybe it's better for me to have a "poncino." It warms you up more.
**WAITER:** Let's hope that this strike will end soon, professor.   **PROFESSOR:** It will, but first it's necessary for teachers to obtain better working conditions.

[1] A hot drink made with water, sugar, and rum or other liqueurs. The word is an adaptation of the English word "punch."

**Vogliono** che io mangi.　　　　　　　*They want me to eat. (lit., They want that I eat.)*

d. many impersonal verbs and expressions denoting emotion, doubt, indirect or implied command: **bisogna che, pare che** (*it seems that*), **sembra che, può darsi** (*it's possible*) **che, è importante che, è ora che** (*it's time that*), **è (im)possibile che, è incredibile che, è probabile che, è strano che, peccato che**

**Bisogna** che tu studi una lingua straniera.　　　　　　　*It's necessary for you to study a foreign language.*

2. The indicative, not the subjunctive, is used if the verb or expression in the independent clause denotes certainty. Compare these sentences:

Sappiamo che **piove**.　　　　　　　*We know it's raining.*
Crediamo che **piova**.　　　　　　　*We believe it's raining.*

È vero che **hanno indovinato**.　　　　　*It's true they have guessed.*
È probabile che **abbiano indovinato**.　　　*It's probable they've guessed.*

3. The subject of the verb in the independent clause and the subject of the verb in the dependent clause must be different when the subjunctive is used. If the subject is the same for both verbs, **di** + *infinitive* is used instead of the subjunctive for the second verb; the infinitive alone occurs after verbs indicating preference. The infinitive can be *present* (**cantare, partire**), or *past* (**avere cantato, essere partito**) if it refers to an action that has already occurred.

| DIFFERENT SUBJECT | SAME SUBJECT |
|---|---|
| **Spero** che i miei amici **vadano** al mare. | Spero **di andare** al mare. |
| *I hope my friends go to the beach.* | *I hope to go to the beach.* |
| **Siamo contenti** che **abbiate capito**. | Siamo contenti **di avere capito**. |
| *We're glad you understood.* | *We're glad we understood.* |
| Non **vogliono** che tu **prenda** l'aereo. | Non vogliono **prendere** l'aereo. |
| *They don't want you to take the plane.* | *They don't want to take the plane.* |

4. After impersonal expressions that take the subjunctive, the subjunctive is used if the verb of the dependent clause has an expressed subject. But if no subject is expressed, the infinitive is used.

| EXPRESSED SUBJECT | NO SUBJECT EXPRESSED |
|---|---|
| Non è possibile che **lui ricordi** tutto. | Non è possibile **ricordare** tutto. |
| *It's not possible for him to remember everything.* | *It's not possible to remember everything.* |
| Bisogna che **tu capisca**. | Bisogna **capire**. |
| *It's necessary for you to understand.* | *It's necessary to understand.* |

—Non ho fretta... l'importante è che la piscina sia piena prima del mese di agosto...

## E S E R C I Z I

**A.** Complete each sentence with the correct form of the present indicative or subjunctive of **avere.**

**1.** Sembra che i miei amici non _____ più soldi.     **2.** Peccato che tu non _____ voglia di uscire!     **3.** Siamo sicuri che Gabriella _____ intenzione di andare all'università.     **4.** Può darsi che la nonna _____ bisogno di qualcosa.     **5.** Riconosco che tu _____ il coraggio di dire quello che pensi.     **6.** Credete che nessuno _____ sonno?

**B.** Form a new sentence by beginning it with each of the expressions given in parentheses. Use **che** + *indicative,* **che** + *subjunctive,* or **di** + *infinitive.*

ESEMPIO: Siete in ritardo. (sembra / è vero / non credete) →
È vero che siete in ritardo.
Sembra che siate in ritardo.
Non credete di essere in ritardo.

**1.** Mi metto i jeans. (voglio / non vogliono / è probabile)     **2.** Conoscono bene la Sicilia. (pare / credono / sei sicuro)     **3.** Dormite durante il viaggio. (sperate / può darsi / è importante)     **4.** Mi arrabbio facilmente. (è vero / non credo / vi dispiace)     **5.** Hanno l'influenza. (sembra / hanno paura / ho saputo)     **6.** Glielo dici. (è meglio / non vuoi / sperano)     **7.** Imparo l'italiano. (bisogna / dubitano / sono contento)

**C.** Conversazione

**1.** Che cosa vuol fare dopo la laurea?     **2.** I Suoi genitori che cosa vogliono che Lei faccia?     **3.** Spera che non ci siano esami d'italiano questa settimana?

—Se beve per dimenticare,
è meglio che paghi prima.

**D.** Express in Italian.

**1.** My friend doesn't want me to learn how to drive.    **2.** I know she wants to spend her vacation in Sicily this year.    **3.** I don't want you to pay for everyone. **4.** Why don't you want her to go out with him?    **5.** We want the children to be quiet.    **6.** Aren't you glad you have a job?    **7.** Aren't you glad I have a job?

**E.** Complete each sentence in a logical manner.

**1.** È vero che...    **2.** È ora che...    **3.** Non credo di...    **4.** Non credo che... **5.** Capisco che...    **6.** Spero che...    **7.** Spero di...

## D. Nouns and adjectives ending in -a

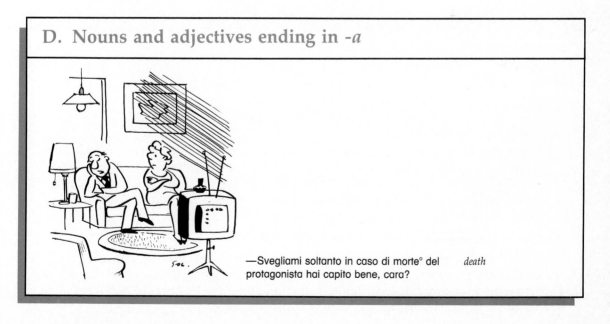

—Svegliami soltanto in caso di morte° del        *death*
protagonista hai capito bene, cara?

1. You have already learned that nouns ending in **-a** are generally feminine and that they change **-a** to **-e** in the plural. There are a few nouns ending in **-a** that are masculine. Their plural ends in **-i**.

| SINGULAR | | PLURAL | |
|---|---|---|---|
| il poe**ta** | *poet* | i poe**ti** | *poets* |
| il program**ma** | *program* | i program**mi** | *programs* |
| il panora**ma** | *view* | i panora**mi** | *views* |
| il pa**pa** | *pope* | i pa**pi** | *popes* |
| il proble**ma** | *problem* | i proble**mi** | *problems* |

Nouns ending in **-ista** can be either masculine or feminine, depending on whether they indicate a male or a female. The plural ends in **-isti** (*m.*) or **-iste** (*f.*).

il tur**ista** ⟶ i tur**isti**
la tur**ista** ⟶ le tur**iste**

l'art**ista** ⟶ gli art**isti**
⟶ le art**iste**

2. You have already learned that adjectives that end in **-o** have four endings (**-o, -a, -i, -e**) and that adjectives that end in **-e** can have two endings (**-e, -i**). However, there are a few adjectives (**ottimista, femminista, comunista, entusiasta,** and so on) that have three endings: **-a, -e,** or **-i**. The singular ending for both masculine and feminine is **-a**. The plural endings are **-i** for masculine and **-e** for feminine.

un ragazzo ottimist**a** ⟶ due ragazzi ottimist**i**
una ragazza ottimist**a** ⟶ due ragazze ottimist**e**

## E S E R C I Z I

**A.** Give the plural of each phrase.

1. il grand'artista     2. la famosa pianista     3. il movimento femminista     4. il programma socialista     5. quel poeta pessimista     6. l'intellettuale comunista

**B.** Express in Italian.

1. Do you know that man? I think he's a famous pianist.     2. We've studied the great poets of the nineteenth century (**secolo**).     3. She thinks she's a great artist. 4. Do you understand the program of the Socialist party?     5. Not all the popes have been Italian.     6. We don't believe many people voted for the Communist party in our town.

**C.** Conversazione

1. Si considera pessimista o ottimista? Perchè?     2. È femminista? Per esempio: crede che una donna sposata debba stare in casa e occuparsi dei bambini? Crede che una donna debba guadagnare tanto quanto un uomo per lo stesso lavoro? Crede che un uomo debba collaborare alle faccende domestiche?

# II. DIALOGO

*È autunno. Le vacanze sono finite, i turisti sono partiti, la gente è tornata al lavoro, nelle città la vita ha ripreso° il suo ritmo normale... o quasi. Oggi, per esempio, non ci sono lezioni all'università di Firenze: gli studenti sono in sciopero. Dappertutto si parla° di politica. Pietro e Beppino, seduti al tavolino di un caffè, ascoltano le discussioni animate di un gruppo di studenti italiani.*

                                *resumed*

                                *si... one talks*

PRIMO STUDENTE: Dite quello che volete, ma io credo che la DC,[2] con tutti i suoi difetti, sia l'unico partito capace di garantire la democrazia in Italia.

SECONDO STUDENTE: Ma cosa dici! La DC garantisce solo gli interessi dei ricchi. Fa le riforme ma poi non le applica!° Bisogna che anche il partito comunista entri a far parte del governo!     *enforce*

TERZO STUDENTE: Neanche per idea! È meglio che il PCI[3] resti all'opposizione!

QUARTO STUDENTE: È ora che gli italiani capiscano che ci sono altre alternative. A me pare che gli altri partiti abbiano qualcosa da dire anche loro!

SECONDO STUDENTE: Quali altri partiti? Gli ultra-sinistra° o quei fascisti del MSI?[4]     *far left*

QUARTO STUDENTE: Ma no! Parlo del partito socialista e del partito repubblicano; e, anche se tu non sei d'accordo, sono convinto° che anche il vecchio partito liberale possa esercitare° un suo ruolo.     *convinced*  *play*

UNA STUDENTESSA: Cari miei, sono stufa dei° vostri grandi partiti che si ricordano delle donne soltanto quando vogliono il nostro voto: mio padre vuole che voti DC, il mio ragazzo esige che voti PCI; e io invece alle prossime elezioni voto radicale. È l'unico partito che abbia fatto qualcosa per noi donne!     *stufa... fed up with*

BEPPINO: *(Sottovoce a Pietro)* Com'è complicata la politica in Italia! Non ti pare che in America le cose siano più semplici?

---

## Dialogue comprehension check

*Rispondete alle seguenti domande.*

**1.** Perchè non ci sono lezioni all'università di Firenze oggi? **2.** Di che cosa parla la gente dappertutto? **3.** Dove sono Pietro e Beppino? **4.** Che cosa fanno? **5.** Fa parte del

[2]DC: Democrazia Cristiana
[3]PCI: Partito Comunista Italiano
[4]MSI: Movimento Sociale Italiano

---

governo italiano il partito comunista?　　**6.** Quali sono i due partiti più importanti in Italia? **7.** Quali altri partiti potrebbero rappresentare un'alternativa?　　**8.** Qual è il partito che, secondo la studentessa, ha fatto qualcosa per le donne?

---

CURIOSITÀ

*L'USO DELLE SIGLE IN ITALIANO:* La sigla è una particolare forma di abbreviazione di parole: le iniziali di più parole sono raggruppate insieme e formano una parola convenzionale che leggiamo, nel limite del possibile, così come è scritta. Le sigle sono usate soprattutto per designare associazioni e gruppi culturali, politici, sportivi; società commerciali e industriali; istituzioni civili e militari. Ci sono anche sigle convenzionali di carattere internazionale.

ESEMPI: la Democrazia Cristiana → la DC (la dicì)
　　　　il Partito Comunista → il PC (il picì)
　　　　l'ONU (l'onu) (Organizzazione Nazioni Unite)
　　　　la Fiat (Fabbrica Italiana Automobili Torino)
　　　　SOS (esse o esse) (*Save our souls; Help!*)

---

# III. DI TUTTO UN PO'

**A.** Express in Italian.

**1.** I don't want you to go out in (**con**) this weather. It's better for you to wait. **2.** Is it possible you always repeat the same things to me?　　**3.** It is necessary for you to read some other books if you want the professor to approve (**approvare**) your work.　　**4.** Phone him! We don't think he has left yet.　　**5.** Mother hopes this medicine will be good for you.　　**6.** Aren't you glad you use Dial?　　**7.** I'm sorry you were unable to come to my party.　　**8.** She thinks she knows everything.　　**9.** It's possible he drank too much.　　**10.** Too bad you can't vote.

**B.** Respond to each statement with **Sono contento/a che** + *the present or past subjunctive,* or **Sono contento/a di** + *the present or past infinitive.*

ESEMPI: Andretti è arrivato primo. → Sono contento che Andretti sia arrivato primo.
　　　　Sono arrivato primo. → Sono contento di essere arrivato primo.

**1.** Ho pagato meno di te.　　**2.** Hanno il senso dell'umorismo.　　**3.** Venite a trovarmi regolarmente.　　**4.** Capisco tutto quello che dici.　　**5.** Tuo fratello si è sposato.　　**6.** Non mi sono sposata.　　**7.** Fanno molto sport.　　**8.** Hai deciso di prestarmi dei soldi.　　**9.** Ho noleggiato una macchina.

**C.** Combine each pair of sentences and make all necessary changes.

ESEMPIO: Quel signore ha prenotato tre stanze. È impossibile. →
　　　　È impossibile che quel signore abbia prenotato tre stanze.

**1.** Non mangiano gelati. È strano.　　**2.** L'ho dimenticato. Può darsi.　　**3.** Il professore ce ne ha già parlato. È vero.　　**4.** Avete perduto le chiavi. Mi dispiace. **5.** Ci sono molti partiti in Italia. Lo so.　　**6.** Andranno all'Università di Roma.

---

—È il cercatote d'oro° più ottimista che abbia mai incontrato.

*Goldsmith's Shop*

cercatore... *gold digger*

Lo sperano.    **7.** Guadagni tanto quanto me. L'ho sentito dire.    **8.** Non ha imparato a giocare a bridge. Peccato!

**D.** Conversazione

**1.** Lei s'interessa di politica?    **2.** Parla mai di politica, americana o internazionale, con i Suoi amici?    **3.** Pensa che la politica americana sia complicata come in Italia o più semplice che in Italia?    **4.** C'è mai stato uno sciopero alla Sua università? E nella Sua città?    **5.** La studentessa del dialogo è stufa dei grandi partiti. Ci sono cose o persone di cui Lei è stufo/a?

# IV. PAROLE DA RICORDARE

VERBI

**applicare**   to apply; to enforce
**avere l'impressione**   to have the impression
**dubitare**   to doubt
**esigere**   to expect; to demand
***essere in sciopero**   to be on strike
**farsi sentire**   to make oneself heard
**garantire (isc)**   to guarantee
**organizzare**   to organize
**ottenere**[5]   to obtain
**riprendere** (*p.p.* **ripreso**)   to resume
**scaldare**   to warm
**scioperare**   to (go on) strike
**votare**   to vote

NOMI

**l'alternativa**   alternative

**l'aumento**   raise
**la condizione** (*f.*)   condition
**la democrazia**   democracy
**il difetto**   defect, fault
**la dimostrazione**   demonstration
**la discussione**   discussion
**l'elezione** (*f.*)   election
**il/la fascista**   fascist
**il governo**   government
**il lavoratore**   worker
**l'opposizione** (*f.*)   opposition
**il papa**   pope
**il partito**   party (*political*)
**il pensionato**   retired person
**la politica**   politics
**la riforma**   reform
**il ritmo**   rhythm
**il ruolo**   role
**il salario**   salary
**la sinistra**   left

**il voto**   vote

AGGETTIVI

**animato**   animated
**capace (di)**   capable (of)
**complicato**   complicated
**comunista**   communist
**convinto**   convinced
**liberale**   liberal
**normale**   normal
**radicale**   radical
**repubblicano**   republican
**socialista**   socialist
**stufo (di)**   fed up (with)

ALTRE PAROLE ED ESPRESSIONI

**anche se**   even if
**è ora che**   it's time that
**pare che**   it seems that
**può darsi**   maybe
**sottovoce**   in a low voice

[5]The present tense of **ottenere** is **ottengo, ottieni, ottiene, otteniamo, ottenete, ottengono**.

## ITALIA COSÌ

**A. Pace e libertà.** Il giovane della poesia vuole pace e libertà. Leggete la sua storia.

**Ho scritto sui muri° pace e libertà**      *walls*

« O fattorino° in bicicletta      *messenger*
dove corri con tanta fretta? »
« Corro a portare una lettera espresso°      *special delivery*
arrivata proprio adesso. »°      *now*
« O fattorino, corri diritto,
nell'espresso cosa c'è scritto? »
« C'è scritto—Mamma non stare in pena°      *non... don't worry*
se non ritorno per la cena,
in prigione mi hanno messo
perchè sui muri ho scritto col gesso.°      *chalk*
Con un pezzetto di gesso in mano
quel che scrivevo era buon italiano,
ho scritto sui muri della città
« Vogliamo pace e libertà... »
Ma di una cosa mi rammento,°      *mi... mi ricordo*
che sull'-*a*- non ho messo l'accento.
Perciò° ti prego per favore,      *Therefore*
va' tu a correggere quell'errore,
e un'altra volta, mammina mia,
studierò meglio l'ortografia. »°      *spelling*

—Gianni Rodari

*Ora rispondete alle seguenti domande.*

1. Chi porta una lettera espresso alla mamma del giovane?
2. Perchè il giovane non ritorna a casa per la cena?
3. Dove ha scritto « pace e libertà » il giovane?
4. Quale è stato il suo errore?
5. Che cosa vuole che faccia sua madre?
6. Che cosa promette alla mamma il giovane?

**B. Un cane... politico.** Il cane del disegno non ha difficoltà ad esprimere le sue opinioni sull'America e sulla Russia.

*bone*
*forbidden / to bark*

Ora immaginate di essere un cane americano che ha opinioni politiche e completate le seguenti frasi.

1. In politica mi definisco…
2. L'Italia (non) mi piace perchè…
3. La Cina (non) mi piace perchè…

Confrontate le vostre risposte con quelle dei compagni e votate per la risposta più originale a ciascuna domanda.

# LETTURA CULTURALE

## I partiti politici italiani

La vita politica italiana è caratterizzata dalla presenza di numerosi partiti e da continue crisi di governo: negli ultimi trent'anni ci sono stati più di trenta governi!

I partiti principali sono quattro: due di essi, la Democrazia Cristiana (DC) e il Partito Comunista Italiano (PCI), rappresentano la maggioranza° del popolo.° Fino ad oggi la DC *majority / people* ha ricevuto la maggior parte dei voti, ma con un margine troppo piccolo per governare da sola, senza l'appoggio° di altri partiti. *support* Questo spiega perchè dal 1948, anno di nascita° della repubblica *birth* italiana, la DC ha quasi sempre governato in coalizione con altri partiti.

Mentre la DC rappresenta il centro-destra° e segue linee con- *right* servatrici,° il PCI è il principale partito della sinistra a cui appar- *conservative* tengono molti lavoratori e intellettuali.

I partiti socialisti sono due: il Partito Sociale Democratico Italiano (PSDI), più vicino alla DC, e il Partito Socialista Italiano (PSI), che è invece più di sinistra.

Altri partiti minori che hanno spesso fatto parte della coalizione governativa sono il Partito Liberale (PLI) e il Partito Repubblicano (PRI). Il Movimento Sociale Italiano (MSI), i cui membri si chiamano « missini », è un partito neo-fascista. Il Partito Radicale (PR) raccoglie° i voti di protesta di molti elettori. *gathers*

È facile capire, anche senza parlare degli altri partiti, perchè la politica sia sempre in discussione. Gli italiani hanno il senso dell'individualismo e il piacere di filosofare° su qualsiasi cosa; la *philosophize* politica è un soggetto che li affascina° fino dai tempi di Machia- *fascinates* velli.

### Reading comprehension check

**A.** Vero o no? Spiegate se non è vero.

**1.** L'Italia è una repubblica.    **2.** Ci sono solo quattro partiti in Italia.    **3.** Le crisi di governo sono rare.    **4.** La DC rappresenta la sinistra e il PCI la destra.    **5.** Il MSI è un partito socialista.

**B.** Completate secondo la lettura.

**1.** Negli Stati Uniti ci sono due partiti, ma in Italia…    **2.** Il partito comunista era illegale in America, mentre in Italia…    **3.** La DC riceve, in genere, un margine troppo piccolo di voti per…    **4.** I missini rappresentano un partito…    **5.** Il PSI è più vicino al PCI del PSDI perchè…

Votazioni per le elezioni amministrative.

Manifestazione in favore dell'aborto.

Il giorno del referendum sul divorzio.

**A.** Circle the letter of the item that best fits the blank.

1. Voi parlate francese _____ di me.
   **a.** migliore    **b.** migliori
   **c.** meglio
2. Conosci la signora _____ è seduta al tavolino?
   **a.** chi    **b.** che    **c.** quale
3. È la mia sorella maggiore: ha tre anni _____ di me.
   **a.** più    **b.** meno    **c.** come
4. Avete capito _____ che abbiamo detto?
   **a.** quale    **b.** quello    **c.** questo
5. Questo è l'appartamento in _____ abitano.
   **a.** che    **b.** qui    **c.** cui
6. Chi avrebbe potuto _____ tutta la notte?
   **a.** ballare    **b.** ballato    **c.** balla
7. Il mio amico è _____ che parla con l'avvocato.
   **a.** quel    **b.** quell'    **c.** quello
8. Non parli così rapidamente _____ la professoressa.
   **a.** quanto    **b.** di quel che
   **c.** come
9. San Pietro è la chiesa più grande _____ Roma.
   **a.** a    **b.** in    **c.** di
10. Il tuo esame è stato _____ di tutti.
    **a.** il migliore    **b.** l'ottimo
    **c.** il meglio

**B.** Fill in the blanks with the appropriate form of **avere** or **essere** (indicative or subjunctive).

1. _____ occupato l'avvocato oggi? —Sì, ho l'impressione che _____ molte cose da fare.
2. Tutti sanno che i conigli (*rabbits*) non _____ coraggio.
3. È chiaro che i nonni non _____ contenti di passare l'inverno qui; credo che _____ intenzione di trasferirsi in Florida.
4. Devi riconoscere che Robert Redford _____ un bell'uomo. Sono sicura che molte donne _____ innamorate di lui!

5. Mi hanno detto che Massimo si _____ laureato in fisica nucleare. _____ vero?
6. Luisella ha avuto il primo premio, ma credete che _____ contenta di avere avuto il primo premio?
7. È incredibile che ci _____ stati tanti scioperi quest'anno.
8. Ci dispiace che voi _____ tristi e non _____ voglia di uscire con noi.
9. Non è necessario che il fidanzato (*fiancé*) _____ bello; bisogna che _____ buono e intelligente.
10. Non posso credere che tu _____ avuto un incidente: _____ sempre così prudente (*careful*)!

**C.** Restate the following anecdote in the past, using the **imperfetto** and the **passato remoto,** as appropriate.

### Una brava allieva°

*pupil*

Un giorno il grande pianista Paderewsky arriva in una piccola città americana. Pranza e poi decide di fare una passeggiata per le vie della città. Mentre cammina, sente qualcuno suonare il piano. Segue° il suono e arriva a una casa su cui c'è un cartello° che dice: « Miss Jones. Lezioni di piano: venticinque cents all'ora. » Paderewsky si ferma ad ascoltare. La signorina cerca di suonare uno dei notturni di Chopin, ma non fa molto bene. Paderewsky bussa° alla porta e la signorina Jones viene ad aprire. Riconosce subito il grande pianista e lo invita ad entrare. Paderewsky suona il notturno come solo lui sa fare e poi passa un'ora a correggere gli errori della signorina. La signorina Jones lo ringrazia caldamente e Paderewsky va via. Alcuni mesi dopo, Paderewsky ritorna alla piccola città e fa la stessa passeggiata. Arriva alla casa della signorina Jones, guarda il cartello e legge: « Miss Jones. Lezioni di piano: un dollaro all'ora (Allieva di Paderewsky). »

*He follows*

*sign*

*knocks*

**D.** Interview a classmate to find out the following information.

1. Which year has been the best for him/her.
2. Where he/she would like to go on vacation and how he/she would travel.
3. Which Italian political party he/she thinks does the most for women.
4. What he/she thought he/she would learn in this class.
5. What things he/she is glad he/she has done this year.

Add any other questions you can think of and take notes during the interview. Report what you have learned to the class.

# capitolo diciassette

# La moda

Vetrina di un negozio d'abbigliamento maschile in Via Montenapoleone a Milano.

# I. GRAMMATICA

## A. The subjunctive after certain conjunctions

TELEFONATA DALL'AMERICA IN UN NEGOZIO D'ORAFI AD AREZZO

SIGNOR GIANNINI: Pronto, pronto... Ah, Lei è l'interprete di Maya Jewelers? Non devono preoccuparsi, ho già inviato le catene d'oro, arriveranno in settimana... a meno che la posta non abbia ritardi!... Come dice?... Un secondo invio prima che finisca l'anno?... Caro signore, non glielo posso promettere: per quanto i miei operai siano degli ottimi lavoratori, c'è sempre la possibilità di qualche sciopero... Come? Il costo? Be', in leggero aumento; capirà le ragioni senza che gliele spieghi: il prezzo dell'oro, il costo della mano d'opera, l'inflazione...

1. *Chi telefona al signor Giannini?*
2. *Che cosa ha già inviato (sent) il signor Giannini?*
3. *Perchè il signor Giannini non può promettere l'invio delle catene d'oro prima della fine dell'anno?*
4. *Cosa dice del costo il signor Giannini?*

1. None of the conjunctions you have learned so far takes the subjunctive.

| | |
|---|---|
| Mi telefoneranno **appena** arriveranno. | *They'll call me as soon as they arrive.* |
| Lavo i piatti **mentre** voi studiate. | *I'll do the dishes while you study.* |
| Vanno a dormire **perchè** sono stanchi. | *They're going to bed because they're tired.* |
| Mangi **ma** non hai fame. | *You're eating but you're not hungry.* |

2. Some other conjunctions always take the subjunctive. The most common ones are:

affinchè ⎱
perchè ⎰     *so that*
a meno che non     *unless*

---

A TELEPHONE CALL FROM AMERICA (RECEIVED) IN A GOLDSMITH'S SHOP IN AREZZO

MR. GIANNINI: Hello, hello. . . . Are you the interpreter for Maya Jewelers? They needn't worry. I've already shipped the gold chains; they'll arrive within the week, unless there is a delay in the mail! . . . What? . . . A second shipment before the year is over? . . . My dear fellow, I can't promise it. Although my employees are excellent workers, there is always the possibility of a strike. . . . What's that? The price? Well, a slight increase. You probably understand the reasons without my going into details. The cost of gold, the cost of labor, inflation. . . .

---

| | |
|---|---|
| benchè<br>per quanto<br>quantunque<br>sebbene | *although* |
| prima che | *before* |
| a condizione che<br>a patto che<br>purchè | *provided that, on condition that* |
| senza che | *without (someone doing something)* |

| | |
|---|---|
| Vi do il libro **perchè** lo leggiate. | *I'm giving you the book so that you can read it.* |
| Non posso uscire **a meno che** mio marito **non** riporti la macchina. | *I can't go out unless my husband brings back the car.* |
| **Benchè** sia ricco, non è felice. | *Although he's rich, he's not happy.* |
| Telefonami **prima che** io parta. | *Call me before I leave.* |
| Farò quel lavoro **purchè** tu lo voglia. | *I'll do that job if you want me to.* |
| Uscite **senza che** lei vi veda. | *Leave without her seeing you.* |

3. The subjunctive is used after **prima che** and **senza che** only if the subjects of the independent and dependent clauses are different. If the subjects are the same, either **prima di** + *infinitive* or **senza** + *infinitive* is used.

| | |
|---|---|
| Vi telefonerò **prima che** usciate. | *I'll call you before you leave.* |
| Vi telefonerò **prima di** uscire. | *I'll call you before I leave.* |
| Partirai **senza che** ti salutiamo? | *Will you leave without our saying goodbye to you?* |
| Partirai **senza** salutarci? | *Will you leave without saying goodbye to us?* |

—Prima di mettere in casa un soggetto simile,° sarà bene sapere cosa pensa.

un... *such a character*

**A.** Replace the subject of the dependent clause with each subject in parentheses and make all necessary changes.

1. Escono di casa prima che io mi alzi. (tu / voi / la mamma / i loro genitori)
2. Fatelo senza che noi vi vediamo. (io / loro / la signora / i bambini)
3. Papà lavora molto perchè tu possa andare all'università. (i suoi figli / io / noi / Maria)

**B.** Combine each pair of sentences. Use the word in parentheses or choose between the two forms given and make all necessary changes.

ESEMPIO: È ancora snella. Ha passato i quarant'anni. (benchè) →
È ancora snella benchè abbia passato i quarant'anni.

1. Faremo una passeggiata. Non pioverà. (purchè)     2. Il professore dà molti esempi. Gli studenti ricordano. (perchè)     3. Esce di casa. Non chiude la porta. (senza/senza che)     4. Esce di casa. Nessuno lo vede. (senza/senza che)
5. Devo comprare un cappotto (*winter coat*). Incomincia a far freddo. (prima di/ prima che)     6. Vogliono vendere la casa. Si trasferiscono in Alaska. (prima di/ prima che)

**C.** Express in Italian.

1. I'll lend her my typewriter (**macchina da scrivere**) so that she can type her thesis (**la tesi**).     2. He always does the dishes without my asking him.     3. We'll go out without his seeing us.     4. Don't go out without eating!     5. They'll help us provided they have time.     6. I'll go see them unless I'm sick.     7. She'll give him a present although he doesn't need it.

**D.** Complete each sentence in a logical manner.

1. Dopo la laurea, cercherò un lavoro a meno che non...     2. Farò un viaggio a condizione che...     3. Sarò felice purchè...

—Lasciala correre un po', perchè sia ben fresca...

## B. The subjunctive after indefinites

—Di qualunque cosa lei avesse bisogno, la troverà certamente su questa spiaggia!°

*beach*

The subjunctive is used in dependent clauses introduced by indefinite words and expressions.

| | |
|---|---|
| chiunque | *whoever, whomever* |
| comunque | *however, no matter how* |
| dovunque | *wherever* |
| qualunque | *whatever (adjective)* |
| qualunque cosa | *whatever (pronoun)* |

| | |
|---|---|
| Chiunque tu **sia,** parla! | *Whoever you are, speak!* |
| Comunque voi **facciate,** non seguiremo il vostro esempio. | *No matter how you act, we won't follow your example.* |
| Dovunque lui **sia,** si trova bene. | *Wherever he is, he likes it.* |
| In qualunque città **vada,** trovo amici. | *Whatever city I go to, I find friends.* |
| Qualunque cosa **succeda,** informatemi! | *Whatever happens, let me know!* |

## E S E R C I Z I

**A.** Restate each sentence substituting an indefinite word for the words in italics. Make all necessary changes.

ESEMPIO: *La persona che* trova l'anello (*ring*) può tenerlo. →
Chiunque trovi l'anello può tenerlo.

**1.** *Quelli che* vogliono possono esaminare i miei libri.   **2.** Marco legge *tutto quello che* gli do.   **3.** *Non importa come* ti vesti, sei sempre elegante.   **4.** Voglio sapere *tutto quello che* fai.　　**5.** *Non importa chi* è, non vogliono vederlo.　　**6.** *Non importa dove* andate, vi seguiremo.

**B.** Express in Italian.

**1.** Whoever comes, say that I'm not here.　　**2.** Whatever he eats, he puts on weight.　　**3.** Wherever they go, they always see that woman.　　**4.** Will you do whatever I want?　　**5.** Things won't change, whichever party wins (*to win:* **vincere**) the election.　　**6.** No matter how she dresses, she is always elegant.

**C.** Complete each sentence in a logical manner.

**1.** Chiara non sposerà Giuseppe qualunque cosa...　　**2.** Chiunque venga deve...
**3.** Dovunque io guardi...　　**4.** Comunque vadano le cose, noi...

## C. Additional uses of the subjunctive

FRANCA: Ho voglia di andare a far compere oggi. Non c'è nessuno che voglia venire con me?

RITA: Io sono libera... Ma dimmi: che cosa vuoi comprare?

FRANCA: Ho bisogno di un vestito che sia pratico ed elegante allo stesso tempo. Lo voglio mettere quando andrò all'IBM per il mio colloquio.

GIOVANNA: Hai guardato alla Rinascente?[1] In vetrina hanno i vestiti più belli che io abbia mai visto!

FRANCA: Vieni anche tu con noi! In tre sceglieremo meglio.

*1. Che cosa ha voglia di fare Franca oggi?*
*2. Di che cosa ha bisogno?*
*3. Che cosa ha visto alla Rinascente Giovanna?*

You have already studied situations where the subjunctive *must* be used in Italian. In other cases the subjunctive *may* be used, and is often used in:

**1.** a relative clause introduced by a relative superlative

Sono **gli** stivali **più belli** che **vendano.**　　*They are the most beautiful boots that they sell.*

FRANCA: I feel like going shopping today. Isn't there anyone who wants to come with me?　RITA: I'm free. . . . But, tell me. What do you want to buy?　FRANCA: I need a dress that's practical and elegant at the same time. I want to wear it when I go to IBM for my interview.　GIOVANNA: Have you checked at Rinascente? In the window they have the most beautiful dresses I've ever seen!　FRANCA: You come along too! With three people, we'll make better choices.

[1] A fashionable department store found in some Italian cities.

**2.** a relative clause introduced by a negative

Non c'è **nessuno** che **capisca**.

*There's nobody who understands.*

Ho mal di testa: non hai **niente** che io **possa** prendere?

*I've got a headache. Don't you have anything I can take?*

**3.** a relative clause that follows an indefinite or negative expression (someone or something that is indefinite, hypothetical, unspecified, or nonexistent)

Cerchiamo una casa che **sia** grande e comoda.

*We're looking for a house that is big and comfortable.*

Hanno bisogno di una segretaria che **parli** francese e inglese.

*They need a secretary who speaks French and English.*

If the relative clause refers to definite, real, specific, or existing persons or things, however, the indicative is used instead of the subjunctive.

Viviamo in una casa che **è** grande e comoda.

*We live in a house that is big and comfortable.*

Hanno una segretaria che **parla** francese e inglese.

*They have a secretary who speaks French and English.*

—Questi sono i cavalli° migliori che io abbia mai avuto.                  horses

## E S E R C I Z I

**A.** Replace the words or phrases in italics with the words in parentheses and make all necessary changes.

1. È *il museo* più importante che abbiamo visitato. (la chiesa / lo zoo / le università / i musei)
2. Non c'è niente che *io* possa fare. (i pensionati / il dottore / voi due / tu)
3. Cerchiamo *un lavoro* che sia facile. (un corso / dei corsi / qualcosa / qualche commedia / delle poesie)

**B.** Restate each sentence in the negative and make all other necessary changes.

ESEMPIO: C'è qualcuno che mi ama. → Non c'è nessuno che mi ami.

**1.** C'è qualcuno che vuole caffè.    **2.** C'è qualcuno che vi conosce.    **3.** C'è qualcuno che è uscito ieri sera.    **4.** Conosco qualcuno che fa il footing.    **5.** C'è qualcuno che non ha pagato.    **6.** Vedo qualcuno che sta attento.

**C.** Complete each sentence with the appropriate indicative or subjunctive form of the verb in parentheses.

ESEMPIO: Non c'è nessuno che (volere) aiutarmi. →
　　　　　Non c'è nessuno che voglia aiutarmi.

**1.** Non c'è niente di cui io (avere) paura.    **2.** Hai degli amici che (essere) buoni e intelligenti.    **3.** Cerchi degli amici che (essere) buoni e intelligenti.    **4.** È il ristorante più caro che io (conoscere).    **5.** Non conosci nessuno che (potere) venire.    **6.** Leggo un libro che mi (piacere).

**D.** Conversazione

**1.** Conosce qualcuno che parli sette lingue?    **2.** C'è qualcosa che Lei possa fare per combattere l'inflazione?    **3.** Ha bisogno di qualcuno che La aiuti in casa?    **4.** Cerca una stanza che sia vicina all'università?    **5.** Vuole un vestito che non costi troppo?

## D. Constructions with the infinitive

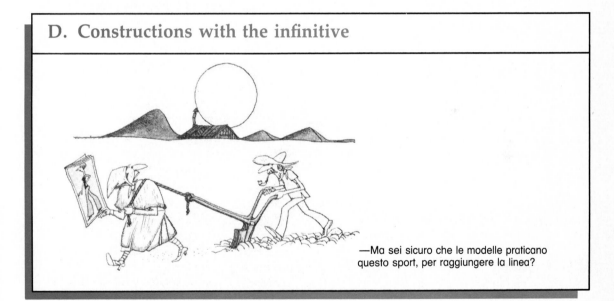

—Ma sei sicuro che le modelle praticano questo sport, per raggiungere la linea?

The infinitive is used in various constructions. It may be the subject of a verb, the object of a verb, or the object of a preposition.

**1.** When the infinitive functions as a subject or an object, its English equivalent is either the *-ing* form (gerund) or an infinitive.

**Guardare** non costa nulla.　　　　　*Watching doesn't cost anything.*

Nei cinema italiani è vietato **fumare**.

> *In Italian movie theaters smoking is prohibited.*

Preferiamo **aspettare**.

> *We prefer to wait.*

2. When an infinitive follows a conjugated verb, it may follow the verb directly or it may be preceded by **a** or **di.** You have already learned many verbs that use these prepositions combined with the infinitive. There are no general rules to tell you when to use **a** or **di**; practice and the dictionary must serve as guides. Here are the most common verbs that take an infinitive directly or with a preposition.

---

VERBS REQUIRING NO PREPOSITION BEFORE A DEPENDENT INFINITIVE

| | | | |
|---|---|---|---|
| amare | *to love* | piacere | *to like* |
| desiderare | *to wish* | potere | *to be able to, can, may* |
| dovere | *to have to, must* | preferire | *to prefer* |
| fare | *to make* | sapere | *to know how* |
| lasciare | *to let* | volere | *to want* |

*Also:* · Verbs of perception, such as **ascoltare, guardare, sentire,** and **vedere**
· Impersonal expressions with **essere,** such as **è bene, è giusto**
· Impersonal verbs, such as **bisogna, sembra, pare,** and **basta** (*it's enough*)

---

Nessuno desiderava venire.

> *Nobody wanted to come.*

T'ho vista piangere.

> *I saw you cry.*

Bisogna avere pazienza.

> *You must (One must) be patient.*

---

VERBS AND EXPRESSIONS REQUIRING THE PREPOSITION **DI**
BEFORE A DEPENDENT INFINITIVE

| | | | |
|---|---|---|---|
| accettare | *to accept* | decidere | *to decide* |
| avere bisogno | *to need* | dimenticare | *to forget* |
| avere il piacere | *to have the pleasure* | dire | *to say, tell* |
| avere intenzione | *to intend* | finire | *to finish* |
| avere paura | *to be afraid* | pensare | *to plan* |
| avere voglia | *to feel like* | permettere | *to allow, permit* |
| cercare | *to try* | promettere | *to promise* |
| chiedere | *to ask* | ricordare | *to remember* |
| credere | *to believe* | smettere | *to stop, cease* |
| | | sperare | *to hope* |

---

Cercherò **di** venire.

> *I'll try to come.*

Pensiamo **di** andare alle Hawaii.

> *We're planning to go to Hawaii.*

Chi ha intenzione **di** finire?

> *Who intends to finish?*

| | | | |
|---|---|---|---|
| abituarsi | *to get used to* | imparare | *to learn* |
| aiutare | *to help* | insegnare | *to teach* |
| cominciare (incominciare) | *to begin* | invitare | *to invite* |
| continuare | *to continue* | riuscire | *to succeed* |
| convincere | *to convince* | stare attento | *to be careful* |

*Also:* · Verbs of motion, such as **andare, fermarsi, passare,** and **venire**

| | |
|---|---|
| Ti sei abituato **a** bere l'espresso? | *Have you gotten used to drinking espresso?* |
| Vi insegnerò **a** nuotare. | *I'll teach you how to swim.* |
| Vorremmo fermarci **a** prendere un caffè. | *We would like to stop and get a cup of coffee.* |

3. The infinitive is also used after prepositions other than **a** and **di**. Note these prepositions that are usually followed by the *-ing* form of the verb in English but that take the infinitive in Italian.

| | |
|---|---|
| invece di | *instead of* |
| prima di | *before* |
| senza | *without* |

| | |
|---|---|
| Ascolta **invece di** parlare! | *Listen instead of talking.* |
| Telefonaci **prima di** partire! | *Call before you leave.* |
| Sono andato a letto **senza** mangiare. | *I went to bed without eating.* |

4. When an infinitive is used in English to express purpose (implying *in order to*), it is expressed in Italian by **per** + *infinitive*.

| | |
|---|---|
| Farò di tutto **per** convincerli. | *I'll do everything to convince them.* |

5. With **dopo,** the past infinitive (**avere** or **essere** + *past participle*) is always used.

| | |
|---|---|
| Dopo **aver mangiato** la frutta, ci siamo alzati da tavola. | *After eating the fruit, we got up from the table.* |

## E S E R C I Z I

A. Form new sentences using each verb in parentheses. Supply the necessary prepositions.
   1. *Mi piace* dormire. (avete bisogno / hanno continuato / speravo / non sei riuscito)
   2. *Andiamo* a ballare? (sapete / hai imparato / vorrebbe / avete voglia)
   3. *Mi hanno detto* di aspettare. (dovrei / avrebbero voluto / hai deciso / ci siamo abituati)

B. Answer each question according to the example.

ESEMPIO: Lei legge il giornale? (guardare la televisione) →
No, invece di leggere il giornale, guardo la televisione.

**1.** Lei suona? (cantare)  **2.** Lei va al cinema? (studiare)  **3.** Lei sale? (scendere: *to get off*)  **4.** Lei si diverte? (annoiarsi)  **5.** Lei scrive? (telefonare)

**C.** Restate each sentence using **prima di.**

ESEMPIO: Ha fatto colazione; poi è uscito. → Ha fatto colazione prima di uscire.

**1.** Hanno visitato la Sicilia; poi sono ritornati negli Stati Uniti.  **2.** Mi sono vestita; poi mi sono pettinata.  **3.** Hai mangiato la frutta; poi hai preso il caffè.  **4.** Vi siete lavati le mani; poi avete mangiato.  **5.** Abbiamo chiuso la porta; poi siamo andati a letto.

**D.** Elencate tre cose che la maggior parte della gente fa:

**1.** prima di andare a letto  **2.** prima di fare colazione  **3.** prima di uscire di casa

**E.** Explain what you don't have enough of by composing three sentences based on the example.

ESEMPIO: Non ho abbastanza soldi per comprarmi un cappotto.

**F.** Conversazione

**1.** Sa giocare a tennis? Quando ha incominciato a giocare a tennis? Può giocare a tennis oggi?  **2.** Io ho paura di volare (*to fly*). E Lei? Ha già volato? Quante volte ha volato?  **3.** Che cosa cerchiamo di fare in questo corso? Che cosa abbiamo imparato a fare? Che cosa non riusciamo ancora a fare?

**G.** Complete each sentence in a logical manner.

**1.** Ho passato una settimana senza…  **2.** Molta gente fuma una sigaretta dopo…
**3.** Invece di andare in macchina…  **4.** Prima di mangiare, molte persone…
**5.** Non ho abbastanza tempo per…

—Chi ti ha detto di uscire?

# II. DIALOGO

*È un sabato pomeriggio. Benchè il sole splenda° e il cielo sia senza nuvole,° fa piuttosto fresco. Marcella e Vittoria sono uscite a far compere.*   *is shining / clouds*

MARCELLA: Ormai° l'inverno è vicino; vorrei comprarmi un cappotto prima che incominci a fare veramente freddo.   *By now*

VITTORIA: Io ho bisogno di tante cose: un paio° di camicette, una gonna,° una giacca di lana;° ma soprattutto vorrei un paio di stivali... purchè non costino troppo!   *couple* / *skirt* / *giacca... wool jacket*

MARCELLA: C'è un negozio in Via Calzaioli che ha gli stivali più belli che abbia mai visto. Ma i prezzi...

VITTORIA: Non me ne parlare! Io in quel negozio non ci metto piede... a meno che non trovi lavoro e faccia un po' di quattrini.° Sai, c'è la possibilità che dei compratori° americani mi assumano° come interprete per la prossima sfilata° di moda a Palazzo Pitti.   *money* / *buyers / hire* / *show*

MARCELLA: Davvero? Come hai saputo di questo lavoro?

VITTORIA: Me lo ha detto una zia che lavora in una casa di mode a Roma; figurati che, senza che io glielo abbia chiesto, ha fatto il mio nome a questi compratori.

MARCELLA: Che fortuna! Speriamo che ti vada bene!

*Mentre le due ragazze continuano a camminare, quasi si scontrano con° Beppino che esce da un negozio di abbigliamento° per uomo, con un pacchetto in mano.*   *si... they run into* / *clothing*

VITTORIA: Anche tu a far compere? Caspita! Questo è un negozio da miliardari.° Su chi vuoi far colpo?   *un... a fancy store (lit., a store for billionaires)*

BEPPINO: Te lo dirò a patto che tu non lo dica in giro.°   *in... around*

VITTORIA: Bionda o bruna?

BEPPINO: Biondissima e fatale! Domani vado a Milano a trovarla... Sul serio,° ragazze, a Milano ci vado davvero per un colloquio con una ditta° di arredamenti° che esporta negli Stati Uniti. Può darsi che mi assumano come fotografo. Così ho comprato una cravatta per l'occasione. Eccola! Vi pare che sia adatta?°   *Sul... Seriously* / *firm / furnishings* / *suitable*

MARCELLA: Pura seta,° disegno di buon gusto ma non chiassoso.° Ottima scelta,° Beppino. Allora buon viaggio e in bocca al lupo!   *silk / gaudy* / *choice*

---

## Dialogue comprehension check

*Rispondete alle seguenti domande.*

**1.** Che giorno è oggi e che tempo fa?   **2.** Perchè Marcella vuol comprarsi un cappotto? **3.** Che cosa ha intenzione di comprare Vittoria?   **4.** Perchè Vittoria non va mai nel negozio di Via Calzaioli?   **5.** Per chi spera di fare l'interprete Vittoria?   **6.** Come ha saputo di questo lavoro?   **7.** Da dove esce Beppino?   **8.** Che cosa ha comprato e perchè?

# III. DI TUTTO UN PO'

**A.** Find a conclusion for each sentence in Column A from Column B.

| A | B |
|---|---|
| Non prenderete un buon voto | prima di andare a letto. |
| Benchè siano ricchi | abbiamo fatto colazione. |
| Potete restare qui | non aprire la porta. |
| Chiunque suoni | che sia di lana. |
| Bevo sempre qualcosa | a meno che non studiate. |
| Dopo esserci alzati | sono infelici. |
| Ho bisogno di una giacca | purchè non facciate rumore. |

**B.** Express in Italian.

**1.** Speak louder so that everybody can hear you.   **2.** You say it's the best movie you have ever seen? I must go see it!   **3.** He is always tired after shopping.
**4.** I don't like to shop alone. Why don't you come with me?   **5.** Though I eat breakfast regularly, around ten o'clock every morning I start to feel hungry.
**6.** How do you manage to remember everything?   **7.** Before leaving the house, remember to take your keys.   **8.** Do you know if he went to the party?
**9.** I hope to convince you to learn another foreign language.   **10.** Wherever you go, don't forget to send me a card!   **11.** Comb your hair before the guests (**invitati**) arrive!

**C.** Conversazione

**1.** Conosce qualcuno che faccia una cura dimagrante (*is on a diet*)? Quali cose non deve mangiare? Lei mangia di tutto?   **2.** Quand'è l'ultima volta che è andato/a a far compere? È abituato/a a comprare sempre negli stessi negozi o preferisce cambiare?   **3.** Preferisce andare nei negozi da solo/a o con un amico (un'amica)?
**4.** Ci sono negozi in cui non mette mai piede?   **5.** Che cosa si metterebbe per far colpo su qualcuno?   **6.** Si sente a Suo agio (*at ease*) qualsiasi cosa si metta?

**7.** Le piacerebbe avere una camicia di seta pura?     **8.** Un mio amico dice che la scelta di una cravatta è sempre un problema. Per Lei, quale scelta è un problema?

—Non c'è un angolino° dove si possa tenere in fresco questa bottiglia?     *little corner*

# IV. PAROLE DA RICORDARE

VERBI

**abituarsi a** + *inf.*  to get used to (doing something)
**assụmere** (*p.p.* **assunto**)  to hire
**esportare**  to export
**fare colpo su qualcuno**  to impress someone
**fare cọmpere**  to go shopping
**inviare**  to send
**mẹttere piede**  to set foot
**promẹttere** (*p.p.* **promesso**) **di** + *inf.*  to promise (to do something)
*****riuscire**[2] **a** + *inf.*  to succeed
**scontrarsi con**  to bump into
**smẹttere** (*p.p.* **smesso**) **di** + *inf.*  to stop (doing something)
**volare**  to fly

NOMI

**l'abbigliamento**  clothing
**l'arredamento**  furnishings
**il cappotto**  winter coat
**la catena**  chain

**il colloquio**  interview
**il compratore**  buyer
**la ditta**  firm
**la giacca**  jacket
**la gonna**  skirt
**l'intẹrprete** (*m.* or *f.*)  interpreter
**la lana**  wool
**la mano d'ọpera**  labor
**la nụvola**  cloud
**l'operaio**  worker, laborer
**l'oro**  gold
**il pacco**  package
**la possibilità**  possibility
**la posta**  mail
**i quattrini** (*m. pl.*)  money
**la scelta**  choice
**la seta**  silk
**la sfilata**  show, parade
**lo stivale**  boot

AGGETTIVI

**adatto**  suitable
**chiassoso**  loud, gaudy

**leggero**  slight
**puro**  pure

ALTRE PAROLE ED ESPRESSIONI

**a condizione che**  provided that
**affinchè**  so that
**a patto che**  provided that
**benchè**  although
**chiunque**  whoever
**comunque**  no matter how
**dovunque**  wherever
**in giro**  around
**ormai**  by now
**per quanto**  although
**perchè** + *subjunctive*  so that
**prima che**  before
**purchè**  provided that
**qualunque cosa**  whatever
**quantunque**  although
**sebbene**  although
**senza che**  without
**sul serio**  seriously

[2]The present tense of **riuscire** is **riesco, riesci, riesce; riusciamo, riuscite, rięscono.**

## ITALIA COSÌ

**A. Vorrei...** Quando vogliamo comprare un vestito, che cosa diciamo? E quando vogliamo comprare un paio di scarpe? Ecco alcune espressioni utili.

Vorrei un vestito / una gonna / una camicetta / una camicia / un paio di pantaloni / una giacca / un cappotto / un impermeabile / un paio di scarpe (di sandali, di stivali).

Posso provare (*try it on*)?

Che taglia (*size*) è questa? (per i vestiti)

Che numero è questo? (per le scarpe)

Mi sta bene?

È troppo corto / lungo / stretto (*tight*) / largo.

Ha qualcosa di meno caro? Di più (meno) elegante?

E ora immaginate una conversazione tra una commessa (*saleslady*) e una cliente difficile in un negozio di abbigliamento italiano.

| TAGLIE E MISURE | | | | | | | | | | |
|---|---|---|---|---|---|---|---|---|---|---|
| Vestiti da donna | Italia | 38 | 40 | 42 | 44 | 46 | 48 | 50 | 52 | |
| | USA | 4 | 6 | 8 | 10 | 12 | 14 | 16 | 18 | |
| Vestiti da uomo | Italia | 46 | 48 | 50 | 52 | 54 | 56 | | | |
| | USA | 36 | 38 | 40 | 42 | 44 | 46 | | | |
| Scarpe da donna | Italia | 34 | 35 | 36 | 37 | 38 | 39 | 40 | 41 | 42 |
| | USA | 4 | 5 | 6 | 7 | 8 | 9 | 10 | 11 | 12 |
| Scarpe da uomo | Italia | 38 | 39 | 40 | 41 | 42 | 43 | 44 | 45 | |
| | USA | 5 | 6 | 7 | 8 | 9 | 10 | 11 | 12 | |

**B. Lisa e la moda.** La bionda Lisa ha partecipato, come creatrice, a una sfilata di moda. Ma i cartellini con i nomi delle sarte (*dressmakers*) sono stati scambiati (*exchanged*) ed ora ogni manichino non regge (*holds*) più il nome dell'ideatrice del vestito che porta.

In base al testo e ai disegni, dite qual è il modello di Lisa. La soluzione del gioco è in calce (*at the bottom of the page*).

vestito

SOLUZIONE AL GIOCO *LISA E LA MODA*   Il modello ideato da Lisa è il modello di uno. Infatti il quattro è il modello di Anna: non possono esserlo né il due né il tre perché privi di motivi floreali; né il cinque perché ha il cartellino di Pina, né il modello che ha il cartellino di Pina. Il modello disegnato da Pina è il tre perché dei due vicini a quello di Anna (quattro), il cinque ha il cartellino di Pina. Il cinque è quindi il modello unico rimasto dopo la determinazione dei modelli ideati da Anna (quattro) e Pina (tre). Il due è il modello di Sonia, perché ha il cartellino di Lisa. Di conseguenza Lisa ha inventato il modello uno.

# LETTURA CULTURALE

## Moda e arredamento

Per l'arredamento, il vestiario° e gli accessori° l'Italia si è sempre trovata all'avanguardia,° ammirata e imitata sia nel continente europeo che in quello americano.

    *clothing / accessories*
    *in the vanguard*

Quest'aspetto della vita italiana segue sempre principi estetici più che utilitari ed è per questo che il concetto della produzione di massa è secondario a quello creativo ed estetico. Ciò si nota nell'arredamento della casa, i cui mobili° e oggetti sono scelti con gran cura,° nella maniera di vestire e di complementare l'abito° con accessori adatti e nel gusto per le cose belle in generale.

    *i... whose furniture*
    *care / dress, suit*

Per l'italiano la qualità conta più della quantità e questa è la regola° per le cose piccole come per le grandi, dall'acquisto° di una cravatta bella invece di tre mediocri alla scelta di un singolo anello° al posto della parure° (collana,° orecchini,° e braccialetto°). Le collezioni delle grandi case di moda fiorentine, romane e milanesi continuano a interessare il pubblico per l'attenzione data ai dettagli e per la finezza° dei tessuti° che i sarti° utilizzano con gusto e originalità. Basta girare per i grandi magazzini° di qualsiasi capitale per osservare come il gusto italiano abbia fatto presa° in tutto il mondo. In qualunque paese andiamo, è difficile trovare uomini che non apprezzino un paio di scarpe Gucci o donne che non si incantino° di fronte a una camicetta disegnata da Pucci.

    *rule / purchase*

    *ring / set / necklace /*
      *earrings*
    *bracelet*

    *elegance / materials*
    *tailors*
    *department stores*
    abbia... *took hold*

    si... *become enchanted*

### Reading comprehension check

**A.** Rispondete alle seguenti domande.

    **1.** In che cosa è ammirata e imitata l'Italia?     **2.** Quale principio segue la moda italiana?     **3.** Cosa conta più della quantità in Italia?     **4.** In quali città italiane sono le grandi case di moda?     **5.** Quale principio è secondario in Italia nella moda e nell'arredamento?

**B.** Formate una frase completa con le seguenti espressioni.

    **1.** all'avanguardia     **2.** Pucci     **3.** la qualità     **4.** Gucci     **5.** gli accessori

# capitolo diciotto

# Il mondo del lavoro

Isola di Burano (Venezia): l'antica arte del ricamo (*tatting*).

# I. GRAMMATICA

## A. The *Lei* and *Loro* forms of the imperative

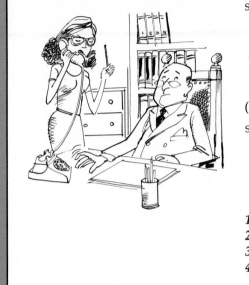

SEGRETARIA: Avvocato, il signor Biondi ha bisogno urgente di parlarLe: ha già telefonato tre volte.

AVVOCATO: Che seccatore! Gli telefoni Lei, signorina, e gli dica che sono partito per Parigi.

*(Squilla il telefono.)*

SEGRETARIA: Pronto!... Signor Biondi?... Mi dispiace, l'avvocato è partito per Parigi... Come dice?... L'indirizzo? Non lo so: abbia pazienza e richiami tra dieci giorni!

1. *Perchè il signor Biondi ha telefonato tante volte?*
2. *Cosa deve dire la segretaria al signor Biondi?*
3. *Che cosa vuol sapere il signor Biondi?*
4. *Che cosa gli dice di fare la segretaria?*

---

1. You have already learned the **tu, voi,** and **noi** forms of the imperative (**Capitolo otto**). The imperative for **Lei** and **Loro** is the same as the third person of the present subjunctive.

|          | lavorare  | scrivere  | dormire  | finire     |
|----------|-----------|-----------|----------|------------|
| (Lei)    | lavori    | scriva    | dorma    | finisca    |
| (Loro)   | lavorino  | scrivano  | dormano  | finiscano  |

| | |
|---|---|
| **Aspetti** un momento, signorina! | *Wait a second, Miss!* |
| **Scriva** subito al presidente! | *Write the president immediately!* |
| **Finisca** pure di mangiare, dottore! | *Go ahead and finish eating, doctor!* |
| Signori, **paghino** alla cassa! | *Gentlemen, pay at the cashier!* |

---

SECRETARY: Sir, Mr. Biondi needs to speak to you urgently. He has already called three times.  LAWYER: What a nuisance! You call him, Miss, and tell him that I left for Paris. *(The telephone rings.)*  SECRETARY: Hello! . . . Mr. Biondi? . . . I'm sorry, the lawyer has left for Paris. . . . What was that? The address? I don't know it. Be patient and call back in ten days!

2. Verbs with irregularities in the present subjunctive show the same irregularity in the **Lei** and **Loro** imperatives.

| | |
|---|---|
| **Vada** a casa, signora! | *Go home, ma'am!* |
| **Faccia** un viaggio! | *Take a trip!* |
| Signori, **siano** pronti alle nove! | *Gentlemen, be ready at nine!* |
| **Abbia** pazienza, professore! | *Be patient, professor!* |

3. The negative imperative is formed by placing **non** before the affirmative form.

| | |
|---|---|
| **Non aspetti!** | *Don't wait!* |
| **Non entrino** ancora! | *Don't go in yet!* |

4. As you already know, object and reflexive pronouns are attached to the end of the affirmative **tu, noi,** and **voi** commands, and may either precede or be attached to negative commands.

| | |
|---|---|
| **Telefonami** stasera! | *Call me tonight!* |
| **Non mi telefonare!** ⎫ | *Don't call me!* |
| **Non telefonarmi!** ⎭ | |

5. Object and reflexive pronouns *always precede* the **Lei** and **Loro** forms of both the affirmative and the negative imperatives.

| | |
|---|---|
| **Mi dia** qualcosa! | *Give me something!* |
| **Non mi dia** niente! | *Don't give me anything!* |
| **Lo comprino** oggi! | *Buy it today!* |
| **Non lo comprino** oggi! | *Don't buy it today!* |

6. The infinitive often replaces the imperative in directions, public notices, recipes, and so forth.

| | |
|---|---|
| **Leggere** attentamente le istruzioni. | *Read the directions carefully.* |
| **Cuocere** per un'ora. | *Cook for an hour.* |

—Si alzi pure: il direttore è uscito da un'ora!

**A.** Give the **Lei** or **Loro** imperative of each verb according to the model.

ESEMPIO: entrare → Se vuole entrare, entri!

**1.** aspettare   **2.** pagare   **3.** mangiare   **4.** rispondere   **5.** smettere di lavorare   **6.** finire   **7.** guardare   **8.** telefonare   **9.** venire   **10.** uscire   **11.** correre   **12.** partire

**B.** Restate each imperative in the **Lei** form according to the model.

ESEMPIO: Scusa, cara! → Scusi, signora!

**1.** Scrivi, cara!   **2.** Abbi pazienza, cara!   **3.** Sta' attenta, cara!   **4.** Sii gentile, cara!   **5.** Non partire, cara!   **6.** Prenota i posti, cara!   **7.** Fa' attenzione, cara!   **8.** Di' la verità, cara!

**C.** Give the appropriate negative **Lei** imperative for each of the following statements.

ESEMPIO: Non deve tornare a casa. → Non torni a casa!

**1.** Non deve suonare il campanello.   **2.** Non deve lasciare le chiavi in macchina.   **3.** Non devono noleggiare una bicicletta.   **4.** Non devono servire il caffè.   **5.** Non deve ridere (*to laugh*).   **6.** Non deve pagare subito.   **7.** Non devono dimenticare di scrivere.   **8.** Non deve venire dopo le dieci.

**D.** Give formal imperatives according to the example.

ESEMPIO: Quando dico alla signorina di continuare a parlare, le dico: « Continui a parlare! »

**1.** Quando dico alla signorina di essere puntuale, le dico:...   **2.** Quando dico alla signorina di chiudere (*to close*) la porta, le dico:...   **3.** Quando dico alla signorina di prendere un paio di aspirine, le dico:...   **4.** Quando dico alle signore di non attirare l'attenzione, dico loro:...   **5.** Quando dico ai signori di andare a destra (*right*) e poi di continuare sempre dritto (*straight*), dico loro:...   **6.** Quando dico alla signorina di fare così, le dico:...   **7.** Quando dico al signor Rossi di fumare di meno, gli dico:...   **8.** Quando dico al professore di dare dei bei voti, gli dico:...

**E.** Give an affirmative imperative based on each question.

ESEMPIO: Perchè non mi aspetta? → Mi aspetti!

**1.** Perchè non lo compra?   **2.** Perchè non me lo dice?   **3.** Perchè non gli risponde?   **4.** Perchè non ne parla?   **5.** Perchè non ci va?   **6.** Perchè non glieli regala?   **7.** Perchè non ce lo presta?

**F.** Form a question following the model. Then give a negative imperative for each verb.

ESEMPIO: lamentarsi (*to complain*) → Perchè si lamenta? Non si lamenti!

**1.** fermarsi   **2.** cambiarsi (*to change clothes*)   **3.** raccontarglielo   **4.** ritornarci   **5.** trasferirsi   **6.** invitarla   **7.** leggerlo

**G.** Imagine you are a guide traveling with a group of tourists through Italy. Tell them to do each of the following:

—Vada sempre diritto fino alla prima
curva...

1. non lasciare niente sull'autobus     2. non comprare in questo negozio
3. fermarsi a bere qualcosa     4. bere acqua minerale     5. mettersi delle
scarpe comode (*comfortable*)     6. dare una buona mancia     7. essere puntuali

**H.** Give four commands you don't like to hear from people you don't know well.

ESEMPIO:  Stia zitto/a!

## B. The impersonal *si* construction

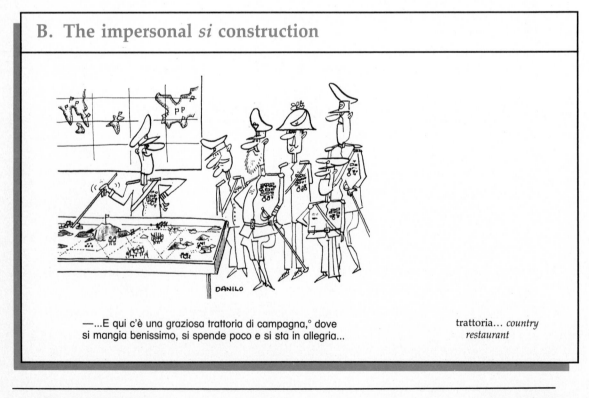

—...E qui c'è una graziosa trattoria di campagna,° dove
si mangia benissimo, si spende poco e si sta in allegria...

trattoria... *country
restaurant*

1. In Italian, **si** + *verb in the third person singular* is used to express an indefinite or unspecified subject. This construction corresponds to the English *one, you, we, they,* and *people* + *verb*.

| | |
|---|---|
| **Si** mangia bene in quel ristorante. | *One eats well in that restaurant.* |
| **Si dice** che farà freddo quest'inverno. | *They say it will be cold this winter.* |
| Non **si può** fumare in classe. | *You cannot smoke in the classroom.* |

In colloquial Italian the **si** construction is often used instead of the **noi** form of the verb.

| | |
|---|---|
| A che ora **si mangia?** | *What time are we eating?* |
| Oggi **si sta** a casa. | *Today we are staying home.* |

2. All compound tenses of the **si** construction are formed with **essere**.

| | |
|---|---|
| Ieri **si è votato** in tutte le città italiane. | *Yesterday people voted in all Italian cities.* |

3. Adjectives that follow the **si** + *verb* construction have plural endings, even though the verb is singular.

| | |
|---|---|
| **Si è** tristi quando **si è** soli. | *People are sad when they are alone.* |
| È vero che quando **si diventa** ricchi si **diventa** egoisti? | *Is it true that when you get rich you become selfish?* |

4. If a reflexive verb (**divertirsi, annoiarsi, salutarsi**) is used in the **si** + *verb* construction, both an impersonal and a reflexive pronoun are needed. The pronouns used are **ci si** (not **si si**).

| | |
|---|---|
| **Ci si diverte** al mare. | *People have a good time at the beach.* |
| Non **ci si saluta** ogni mattina? | *Don't we greet each other every morning?* |

5. Just as in English, the first person plural of a verb or **uno** + *the third person singular* may be used as a substitute for the **si** construction.

| | |
|---|---|
| **Uno** non **sa** mai cosa dire. | |
| Non **sappiamo** mai cosa dire. | *One never knows what to say.* |
| Non **si sa** mai cosa dire. | |

—Ma come, non sai che con il pesce non si beve il vino rosso?

**A.** Restate each sentence by substituting a personal form (subject **noi**) for the impersonal construction.

ESEMPIO: Con la pazienza si ottiene tutto. → Con la pazienza otteniamo tutto.

**1.** Si può entrare?    **2.** Non si deve esagerare.    **3.** Che cosa si è ordinato?
**4.** Ci si alza presto d'estate.    **5.** Si mangerà alla stessa ora?    **6.** Si è fatto quello che si poteva fare.    **7.** Soltanto quando ci si lava ci si sente bene.    **8.** Si sta bene in questa città.    **9.** Quando si è giovani si è ottimisti.

**B.** Restate each sentence using the impersonal **si** construction.

ESEMPIO: Che cosa diciamo prima di bere? —Diciamo « Cin cin! » →
   Che cosa **si dice** prima di bere? —**Si dice** « Cin cin! »

**1.** Signori, chiudiamo!    **2.** Uno non sa mai cosa rispondere a queste domande.
**3.** Quella notte dormimmo in albergo.    **4.** Se non disturbiamo, vorremmo visitare la nonna.    **5.** Abbiamo bevuto troppo.    **6.** Uno poteva mangiare quel che voleva.    **7.** A che ora ci vediamo?    **8.** Uno vive male quando è solo.

**C.** Cosa si dice quando… Rispondete alle seguenti domande.

**1.** Cosa si dice quando qualcuno va a dormire?    **2.** …quando si risponde al telefono?    **3.** …quando si vuole che qualcuno stia zitto?    **4.** …quando una persona parte?    **5.** …quando si vuole invitare qualcuno a entrare?
**6.** …quando è il compleanno di qualcuno?

---

## CURIOSITÀ

*CIN CIN!*   Prima di bere, gli italiani alzano e toccano i bicchieri e dicono
« Cin cin! » (qualche volta « Alla salute (*health*)! » o « Salute! »).

L'espressione **Cin cin** (scritta anche **Cincin**) è l'adattamento fonetico
dell'inglese "chin chin" che, a sua volta, deriva dal cinese « ch'ing'
ch'ing' », che significa letteralmente « prego, prego ».

La parola, usata come saluto dai marinai (*sailors*) inglesi già alla fine del
secolo XVIII, è arrivata in Italia durante la prima guerra mondiale
(1914–1918) invadendo a poco a poco non solo l'Italia ma anche molti
altri paesi e continenti.

**D. Conversazione**

**1.** Che cosa si dice prima di bere in America? Sa cosa si dice in Scandinavia? In Italia? In Messico? **2.** Secondo Lei, ci si diverte di più al mare o in montagna? **3.** Mi può consigliare (*recommend*) un ristorante dove si mangia bene? **4.** Cosa si fa quando si è allegri (*happy*)? **5.** È d'accordo con la seguente massima: « È molto difficile sapere quel che si deve fare a questo mondo: se si dorme, non si vive; se si sta svegli (*awake*), si vive male »? **6.** Le piace che si parli di Lei?

---

## C. Plurals with spelling irregularities

GUIDO: Dimmi, Alberto: hai molti amici a Firenze?
ALBERTO: Sì, ne ho diversi; e alcuni molto simpatici.
GUIDO: E… amiche?
ALBERTO: Certo; e una, specialmente, tanto carina, intelligente e simpatica.
GUIDO: Ho capito: l'amica del cuore!

*1. Come sono alcuni amici di Alberto?*
*2. Com'è l'amica del cuore di Alberto?*

---

**1.** The plural of certain nouns and adjectives depends on where the stress falls in the word.

**a.** Masculine nouns and adjectives ending in **-io** end in **-i** in the plural when the **-i** of the singular is not stressed.

| | | | |
|---|---|---|---|
| negoz**io** | → negozi | bac**io** | → baci |
| opera**io** | → operai | vecch**io** | → vecchi |
| viagg**io** | → viaggi | grig**io** | → grigi |

If the **-i** of the singular is stressed, however, the plural ends in **-ii.**

| | |
|---|---|
| **zịo** | → zii |
| **invịo** | → invii |
| **natịo** (*native*) | → natii |

**b.** Masculine nouns and adjectives ending in **-co** form their plural with **-chi** if the stress is on the syllable preceding **-co.** They form their plural with **-ci** if the stress is two syllables before **-co.**

---

GUIDO: Tell me, Alberto, do you have many friends in Florence? ALBERTO: Yes, I have several—a few very nice ones. GUIDO: And . . . girlfriends? ALBERTO: Sure. And one, especially, so good looking and intelligent, with a good personality. GUIDO: I see. A sweetheart!

---

**GRAMMATICA**

| | |
|---|---|
| pacco → pacchi | mẹdico → medici |
| disco → dischi | polịtico → politici |
| antico → antichi | magnịfico → magnifici |

Exceptions to this rule are:

| | |
|---|---|
| amico | → amici |
| nemico | → nemici |
| greco | → greci |

   c. Masculine nouns and adjectives ending in **-go** end in **-ghi** in the plural, wherever the stress falls.

| | |
|---|---|
| dialogo | → dialoghi |
| lago | → laghi |
| lungo | → lunghi |

2. You already know that feminine nouns and adjectives ending in **-ca** form their plural with **-che**.

| | |
|---|---|
| amica | → amiche |
| simpatica | → simpatiche |

Similarly, feminine nouns and adjectives ending in **-ga** change **-ga** to **-ghe** in the plural.

| | |
|---|---|
| strega (*witch*) | → streghe |
| toga | → toghe |
| lunga | → lunghe |

3. Nouns and adjectives ending in **-cia** and **-gia** form their plural with **-ce** and **-ge** if the **-i** of the singular is not stressed.

| | |
|---|---|
| pioggia | → piogge |
| mancia | → mance |
| grigia (*gray*) | → grige |

If the **-i** of the singular is stressed, the plural ends in **-cie** and **-gie**.

| | |
|---|---|
| farmacịa | → farmacie |
| bugịa | → bugie |
| allergịa | → allergie |

## E S E R C I Z I

**A.** Give the plural of each phrase.

   **1.** vecchio disco   **2.** marca (*brand*) francese   **3.** operaio stanco   **4.** amico simpatico   **5.** amica simpatica   **6.** papa polacco (*Polish*)   **7.** parco pubblico   **8.** vecchia pelliccia (*fur coat*)   **9.** giacca lunga   **10.** programma politico   **11.** occhio grigio   **12.** paese natio

**B.** Express in Italian.

  **1.** These dialogues are too long.    **2.** What magnificent eyes you have!
  **3.** I don't believe she has two fur coats.    **4.** You said all the stores were closed. Were the pharmacies closed, too?    **5.** My uncles have taken many trips to Europe.

**C.** Conversazione

  **1.** Dice mai bugie?    **2.** Quanti zii e quante zie ha?    **3.** Soffre di qualche allergia?    **4.** Conosce qualcuno che abbia gli occhi verdi?

# II. DIALOGO

*Beppino viaggia sul rapido° per Milano. Nello scompartimento di prima classe[1]*     express train
*ci sono altre quattro persone: due signori di mezza età° dall'aria di° uomini*     di... middle aged / dall'...
*d'affari,° un sacerdote° e una signora anziana seduta vicino al finestrino di*     who look like
*fronte a Beppino. Arriva una bella ragazza e domanda: « Scusino, c'è un posto? »*     uomini... businessmen /
*Il primo signore di mezz'età risponde: « Prego, si accomodi! »° La ragazza*     priest
*entra nello scompartimento, si siede e dice a Beppino: « La prego, apra quel fine-*     si... come in
*strino! » Beppino ubbidisce.°*     obeys

SIGNORA ANZIANA: Per carità, lo chiuda subito! Io soffro di reumatismi e
    l'aria mi fa male.

SIGNORINA: E io soffro di emicrania;° se ha freddo, signora, si     headache
    metta la pelliccia e mi lasci respirare!

SACERDOTE: Signorina, Lei è giovane, abbia pazienza; sia gentile e
    faccia questo piacere alla signora.

SIGNORINA: Senta, signora, si sieda al mio posto vicino alla porta:
    qui non si sente un filo d'aria!°

PRIMO SIGNORE: Ma no, signorina, non si scomodi!° (*Rivolto° alla signora*     non... don't move / Turning
    *anziana*) Prego, signora, prenda il mio posto.

SECONDO SIGNORE: Io scendo° a Bologna, ingegner Azzini: si ricordi di     Io... I'm getting off
    telefonarmi per quell'affare appena arriva a Milano.

PRIMO SIGNORE: Certamente, avvocato. (*Rivolto a Beppino*) Lei è ameri-
    cano, vero?

BEPPINO: Sì, ma come lo sa?

PRIMO SIGNORE: La Sua valigia:° « Samsonite », marca americana. Bel     suitcase
    paese l'America! Ci vado spesso per affari. Io sono di-
    rigente° all'IBM di Milano. Ecco il mio biglietto da     manager
    visita:° mi venga a trovare.     biglietto... business card

IL CONTROLLORE:° Signori, biglietti, per favore! (*Prende il biglietto della ra-*     conductor
    *gazza.*) Signorina, Lei ha un biglietto da seconda: paghi
    il supplemento, La prego, o lasci questo scompar-
    timento.

SIGNORA ANZIANA: Questi giovani! Ai miei tempi...

---

[1]There are two classes on Italian trains, **prima** and **seconda.** First class costs approximately eighty percent
more.

---

**Dialogue comprehension check**

*Rispondete alle domande.*

1. Quante persone ci sono nello scompartimento e chi sono?    2. Chi entra nello scompartimento?    3. Che cosa dice a Beppino? 4. Perchè la signora anziana protesta?    5. La signorina che cosa consiglia alla signora?    6. Il sacerdote che cosa dice?    7. Uno dei due signori come sa che Beppino è americano?    8. È americano il signore?    9. Che cosa fa il signore?    10. Perchè la ragazza deve pagare il supplemento al controllore?

# III. DI TUTTO UN PO'

A. Form two sentences with each verb according to the example.

ESEMPIO: fumare qui → Non fumi qui! Non si fuma qui.

1. entrare in quella stanza    2. scendere a questa stazione    3. muoversi (*to move*)    4. dormire fino a mezzogiorno    5. scherzare (*to joke*) con me 6. stare seduto    7. arrabbiarsi per poco

B. Complete each sentence with the appropriate imperative form of **comprare** + *pronoun*.

ESEMPIO: Se Le piace quel vestito, lo compri.

1. Se Le piace quella camicetta…    2. Se ti piace quella camicetta…    3. Se non ti piace quella camicetta, non…    4. Se vi piace quel cappotto…    5. Se ti piacciono quei pantaloni…    6. Se Le piacciono quelle scarpe…    7. Se ti piacciono quegli stivali…

C. Express in Italian.

—Mr. Azzini, what a pleasure to see you again! Sit down and tell me what you did in Milan.
—I'm sorry, but I don't have time; my wife is waiting for me. Come and see us sometime and don't forget to say hello to your husband for me.

D. Express in Italian, using the impersonal **si** construction whenever possible.

1. Is it true that people cry (**piangere**) when they are happy? Do you cry when you are happy?    2. When people are sleepy they ought to go to bed.    3. When you're tired you don't feel like running.    4. They've waited too long.    5. Do you think we study a lot in this class?

E. Conversazione

1. Ha mai viaggiato su un treno italiano?    2. Quando si viaggia in America, è necessario prenotare i posti?    3. Quando Lei viaggia in aereo, si siede sempre vicino al finestrino?    4. Cosa avrebbe fatto Lei al posto della signorina del dialogo?    5. Di solito, Lei indovina (*guess*) la nazionalità di una persona dal modo in cui si veste o dal modo in cui parla?

—Con questa nebbia,° si è più sicuri a piedi che in macchina!     °fog

---

# IV. PAROLE DA RICORDARE

**VERBI**

**accomodarsi** to make oneself comfortable; to come in
**chiụdere** (*p.p.* **chiuso**) to close
**consigliare** to advise
**lamentarsi** to complain
**respirare** to breathe
**richiamare** to call back
**rịdere** (*p.p.* **riso**) to laugh
*****scẹndere** (*p.p.* **sceso**) to get off
**scomodarsi** to inconvenience oneself
**soffrire (di)** (*p.p.* **sofferto**) to suffer (from)
**squillare** to ring
**ubbidire (isc)** to obey

**NOMI**

**l'affare** (*m.*) business
**l'aria** air; appearance
**il biglietto da vịsita** business card
**il controllore** conductor
**il cuore** heart
**il/la dirigente** manager
**l'età** age
**il finestrino** train window
**la marca** make, brand name
**la pelliccia** fur coat
**il rạpido** express train
**lo scompartimento** compartment
**il seccatore** bore, nuisance
**il supplemento** supplement

**l'uomo d'affari** businessman
**la valigia** suitcase

**AGGETTIVI**

**allegro** happy
**anziano** elderly, old
**cọmodo** convenient, comfortable
**diversi** (*pl.*) several
**grigio** gray
**natịo** native
**urgente** urgent

**ALTRE PAROLE ED ESPRESSIONI**

**di fronte a** in front of
**di mezza età** middle aged
**per affari** on business

---

## ITALIA COSÌ

**A. Chi guadagna di più?** In un recente programma televisivo italiano Mike Bongiorno ha chiesto: « Qual è il lavoro/la professione che fa guadagnare di più? » Ecco la graduatoria (*ranking*) ufficiale basata sulle risposte di cento persone intervistate:

1. dentista
2. commerciante (*merchant*)
3. avvocato
4. industriale
5. notaio

6. politico
7. meccanico d'auto
8. impiegato (*employee*) di banca
9. idraulico (*plumber*)
10. banchiere

Come avrebbe risposto Lei a questa domanda? Quali lavori/professioni avrebbe messo ai primi dieci posti? Ecco altre professioni che, in Italia, venivano dopo il decimo posto: ingegnere, imprenditore edile (*building contractor*), attore, commercialista (*business consultant*), muratore, calciatore, ladro (*thief*).

**B. A ciascuno il suo mestiere** (*trade*). Quale mestiere o quale professione si dovrebbe esercitare quando si hanno certe attitudini o abilità? Per esempio, siete d'accordo che quando si parlano molte lingue si dovrebbe fare l'interprete? Ecco una lista di attitudini/abilità e poi una lista di professioni/mestieri. Voi dovete fare gli abbinamenti (*to match*) fra le due liste e poi confrontate le vostre risposte con quelle dei compagni e vedete se siete tutti d'accordo.

### Attitudini/abilità

· quando si ama (*one likes*) la moda
· quando si ha molta pazienza
· quando si è bravi in matematica
· quando si scrive bene
· quando si vuole aiutare la gente

· quando si ama il pericolo (*danger*)
· quando si amano i bambini
· quando si ha molta fantasia
· quando si vogliono guadagnare molti soldi

**Professioni:** dottore/dottoressa; avvocato/avvocatessa; attore/attrice; infermiere/a (*nurse*); scrittore/scrittrice; banchiere; ingegnere; fotografo/a; commerciante; esploratore/esploratrice

**Mestieri:** elettricista; idraulico; cuoco/a (*cook*); falegname (*carpenter*); parrucchiere/a (*hairdresser*); sarto/a (*tailor; dressmaker*)

**C. Il lavoro: un ideale o una merce** (*merchandise*)**?** Che cosa rappresenta per voi il lavoro? Lo considerate un aspetto importante della vostra vita? Rispondete alle seguenti domande e capirete meglio il vostro atteggiamento (*attitude*).

**1.** Che importanza dai, nella tua vita, al lavoro? Scegli° una *Choose*
sola delle seguenti risposte.

### SOLO PER I MASCHI

☐ il lavoro non è una cosa importante; mi serve solo per
mantenermi° *to support myself*

☐ il lavoro è importante, ma le mie soddisfazioni e la mia
realizzazione personale sono legate° ad altri aspetti della *tied*
vita e ad altri tipi di impegno° *commitment*

☐ il lavoro è l'aspetto più importante da cui spero di trarre° *to derive*
le massime soddisfazioni

☐ altro (specificare) . . . . . . . . . . . . . . . . . . . . . . . . . . . . . . .

### SOLO PER LE FEMMINE

☐ il lavoro non è una cosa importante; mi serve solo per
mantenermi

☐ il lavoro è importante, ma per una donna sono più importanti i figli, il marito, la famiglia

☐ il lavoro è importante, ma la mia realizzazione individuale
e le mie soddisfazioni sono legate ad altri aspetti e ad altri
tipi di impegno

☐ il lavoro è importante perchè mi permetterà di mantenermi e di rendermi indipendente dalla famiglia e da un
eventuale futuro marito

☐ il lavoro è importante, è l'aspetto più importante da cui
spero di trarre le massime soddisfazioni

☐ altro (specificare) . . . . . . . . . . . . . . . . . . . . . . . . . . . . . . .

**2.** Come sai, da qualche tempo c'è una discussione sul problema
del lavoro a tempo parziale o a metà tempo (« part-time »). A
questo proposito,° se ti trovassi di fronte alla seguente alterna- *A... To that end*
tiva, quale sceglieresti?

☐ un lavoro « part-time »

☐ un lavoro a tempo pieno

**3.** Se hai detto che sceglieresti un lavoro « part-time », puoi
spiegarci per quali motivi soprattutto?

☐ per avere più tempo libero per le mie esigenze° personali *needs*

☐ per avere più tempo da poter dedicare, un domani, alla
famiglia

☐ perchè, a parte ogni altro motivo, non voglio lavorare molto

**4.** Che cosa ti interessa o ti interesserebbe trovare di più nel lavoro? Esprimi per ciascuna delle caratteristiche elencate se la consideri molto interessante, interessante o non interessante.

|  | molto interessante | interessante | non interessante |
|---|---|---|---|
| **a.** buone possibilità di guadagno | ☐ | ☐ | ☐ |
| **b.** buone possibilità di carriera | ☐ | ☐ | ☐ |
| **c.** la possibilità di successo, la stima che la gente dimostra nei confronti di chi lo esercita° | ☐ | ☐ | ☐ |
| **d.** il fatto che sia un lavoro che comporti delle responsabilità | ☐ | ☐ | ☐ |
| **e.** che dia molta autonomia personale nell'esecuzione dei compiti | ☐ | ☐ | ☐ |
| **f.** la sicurezza, la stabilità del posto di lavoro | ☐ | ☐ | ☐ |
| **g.** la sua utilità per gli altri e per la società | ☐ | ☐ | ☐ |
| **h.** che permetta di viaggiare, di muoversi | ☐ | ☐ | ☐ |
| **i.** che permetta di incontrare sempre nuove persone | ☐ | ☐ | ☐ |
| **j.** che lasci molto tempo libero a disposizione | ☐ | ☐ | ☐ |
| **k.** che sia poco faticoso | ☐ | ☐ | ☐ |
| **l.** che sia un lavoro pulito° | ☐ | ☐ | ☐ |
| **m.** che sia un lavoro creativo, di carattere artistico o intellettuale | ☐ | ☐ | ☐ |
| **n.** che sia un lavoro indipendente, senza padroni° | ☐ | ☐ | ☐ |

nei... *toward someone who has that job*

*clean*

*bosses*

# LETTURA CULTURALE

## L'industria italiana

Fra le nazioni del blocco occidentale° l'Italia è il paese maggiormente controllato dallo stato nel campo industriale. Lo stato interviene in due modi diversi: o mediante° la gestione° diretta

*western*

*through / management*

di alcune aziende° principalmente di servizi, come le poste, le *firms*
ferrovie° e l'elettricità; o mediante la partecipazione alla gestione *railroads*
di aziende private in molti campi° di attività (idrocarburi,° side- *fields / hydrocarbons*
rurgia,° cantieri,° telefoni, banche). *iron and steel / shipyards*

Altri settori dell'economia, come l'industria automobilistica e
meccanica e l'industria degli elettrodomestici,° sono dominati da *household appliances*
aziende private. L'Olivetti produce macchine da scrivere e cal-
colatrici;° la Necchi macchine da cucire;° la Fiat automobili e mac- *computers / sewing machines*
chine di ogni tipo. Tutte queste aziende vendono i loro prodotti
anche all'estero,° malgrado° la concorrenza° europea, giapponese *abroad / in spite of / competition*
e americana. Il migliore esempio della concorrenza americana è
dato dall'IBM che ha una grande succursale° a Milano e altre, *branch*
minori, in tutta l'Italia.

Il nord è la parte più industrializzata d'Italia; gli sforzi° per *efforts*
industrializzare anche il sud non hanno ancora avuto grande
successo.

## Reading comprehension check

*Completate secondo la lettura.*

**1.** Negli Stati Uniti l'industria è privata; in Italia…    **2.** Non solo le poste sono con-
trollate dallo stato in Italia; anche…    **3.** La partecipazione statale è presente in molti
settori dell'economia…    **4.** Aziende private dominano l'industria…    **5.** La Olivetti
prospera, anche con la concorrenza…

Albano (Roma): artigiano bottaio.

Una famiglia di agricoltori toscani.

La Borsa di Milano.

# capitolo diciannove

# I giovani d'oggi

Oh, com'è bello andare in motoretta!

# I. GRAMMATICA

## A. The imperfect subjunctive

CINZIA: Così tuo padre voleva che tu facessi l'ingegnere?
MAURIZIO: Sì, perchè sperava che poi lavorassi con lui nella sua azienda.
CINZIA: E tua madre?
MAURIZIO: Mia madre invece desiderava che studiassi medicina.
CINZIA: E tu cosa hai deciso di fare?
MAURIZIO: Nulla; sono scappato di casa!

*1. Perchè il padre di Maurizio voleva che il figlio facesse l'ingegnere?*
*2. Cosa voleva invece la madre di Maurizio?*
*3. Che cosa ha fatto Maurizio?*

1. The imperfect subjunctive (**l'imperfetto congiuntivo**: *that I sang, that I was singing*) is formed by adding the characteristic vowel and the appropriate endings to the infinitive stem. The endings for all verbs are **-ssi, -ssi, -sse, -ssimo, -ste, -ssero.**

|             | lavorare    | scrivere    | dormire     | capire      |
|-------------|-------------|-------------|-------------|-------------|
| che io      | lavorassi   | scrivessi   | dormissi    | capissi     |
| che tu      | lavorassi   | scrivessi   | dormissi    | capissi     |
| che lui/lei | lavorasse   | scrivesse   | dormisse    | capisse     |
| che         | lavorassimo | scrivessimo | dormissimo  | capissimo   |
| che         | lavoraste   | scriveste   | dormiste    | capiste     |
| che         | lavorassero | scrivessero | dormissero  | capissero   |

2. The following verbs have irregular stems in the imperfect subjunctive. The last three, **bere, dire,** and **fare,** form the imperfect subjunctive from the same stem they use for the **imperfetto.**

---

CINZIA: So, your father wanted you to be an engineer? MAURIZIO: Yes, because he hoped I would go to work for him in his company. CINZIA: And your mother? MAURIZIO: My mother wanted me to study medicine instead. CINZIA: And what did you decide to do (instead)? MAURIZIO: Nothing. I ran away from home!

| essere | dare | stare | bere (bev-evo) | dire (dic-evo) | fare (fac-evo) |
|--------|------|-------|----------------|----------------|----------------|
| fossi | dessi | stessi | bevessi | dicessi | facessi |
| fossi | dessi | stessi | bevessi | dicessi | facessi |
| fosse | desse | stesse | bevesse | dicesse | facesse |
| fọssimo | dẹssimo | stẹssimo | bevẹssimo | dicẹssimo | facẹssimo |
| foste | deste | steste | beveste | diceste | faceste |
| fọssero | dẹssero | stẹssero | bevẹssero | dicẹssero | facẹssero |

3. The conditions that determine the use of the present subjunctive (**Capitoli diciassette** and **diciotto**) also apply to the use of the imperfect subjunctive. The imperfect subjunctive is used when the verb in the independent clause is in some past tense or the conditional, and when the action of the dependent clause takes place simultaneously with, or later than, the action of the independent clause.

MAIN VERB IN PRESENT

**Credo** che **piova.**

*I think it's raining.*

Non **è** possibile che lui **ricordi.**

*It isn't possible (that) he remembers.*

**Esco** senza che lei mi **veda.**

*I'm going out without her seeing me.*

Non **c'è** nessuno che mi **capisca.**

*There's nobody who understands me.*

**È** il più gran museo che ci **sia.**

*It's the largest museum there is.*

MAIN VERB IN PAST OR CONDITIONAL

**Credevo** che **piovesse.**

*I thought it was raining.*

Non **era** possibile che lui **ricordasse.**

*It wasn't possible (that) he remembered.*

**Sono uscito** senza che lei mi **vedesse.**

*I went out without her seeing me.*

Non c'**era** nessuno che mi **capisse.**

*There was nobody who understood me.*

**Era** il più gran museo che ci **fosse.**

*It was the largest museum there was.*

—Ma a te piacerebbe che noi venissimo a curiosare° in casa tua?

*to snoop around*

**A.** Replace the italicized verb with the correct form of each verb in parentheses.

1. Non credevano che io *capissi*. (studiare / ricordare / stare bene / sapere guidare / essere pronto)
2. Speravamo che voi *pagaste*. (votare / fare la spesa / trasferirsi / scrivere / venire)
3. Sarebbe meglio che loro *tornassero*. (lavorare / non bere / dare una mano / dire la verità / dormire)
4. Volevi che noi *aspettassimo?* (telefonare / vendere / rispondere / finire / partire)
5. Siamo usciti sebbene *piovesse*. (nevicare / fare freddo / esserci nebbia [*fog*])

**B.** Complete each sentence with the appropriate imperfect subjunctive form of the verb in parentheses.

1. Non credevo che Giuseppe _____ (essere) così avaro (*stingy*).
2. Sarebbe meglio che tu _____ (aspettare).
3. Sono usciti benchè non ne _____ (avere) voglia.
4. Avevamo bisogno di qualcuno che ci _____ (aiutare).
5. Ho aperto la finestra perchè _____ (entrare) un po' d'aria.
6. Speravo che voi mi _____ (scrivere) ogni giorno.
7. Siete andati a ballare senza che la mamma lo _____ (sapere)?
8. Vorrei che tu mi _____ (fare) una foto.
9. Era importante che loro _____ (dire) quello che sapevano.
10. Mi pareva che voi _____ (annoiarsi).
11. Il dottore voleva che io _____ (bere) otto bicchieri d'acqua al giorno.
12. Preferiremmo che lui ci _____ (dare) una risposta subito.

**C.** Restate each sentence using the imperfect subjunctive.

ESEMPIO: Non credo che mi vedano. → Non credevo che mi vedessero.

1. Speriamo che tu trovi un lavoro.   2. È necessario che tutti ascoltino.
3. Hanno paura che non paghiamo.   4. È bene che tu stia zitta.   5. Papà non vuole che io lo faccia.   6. Sembra che lei non abbia voglia di mangiare.
7. Preferiscono che io studi medicina.   8. Ho l'impressione che tu non ca-pisca.   9. È importante che voi rispondiate a tutte le domande.   10. Non c'è niente che io possa fare.

**D.** Conversazione

1. Le piace che gli studenti parlino italiano in classe?   2. Le piacerebbe che tutti parlassero solo italiano in classe?   3. Vorrebbe che le vacanze di Natale e di Pasqua fossero più lunghe?   4. È contento/a di aver scelto (*chosen*) quest'università?
5. I Suoi genitori avrebbero preferito che Lei ne scegliesse un'altra?   6. Preferirebbe che l'insegnamento delle lingue nelle università americane fosse obbligatorio o no? Perchè?

## B. The pluperfect subjunctive

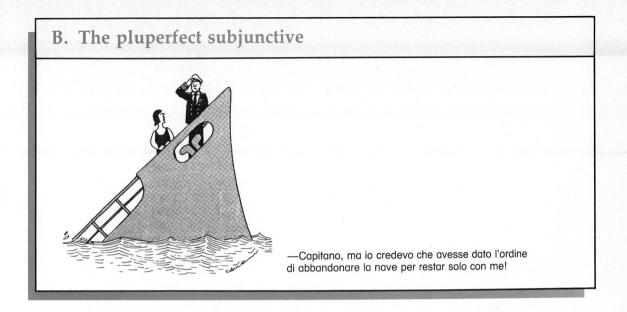

—Capitano, ma io credevo che avesse dato l'ordine
di abbandonare la nave per restar solo con me!

1. The pluperfect subjunctive (**il trapassato congiuntivo**: *that I had sung, that they had eaten*) is formed with the imperfect subjunctive of **avere** or **essere** + *past participle* of the verb.

| VERBS CONJUGATED WITH **avere** | | VERBS CONJUGATED WITH **ẹssere** | |
|---|---|---|---|
| che io avessi | | che io fossi | |
| che tu avessi | | che tu fossi | partito/a |
| che lui/lei avesse | lavorato | che lui/lei fosse | |
| che avẹssimo | | che fọssimo | |
| che aveste | | che foste | partiti/e |
| che avẹssero | | che fọssero | |

2. The pluperfect subjunctive is used in place of the **trapassato** indicative whenever the subjunctive is required.

**Avevano capito.**　　　　　　　　*They had understood.*

Speravo che **avessero capito.**　　*I was hoping they had understood.*

3. The pluperfect subjunctive is used in a dependent clause when the verb in the independent clause is in a past tense or in the conditional, and when the action of the dependent clause occurred before the action of the independent clause.

MAIN VERB IN PRESENT

**Ho paura** che non **abbiate capito.**

*I'm afraid you didn't understand.*

MAIN VERB IN PAST OR CONDITIONAL

**Avevo paura** che non **aveste capito.**

*I was afraid you hadn't understood.*

**Siamo contenti** che **siano venuti.**

*We're glad they came.*

**È** il più bel film che io **abbia visto.**

*It's the most beautiful movie I've seen.*

Non **fa** freddo benchè **abbia nevicato.**

*It isn't cold although it has snowed.*

**Eravamo contenti** che **fossero venuti.**

*We were glad they had come.*

**Era** il più bel film che io **avessi visto.**

*It was the most beautiful movie I had seen.*

Non **faceva** freddo benchè **avesse nevicato.**

*It wasn't cold although it had snowed.*

## E S E R C I Z I

**A.** Replace the italicized word with each word or phrase in parentheses, and make other necessary changes.

1. Era strano che avessero *mangiato* male. (risposto / capito / dormito / viaggiato)
2. Credevo che *Laura* fosse tornata in America. (tuo cugino / gli Smith / tu / voi due)

**B.** Restate each sentence using the pluperfect subjunctive.

ESEMPIO: Sembra che abbiano capito. → Sembrava che avessero capito.

1. È impossibile che abbiano detto una bugia.    2. Ci dispiace che Maurizio non si sia laureato.    3. Non so che cosa sia successo.    4. È il più bel film che abbiamo visto.    5. Sono contenta che siate venuti.    6. È lo sciopero più lungo che ci sia stato.    7. Può darsi che lui abbia ottenuto un aumento.    8. Speriamo che non abbiate dimenticato.

—Mi chiedevo perchè non mi avessi restituito° la mia scala a pioli°...

*returned* / scala... *ladder*

**C.** Combine each pair of sentences adding **che,** and make other necessary changes.

ESEMPIO: L'hai invitata? Sarebbe stato meglio. →
Sarebbe stato meglio che tu l'avessi invitata.

**1.** Hanno dovuto pagare il supplemento. Non lo credevamo.     **2.** Non c'eri ancora stato. Era strano.     **3.** Mi avevano regalato una catena d'oro. Ero contenta. **4.** Avevano ottenuto un aumento di salario. Non era possibile.     **5.** Ti eri abituato ad alzarti presto. Era ora.     **6.** Non avevate prenotato i posti. Peccato! **7.** Erano venuti senza telefonare prima. Non mi era piaciuto.     **8.** Aveva preso un bel voto. Era incredibile.

## C. Sequence of tenses in the subjunctive

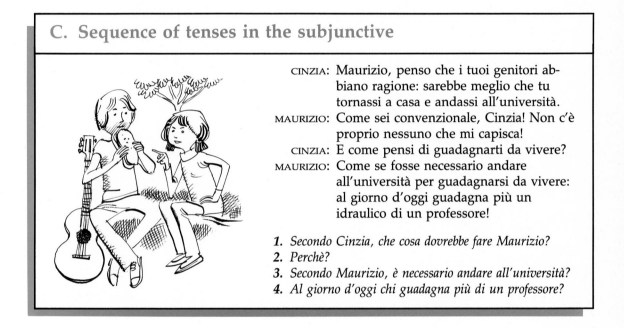

CINZIA: Maurizio, penso che i tuoi genitori abbiano ragione: sarebbe meglio che tu tornassi a casa e andassi all'università.
MAURIZIO: Come sei convenzionale, Cinzia! Non c'è proprio nessuno che mi capisca!
CINZIA: E come pensi di guadagnarti da vivere?
MAURIZIO: Come se fosse necessario andare all'università per guadagnarsi da vivere: al giorno d'oggi guadagna più un idraulico di un professore!

*1. Secondo Cinzia, che cosa dovrebbe fare Maurizio?*
*2. Perchè?*
*3. Secondo Maurizio, è necessario andare all'università?*
*4. Al giorno d'oggi chi guadagna più di un professore?*

As you know, the tense of the subjunctive is determined by the tense of the main verb and the time relationship between the actions or states expressed by the two verbs.

**1.** The following chart shows the sequence of tenses when the verb in the independent clause is in the present or future, or is an imperative.

---

CINZIA: Maurizio, I think your parents are right. It would be better for you to go back home and go to college. MAURIZIO: How conventional you are, Cinzia! There's no one who understands me!   CINZIA: And how do you think you're going to earn a living?   MAURIZIO: As if it were necessary to go to the university to earn a living! These days a plumber earns more than a professor!

| INDEPENDENT CLAUSE | DEPENDENT CLAUSE |
|---|---|
| Presente<br>Futuro<br>Imperativo | Present subjunctive (concurrent or future action)<br>Past subjunctive (past action) |

| | |
|---|---|
| Credo che **capiscano.** | *I think they understand.* |
| Credo che **abbiano capito.** | *I think they understood.* |
| Sii contento che **abbiano capito!** | *Be glad they understood!* |

In most cases, when the main verb is in the present or future, or in the imperative, and the action of the subjunctive verb occurs in the present or future, the *present* subjunctive is used. When the action of the verb in the subjunctive occurred before that of the main verb, the *past* subjunctive is generally used.

2. This chart shows the sequence of tenses with the verb in the independent clause in any past tense or in the conditional.

| INDEPENDENT CLAUSE | DEPENDENT CLAUSE |
|---|---|
| Imperfetto<br>Passato prossimo<br>Passato remoto<br>Trapassato<br>Condizionale | Imperfect subjunctive<br>(concurrent or future action)<br>Pluperfect subjunctive<br>(past action) |

| | |
|---|---|
| Credevo che **capissero.** | *I thought they understood.* |
| Credevo che **avessero capito.** | *I thought they had understood.* |
| Vorrei che **capissero.** | *I would want them to understand.* |
| Avevo sperato che **capissero.** | *I had hoped they would understand.* |

When the main verb is in any past tense or in the conditional, and the action of the subjunctive verb occurs at the same time or later, the *imperfect* subjunctive is used. When the action of the subjunctive verb occurred before that of the main verb, the *pluperfect* subjunctive is used.

3. After **come se** (*as if*) the imperfect and pluperfect subjunctive are always used, regardless of the tense of the main verb.

| | |
|---|---|
| Ti amiamo come se **fossi** nostro fratello. | *We love you as if you were our brother.* |
| Parlavano come se non **fosse successo** niente. | *They were talking as if nothing had happened.* |

**Come se** + *imperfect/pluperfect subjunctive* can also be used without an independent clause. See Maurizio's last line in the minidialogue in this section for an example of this usage.

—Abbiamo visto la luce accesa:° abbiamo pensato che foste in casa...    *on (lit)*

## E S E R C I Z I

**A.** Create new sentences replacing the italicized words with the words or phrases in parentheses and changing the verb forms as necessary.

**1.** *Spero* che tu mi aiuti. (Bisogna / Vorrei / Credevo / È bene)

**2.** *È inutile* che voi ci scriviate. (Eravamo contenti / Speriamo / Speravamo / È strano)

**3.** *È impossibile* che la lettera sia già arrivata. (Sei contento / Credevi / Dubiti / Dubitavi)

**4.** *È strano* che Paolo non abbia aspettato. (È impossibile / Era impossibile / Preferirei / Mi dispiace)

**B.** Complete each sentence with the correct form of the verb in parentheses.

**1.** (essere)    Non credo che Claudio _____ socialista.
Ti piacerebbe che Claudio _____ socialista?
Pare che Claudio _____ socialista.

**2.** (studiare)   Bisogna che tu _____ una lingua straniera.
Bisognerebbe che tu _____ una lingua straniera.
Speravano che tu _____ una lingua straniera.

**3.** (chiedere)   Ci aiuta senza che noi glielo _____.
Ci aiutò senza che noi glielo _____.
Ci aiutava senza che noi glielo _____.

**4.** (piovere)   Sono uscita benchè _____.

Andremo al mare a meno che non _____.

Ritorniamo a casa prima che _____!

**C.** Express in Italian.

**1.** I'm afraid he told me a lie.    **2.** We were glad you didn't need anything.
**3.** How can you go in without her seeing you?    **4.** They speak to me as if I were their child.    **5.** I was afraid there would be a strike.    **6.** Did your parents want you to go to the university?    **7.** He left the house without saying a word.
**8.** Respect (**rispettare**) him as if he were your father.

**D.** Restate each sentence with the subjects in parentheses.

ESEMPIO:  Era meglio pensarci prima. (tu) → Era meglio che tu ci pensassi prima.

**1.** Non vogliono aiutarmi. (voi)    **2.** Sarebbe stato bene invitare anche i tuoi amici.
(noi)    **3.** Credi di sognare? (io)    **4.** Bisogna mettersi la cravatta. (lui)
**5.** Bisognerebbe dirglielo. (lei)    **6.** Speriamo di trovare lavoro. (loro)
**7.** Penserò di aver sbagliato (*to have made a mistake*). (tu)

## D. The subjunctive used alone

—Dio salvi il Re!

Although the subjunctive is almost always used in dependent clauses, it may also be used in clauses standing alone and functioning as independent clauses.

**1.** The present subjunctive expresses a wish or a command in the third person singular or plural. It may be preceded by **che.**

| | |
|---|---|
| (Che) Il cielo mi **aiuti!** | *Heaven help me!* |
| (Che) **Finiscano** il lavoro se vogliono uscire! | *Let them finish their work if they want to go out!* |
| **Si salvi** chi può! | *Every man for himself! (lit., let he who can, save himself)* |
| **Riposino** in pace! | *May they rest in peace!* |
| Così **sia!** | *Let it be!* |

**2.** The imperfect and pluperfect subjunctive express a wish whose fulfillment seems unlikely or a regret that something did not happen in the past.

| | |
|---|---|
| **Potessi** farlo anch'io! | *If only I could do it, too!* |
| Magari **piovesse!** | *If only it would rain!* |
| **Avessimo potuto** salvarlo! | *If only we could have saved him!* |

## E S E R C I Z I

**A.** Answer each question with an indirect command according to the example.

ESEMPIO: Quando devono venire? → Vengano quando vogliono!

**1.** Quando devono richiamare? **2.** Quando devono pagare? **3.** Quando possono cominciare? **4.** Quando possono mangiare? **5.** Quando devono finire? **6.** Quando possono trasferirsi?

**B.** Choose an appropriate wish to use in each of the following situations.

| | |
|---|---|
| Fosse vero! | Vinca (*win*) il migliore! |
| Mi avessero ascoltato! | Si fosse alzato prima! |
| Possano riuscire! | |

**1.** Avevo consigliato ai miei amici di prendere il rapido. Invece hanno preso un treno che si è fermato ad ogni stazione. **2.** Mi hanno detto che i miei cugini hanno vinto cinquanta milioni al Totocalcio. **3.** Il signor Pacini è arrivato alla stazione dieci minuti dopo che il treno era partito. **4.** Tre miei amici partecipano a una corsa automobilistica (*car race*). Chi vincerà? **5.** Marilena e Luciana sono senza lavoro. Domani avranno un colloquio con un'importante ditta import/export.

**C.** Give three wishes for your Italian class; for your Italian professor; for your family; for your best friend.

—Un momento, prego: nessuno mi segua°!

*follow*

# E. Nouns with an irregular plural and invariable nouns

GABRIELLA: Come stai, nonna?

NONNA: Male, figlia mia! Il solito attacco di artrite; mi fanno male le braccia, le giunture delle ginocchia, le dita delle mani. Insomma, ho le ossa rotte!

GABRIELLA: E il dottore che dice?

NONNA: Ah, quell'uomo è impossibile! Dice di prendere un paio di aspirine e di mangiare frutta e verdura, poca carne e poche uova. Bella vita!

*1. Di che cosa si lamenta la nonna?*
*2. Perchè il dottore della nonna è « impossibile »?*
*3. È contenta della sua vita la nonna?*

**1.** Some masculine nouns are feminine in the plural and end in **-a.**

| il braccio | *arm* | le bracci**a** |
|---|---|---|
| il dito | *finger; toe* | le dit**a** |
| il ginocchio | *knee* | le ginocchi**a** |
| il labbro | *lip* | le labbr**a** |
| il miglio | *mile* | le migli**a** |
| l'osso | *bone* | le oss**a** |
| il paio | *pair* | le pai**a** |
| l'uovo | *egg* | le uov**a** |

Con quante dita scrivi a macchina?    *With how many fingers do you type?*

Queste uova non sono fresche.    *These eggs are not fresh.*

**2.** The following nouns have irregular plurals:

| l'uomo | *man* | gli uọmini |
|---|---|---|
| il Dio (dio) | *God (god)* | gli dei (note the irregular article) |

Hai letto il romanzo *Uomini e topi?*    *Have you read the novel* Of Mice and Men?

Gli antichi credevano in molti dei.    *The ancients believed in many gods.*

---

**GABRIELLA:** How are you, Grandma?   **GRANDMOTHER:** Not well, dear! My usual bout of arthritis. My arms hurt, my knee joints hurt, my fingers hurt. I ache all over! (*lit.,* In short, I have broken bones.)   **GABRIELLA:** What does the doctor say?   **GRANDMOTHER:** Oh, that man is impossible! He says to take a couple of aspirin and to eat fruit and vegetables, very little meat, and few eggs. Some life!

3. Some nouns are invariable in the plural; that is, they have the same form in both the singular and the plural. You have already learned many nouns of this type. Some of the most common include:

- nouns ending in a consonant

  il fil**m** → i fil**m**     lo sport → gli sport

- nouns ending in an accented vowel

  l'università → le università     il lunedì → i lunedì

- nouns ending in **-i**

  la crisi → le crisi

- nouns ending in **-ie**

  la spec**ie** → le spec**ie**
  *but:*
  la mog**lie** → le mog**li**

- nouns of one syllable

  il **re** → i **re**

- family names

  i Brambilla (*the Brambillas*)

- abbreviations

  il cinema → i cinema     il frigo → i frigo

## E S E R C I Z I

A. Give the plural of each phrase.

**1.** il dito lungo     **2.** il braccio stanco     **3.** il dio romano     **4.** l'uovo fresco
**5.** il labbro rosso     **6.** il vecchio paio     **7.** la vecchia città     **8.** il cinema e il
teatro     **9.** il film storico     **10.** il re greco     **11.** il piccolo caffè     **12.** la moglie stanca

B. Conversazione

**1.** Quante paia di scarpe Le piacerebbe avere?     **2.** Mangia spesso uova a colazione? Crede che sia bene mangiare poche uova?     **3.** Conosce l'espressione « essere pelle e ossa »? Cosa crede che significhi?     **4.** Quante miglia al giorno sarebbe capace di fare a piedi? E con la macchina?

C. Express in Italian.

**1.** There have been many crises in my family this year.     **2.** Do you play (**praticare**) these sports in your country?     **3.** The Colombos are very numerous in Milan.     **4.** What beautiful red lips you have!

# II. DIALOGO

*Si avvicina° il ritorno di Pietro in America. Marcella ha aiutato Pietro a sce-*     *Si... is approaching*
*gliere dei regali per la sua famiglia e, dopo gli acquisti,° i due si riposano° seduti*     *purchases / si... rest*
*a un piccolo caffè vicino al Ponte Vecchio.*

MARCELLA: Speriamo che il libro sui disegni° di Leonardo piaccia al tuo     *sketches*
babbo: dato che° è ingegnere, dovrebbe interessargli.     *dato... since*

PIETRO: Già, lui crede che i pittori siano una razza a parte da scien-
ziati e ingegneri. Lo sai che si era messo in testa che facessi
l'ingegnere come lui?

MARCELLA: E tu invece cosa vuoi fare? Il pittore?

PIETRO: Non lo so ancora: è per questo che sono venuto in Italia...
Mi pareva che mio padre fosse un tipo troppo autoritario e
avevo paura che prendesse tutte le decisioni per me.

MARCELLA: E io che credevo che i padri americani fossero diversi da
quelli italiani e non interferissero nella vita dei figli...

PIETRO: Ma lui è d'origine siciliana; benchè sia vissuto in America     *è... he has remained /*
trent'anni, è rimasto° un padre all'antica,° un « padre pa-     *old-fashioned*
drone ».[1]

MARCELLA: Ma a te piacerebbe rimanere in Italia?

PIETRO: Magari fosse possibile! Ma ormai ho finito i miei risparmi.°     *savings*
L'Italia è stata per me un'esperienza straordinaria: nessuno
che mi dicesse quello che dovevo fare; ho dipinto,° ho     *painted*
viaggiato, ho letto i libri che mi interessavano senza che
nessun professore mi obbligasse a scrivere « papers » e poi
mi desse un voto!

MARCELLA: Insomma, un bell'interludio, una fuga° dal quotidiano.° Po-     *escape / everyday things*
tessi farlo anch'io! Ma lo sai dove vorrei andare io? A New
York!

PIETRO: Dici sul serio? E allora andiamoci insieme!

MARCELLA: Magari! Ma tu cosa farai quando torni a casa?

PIETRO: Chi lo sa! Può darsi che finisca° per fare l'ingegnere...     *I end up*

---

## Dialogue comprehension check

*Rispondete alle seguenti domande.*

**1.** Quale giorno si avvicina per Pietro?    **2.** Che cosa hanno comprato
Marcella e Pietro?    **3.** Che cosa fa il padre di Pietro?    **4.** Che tipo
è?    **5.** Da quanto tempo vive in America?    **6.** Perchè è andato in
Italia Pietro?    **7.** Perchè non può rimanere in Italia?    **8.** Per quali

---

[1]The words **padre** and **padrone** have recently been combined to form an expression describing a very authoritarian father figure—a "boss."

—Le braccia e la testa° non le so fare.    *head*

ragioni l'Italia è stata « un'esperienza straordinaria » per Pietro?
**9.** Dove vorrebbe andare Marcella?    **10.** Che cosa sogna
Marcella?

# III. DI TUTTO UN PO'

**A.** Expand each sentence with **mi dispiaceva che** + *imperfect* or *pluperfect subjunctive* or
**mi dispiaceva di** + *present* or *past infinitive*.

ESEMPI: C'era lo sciopero dei treni. →
      Mi dispiaceva che ci fosse lo sciopero dei treni.
      Non sapevo guidare. → Mi dispiaceva di non sapere guidare.

**1.** I miei genitori non mi capivano.    **2.** Laura non aveva la TV.    **3.** Mi sentivo
stanco.    **4.** Non avevo trovato lavoro.    **5.** Nessuno aveva risposto al mio annuncio (*ad*).    **6.** Voi eravate partiti.    **7.** Ero rimasto senza benzina.
**8.** Tutti i negozi erano chiusi.    **9.** Tu non dicevi niente.    **10.** Io non facevo
molto sport.

**B.** Combine each pair of sentences. Use the word in parentheses or choose between
the two forms given and make all necessary changes.

ESEMPIO: È uscita di casa. Non ha chiuso la porta. (senza/senza che) →
      È uscita di casa senza chiudere la porta.

**1.** Devi lavare i piatti. Poi uscirai. (prima di/prima che)    **2.** È venuto a lezione.
Non stava bene. (benchè)    **3.** Ho comprato un cappotto. Incominciava a far
freddo. (prima di/prima che)    **4.** Era ancora snella. Aveva più di quarant'anni.
(benchè)    **5.** Il professore parlava adagio (*slowly*). Tutti gli studenti capivano.

(perchè) **6.** Hanno risposto bene. Non avevano studiato molto. (quantunque)
**7.** Partirono. Non informarono nessuno. (senza/senza che) **8.** Ci trasferimmo in Australia. Nessuno lo sapeva. (senza/senza che)

**C.** Express in Italian.

**1.** Did you think that the prices in that store were too high? **2.** Nobody was pleased that the workers wanted to go on strike. **3.** Enrico was the best student we ever had. **4.** It would have been better for you to be quiet. **5.** I cleaned house before my parents came back. **6.** It was probable that he earned more than I, and I didn't think it was fair! **7.** She thought she had forgotten to close the windows before she left. **8.** We were looking for someone who had seen the accident. **9.** They used to take a walk every evening unless it was snowing. **10.** Why did everybody criticize (**criticare**) whatever she said or did? **11.** He decided to skip lunch (**saltare colazione**) although he was hungry. **12.** Who will do it? You? —No, let Luigi do it!

**D.** Conversazione

**1.** Secondo Lei, i genitori dovrebbero essere autoritari o permissivi? **2.** È bene che prendano decisioni per i figli? Quali? **3.** Lei interferirebbe nella vita dei Suoi figli? **4.** Ci sono cose che non è riuscito/a a fare prima dei diciotto anni e Le piacerebbe tanto che riuscisse a farle Suo figlio (Sua figlia)?

# IV. PAROLE DA RICORDARE

VERBI

**avere ragione** to be right
(*about something*)
**avvicinarsi** to approach, to
get close, to near
**dipingere** (*p.p.* **dipinto**) to paint
**fare male** to hurt, ache
**finire per** + *inf.* to end up
(doing something)
**guadagnarsi da vivere** to earn
a living
**interferire (isc)** to interfere
**obbligare a** + *inf.* to oblige (to
do something)
**prendere una decisione** to
make a decision
*__rimanere__ (*p.p.* **rimasto**) to
remain
**riposarsi** to rest
*__scappare di casa__ to run away
from home

**scegliere** (*p.p.* **scelto**) to select,
choose

NOMI

**l'acquisto** purchase
**l'attacco** bout
**il braccio** arm
**il dio** god
**il disegno** design, sketch
**il dito** finger; toe
**l'esperienza** experience
**la fuga** escape
**il ginocchio** knee
**l'idraulico** plumber
**l'ingegnere** (*m.*) engineer
**il labbro** lip
**il miglio** mile
**l'osso** bone
**la razza** race
**il re** king

**i risparmi** (*m. pl.*) savings
**il ritorno** return
**lo scienziato** scientist
**la testa** head
**l'uovo** (*pl.* **le uova**) egg
**la verdura** vegetables

AGGETTIVI

**autoritario** strict, authoritarian
**convenzionale** conventional
**rotto** broken
**straordinario** extraordinary

ALTRE PAROLE ED ESPRESSIONI

**a parte** separate; apart from
**adagio** slowly
**all'antica** old-fashioned
**come se** as if
**dato che** since
**magari** if only

## ITALIA COSÌ

**A. Genitori e figli.** Un recente questionario, distribuito a ragazzi di età compresa tra i quattordici e i diciannove anni, dal titolo « Orientamenti (*Directions*), speranze e conoscenze dei giovani », include varie domande sui rapporti (*relations*) tra genitori e figli. Rispondete alle seguenti domande e confrontate le vostre risposte con quelle dei compagni.

1. Molti ragazzi pensano che oggi i rapporti tra genitori e figli siano più difficili che nel passato; tu cosa ne pensi?

   ☐ non sono d'accordo

   ☐ sono d'accordo—almeno in parte—e queste difficoltà nascono soprattutto:

   ☐ dalla differenza di età

   ☐ dalle differenze di mentalità

   ☐ dalla diversa formazione scolastica e culturale

   ☐ dalle modificazioni del sistema sociale

2. Consideri giusto o no discutere con i tuoi genitori di problemi importanti, o di questioni personali che consideri importanti per te e per la tua vita?

   ☐ penso che uno debba confidarsi con i propri genitori, se è possibile

   ☐ penso che ciascuno debba risolversi da solo i propri problemi

   ☐ non sono i genitori le persone adatte a discutere sui miei problemi, ma gli amici che frequento° e stimo° di più   *I associate with / I admire*

   ☐ sarebbe bello poter parlare apertamente con i propri genitori, ma questo è reso difficile da troppe incomprensioni

3. Se hai difficoltà di rapporto con i genitori, pensi che questo dipenda soprattutto:

   ☐ da loro

   ☐ da me

   ☐ da tutti e due

4. Se dovessi definire i tuoi rapporti con la famiglia, come li valuteresti?

☐ sostanzialmente buoni, c'è rispetto reciproco e dialogo

☐ piuttosto formali, si parla poco dei problemi importanti

☐ piuttosto difficili, c'è contrasto abbastanza aperto

☐ molto difficili, i miei genitori sono intolleranti e repressivi

5. Parli *spesso* con tuo padre di:

☐ problemi politici, sindacali

☐ questioni economiche e sociali

☐ religione

☐ problemi sessuali e rapporti con l'altro sesso

☐ scuola, rapporti con gli insegnanti°          *teachers*

☐ il tuo futuro, il tuo lavoro

☐ il suo passato, la vita di tuo padre da giovane

6. Parli *spesso* con tua madre di:

☐ problemi politici, sindacali

☐ questioni economiche e sociali

☐ religione

☐ problemi sessuali e rapporti con l'altro sesso

☐ scuola, rapporti con gli insegnanti

☐ il tuo futuro, il tuo lavoro

☐ il suo passato, la vita di tua madre da giovane

7. Tra i tuoi genitori:

|  | padre | madre | ambedue (both) | nessuno |
|---|---|---|---|---|
| **a.** con chi hai più confidenza? | ☐ | ☐ | ☐ | ☐ |
| **b.** a chi ti senti più affezionato? | ☐ | ☐ | ☐ | ☐ |
| **c.** verso chi hai sentimenti di gratitudine? | ☐ | ☐ | ☐ | ☐ |
| **d.** con chi ti trovi di più in conflitto? | ☐ | ☐ | ☐ | ☐ |
| **e.** con chi discuteresti una situazione grave o disperata? | ☐ | ☐ | ☐ | ☐ |

B. **Quello che volevano loro e quello che volevo io.** Non sempre i figli e i genitori sono d'accordo su quello che è bene fare. Per esempio: « I miei genitori volevano che io abitassi al dormitorio; io volevo affittare un appartamentino; ho finito per prendere una stanza con uso di cucina. »

—Io avrei voluto laurearmi in ingegneria,
ma i miei genitori mi hanno fatto
studiare lettere...

Date tre esempi di differenze di opinione tra le due generazioni, in una famiglia vera o immaginaria, e indicate quello che è successo.

# LETTURA CULTURALE

## I giovani nella società attuale

Che cosa succede nel mondo giovanile di oggi? Alcuni anni fa sembrava che quasi tutti i giovani italiani fossero contestatori.° Si contestava° tutto: famiglia, scuola, istituzioni e Stato; si voleva cambiare la società intera. Lo slogan « tutto e subito » era il motto della gioventù.

    Di recente, invece, i giovani sono diventati apatici e indifferenti ed è difficile sapere quello che pensano. A parte° sporadici episodi di violenza politica e terrorismo, i giovani non rappresentano più un problema collettivo. Il lavoro e la famiglia sono le loro preoccupazioni più importanti. I giovani d'oggi, però, concepiscono° il lavoro come attività interessante e socialmente utile e ne negano° i valori di prestigio e di successo. I loro commenti sulla famiglia confermano l'importanza tradizionale dell'istituzione, ma come nucleo di tolleranza e di affetto, non più come simbolo di autorità.

    Inoltre, l'attività politica è vista non più come tentativo di cambiare e di trasformare tutto e subito; la politica, essi dicono, si fa nelle piccole cose di tutti i giorni, cercando° di risolvere problemi reali e vicini, senza utopie.

*radicals*
*Si... They challenged*

*A... Aside from*

*conceive*
*they deny*

*trying*

## Reading comprehension check

**A.** Rispondete alle seguenti domande.

1. Che cosa contestavano i giovani alcuni anni fa? **2.** Qual era il loro slogan?
3. Come sembrano i giovani della nuova generazione? **4.** Come concepiscono il lavoro e la famiglia molti giovani? **5.** Secondo loro, come si fa la politica?

**B.** Progetto: le mie idee sulla famiglia, l'università e la politica.

Giovani a Venezia.

Giovani al Palio di Siena.

# Un po' di letteratura

Busto di Niccolò Machiavelli, 15° secolo.

## A. *If* clauses in the indicative

Secondo molte persone, i proverbi non sono pure e semplici curiosità; sono una forma di letteratura. I proverbi riflettono la filosofia, la cultura e le esperienze di intere generazioni e rappresentano una chiave per la comprensione d'un popolo.

Un proverbio cinese dice: « Se vuoi essere felice per un'ora, ubriacati. Se vuoi essere felice per tre giorni, sposati. Se vuoi essere felice per otto giorni, uccidi il tuo maiale e mangialo. Ma se vuoi essere felice per sempre, diventa giardiniere. »

1. *Che cosa sono i proverbi per Lei?*
2. *Secondo il proverbio cinese, che cosa dobbiamo fare se vogliamo essere felici per un'ora? E per tre giorni?*
3. *Se diventiamo giardinieri, per quanto tempo saremo felici?*

Conditional sentences consist of two clauses: an *if* clause that indicates a condition and a main clause that indicates the result of that condition.

*If I don't sleep, I become irritable.*

*If I were a rich man, I wouldn't have to work.*

*If they had come, they would have called us.*

In Italian, when the conditions presented are real or possible, the **se** clause is in the indicative and the main clause is in the indicative or the imperative.

| **se** CLAUSE: INDICATIVE | MAIN CLAUSE: INDICATIVE OR IMPERATIVE |
|---|---|
| **Se** + present<br>future<br>past tenses | present<br>future<br>past tenses<br>imperative |

According to many people, proverbs aren't mere curiosities; they're a form of literature. Proverbs reflect the philosophy, culture, and experiences of entire generations and represent a key to understanding a group of people. A Chinese proverb says: "If you want to be happy for an hour, get drunk. If you want to be happy for three days, get married. If you want to be happy for eight days, kill your pig and eat it. But if you want to be happy forever, become a gardener."

Se **ascolto** la radio, non **posso** scrivere.

*If I'm listening to the radio, I can't write.*

Se **andrete** al mare, **vi divertirete.**

*If you go to the beach, you'll have a good time.*

Se **hanno detto** questo, **hanno sbagliato.**

*If they said that, they made a mistake.*

Se la **vedi, d**ille di telefonarmi.

*If you see her, tell her to call me.*

Note that the only tense pattern that differs from English is **se** + *future,* which corresponds to *if* + *present* in English. You first learned this use of the future in **Capitolo undici.**

Se **andrete** al mare, vi divertirete.

*If you go to the beach, you'll have a good time.*

—Se trovate un orologio d'oro nella polenta, è del cuoco.°

*cook*

## E S E R C I Z I

**A.** Replace the subject with each subject in parentheses and make all other necessary changes.

1. Se mangio pasta, ingrasso. (tu / voi due / loro / lo zio)
2. Se potremo, lo faremo. (io / l'ingegnere / gli zii / tu)
3. Se hai detto questo, hai sbagliato. (loro / noi / la mamma / voi)

**B.** Complete each sentence in a logical manner.

1. Se ho sonno...    2. Se farà freddo...    3. Se avevi voglia di andare...
4. Se siete stanchi...    5. Se non hanno capito...

**C.** Express in Italian.

1. If I watch TV, I can't finish my assignment (**il compito**). If I finish my assignment, I'll be happy.

**2.** If you've learned this rule (**regola**), why don't you use it?

**3.** Boys, what are you going to do tomorrow? —If the weather is nice, we'll go to the beach (**spiaggia**). Otherwise we'll go to the movies. And if there aren't any interesting movies, we'll stay home.

**D.** Conversazione

**1.** Se Le consigliano di leggere un romanzo, Lei lo legge? **2.** Se Le danno un buon consiglio, lo segue? **3.** Se parlo adagio, mi capisce? **4.** Se non dorme otto ore per notte, diventa nervoso/a? **5.** Si offende se qualcuno paga per Lei il caffè (il biglietto del cinema, ecc.)? O Le piace che qualcuno paghi per Lei? O preferisce fare alla romana (*to go Dutch*)? **6.** Che cosa fa quando vuole essere felice per un'ora?

## B. *If* clauses in the subjunctive

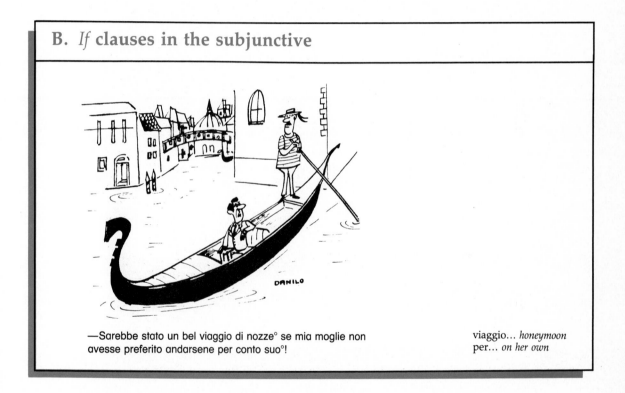

—Sarebbe stato un bel viaggio di nozze° se mia moglie non avesse preferito andarsene per conto suo°!

viaggio... *honeymoon*
per... *on her own*

**1.** In conditional sentences in which imaginary situations (likely or unlikely to happen) are described, the **se** clause is in the *imperfect subjunctive* and the main clause is in the *conditional*.

| **se** CLAUSE: SUBJUNCTIVE | MAIN CLAUSE: CONDITIONAL |
|---|---|
| **Se** + imperfect subjunctive | present conditional<br>conditional perfect |

| | |
|---|---|
| Se **avessi** un sacco di soldi non **lavorerei**. | *If I had a lot of money, I wouldn't work.* |
| Se **fosse** una persona onesta, non **avrebbe mentito**. | *If he were an honest person, he wouldn't have lied.* |

2. Imaginary, contrary-to-fact situations in the past are expressed by a **se** clause in the *pluperfect subjunctive* with the main clause in the *conditional*.

| se CLAUSE: PLUPERFECT SUBJUNCTIVE | MAIN CLAUSE: CONDITIONAL |
|---|---|
| **Se** + pluperfect subjunctive | present conditional<br>conditional perfect |

| | |
|---|---|
| Se **avessimo preso** il rapido, ora **saremmo** già a casa. | *If we had taken the express train, we would be home by now.* |
| Se **tu fossi stato** pronto, **saremmo arrivati** in tempo. | *If you had been ready, we would have arrived on time.* |

3. Note that the conditional is used in the main clause, never in the **se** clause. If the main clause in an English sentence contains *would* (signal for the present conditional) or *would have* (signal for the conditional perfect), the subjunctive (either imperfect or pluperfect) is used in the *if* clause in Italian. Only the imperfect or the pluperfect subjunctive (never the present subjunctive) may be used after **se**.

## E S E R C I Z I

A. Replace the subject of the main clause with each subject in parentheses and make other necessary changes.

1. *Adriana* uscirebbe se non piovesse. (lo zio / i ragazzi / noi due / anch'io)
2. Se non avessimo perso (*missed*) il treno ora saremmo già a casa. (tu / lei / voi / loro)
3. Se fossi caduto (*fallen*) avrei gridato (*shouted*). (lei / i bambini / noi / voi)

B. Answer each question with a conditional sentence using the words in parentheses.
ESEMPIO: Perchè non balli? (sapere ballare) → Ballerei se sapessi ballare.

1. Perchè non resti a cena? (avere tempo)   2. Perchè non esci? (non essere troppo tardi)   3. Perchè non ti sposi? (trovare la persona adatta)   4. Perchè non glielo dici? (saperlo)   5. Perchè non ci vai? (potere)   6. Perchè non prendi un poncino? (fare freddo)

**C.** Form conditional sentences using the expressions in parentheses according to the example.

ESEMPIO: Le ragazze non sono venute. (invitarle) →
Sarebbero venute se le avessimo invitate.

**1.** Le ragazze non hanno bevuto. (servire succhi [*juices*] di frutta)   **2.** Le ragazze non hanno votato. (avere diciotto anni)   **3.** Le ragazze non hanno aspettato. (chiederglielo)   **4.** Le ragazze non hanno capito. (spiegare chiaramente)   **5.** Le ragazze non si sono divertite. (portarle al cinema)   **6.** Le ragazze non sono scese. (chiamarle)

**D.** Express in Italian.

**1.** If you need me, call me.   **2.** If you had spoken more slowly, I would have understood you.   **3.** If they wanted to, they could do it.   **4.** If they had wanted to, they could have done it.   **5.** If Marisa wants to come, let her come!
**6.** If I drank too much, I would get drunk.   **7.** If there were a bus strike, we would rent a car.

**E.** Conversazione

**1.** Se io Le chiedessi un favore, me lo farebbe?   **2.** Se vedesse un extraterrestre, scapperebbe?   **3.** Se avesse un appartamento più grande, inviterebbe i Suoi amici più spesso?   **4.** Avrebbe bevuto una Coca-Cola se avesse avuto sete?
**5.** Avrebbe comprato una cravatta (*necktie*) nuova se fosse stato al posto di Beppino?

—Sarebbe un ottimo cane da caccia°
se non avesse paura degli spari°!

cane... *hunting dog*
*shooting*

## C. *Fare* + *infinitive*

FRANCA: A chi fai restaurare la casa di
campagna?

MARIA TERESA: Per ora ho fatto fare un progetto a
un architetto mio amico. Poi farò fare
i lavori alla ditta costruzioni edili di
mia cognata.

FRANCA: E a chi farai installare l'impianto di
riscaldamento?

MARIA TERESA: A nessuno: costa troppo! Ho già
fatto riparare i caminetti e ho comprato una stufa a legna. Sarà un bel
risparmio!

*1. Cosa ha intenzione di far fare Maria Teresa?*
*2. A chi ha fatto fare il progetto?*
*3. Quale ditta farà i lavori?*
*4. Invece di far installare l'impianto di riscaldamento,
che cosa ha fatto Maria Teresa?*

1. **Fare** + *infinitive* is used to convey the idea of *having something done* or *having someone do something.* Noun objects follow the infinitive. Compare:

| | |
|---|---|
| **Lavo** la macchina. | *I'm washing the car.* |
| **Faccio lavare** la macchina. | *I'm having the car washed.* |
| Il professore **ripete.** | *The instructor repeats.* |
| Il professore **fa ripetere** gli studenti. | *The instructor makes the students repeat.* |

2. Object pronouns normally precede the form of **fare.** They follow **fare** only when **fare** is in the infinitive or in the first or second person of the imperative.

| | |
|---|---|
| Faccio lavare la macchina; **la faccio lavare** ogni sabato. | *I'm having the car washed; I have it washed every Saturday.* |
| Fa' riparare il televisore; **fallo riparare** al più presto! | *Have the TV set repaired; have it repaired as soon as possible!* |
| Desidero far mettere il telefono; desidero **farlo mettere** nel mio studio. | *I wish to have a phone put in; I wish to have it put in my study.* |

---

FRANCA: Who are you going to get to remodel your country house?   MARIA TERESA: For the moment I've had an architect friend of mine draw up the plans. Then I'll have the work done by my sister-in-law's construction firm.   FRANCA: Who will you have install the heating system?   MARIA TERESA: Nobody. It costs too much! I've already had the fireplaces repaired and I bought a wood stove. I'll save a lot that way!

**3.** If there is only one object, it is a direct object.

**Lo** facciamo leggere. *We make him read.*

Ho fatto cambiare **l'olio.** *I had the oil changed.*

If there are two objects (usually a person made to perform the action and a thing that is the object of the infinitive), the *thing* is the direct object and the *person* is the indirect object.

**Gli** facciamo leggere **molti libri.** *We make him read many books.*

Ho fatto cambiare **l'olio al meccanico.** *I had the mechanic change the oil.*

When the use of **a** can cause ambiguity, **a** + *person* is replaced by **da** + *person*.

TWO POSSIBLE MEANINGS

Ho fatto scrivere una lettera **a Mario.** $\begin{cases} \textit{I had Mario write a letter.} \\ \textit{I had a letter written to Mario.} \end{cases}$

ONE MEANING ONLY

Ho fatto scrivere una lettera **da Mario.** *I had Mario write a letter.*

**4. Farsi** + *infinitive* + **da** + *person* means *to make oneself heard/understood* (and so on) *by someone.*

Come possiamo farci capire da tutti? *How can we make ourselves understood by everyone?*

Si sono fatti arrestare. *They had themselves arrested.*

Note that **essere** is used in compound tenses.

—Ho sentito che avete fatto mettere il caminetto.

**A.** Replace the words in italics with each word or phrase in parentheses.

   **1.** Devo far riparare *il televisore.* (la macchina / l'orologio / l'ascensore / la bicicletta)
   **2.** Hai fatto *piangere (to cry)* la bambina? (ridere / dormire / giocare / mangiare / bere)
   **3.** Non mi faccia *aspettare!* (uscire / pagare / cantare / guidare / ripetere)

**B.** Ask how much various services cost in different places according to the example.

   ESEMPIO: orologio / riparare / Italia → Quanto costa far riparare un orologio in Italia?

   **1.** dente / otturare *(to fill)* / Stati Uniti    **2.** casa / riparare / Italia
   **3.** caminetto / costruire / Massachusetts    **4.** piscina / costruire / California
   **5.** vestito / lavare a secco *(dry clean)* / Milano

**C.** Restate each sentence to indicate that the person or thing indicated in parentheses is responsible for the action.

   ESEMPIO: La bambina ride. (il clown) → Il clown fa ridere la bambina.

   **1.** I clienti aspettano. (l'avvocato)    **2.** Gli studenti hanno ripetuto. (il professore)    **3.** I bambini mangeranno. (la mamma)    **4.** Rosa piangeva. (le cipolle [*onions*])    **5.** Ho gridato. (la paura)    **6.** Ingrasserete. (le patate)
   **7.** Credi che i poeti sognino? (le donne)

**D.** Restate each sentence by adding the word in parentheses and making all necessary changes.

   ESEMPI: La faccio ballare. (una samba) → Le faccio ballare una samba.
            Hanno fatto pagare il conto. (lo zio) → Hanno fatto pagare il conto allo zio.

   **1.** Lo facevano guidare. (la topolino)    **2.** La faremo cantare. (due canzoni)
   **3.** Ti farò mangiare. (i ravioli)    **4.** Ho fatto ripetere i verbi. (gli studenti)
   **5.** Hanno fatto suonare la chitarra. (il cantautore)    **6.** Farebbe ascoltare questo disco? (la classe)

**E.** Express in Italian.

   **1.** I like people who make me laugh.    **2.** He gets himself invited everywhere.
   **3.** In order to make themselves understood by everybody, they ought to speak more slowly.    **4.** Which books do you want to have the students read?
   **5.** Please don't make me sing!    **6.** Did they speak Italian? —Yes, and they made themselves understood.

**F.** Conversazione

   **1.** Chi o che cosa La fa ridere?    **2.** Le piace che il Suo professore (la Sua professoressa) d'italiano Le faccia ripetere le parole nuove? Lo trova utile per la pronuncia?    **3.** Che cosa farebbe per farsi ammirare dai Suoi genitori? E dai Suoi compagni?    **4.** Quale poesia americana farebbe tradurre in italiano?
   **5.** Immagini di avere un appuntamento con una persona che non ha mai visto. Che cosa farebbe per farsi riconoscere?

---

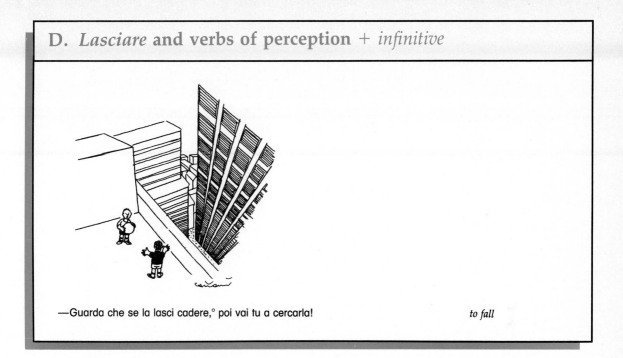

—Guarda che se la lasci cadere,° poi vai tu a cercarla!

*to fall*

1. Just like **fare,** the verb **lasciare** (*to let; to allow; to permit*) and verbs of perception (*seeing, watching, hearing*) are followed directly by the infinitive.

| | |
|---|---|
| Non **lascio uscire** mia figlia. | *I don't let my daughter go out.* |
| **Sentiamo cadere** la pioggia. | *We hear the rain fall.* |
| **Hai visto partire** i soldati. | *You saw the soldiers leave.* |

2. A noun object usually follows the infinitive, while a pronoun object precedes the main verb, unless the verb is in the infinitive or the first and second persons of the imperative.

| | |
|---|---|
| Hai sentito piangere la mamma? —Sì, **l'ho sentita** piangere. | *Did you hear Mother cry? — Yes, I heard her cry.* |
| Perchè non lasci giocare i bambini? **Lasciali** giocare! | *Why don't you let the children play? Let them play!* |
| Non voglio **vederti** correre. | *I don't want to see you run.* |

3. **Lasciare** may also be followed by **che** + *subjunctive.*

Perchè non **lo** lasciate **parlare?**
Perchè non lasciate **che lui parli?**  —  *Why don't you let him talk?*

4. A relative clause with **che** may replace the infinitive after a verb of perception.

L'ho vista **cadere.**
L'ho vista **che cadeva.**  —  *I saw her fall.*

---

**5.** When the infinitive following **lasciare** takes an object, the object of **lasciare** becomes indirect.

Lasciamo**la** mangiare!                     *Let's allow her to eat!*

Lasciamo**le** mangiare **quello che vuole!**     *Let's allow her to eat what she wants!*

## E S E R C I Z I

**A.** Restate each sentence using an infinitive construction.

ESEMPIO: Lascia che i bambini dormano! → Lascia dormire i bambini!

**1.** Lasciate che il gatto mangi!     **2.** Sentii il telefono che squillava.     **3.** Vide gli invitati (*guests*) che arrivavano.     **4.** Ascolto i treni che passano.     **5.** Hai visto una donna che saliva le scale?     **6.** Non hanno lasciato che io parlassi.     **7.** Guardammo il sole che sorgeva (*was rising*).     **8.** Lascia che lei canti!

**B.** Find out from a friend who has **genitori all'antica** whether his/her parents allow the following things, and imagine the answers.

ESEMPIO: (fumare) Ti lasciano fumare? →
           Sì, mi lasciano fumare. (No, non mi lasciano fumare.)

**1.** uscire ogni sera     **2.** portare ragazzi/e in casa     **3.** ritornare a casa dopo mezzanotte     **4.** spendere i soldi come vuole     **5.** mangiare quello che vuole     **6.** dormire fino a tardi

Now list three things your parents didn't allow you to do when you were little.
Begin with **I miei genitori non mi lasciavano...**

**C.** C'è stato un incidente stradale (*road accident*). Un poliziotto interroga un uomo che ha visto l'incidente. Descrivete quello che dice l'uomo utilizzando le espressioni elencate (*listed*).

ragazzo / attraversare (*to cross*) la strada / col rosso (*against the light*)
due macchine / arrivare a tutta velocità
la prima macchina / frenare (*to brake*) / investire (*to run over*) il ragazzo
la seconda macchina / non potere frenare / scontrarsi con l'altra macchina
un'ambulanza / arrivare / trasportare il ragazzo all'ospedale

—E io ti ripeto che ho sentito
la terra muoversi...

# II. DIALOGO

*Geraldine si è iscritta° a Roma a un corso accelerato di lingua italiana. In casa sua ha sempre sentito parlare italiano perchè sua madre è italiana, ma, dato che non ha mai studiato la grammatica, ora si è resa conto° che il suo italiano non è sempre perfetto. Una mattina, dopo una lezione, s'incontra con Paolo alla mensa dello studente.°*

si... *enrolled*

si... *she realized*

mensa... *student cafeteria*

PAOLO: Come vanno gli studi? Fai progressi?

GERALDINE: Così così: ora studiamo l'uso del condizionale e del congiuntivo nel periodo ipotetico;° questa grammatica italiana è più difficile di quel che credevo.

periodo... *conditional sentences*

PAOLO: Se vuoi, ti aiuto io. Ecco subito un bell'esempio: Se Geraldine mi amasse, sarei un uomo felice.

GERALDINE: Il solito spiritoso! Se davvero vuoi aiutarmi, sii più serio!

PAOLO: Tu non ricordi le regole di grammatica perchè le frasi dei libri di testo sono noiose. Ora t'illustro io la regola con una poesia che pare fatta apposta. Stammi a sentire:°

Stammi... *Listen to me:*

> S'io fossi foco,° arderei° 'l mondo;
> S'io fossi vento,° lo tempesterei;°
> S'io fossi acqua, i' l'annegherei;°
> S'i fossi Dio, lo manderei in profondo...
> Oh Dio, non ricordo il resto! Solo l'ultima terzina° che è un capolavoro:°
> S'i fossi Cecco, come sono e fui,
> Torrei° le donne giovani e leggiadre°
> E vecchie e laide° lascerei altrui.°

fire (archaic) / *I would burn*
wind / *I would batter*
*I would drown*

tercet
masterpiece

I'd take / pretty
ugly / for the others

GERALDINE: Tipico maschio italiano anche questo poeta... Chi era?

PAOLO: Un senese° naturalmente: un certo Cecco Angiolieri che visse[1] nel tredicesimo secolo e scherzava° su tutto per non piangere.

person from Siena
joked

GERALDINE: Mi pare che sia una vostra abitudine anche oggi.

PAOLO: Già,° noi non vogliamo sembrare sentimentali e così prendiamo in giro° tutto ciò che gli altri prendono sul serio.

Sure
prendiamo... *we make fun of*

GERALDINE: Ma non siete mai seri?

PAOLO: Certo! Più si scherza e più° si è seri!

Più... *The more . . . the more*

GERALDINE: Ah, se vi capissi, sarei contenta!

PAOLO: Brava! Vedi che hai già imparato la regola di grammatica? Se continuerai a stare in mia compagnia, imparerai tutte le regole! E anche a trasgredirle...

GERALDINE: Buffone!° S'io fossi Geraldine, com'io sono e fui,
Tutti i maschi italiani impiccherei°...
Ciao, scappo!

Fool!
I would hang

PAOLO: Ciao, bellezza! E se hai bisogno di altre lezioni, telefonami!

---

[1]**Passato remoto** of **vivere.**

**Dialogue comprehension check**

*Rispondete alle seguenti domande.*

**1.** Conosce bene l'italiano Geraldine?    **2.** Che cosa studia in questi giorni?
**3.** Secondo Paolo, perchè è difficile ricordare le regole di grammatica?    **4.** Come illustra la regola del periodo ipotetico Paolo?    **5.** Secondo Geraldine, a che cosa sono abituati gli italiani?    **6.** Cosa farebbe Geraldine di tutti i maschi italiani?

---

# III. DI TUTTO UN PO'

**A.** Complete each line in Column A by choosing the appropriate answer from Column B.

| A | B |
|---|---|
| Se parlasse chiaramente | se non vi foste sentiti bene? |
| Se tieni la finestra aperta | perchè me l'hai fatta tradurre? |
| Avreste chiamato il dottore | perchè non l'avete lasciato pagare? |
| Se tu non mi lasciassi uscire | si farebbe capire. |
| Se voleva pagare lui | se continua il bel tempo. |
| Io vado al mare | fai entrare le zanzare (*mosquitoes*). |
| Se avevi capito la poesia | starei a casa. |

**B.** Complete each sentence using the imperfect subjunctive, the pluperfect subjunctive, or an indicative tense of the verb in parentheses.

ESEMPIO:  I prezzi non salirebbero così se non (esserci) l'inflazione. →
I prezzi non salirebbero così se non ci fosse l'inflazione.

**1.** Se tu (studiare) prenderesti dei voti migliori.    **2.** Se loro (andare via) mi dispiacerebbe.    **3.** Se (avere) fame, mangia!    **4.** Se tutti (essere) onesti, la vita sarebbe più facile.    **5.** Se (incontrare) tuo padre, gli parlerò di te.    **6.** Se (volere) aiuto, chiedetelo!    **7.** Andrei volentieri in Inghilterra se (sapere) parlare inglese.    **8.** Se (lavorare) fino a mezzanotte, avrebbero finito il lavoro.    **9.** Se (fare) riparare il caminetto, non avremmo bisogno di comprare una stufa a legna.
**10.** Se (sentire) squillare il telefono, non avresti risposto?

**C.** Express in Italian.

**1.** I don't want you to scream. I don't want to hear you scream.    **2.** If your watch were broken, would you have it repaired or would you buy a new watch?    **3.** Do you believe that Italians make fun of what other people take seriously?    **4.** If you had given me a gold chain for my birthday, I would have been happy.    **5.** We were hoping you would let us go in without paying.    **6.** Don't make me laugh!
**7.** If you need me, call me!    **8.** If Marisa wants to come, let her come!

---

## D. Conversazione

**1.** Che cosa farebbe se sentisse gridare qualcuno nel cuore della notte? **2.** Secondo Geraldine, scherzare su tutto è un'abitudine tipicamente italiana. Quali altre abitudini considererebbe tipicamente italiane Lei? **3.** Secondo Lei, è bene lasciar piangere i bambini? **4.** Preferisce i film che fanno ridere o quelli che fanno piangere? **5.** Lei pensa che le frasi dei libri di testo siano noiose? **6.** Ha trovato un sistema per ricordare facilmente le regole di grammatica?

—Falla salire di dietro:° cosi mette in ordine la roulotte°!

*di… behind*
*trailer*

# IV. PAROLE DA RICORDARE

**VERBI**

*\*cadere (*p.p.* caduto)* to fall
**costruire (isc)** to build
**fare progressi** to make progress
**gridare** to shout, scream
**impiccare** to hang (*a person*)
**incontrarsi con** to meet with
**iscriversi (*p.p.* iscritto) a** to enroll in
**piangere (*p.p.* pianto)** to cry, weep
**prendere in giro** to make fun of
**rendersi (*p.p.* reso) conto** to realize
**restaurare** to remodel, restore

**riparare** to repair, fix
**ripetere** to repeat
**sbagliarsi** to be wrong, make a mistake
**scherzare** to joke
**seguire** to follow
**stare a sentire** to listen
**tradurre (*p.p.* tradotto)** to translate
**trasgredire (isc)** to break; to transgress
**ubriacarsi** to get drunk
**uccidere (*p.p.* ucciso)** to kill

**NOMI**

**l'abitudine** (*f.*) habit

**l'architetto** architect
**il caminetto** fireplace
**il capolavoro** masterpiece
**la cognata** sister-in-law
**la legna** wood
**la letteratura** literature
**il proverbio** proverb
**la regola** rule
**il romanzo** novel
**la stufa** stove

**AGGETTIVI**

**serio** serious
**spiritoso** witty

---

## ITALIA COSÌ

**A. Una storia a lieto fine?**[2] Quando una storia finisce bene, diciamo che è « una storia a lieto fine » o che la storia « ha un lieto fine ». Non tutte le storie finiscono bene, nè nella vita nè nella letteratura. Che fine dareste alle seguenti storie? Lasciatevi guidare dalla vostra fantasia!

**1.** Un extraterrestre di dimensioni ridotte (*small*), di aspetto mostruoso ma estremamente simpatico, è abbandonato dai suoi compagni di viaggio sulla terra, dove incontra tre bambini e un cane.

**2.** Nel corso di un'audizione per un musical a Broadway, Irene e Lydia, insegnante di danza, si incontrano per caso. Nonostante (*In spite of*) i loro rispettivi talenti, tutt'e due sono respinte (*rejected*). Il posto è dato alla « raccomandata » del direttore: dalla comune delusione nasce una forte amicizia.

E ora, in coppia con un altro studente, preparate una storia originale completa.

—Il nostro romanzo d'amore è arrivato all'ultimo capitolo:
gli diamo un lieto fine o un finale drammatico, ricco di contenuti?

**B. Leggere.** In risposta alla domanda « Qual è la cosa che vi rilassa di più? » gli italiani intervistati (*interviewed*) hanno risposto: « Leggere » al secondo posto (« Ascoltare la musica » era al primo posto; al terzo posto, ecc.: « Guardare la TV », « Dormire », « Passeggiare », « Lavorare a maglia [*to knit*] »). Alla domanda « Cosa preferite leggere? » le risposte sono state:

**1.** i gialli (*detective stories*)
**2.** i romanzi d'amore
**3.** i libri d'avventure

**4.** i libri storici
**5.** i libri di fantascienza (*science fiction*)
**6.** i fumetti (*comics*)

[2]Do not confuse **la fine,** meaning *end,* with **il fine,** meaning either *ending* or *purpose.*

Ora tocca a voi (*it's your turn*) rispondere alle stesse domande e a nuove domande, ma questa volta, invece di indicare le vostre preferenze personali, dite come risponderebbe, secondo voi, la maggioranza dei vostri compagni.

1. Leggi dei giornali, più o meno regolarmente (cioè almeno uno per dieci–quindici minuti), e quanti giorni alla settimana?
   - ☐ tutti i giorni
   - ☐ quattro–cinque volte alla settimana
   - ☐ due–tre volte alla settimana
   - ☐ un giorno alla settimana
   - ☐ quasi mai
   - ☐ mai

2. Fra i quotidiani° che ti capita di leggere,° qual è quello che leggi con maggiore frequenza?

   *daily newspapers / che... that you happen to read*

   ..................................................................

3. Leggi delle riviste settimanali o mensili, più o meno regolarmente?
   - ☐ più di una alla settimana
   - ☐ una alla settimana
   - ☐ una ogni due–quattro settimane
   - ☐ qualche volta
   - ☐ quasi mai
   - ☐ mai

4. Puoi dirci per favore il nome delle riviste che sei solito leggere? (non più di tre)
   a) .................................................................
   b) .................................................................
   c) .................................................................

5. Puoi dirci quanti libri leggi in un anno (esclusi quelli scolastici)?
   - ☐ più di quindici
   - ☐ da dieci a quindici
   - ☐ da cinque a dieci
   - ☐ tre–quattro
   - ☐ meno di tre
   - ☐ nessuno

**6.** E quale tipo di libri preferisci leggere e leggi più spesso?

☐ narrativa, romanzi, poesia, testi teatrali

☐ saggistica° (economia, storia, scienza politica, sociologia, psicologia, ecc.)   *essays*

☐ saggistica di attualità

☐ manuali e libri specialistici per i propri hobbies

☐ gialli, fantascienza

☐ letteratura d'evasione

☐ altro (specificare) . . . . . . . . . . . . . . . . . . . . . . . . . . . . . . . . .
. . . . . . . . . . . . . . . . . . . . . . . . . . . . . . . . . . . . . . . . . . . . . . . .
. . . . . . . . . . . . . . . . . . . . . . . . . . . . . . . . . . . . . . . . . . . . . . . .

**C. In biblioteca.** Oggi Lisa è andata nella grande biblioteca della città e, dopo una laboriosa ricerca, ha preso un libro. Osservate attentamente il testo e i disegni e indicate quale libro ha preso. La soluzione del gioco è in calce.

[3]Spanish poet who wrote the poem "Lament for Ignacio Sánchez Mejías."

SOLUZIONE AL GIOCO IN BIBLIOTECA. Lisa ha preso il libro tre. Alla soluzione si può arrivare così: i due libri di poesia da autori di sesso diverso non possono essere che il quattro o l'uno o il due. Eliminando i primi, resta il due. I due autori della stessa nazionalità possono essere il due, il cinque e il sei; scartando i primi due, resterebbe il sei che però deve essere scartato anch'esso perché è stato scritto da una donna come il libro scelto dalla ragazza a sinistra della seconda vignetta. Per esclusione, si arriva a determinare che Lisa ha preso il libro tre.

# LETTURA CULTURALE

## Lingua e letteratura in Italia

L'Italia è un vero « mosaico » linguistico. Accanto all'italiano standard (su base fiorentina ma con forti influssi del romanesco° e del milanese), esistono differenti varietà dell'italiano regionale; praticamente ogni regione ha una sua varietà d'italiano, spesso molto caratterizzato da tratti° ben definiti nella pronuncia, nell'intonazione, nel lessico. Inoltre,° ancora molto vivaci sono i dialetti. Storicamente, la lingua latina durò° in Italia più a lungo che negli altri paesi che i romani avevano conquistato. Quando le altre lingue romanze (spagnolo, francese e portoghese) si erano già formate nei paesi che avevano assimilato la cultura romana, in Italia si scriveva ancora in latino, mentre il popolo parlava differenti dialetti nelle varie parti d'Italia.

    Tre grandi scrittori del quattordicesimo secolo, Dante (1265–1321), Petrarca (1304–1374) e Boccaccio (1313–1375), usarono il fiorentino in molte delle loro opere° e contribuirono al definitivo trionfo° del toscano sugli altri dialetti, elevandolo a lingua letteraria e poi a lingua nazionale. Dante scrisse *La Divina Commedia*, storia del suo viaggio attraverso l'Inferno,° il Purgatorio e il Paradiso, alla ricerca della redenzione;° Petrarca è ricordato per il *Canzoniere,* raccolta° di liriche;° Boccaccio, con le cento novelle° del suo *Decamerone,* ispirò tanti altri autori, incluso Shakespeare. Molti altri grandi scrittori e generi letterari seguirono nei secoli successivi. Machiavelli (1469–1527) è il migliore prosatore° del Cinquecento;° la sua opera più famosa è *Il Principe*, trattato° di scienza politica. L'Ariosto (1474–1533) e il Tasso (1544–1595) hanno legato il loro nome alla poesia cavalleresca.° Nel diciottesimo secolo il Goldoni (1707–1793) scrisse più di cento commedie e portò sulla scena il realismo della vita quotidiana,° mentre il Metastasio (1698–1782) trionfò presso i contemporanei con i suoi idillici° ed eleganti melodrammi.

    Nell'Ottocento° Alessandro Manzoni (1785–1873) scrisse *I Promessi Sposi*, un romanzo storico che narra l'amore contrastato di due contadini lombardi, Renzo e Lucia, nel diciassettesimo secolo.

    Nel nostro secolo scrittori come Pirandello (1867–1936), Pavese (1908–1950), Vittorini (1908–1966) e Moravia (1907–   )

*dialect of Rome*

*characteristics*
*Also*
*lasted*

*works*
*triumph*

*hell*
*redemption*
*collection / lyric poetry*
*short stories*

*prose writer / sixteenth century*
*treatise*

*chivalrous*

*daily*
*idyllic*
*nineteenth century*

hanno bene interpretato il dramma moderno dell'alienazione.
Alcuni romanzi di Moravia, come *Il conformista* e *Gli indifferenti*,
sono stati portati sullo schermo.° Un altro romanzo moderno che          screen
è stato filmato con successo è *Il gattopardo*,° di Giuseppe di           leopard
Lampedusa (1896–1957). Il protagonista è un principe siciliano
che osserva il tramonto° di tutta una società.                           sunset (decline)

### Reading comprehension check

**A.** Completate secondo la lettura.

    **1.** Il latino in Italia durò più a lungo…    **2.** I tre grandi autori del quattordicesimo
secolo sono…    **3.** Il Boccaccio scrisse una raccolta di…    **4.** Metastasio compose
i suoi melodrammi nel…    **5.** *La Divina Commedia* è la storia…

**B.** Vero o no? Spiegate se non è vero.

    **1.** L'italiano diventò una lingua prima dello spagnolo e del francese.    **2.** Tasso
e Ariosto scrissero opere cavalleresche.    **3.** Il romanzo di Manzoni parla degli
amori di un principe.    **4.** Pavese e Moravia sono due grandi poeti.
    **5.** Goldoni è l'autore di molte commedie.

*L'Inferno* di Dante: illustrazione del Doré.

Alessandro Manzoni.

Giovanni Boccaccio (ritratto
di Andrea del Castagno).

Francesco Petrarca.

Verona: monumento a Dante.

# Il cinema

Marcello Mastroianni al Festival Cinematografico di Cannes.

# I. GRAMMATICA

## A. The passive voice

BARBARA: Sandro, tu hai visto « La dolce vita »?
SANDRO: Certo! L'ho vista tre volte! È un film stupendo!
BARBARA: Sai quando è stato girato?
SANDRO: Non ricordo l'anno preciso, ma credo che sia stato girato negli anni 60.
BARBARA: Ce ne parlerà oggi il professor Grillo nel corso sul cinema europeo del dopoguerra. Il film sarà poi proiettato sabato prossimo al cinema dell'università.
SANDRO: Sono sicuro che ti piacerà. Non per niente è considerato il capolavoro di Fellini!

*1. Quando è stato girato il film « La dolce vita »?*
*2. Che corso insegna il professor Grillo?*
*3. Dove sarà proiettato il film?*

1. In all verb tenses you have studied so far, the subject of the verb has performed the action of the verb. Those tenses were in the *active* voice. In the *passive* voice (**il passivo**), the subject of the verb is acted upon by the verb.

ACTIVE VOICE | PASSIVE VOICE
Jack *built* the house. | The house *was built* by Jack.

2. The true passive voice in Italian is formed exactly as in English. It consists of **essere** in the desired tense + *past participle*. The past participle must agree with the subject in gender and in number. The agent (doer of the action), if expressed, is preceded by **da**.

> subject + **essere** + past participle (+ **da**)

BARBARA: Sandro, have you seen *La dolce vita*? SANDRO: Sure! I've seen it three times! It's a marvelous movie! BARBARA: Do you know when it was shot? SANDRO: I can't remember the exact year, but I think it was shot in the 1960s. BARBARA: Professor Grillo will talk to us about it today in the postwar European cinema class. The film will be shown this coming Saturday at the university theater. SANDRO: I'm sure you'll like it. It's not considered Fellini's masterpiece for nothing!

—A che ora vuoi essere svegliata?

| La casa deve **essere costruita** da Jack. | *The house must be built by Jack.* |
| La casa **sarà costruita** da Jack. | *The house will be built by Jack.* |
| La casa **è stata costruita** da Jack. | *The house was built by Jack.* |
| Molte case **furono costruite** da Jack. | *Many houses were built by Jack.* |

Note that the passive voice consists of either *two* or *three* words. In the latter case, both participles agree with the subject.

## E S E R C I Z I

**A.** Replace the italicized word with the appropriate form of the verbs in parentheses.

**1.** La casa è stata *costruita* nel 1950. (cominciare / dipingere / finire / vendere / comprare)

**2.** Quando volete essere *pagati*? (svegliare / chiamare / invitare / servire / assumere)

**B.** Form questions in the passive voice according to the example.

ESEMPIO: Mi piace il tuo vestito. Dove (fare)? → Dove è stato fatto?

**1.** Mi piacciono le tue scarpe. Dove (fare)?    **2.** Questo è un palazzo molto vecchio. Quando (costruire)?    **3.** Devo pagare la bolletta (*bill*) del gas. Perchè non (pagare)?    **4.** Che bel libro! Da chi e dove (pubblicare)?    **5.** È un vecchio film. Quando (girare)?    **6.** Sono parole famose. Da chi (pronunciare)?

**C.** Express in Italian.

**1.** This city is visited by many tourists every summer.    **2.** How many pictures were taken by Franco?    **3.** When was this letter sent?    **4.** How many artists

will be invited to the exhibit (**mostra**)? If you were invited, would you go?
**5.** The eclipse (**eclissi,** *f.*) was seen by everybody.      **6.** I want you to be noticed. But I don't want to be noticed!

**D. Piccolo quiz.** Per ogni domanda scegliete la risposta corretta e rispondete con una frase completa.

ESEMPIO: Chi ha scritto l'*Amleto?* (Dickens / Shakespeare / Milton) →
   L'*Amleto* è stato scritto da Shakespeare.

**1.** Chi ha costruito le Piramidi? (i greci / i romani / gli egiziani)      **2.** Chi ha dipinto la Monna Lisa? (Da Vinci / Michelangelo / Raffaello)      **3.** Chi ha inventato la radio? (Volta / Marconi / Bell)      **4.** Chi ha mandato il primo uomo nello spazio? (i russi / i giapponesi / gli americani)      **5.** Chi ha musicato il *Falstaff?* (Rossini / Puccini / Verdi)      **6.** Chi ha diretto « Amarcord »? (Bertolucci / Fellini / Antonioni)

**E.** Conversazione

**1.** In quanti giorni è stato creato il mondo secondo la Bibbia (*Bible*)?      **2.** In che anno è stato pubblicato questo libro?      **3.** In che anno è stata fondata la Sua università?      **4.** In che anno è stata scoperta l'America?      **5.** Quando è stato eletto l'attuale presidente degli Stati Uniti?      **6.** Ricorda in che anno è stato assassinato il Presidente Kennedy?

—Sarà una combinazione,° ma tutte le cose belle
sono state costruite in prossimità di centri turistici.

*coincidence*

## B. The *si* construction replacing the passive

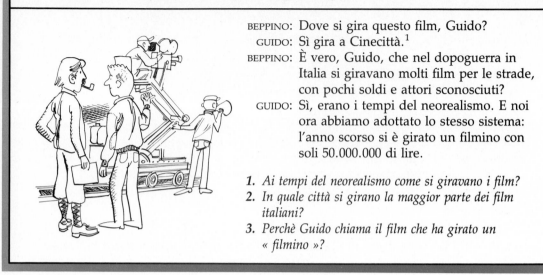

BEPPINO: Dove si gira questo film, Guido?
GUIDO: Sì gira a Cinecittà.[1]
BEPPINO: È vero, Guido, che nel dopoguerra in Italia si giravano molti film per le strade, con pochi soldi e attori sconosciuti?
GUIDO: Sì, erano i tempi del neorealismo. E noi ora abbiamo adottato lo stesso sistema: l'anno scorso si è girato un filmino con soli 50.000.000 di lire.

*1. Ai tempi del neorealismo come si giravano i film?*
*2. In quale città si girano la maggior parte dei film italiani?*
*3. Perchè Guido chiama il film che ha girato un « filmino »?*

1. The **si** construction is often used in Italian to express the passive voice, especially when the agent is not mentioned. The verb is in the third person singular or plural, depending on the subject, which normally follows the verb.

| | |
|---|---|
| **Si usa** il congiuntivo dopo il verbo *sperare.* | *The subjunctive is used after the verb to hope.* |
| Quando **si usano** questi verbi? | *When are these verbs used?* |
| **Si sono venduti** molti biglietti. | *Many tickets were sold.* |

2. **Si** may follow the verb and be attached to it. This usage is limited to the language of ads, signs, and other commercial language where brevity is essential.

| | |
|---|---|
| **Si affitta** appartamento. ⎫<br>**Affittasi** appartamento. ⎭ | *Apartment for rent.* |
| **Si vendono** appartamenti. ⎫<br>**Vendonsi** appartamenti. ⎭ | *Apartments for sale.* |
| **Cercasi** segretaria conoscenza lingue. | *Secretary wanted with knowledge of languages.* |

---

BEPPINO: Where's this movie being shot, Guido?  GUIDO: It's being shot in Cinecittà.  BEPPINO: Is it true, Guido, that after the war in Italy many movies were shot on the streets, with little money and unknown actors?  GUIDO: Yes, those were the days of neorealism. And now we've adopted the same system: last year we shot a movie for only fifty million lire.

[1]**Cinecittà,** near Rome, is the Italian Hollywood.

—Da qui, nei giorni di sereno, si gode un bellissimo panorama.

## E S E R C I Z I

**A.** Replace the words in italics with each word or phrase in parentheses and make all necessary changes.

1. In *Italia* si parla *italiano*. (Francia/francese; Germania/tedesco; Spagna/spagnolo; Messico/spagnolo; Inghilterra/inglese)
2. Dove si comprano *i biglietti*? (gli stivali / la carne / il prosciutto / le cravatte)
3. Si sono fatti molti *errori*. (progetti / fotografie / compere / esercizi / progressi)

**B.** Restate each sentence using the **si** construction.

ESEMPIO: Non accettiamo mance. → Non si accettano mance.

1. A chi paghiamo il conto?    2. In Italia mangiamo troppa pasta.
3. Aspettavamo i risultati delle elezioni.    4. Non usiamo più questa parola.
5. Non abbiamo sentito nessun rumore.    6. Conosciamo le buone maniere.
7. Non accetteremo prenotazioni (*reservations*).    8. Non leggiamo molti libri.

**C.** Dove si fanno queste cose? Answer the questions forming complete sentences based on the items in Column B.

| A | B |
|---|---|
| 1. Dove si compra il prosciutto? | in farmacia |
| 2. Dove si vedono i film? | in un museo |
| 3. Dove si comprano le medicine? | al cinema |
| 4. Dove si vede una partita di calcio? | dal salumiere |
| 5. Dove si vedono le opere (*works*) d'arte? | allo stadio |
| 6. Dove si comprano i biglietti del treno? | alla biglietteria |

**D.** Restate each sentence using the **passato prossimo.**

ESEMPIO: Si scrivono molti romanzi. → Si sono scritti molti romanzi.

---

GRAMMATICA

**1.** Si assumono pochi operai.     **2.** Si mangiano troppi gelati.     **3.** Si imparano molte cose interessanti.     **4.** Si ammira il panorama.     **5.** Si vendono molte biciclette.     **6.** Si usa il congiuntivo.

## C. The gerund

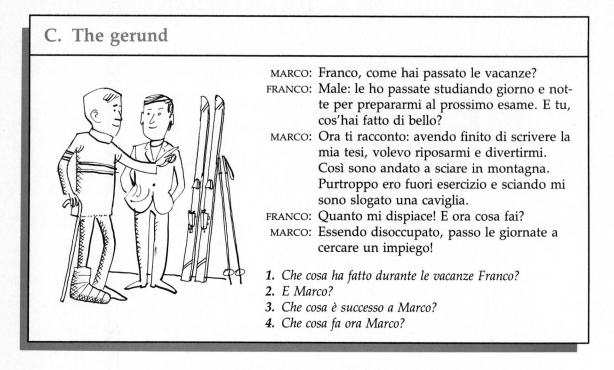

MARCO: Franco, come hai passato le vacanze?

FRANCO: Male: le ho passate studiando giorno e notte per prepararmi al prossimo esame. E tu, cos'hai fatto di bello?

MARCO: Ora ti racconto: avendo finito di scrivere la mia tesi, volevo riposarmi e divertirmi. Così sono andato a sciare in montagna. Purtroppo ero fuori esercizio e sciando mi sono slogato una caviglia.

FRANCO: Quanto mi dispiace! E ora cosa fai?

MARCO: Essendo disoccupato, passo le giornate a cercare un impiego!

*1. Che cosa ha fatto durante le vacanze Franco?*
*2. E Marco?*
*3. Che cosa è successo a Marco?*
*4. Che cosa fa ora Marco?*

**1.** The gerund (**il gerundio**) is one of the Italian verb forms that correspond to the *-ing* form of the verb in English. There are two forms of the gerund: simple and compound. The simple gerund is formed by adding **-ando** to the stem of **-are** verbs, and **-endo** to the stem of **-ere** and **-ire** verbs. The compound gerund is formed with **avendo** or **essendo** + *past participle* of the main verb.

| SIMPLE GERUND | | | COMPOUND GERUND | | |
|---|---|---|---|---|---|
| cantare | cant**ando** | *singing* | **avendo** | cantato | *having sung* |
| scrivere | scriv**endo** | *writing* | **avendo** | scritto | *having written* |
| partire | part**endo** | *leaving* | **essendo** | partito/a/i/e | *having left* |

**2.** The gerunds of the following verbs are irregular.

bere: bevendo     dire: dicendo     fare: facendo

---

MARCO: Franco, how was your vacation?   FRANCO: Rotten. I studied night and day to get ready for my next exam. And what have you been up to?   MARCO: Well, I'll tell you. After finishing my thesis, I wanted to relax and have a good time. So I went skiing in the mountains. Unfortunately, I was out of shape and while skiing I sprained my ankle.   FRANCO: I'm really sorry! And what are you doing now?   MARCO: Since I'm unemployed, I spend my days looking for a job!

3. A form of **stare** in the present tense can be combined with the gerund to form the *present progressive* tense (**il presente progressivo**), used to describe an action in progress: **sto cantando** (*I am singing*). This tense is used only to stress that an action is occurring at the present moment. Otherwise, the other present tense (**canto**) is used.

Che cosa **state facendo? —Stiamo mangiando.**

*What are you doing? —We're eating.*

Similarly, a form of **stare** in the **imperfetto** can be combined with the gerund to form the *imperfect progressive* (**l'imperfetto progressivo**), which describes an action in progress at one point in the past: **stavo cantando** (*I was singing*).

Quando hai telefonato, **stavamo mangiando.**

*When you called, we were eating.*

4. The gerund can also be used alone to indicate the circumstances associated with an action (time, condition, cause, and means). It usually refers to the subject of the sentence. Note that this use of the gerund in Italian has many possible English equivalents.

Imparo l'inglese **ascoltando** le lezioni alla TV.

*I learn English by listening to the lessons on TV.*

**Volendo,** potresti laurearti l'anno prossimo.

*If you wanted, you could graduate next year.*

**Leggendo** la mia lettera, hanno pianto.

*While reading my letter, they cried.*

**Avendo dimenticato** la chiave, non abbiamo potuto aprire la porta.

*Having forgotten our key, we couldn't open the door.*

5. Reflexive and object pronouns follow the gerund and are attached to it to form one word. In the compound gerund they are attached to **avendo** or **essendo**.

Vestendo**si,** ascoltava Mozart.

*While getting dressed, he was listening to Mozart.*

Avendo**la** riconosciuta, la salutai.

*Having recognized her, I greeted her.*

—Sono l'unico abitante del paese: tutti gli altri sono morti cercando di attraversare° la strada!

to cross

---

**A.** Replace the italicized word with the appropriate form of the verbs in parentheses.

1. *Sbagliando* s'impara. (leggere / scrivere / osservare / viaggiare / ripetere)
2. Che cosa state *facendo?* (mangiare / guardare / pensare / finire / dire)

**B.** Restate each sentence replacing the italicized words with the gerund.

ESEMPIO: *Mentre lavavo* i piatti, ho rotto un bicchiere. →
Lavando i piatti, ho rotto un bicchiere.

1. *Mentre faceva* il letto, pensava al film che aveva visto la sera prima.　**2.** *Dato che non avevo* il biglietto, ho dovuto pagare.　**3.** *Se studiaste* di più, potreste avere dei voti migliori.　**4.** Non gesticolare *mentre parli!*　**5.** *Dato che erano* ricchissimi, non avevano bisogno di lavorare.　**6.** *Mentre facevo* il footing, ho incontrato Adriana.　**7.** *Dato che non si sentiva* bene, ha chiamato il dottore.　**8.** *Se tu la vedessi*, la riconosceresti?

**C.** Indicate what each person is doing using **stare** + *gerund*.

ESEMPIO: La segretaria parla col direttore. →
La segretaria sta parlando col direttore.

1. I pensionati prendono un poncino.　**2.** Papà fa il bagno.　**3.** I bambini dormono.　**4.** La professoressa spiega la lezione.　**5.** Ripariamo la macchina.　**6.** Finisci di lavare i piatti.　**7.** Costruite un garage.　**8.** Guardo un programma interessante.

**D.** You have a friend who calls you at the most inappropriate times. Indicate what you were doing the last three times he/she called you.

ESEMPIO: Quando mi ha telefonato, stavo facendo la doccia.

—E allora, cosa vuole sapere?... il futuro semplice,
il futuro anteriore, il gerundio?

## E. Conversazione

**1.** Ha incontrato qualcuno uscendo di casa stamattina? **2.** Che cosa dice il professore (la professoressa) d'italiano entrando in classe? **3.** È mai caduto/a sciando o correndo?

---

# IL DIALOGO

*Beppino è tornato da Milano un po' depresso: purtroppo non è stato assunto come fotografo dalla ditta di « interior design ». Di ritorno° a Firenze, ha però ricevuto una piacevole sorpresa: è stato invitato da Guido De Vita, un suo amico che lavora nel cinema, a passare qualche giorno a Roma. È partito subito con la speranza° di conoscere qualche personalità del mondo cinematografico. I due amici s'incontrano nella hall dell'albergo Excelsior, nella famosa Via Veneto.*

Di... *Having returned*

*hope*

BEPPINO: Caspita! Sei fortunato! « From rags to riches »: da quel buco° dove abitavi all'hotel Excelsior!

*hole*

GUIDO: Ma no, non abito qui: ci vengo solo per incontrare gente, per vedere chi c'è e... anche per essere visto!

BEPPINO: Come! Credevo che tu fossi ormai famoso e non avessi bisogno di essere notato.

GUIDO: Non prendermi in giro! Faccio solo l'aiuto-regista in un film che è prodotto da un gruppo di giovani entusiasti del cinema. Molte idee, ma pochi soldi, caro mio!

BEPPINO: Ma i migliori film italiani sono stati spesso fatti così, con pochi soldi. È la specialità degli italiani! Il fenomeno del neo-realismo, per esempio. Film come quelli di Rossellini e De Sica, che sono stati girati con pochi mezzi e attori sconosciuti o quasi.

GUIDO: Verissimo! Ma i tempi sono cambiati: in Italia siamo in crisi.

BEPPINO: In Italia siete sempre in crisi; e nelle crisi e nel caos gli italiani sono nel loro elemento, come pesci nell'acqua.

GUIDO: Tu sei ottimista come la maggior parte degli americani; e noi di ottimismo ne abbiamo bisogno. Senti, ti piacerebbe darci una mano come fotografo?

BEPPINO: Dici sul serio?° Non mi sembra vero!

Dici... *Are you serious?*

GUIDO: Allora ne parlo alla regista; stasera te la presento.

BEPPINO: *La* regista, hai detto? È una donna?

GUIDO: Sì, una mia cara amica. Un tipo molto in gamba° che ha lavorato un paio d'anni con Fellini.

in... *on the ball*

BEPPINO: Sono fuori di me dalla° gioia. Andiamo al bar a celebrare con un drink!

fuori... *beside myself with*

---

**Dialogue comprehension check**

*Rispondete alle seguenti domande.*

**1.** Perchè Beppino è tornato da Milano depresso?     **2.** Quale piacevole sorpresa ha ricevuto Beppino?     **3.** Chi sperava di conoscere a Roma Beppino?     **4.** Dove si sono incontrati Beppino e Guido?     **5.** Abita all'albergo Excelsior Guido?     **6.** Fa l'attore Guido?     **7.** Quali sono le caratteristiche dei vecchi film di Rossellini e De Sica?     **8.** Secondo Beppino, qual è l'elemento in cui si trovano bene gli italiani? **9.** Chi è la regista del film di Guido?     **10.** Perchè Beppino è fuori di sè dalla gioia?

# III. DI TUTTO UN PO'

**A.** Rispondete alle seguenti domande scegliendo una delle alternative suggerite o offrendo un'alternativa migliore.

    **1.** Come si può imparare bene una lingua straniera?
        **a.** vivendo nel paese     **b.** studiando molto     **c.** frequentando persone che parlano quella lingua

    **2.** Come si può dimagrire (*get thin*)?
        **a.** facendo ginnastica     **b.** seguendo una dieta     **c.** prendendo pillole

    **3.** Come si combatte il terrorismo?
        **a.** trattando con i terroristi     **b.** restaurando la pena di morte (*capital punishment*)     **c.** non facendo niente

    **4.** Come si può risparmiare benzina?
        **a.** obbligando la gente a prendere l'autobus     **b.** fabbricando macchine più piccole     **c.** riducendo il limite di velocità

    **5.** Come si potrebbero evitare tanti incidenti (*accidents*)?
        **a.** guidando più piano     **b.** rispettando i cartelli stradali     **c.** tenendo la distanza regolamentare

**B.** Express in Italian.

    **1.** Not knowing the answer, he didn't raise his hand.     **2.** Having worked the whole night, we slept until eleven.     **3.** Why did you cry while closing your suitcase?     **4.** Good movies are easily remembered.     **5.** A great deal is gained by keeping quiet.

**C.** Express in Italian.

    CLAUDIO: Last Saturday I was invited to dinner by Dave. I thought he didn't know how to cook and was expecting (**aspettarsi**) a very simple meal.

    EMANUELA: Well, what did he fix?

    CLAUDIO: An exquisite meal! Antipasto, ravioli, roast veal (**vitello arrosto**), baked (**al forno**) potatoes, salad, and an apple pie (**crostata di mele**).

    EMANUELA: Dave made all that? You must be joking!

    CLAUDIO: No, really! He attended a cooking school (**istituto culinario**) in the East (**est**) before enrolling in this university.

**D.** Conversazione

**1.** Ha mai visto girare un film? **2.** Ha mai visto un film italiano neorealista?
**3.** Di solito, Lei va a vedere un film prima di leggere la recensione (*review*) sul giornale o dopo aver letto la recensione? **4.** Lei sceglie un film secondo gli interpreti, secondo il regista o secondo il titolo e la trama (*plot*)? **5.** Quale tipo di film Le piace di più (western, musical, drammatico, sentimentale, comico, di fantascienza)? **6.** Preferisce vedere un film straniero doppiato (*dubbed*) o nella versione originale? **7.** Ha mai visto in persona un attore famoso o un'attrice famosa?
**8.** Ha mai pensato di fare l'attore (l'attrice)? **9.** Secondo Beppino, fare film con pochi soldi è la specialità degli italiani. Secondo Lei, quali sono le altre specialità degli italiani?

—Non qui, Lorenzo, ci stanno osservando...

# IV. PAROLE DA RICORDARE

VERBI

**adottare** to adopt
**celebrare** to celebrate
**girare** to shoot (*a movie*)
**notare** to notice
**produrre** (*p.p.* **prodotto**) to produce
**proiettare** to project, show

NOMI

**il dopoguerra** postwar period
**il fenomeno** phenomenon

**il film** film, movie
**la gioia** joy
**l'impiego** job
**l'ottimismo** optimism
**la personalità** personality; V.I.P.
**il sistema** system
**la specialità** specialty
**la speranza** hope
**la tesi** thesis

AGGETTIVI

**depresso** depressed
**disoccupato** unemployed
**entusiasta (di)** enthusiastic (about)
**europeo** European
**ottimista** optimistic
**sconosciuto** unknown

ALTRE PAROLE ED ESPRESSIONI

**fuori esercizio** out of shape

## ITALIA COSÌ

**A. Voglio essere una star...** In risposta alla domanda, « Di quale film avrebbe voluto essere protagonista? » sono state date queste risposte in Italia:

**1.** « Via col vento »
**2.** « Dr. Živago »
**3.** « Ben Hur »
**4.** « L'amore è una cosa meravigliosa »
**5.** « Love Story »
**6.** « I dieci comandamenti »

È interessante notare che nessuna delle persone intervistate in Italia ha scelto un film italiano: tutti i film scelti sono americani!

ARISTON 2
GOLDEN-CAPITOL
**LA FAVOLA PIÙ BELLA**

WALT DISNEY
PRODUCTIONS presenta

*Cenerentola*

TECHNICOLOR®     Distr. CIC

La colonna sonora originale è incisa su dischi Disneyland · Distr. CGD · Messaggerie Musicali

**Al film è abbinato:"L'IMPAREGGIABILE FLIC"**

**EMBASSY CAPRANICA**

UN LUI CHE È UNA LEI.
UNA LEI CHE È UN LUI.
SE INCOMINCIATE A RIDERE
NON LA FINITE PIÙ'

un film di
BLAKE EDWARDS
**VICTOR Victoria**

Tutta Parigi parlava di lei.
Ma sapevano solo metà della storia.

Che cosa avrebbe risposto Lei? Avrebbe voluto essere protagonista di un film americano o di un film straniero? Per darLe maggiori possibilità di scelta, ecco i titoli di alcuni « classici » dello schermo: « Casablanca »; «Anna Karenina »; « Accadde (*It happened*) una notte »; « I migliori anni della nostra vita »; « Rebecca, la prima moglie »; « Notorious »; « Il padrino »; « Il laureato »; « I predatori dell'arca perduta »; « La febbre del sabato sera »; « Il ponte sul fiume Kwai »; « Guerre stellari ».

**B. Generi** (*types*) **di film preferiti.** Che genere di film preferiscono vedere gli italiani? Secondo i più recenti sondaggi (*polls*), le preferenze per generi di film, indipendentemente dal mezzo (cinema o televisione), si ripartiscono così:

- film polizieschi, di spionaggio o del terrore, 33%
- film di avventure (western, guerra), 31%
- film comici, 28%
- commedie, 22%
- film drammatici, 16%
- film di fantascienza, 6%
- cartoni, 5%
- film erotici, 3%
- altri, 6%

Quale graduatoria farebbe Lei delle *Sue* preferenze in fatto di film?

**C. Al cinema.** Ciascuno dei cinque personaggi del disegno ha assistito a diverso: osservando la scenetta ed esaminando il cartellone degli sp quale cinematografo è andato ciascuno dei cinque. La soluzione è

# AL CINEMA

SOLUZIONE AL GIOCO *AL CINEMA* A = Splendid; B = Smeraldo; C = Odeon; D = Supercine; E = Extracine. Infatti: i film in programmazione sono due western, due di fantascienza, uno di cartoni animati. Dato che A e E hanno visto solo film western e che a C la fantascienza non piace, ne consegue che B (oltre a D) ha visto un film di fantascienza e, non essendo stato al « Supercine », non può che essere andato allo « Smeraldo ». Al « Supercine » (dove hanno proiettato l'altro film di fantascienza) allora è andato D. Per esclusione sappiamo anche che C ha visto il film di cartoni animati all'« Odeon ». Resta da stabilire in quale dei due cinema in cui si proiettavano film western (« Extracine » e « Splendid ») siano andati rispettivamente A e E. Il cinematografo di cui si legge una parte del nome può essere il « Supercine » o l'« Extracine ». Ma in tale cinema non può essere andato D (come si vede dalla metà del quadrante dell'orologio del campanile, non è ancora mezzanotte e quindi il secondo spettacolo, che D afferma di aver visto, nel cinema del disegno non è ancora terminato).

Si tratta dunque dell'« Extracine ». E poiché A non può esserci andato (il film in proiezione al cinema suddetto dura soltanto due ore), avremo che A è andato allo « Splendid » ed E è andato all'« Extracine ».

# LETTURA CULTURALE

## I contributi del cinema italiano

Fino agli anni 40 i film prodotti in Italia erano piuttosto mediocri e non potevano gareggiare° con i film importati da Hollywood. Ma alla fine della seconda guerra° mondiale, il cinema italiano diventa un'importante industria. Siamo nel 1945 e il film di Roberto Rossellini, « Roma, città aperta », è una rivelazione.° Mostrando gente comune, coinvolta° negli eventi di una guerra incomprensibile, il cinema acquista° un nuovo stile; è il momento del neorealismo. Registi come Rossellini, De Sica e Germi basano i loro film sulla vita reale, senza evasioni in° un mondo fittizio dove tutto ha un lieto fine. I loro film documentano la vita così com'è, per banale e ordinaria che sia.° « Il ladro° di biciclette » di Vittorio De Sica, per esempio, racconta la storia di un povero lavoratore che non può più guadagnarsi da vivere senza la sua bicicletta. Cinecittà, la Hollywood italiana situata alla periferia di Roma, conosce il suo momento migliore: nei suoi stabilimenti si girano moltissimi film, non solo italiani ma anche stranieri, soprattutto quelli che richiedono molti costumi e comparse° come « Cleopatra ». Negli ultimi vent'anni il cinema italiano ha esplorato nuovi stili e seguito varie correnti. I temi° più frequenti sono l'analisi della vita contemporanea, la satira della società dei consumi e della politica, la lotta° di classe. I registi più importanti sono Fellini, Antonioni, Bertolucci e due donne, Lina Wertmüller e Liliana Cavani. Le commedie all'italiana e i western all'italiana (chiamati in America « spaghetti westerns ») rappresentano inoltre una parte notevole° della produzione cinematografica italiana.

*compete*
*war*

*revelation*
*involved*
*acquires*

*evasioni... escaping to*

*per... no matter how commonplace and ordinary it may be / thief*

*extras*

*themes*

*struggle*

*important*

---

**Reading comprehension check**

**A.** Rispondete alle seguenti domande.

   **1.** Quando diventa importante il cinema italiano?   **2.** Quali sono le caratteristiche dei film neorealisti?   **3.** Quali sono i nomi di quattro registi italiani?   **4.** Dov'è Cinecittà?   **5.** Quali sono i temi dei film italiani d'oggi?

**B.** Raccontate la trama dell'ultimo film italiano che avete visto.

Ornella Muti.

Vittorio De Sica.

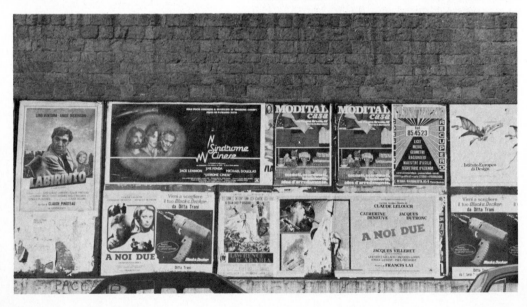

Sophia Loren firma autografi.

Federico Fellini.

**A.** Circle the letter of the item that best fits the blank.

1. Se non me lo vuole dire, non me lo _____!
   **a.** dire   **b.** dia   **c.** dica

2. Andremo in campagna se _____ bello.
   **a.** faccia   **b.** farà   **c.** farebbe

3. Si _____ appartamenti.
   **a.** affitta   **b.** affittano
   **c.** affittino

4. Dobbiamo fare _____ l'olio.
   **a.** cambiare   **b.** cambiato
   **c.** cambiamo

5. Benchè Gastone _____ ricco, non era felice.
   **a.** sia   **b.** sia stato   **c.** fosse

6. Se voi voleste, _____ venire.
   **a.** potrete   **b.** potreste
   **c.** poteste

7. Fa' entrare il regista: non possiamo _____ aspettare!
   **a.** farla   **b.** farlo   **c.** fargli

8. È uscito di casa senza _____ niente.
   **a.** mangiando   **b.** mangiato
   **c.** mangiare

9. Se tu _____ preso il rapido, saresti arrivato prima.
   **a.** avresti   **b.** avessi   **c.** avesti

10. In quanti giorni _____ creato il mondo?
    **a.** era   **b.** fu   **c.** fosse

**B.** Express in Italian.

### Charity (beneficenza) and Gratitude (riconoscenza)

One day God decided to give a party in his palace. All the Virtues were invited. Many of them went, big and small. The tiny Virtues were prettier and more likeable than the others, but they all appeared very cheerful and were chatting among themselves as if they were old friends. Then God noticed two beautiful women who did not seem to know each other. He took one by the hand (**per mano**) and led her to the other. "Charity," He said, pointing at the former (**la prima**). "Gratitude," replied the latter (**la seconda**). The two Virtues were quite surprised. It was the first time they had met (*were meeting*) since the beginning of the world (**da che mondo è mondo**).

**C.** Conversazione

1. Si è vestito/a prima di fare colazione o dopo aver fatto colazione stamattina? Che cosa si è messo/a e in quale ordine?
2. Chi ha incontrato uscendo di casa stamattina?
3. Secondo Lei, cosa succederebbe se si guidasse più piano?
4. Lei lascerebbe fumare le persone al cinema? Perchè sì o perchè no?
5. Cosa sarebbe successo se Lei fosse stato/a più intelligente?
6. Che cosa ha detto o che che cosa ha fatto l'ultima volta che ha fatto ridere una persona?
7. Se il dottore Le dicesse di non mangiare più carne e uova, Lei che cosa farebbe?

# Epilogo

Dopo tante settimane passate insieme, è arrivato il momento di lasciarci. Abbiamo parlato un po' di tutto: di scuola, cucina, sport, musica, letteratura, politica e anche di nomi, verbi, aggettivi, pronomi, preposizioni, tempi, modi… Spero che abbiate imparato molto e che vogliate continuare lo studio dell'italiano. *Prego!* vi ha dato le basi; ora, per non dimenticare, dovete ascoltare, parlare, leggere e scrivere. Tutto dipende da voi!

È il momento dei saluti. Vogliamo salutare le maschere della nostra copertina? Eccole qui di nuovo tutte insieme, pronte a celebrare il Carnevale.

### Il corteo° del Signor Carnevale

Grasso grasso, col pancione,°
Carnevale viene avanti.
Con quel viso° di pacione,°
fa sorrider° tutti quanti...
Gli sorreggono° il mantello
tante allegre mascherine.
C'è Gianduia pazzerello,°
Arlecchini e Colombine.
Pulcinella bonaccione°
va ballando per la via;
c'è Brighella e Pantalone;
oh che allegra compagnia!
Stenterello fiorentino
sorridendo innanzi° va...
e lo segue Meneghino...
Il corteo giunge° in città.
E sorrider fa la gente:
Carnevale è qui che arriva!
Finalmente, finalmente!
Carnevale, viva, viva!

*processione*

*big belly*

*face* / uomo tranquillo e
  pacifico
*to smile*
*hold*

un po' pazzo

semplice e buono

avanti

arriva

## Avere and Essere

### Conjugation of the verb Avere

**Infinitive:** PRESENT: avere  PAST: avere avuto  **Participle:** PAST: avuto  **Gerund:** PRESENT: avendo  PAST: avendo avuto

#### INDICATIVE

| PRESENT | IMPERFETTO | PASSATO REMOTO | FUTURE |
|---|---|---|---|
| ho | avevo | ebbi | avrò |
| hai | avevi | avesti | avrai |
| ha | aveva | ebbe | avrà |
| abbiamo | avevamo | avemmo | avremo |
| avete | avevate | aveste | avrete |
| hanno | avevano | ebbero | avranno |

| PASSATO PROSSIMO | TRAPASSATO | TRAPASSATO REMOTO | FUTURE PERFECT |
|---|---|---|---|
| ho | avevo | ebbi | avrò |
| hai | avevi | avesti | avrai |
| ha } avuto | aveva } avuto | ebbe } avuto | avrà } avuto |
| abbiamo | avevamo | avemmo | avremo |
| avete | avevate | aveste | avrete |
| hanno | avevano | ebbero | avranno |

#### CONDITIONAL

| PRESENT | PERFECT |
|---|---|
| avrei | avrei |
| avresti | avresti |
| avrebbe | avrebbe } avuto |
| avremmo | avremmo |
| avreste | avreste |
| avrebbero | avrebbero |

#### SUBJUNCTIVE

| PRESENT | PAST | IMPERFECT | PLUPERFECT |
|---|---|---|---|
| abbia | abbia | avessi | avessi |
| abbia | abbia | avessi | avessi |
| abbia | abbia } avuto | avesse | avesse } avuto |
| abbiamo | abbiamo | avessimo | avessimo |
| abbiate | abbiate | aveste | aveste |
| abbiano | abbiano | avessero | avessero |

#### IMPERATIVE

PAST: avendo avuto

| |
|---|
| — |
| abbi (non avere) |
| abbia |
| abbiamo |
| abbiate |
| abbiano |

### Conjugation of the verb Essere

**Infinitive:** PRESENT: essere  PAST: essere stato (-a, -i, -e)  **Participle:** PAST: stato (-a, -i, -e)  **Gerund:** PRESENT: essendo  PAST: essendo stato (-a, -i, -e)

#### INDICATIVE

| PRESENT | IMPERFETTO | PASSATO REMOTO | FUTURE |
|---|---|---|---|
| sono | ero | fui | sarò |
| sei | eri | fosti | sarai |
| è | era | fu | sarà |
| siamo | eravamo | fummo | saremo |
| siete | eravate | foste | sarete |
| sono | erano | furono | saranno |

| PASSATO PROSSIMO | TRAPASSATO | TRAPASSATO REMOTO | FUTURE PERFECT |
|---|---|---|---|
| sono | ero | fui | sarò |
| sei } stato-a | eri } stato-a | fosti } stato-a | sarai } stato-a |
| è | era | fu | sarà |
| siamo | eravamo | fummo | saremo |
| siete } stati-e | eravate } stati-e | foste } stati-e | sarete } stati-e |
| sono | erano | furono | saranno |

#### CONDITIONAL

| PRESENT | PERFECT |
|---|---|
| sarei | sarei |
| saresti | saresti } stato-a |
| sarebbe | sarebbe |
| saremmo | saremmo |
| sareste | sareste } stati-e |
| sarebbero | sarebbero |

#### SUBJUNCTIVE

| PRESENT | PAST | IMPERFECT | PLUPERFECT |
|---|---|---|---|
| sia | sia | fossi | fossi |
| sia | sia } stato-a | fossi | fossi } stato-a |
| sia | sia | fosse | fosse |
| siamo | siamo | fossimo | fossimo |
| siate | siate } stati-e | foste | foste } stati-e |
| siano | siano | fossero | fossero |

#### IMPERATIVE

PAST: essendo stato (-a, -i, -e)

| |
|---|
| — |
| sii (non essere) |
| sia |
| siamo |
| siate |
| siano |

## Conjugation of the verb Cantare

**Infinitive:** PRESENT: cantare    PAST: avere cantato    **Participle:** PAST: cantato    **Gerund:** PRESENT: cantando    PAST: avendo cantato

### INDICATIVE

| PRESENT | IMPERFETTO | PASSATO REMOTO | FUTURE |
|---|---|---|---|
| canto | cantavo | cantai | canterò |
| canti | cantavi | cantasti | canterai |
| canta | cantava | cantò | canterà |
| cantiamo | cantavamo | cantammo | canteremo |
| cantate | cantavate | cantaste | canterete |
| cantano | cantavano | cantarono | canteranno |

| PASSATO PROSSIMO | TRAPASSATO | TRAPASSATO REMOTO | FUTURE PERFECT |
|---|---|---|---|
| ho | avevo | ebbi | avrò |
| hai | avevi | avesti | avrai |
| ha } cantato | aveva } cantato | ebbe } cantato | avrà } cantato |
| abbiamo | avevamo | avemmo | avremo |
| avete | avevate | aveste | avrete |
| hanno | avevano | ebbero | avranno |

### CONDITIONAL

| PRESENT | PERFECT |
|---|---|
| canterei | avrei |
| canteresti | avresti |
| canterebbe | avrebbe } cantato |
| canteremmo | avremmo |
| cantereste | avreste |
| canterebbero | avrebbero |

### SUBJUNCTIVE

| PRESENT | PAST |
|---|---|
| canti | abbia |
| canti | abbia |
| canti | abbia } cantato |
| cantiamo | abbiamo |
| cantiate | abbiate |
| cantino | abbiano |

| IMPERFECT | PLUPERFECT |
|---|---|
| cantassi | avessi |
| cantassi | avessi |
| cantasse | avesse } cantato |
| cantassimo | avessimo |
| cantaste | aveste |
| cantassero | avessero |

### IMPERATIVE

—
canta (non cantare)
canti
cantiamo
cantate
cantino

## Conjugation of the verb Ripetere

**Infinitive:** PRESENT: ripetere    PAST: avere ripetuto    **Participle:** PAST: ripetuto    **Gerund:** PRESENT: ripetendo    PAST: avendo ripetuto

### INDICATIVE

| PRESENT | IMPERFETTO | PASSATO REMOTO | FUTURE |
|---|---|---|---|
| ripeto | ripetevo | ripetei | ripeterò |
| ripeti | ripetevi | ripetesti | ripeterai |
| ripete | ripeteva | ripetè | ripeterà |
| ripetiamo | ripetevamo | ripetemmo | ripeteremo |
| ripetete | ripetevate | ripeteste | ripeterete |
| ripetono | ripetevano | ripeterono | ripeteranno |

| PASSATO PROSSIMO | TRAPASSATO | TRAPASSATO REMOTO | FUTURE PERFECT |
|---|---|---|---|
| ho | avevo | ebbi | avrò |
| hai | avevi | avesti | avrai |
| ha } ripetuto | aveva } ripetuto | ebbe } ripetuto | avrà } ripetuto |
| abbiamo | avevamo | avemmo | avremo |
| avete | avevate | aveste | avrete |
| hanno | avevano | ebbero | avranno |

### CONDITIONAL

| PRESENT | PERFECT |
|---|---|
| ripeterei | avrei |
| ripeteresti | avresti |
| ripeterebbe | avrebbe } ripetuto |
| ripeteremmo | avremmo |
| ripetereste | avreste |
| ripeterebbero | avrebbero |

### SUBJUNCTIVE

| PRESENT | PAST |
|---|---|
| ripeta | abbia |
| ripeta | abbia |
| ripeta | abbia } ripetuto |
| ripetiamo | abbiamo |
| ripetiate | abbiate |
| ripetano | abbiano |

| IMPERFECT | PLUPERFECT |
|---|---|
| ripetessi | avessi |
| ripetessi | avessi |
| ripetesse | avesse } ripetuto |
| ripetessimo | avessimo |
| ripeteste | aveste |
| ripetessero | avessero |

### IMPERATIVE

—
ripeti (non ripetere)
ripeta
ripetiamo
ripetete
ripetano

# Conjugation of the verb Dormire

**Infinitive:** PRESENT: dormire · PAST: avere dormito · **Participle:** PAST: dormito · **Gerund:** PRESENT: dormendo · PAST: avendo dormito

## INDICATIVE

| PRESENT | IMPERFETTO | PASSATO REMOTO | FUTURE |
|---|---|---|---|
| dormo | dormivo | dormii | dormirò |
| dormi | dormivi | dormisti | dormirai |
| dorme | dormiva | dormì | dormirà |
| dormiamo | dormivamo | dormimmo | dormiremo |
| dormite | dormivate | dormiste | dormirete |
| dormono | dormivano | dormirono | dormiranno |

| PASSATO PROSSIMO | TRAPASSATO | TRAPASSATO REMOTO | FUTURE PERFECT |
|---|---|---|---|
| ho | avevo | ebbi | avrò |
| hai | avevi | avesti | avrai |
| ha (dormito) | aveva (dormito) | ebbe (dormito) | avrà (dormito) |
| abbiamo | avevamo | avemmo | avremo |
| avete | avevate | aveste | avrete |
| hanno | avevano | ebbero | avranno |

## CONDITIONAL

| PRESENT | PERFECT |
|---|---|
| dormirei | avrei |
| dormiresti | avresti |
| dormirebbe | avrebbe (dormito) |
| dormiremmo | avremmo |
| dormireste | avreste |
| dormirebbero | avrebbero |

## SUBJUNCTIVE

| PRESENT | PAST | IMPERFECT | PLUPERFECT |
|---|---|---|---|
| dorma | abbia | dormissi | avessi |
| dorma | abbia | dormissi | avessi |
| dorma | abbia (dormito) | dormisse | avesse (dormito) |
| dormiamo | abbiamo | dormissimo | avessimo |
| dormiate | abbiate | dormiste | aveste |
| dormano | abbiano | dormissero | avessero |

## IMPERATIVE

| |
|---|
| dormi (non dormire) |
| dorma |
| dormiamo |
| dormite |
| dormano |

---

# Conjugation of the verb Capire

**Infinitive:** PRESENT: capire · PAST: avere capito · **Participle:** PAST: capito · **Gerund:** PRESENT: capendo · PAST: avendo capito

## INDICATIVE

| PRESENT | IMPERFETTO | PASSATO REMOTO | FUTURE |
|---|---|---|---|
| capisco | capivo | capii | capirò |
| capisci | capivi | capisti | capirai |
| capisce | capiva | capì | capirà |
| capiamo | capivamo | capimmo | capiremo |
| capite | capivate | capiste | capirete |
| capiscono | capivano | capirono | capiranno |

| PASSATO PROSSIMO | TRAPASSATO | TRAPASSATO REMOTO | FUTURE PERFECT |
|---|---|---|---|
| ho | avevo | ebbi | avrò |
| hai | avevi | avesti | avrai |
| ha (capito) | aveva (capito) | ebbe (capito) | avrà (capito) |
| abbiamo | avevamo | avemmo | avremo |
| avete | avevate | aveste | avrete |
| hanno | avevano | ebbero | avranno |

## CONDITIONAL

| PRESENT | PERFECT |
|---|---|
| capirei | avrei |
| capiresti | avresti |
| capirebbe | avrebbe (capito) |
| capiremmo | avremmo |
| capireste | avreste |
| capirebbero | avrebbero |

## SUBJUNCTIVE

| PRESENT | PAST | IMPERFECT | PLUPERFECT |
|---|---|---|---|
| capisca | abbia | capissi | avessi |
| capisca | abbia | capissi | avessi |
| capisca | abbia (capito) | capisse | avesse (capito) |
| capiamo | abbiamo | capissimo | avessimo |
| capiate | abbiate | capiste | aveste |
| capiscano | abbiano | capissero | avessero |

## IMPERATIVE

| |
|---|
| — |
| capisci (non capire) |
| capisca |
| capiamo |
| capiate |
| capiscano |

# Irregular Verbs

## I. Irregular verbs of the first conjugation

There are only four irregular *-are* verbs: *andare, dare, fare,* and *stare.*[1]

### 1. andare (*to go*)

PRESENT INDICATIVE: vado, vai, va; andiamo, andate, vanno
PRESENT SUBJUNCTIVE: vada, vada, vada; andiamo, andiate, vadano
IMPERATIVE: va' (vai), vada; andiamo, andate, vadano
FUTURE: andrò, andrai, andrà; andremo, andrete, andranno
CONDITIONAL: andrei, andresti, andrebbe; andremmo, andreste, andrebbero

### 2. dare (*to give*)

PRESENT INDICATIVE: do, dai, dà; diamo, date, danno
PRESENT SUBJUNCTIVE: dia, dia, dia; diamo, diate, diano
IMPERATIVE: da' (dai), dia; diamo, date, diano
IMPERFECT SUBJUNCTIVE: dessi, dessi, desse; dessimo, deste, dessero
PASSATO REMOTO: diedi (detti), desti, diede (dette); demmo, deste, diedero (dettero)
FUTURE: darò, darai, darà; daremo, darete, daranno
CONDITIONAL: darei, daresti, darebbe; daremmo, dareste, darebbero

### 3. fare (*to do; to make*)

PRESENT INDICATIVE: faccio, fai, fa; facciamo, fate, fanno
PRESENT SUBJUNCTIVE: faccia, faccia, faccia; facciamo, facciate, facciano
IMPERATIVE: fa' (fai), faccia; facciamo, fate, facciano
IMPERFETTO: facevo, facevi, faceva; facevamo, facevate, facevano
IMPERFECT SUBJUNCTIVE: facessi, facessi, facesse; facessimo, faceste, facessero
PAST PARTICIPLE: fatto
PASSATO REMOTO: feci, facesti, fece; facemmo, faceste, fecero
FUTURE: farò, farai, farà; faremo, farete, faranno
CONDITIONAL: farei, faresti, farebbe; faremmo, fareste, farebbero
GERUND: facendo

### 4. stare (*to stay*)

PRESENT INDICATIVE: sto, stai, sta; stiamo, state, stanno
PRESENT SUBJUNCTIVE: stia, stia, stia; stiamo, stiate, stiano
IMPERATIVE: sta' (stai), stia; stiamo, state, stiano
IMPERFECT SUBJUNCTIVE: stessi, stessi, stesse; stessimo, steste, stessero
PASSATO REMOTO: stetti, stesti, stette; stemmo, steste, stettero
FUTURE: starò, starai, starà; staremo, starete, staranno
CONDITIONAL: starei, staresti, starebbe; staremmo, stareste, starebbero

[1]The forms or tenses not listed here follow the regular pattern.

## II. Irregular verbs of the second conjugation

1. **accludere** (*to enclose*)

    PAST PARTICIPLE: accluso
    PASSATO REMOTO: acclusi, accludesti, accluse; accludemmo, accludeste, acclusero

2. **assumere** (*to hire*)

    PAST PARTICIPLE: assunto
    PASSATO REMOTO: assunsi, assumesti, assunse; assumemmo, assumeste, assunsero

3. **bere** (*to drink*)

    PRESENT INDICATIVE: bevo, bevi, beve; beviamo, bevete, bevono
    PRESENT SUBJUNCTIVE: beva, beva, beva; beviamo, beviate, bevano
    IMPERATIVE: bevi, beva; beviamo, bevete, bevano
    IMPERFETTO: bevevo, bevevi, beveva; bevevamo, bevevate, bevevano
    IMPERFECT SUBJUNCTIVE: bevessi, bevessi, bevesse; bevessimo, beveste, bevessero
    PAST PARTICIPLE: bevuto
    PASSATO REMOTO: bevvi, bevesti, bevve; bevemmo, beveste, bevvero
    FUTURE: berrò, berrai, berrà; berremo, berrete, berranno
    CONDITIONAL: berrei, berresti, berrebbe; berremmo, berreste, berrebbero
    GERUND: bevendo

4. **cadere** (*to fall*)

    PASSATO REMOTO: caddi, cadesti, cadde; cademmo, cadeste, caddero
    FUTURE: cadrò, cadrai, cadrà; cadremo, cadrete, cadranno
    CONDITIONAL: cadrei, cadresti, cadrebbe; cadremmo, cadreste, cadrebbero

5. **chiedere** (*to ask*) (**richiedere** *to require*)

    PAST PARTICIPLE: chiesto
    PASSATO REMOTO: chiesi, chiedesti, chiese; chiedemmo, chiedeste, chiesero

6. **chiudere** (*to close*)

    PAST PARTICIPLE: chiuso
    PASSATO REMOTO: chiusi, chiudesti, chiuse; chiudemmo, chiudeste, chiusero

7. **conoscere** (*to know*) (**riconoscere** *to recognize*)

    PAST PARTICIPLE: conosciuto
    PASSATO REMOTO: conobbi, conoscesti, conobbe; conoscemmo, conosceste, conobbero

8. **convincere** (*to convince*)

        PAST PARTICIPLE: convinto
        PASSATO REMOTO: convinsi, convincesti, convinse; convincemmo, convinceste, convinsero

9. **correre** (*to run*)

        PAST PARTICIPLE: corso
        PASSATO REMOTO: corsi, corresti, corse; corremmo, correste, corsero

10. **cuocere** (*to cook*)

        PRESENT INDICATIVE: cuocio, cuoci, cuoce; cuociamo, cuocete, cuociono
        PRESENT SUBJUNCTIVE: cuocia, cuocia, cuocia; cociamo, cociate, cuociano
        IMPERATIVE: cuoci, cuocia; cociamo, cocete, cuociano
        PAST PARTICIPLE: cotto
        PASSATO REMOTO: cossi, cocesti, cosse; cocemmo, coceste, cossero

11. **decidere** (*to decide*)

        PAST PARTICIPLE: deciso
        PASSATO REMOTO: decisi, decidesti, decise; decidemmo, decideste, decisero

12. **dipendere** (*to depend*)

        PAST PARTICIPLE: dipeso
        PASSATO REMOTO: dipesi, dipendesti, dipese; dipendemmo, dipendeste, dipesero

13. **dipingere** (*to paint*)

        PAST PARTICIPLE: dipinto
        PASSATO REMOTO: dipinsi, dipingesti, dipinse; dipingemmo, dipingeste, dipinsero

14. **discutere** (*to discuss*)

        PAST PARTICIPLE: discusso
        PASSATO REMOTO: discussi, discutesti, discusse; discutemmo, discuteste, discussero

15. **distinguere** (*to distinguish*)

        PAST PARTICIPLE: distinto
        PASSATO REMOTO: distinsi, distinguesti, distinse; distinguemmo, distingueste, distinsero

16. **dividere** (*to divide*)

        PAST PARTICIPLE: diviso
        PASSATO REMOTO: divisi, dividesti, divise; dividemmo, divideste, divisero

17. **dovere** (*to have to*)

        PRESENT INDICATIVE: devo (debbo), devi, deve; dobbiamo, dovete, devono (debbono)

PRESENT SUBJUNCTIVE: debba, debba, debba; dobbiamo, dobbiate, debbano
FUTURE: dovrò, dovrai, dovrà; dovremo, dovrete, dovranno
CONDITIONAL: dovrei, dovresti, dovrebbe; dovremmo, dovreste, dovrebbero

18. **leggere** (*to read*)

PAST PARTICIPLE: letto
PASSATO REMOTO: lessi, leggesti, lesse; leggemmo, leggeste, lessero

19. **mettere** (*to put*) (**promettere** *to promise*; **scommettere** *to bet*)

PAST PARTICIPLE: messo
PASSATO REMOTO: misi, mettesti, mise; mettemmo, metteste, misero

20. **muovere** (*to move*)

PAST PARTICIPLE: mosso
PASSATO REMOTO: mossi, muovesti, mosse; muovemmo, muoveste, mossero

21. **nascere** (*to be born*)

PAST PARTICIPLE: nato
PASSATO REMOTO: nacqui, nascesti, nacque; nascemmo, nasceste, nacquero

22. **offendere** (*to offend*)

PAST PARTICIPLE: offeso
PASSATO REMOTO: offesi, offendesti, offese; offendemmo, offendeste, offesero

23. **parere** (*to seem*)

PRESENT INDICATIVE: paio, pari, pare; paiamo, parete, paiono
PRESENT SUBJUNCTIVE: paia, paia, paia; paiamo, paiate, paiano
PAST PARTICIPLE: parso
PASSATO REMOTO: parvi, paresti, parve; paremmo, pareste, parvero
FUTURE: parrò, parrai, parrà; parremo, parrete, parranno
CONDITIONAL: parrei, parresti, parrebbe; parremmo, parreste, parrebbero

24. **piacere** (*to please*)

PRESENT INDICATIVE: piaccio, piaci, piace; piacciamo, piacete, piacciono
PRESENT SUBJUNCTIVE: piaccia, piaccia, piaccia; piacciamo, piacciate, piacciano
IMPERATIVE: piaci, piaccia; piacciamo, piacete, piacciano
PAST PARTICIPLE: piaciuto
PASSATO REMOTO: piacqui, piacesti, piacque; piacemmo, piaceste, piacquero

25. **piangere** (*to cry*)

PAST PARTICIPLE: pianto
PASSATO REMOTO: piansi, piangesti, pianse; piangemmo, piangeste, piansero

---

26. **potere** (*to be able*)

PRESENT INDICATIVE: posso, puoi, può; possiamo, potete, possono
PRESENT SUBJUNCTIVE: possa, possa, possa; possiamo, possiate, possano
FUTURE: potrò, potrai, potrà; potremo, potrete, potranno
CONDITIONAL: potrei, potresti, potrebbe; potremmo, potreste, potrebbero

27. **prendere** (*to take*) (**riprendere** *to resume;* **sorprendere** *to surprise*)

PAST PARTICIPLE: preso
PASSATO REMOTO: presi, prendesti, prese; prendemmo, prendeste, presero

28. **produrre** (*to produce*)

PRESENT INDICATIVE: produco, produci, produce; produciamo, producete, producono
PRESENT SUBJUNCTIVE: produca, produca, produca; produciamo, produciate, producano
IMPERFETTO: producevo, producevi, produceva; producevamo, producevate, producevano
IMPERFECT SUBJUNCTIVE: producessi, producessi, producesse; producessimo, produceste, producessero
PAST PARTICIPLE: prodotto
PASSATO REMOTO: produssi, producesti, produsse; producemmo, produceste, produssero

29. **rendere** (*to give back*)

PAST PARTICIPLE: reso
PASSATO REMOTO: resi, rendesti, rese; rendemmo, rendeste, resero

30. **ridere** (*to laugh*)

PAST PARTICIPLE: riso
PASSATO REMOTO: risi, ridesti, rise; ridemmo, rideste, risero

31. **rimanere** (*to remain*)

PRESENT INDICATIVE: rimango, rimani, rimane; rimaniamo, rimanete, rimangono
PRESENT SUBJUNCTIVE: rimanga, rimanga, rimanga; rimaniamo, rimaniate, rimangano
IMPERATIVE: rimani, rimanga; rimaniamo, rimanete, rimangano
PAST PARTICIPLE: rimasto
PASSATO REMOTO: rimasi, rimanesti, rimase; rimanemmo, rimaneste, rimasero
FUTURE: rimarrò, rimarrai, rimarrà; rimarremo, rimarrete, rimarranno
CONDITIONAL: rimarrei, rimarresti, rimarrebbe; rimarremmo, rimarreste, rimarrebbero

32. **rispondere** (*to answer*)

> PAST PARTICIPLE: risposto
> PASSATO REMOTO: risposi, rispondesti, rispose; rispondemmo, rispondeste, risposero

33. **rompere** (*to break*) (**interrompere** *to interrupt*)

> PAST PARTICIPLE: rotto
> PASSATO REMOTO: ruppi, rompesti, ruppe; rompemmo, rompeste, ruppero

34. **sapere** (*to know*)

> PRESENT INDICATIVE: so, sai, sa; sappiamo, sapete, sanno
> PRESENT SUBJUNCTIVE: sappia, sappia, sappia; sappiamo, sappiate, sappiano
> IMPERATIVE: sappi, sappia; sappiamo, sappiate, sappiano
> PASSATO REMOTO: seppi, sapesti, seppe; sapemmo, sapeste, seppero
> FUTURE: saprò, saprai, saprà; sapremo, saprete, sapranno
> CONDITIONAL: saprei, sapresti, saprebbe; sapremmo, sapreste, saprebbero

35. **scegliere** (*to choose*)

> PRESENT INDICATIVE: scelgo, scegli, sceglie; scegliamo, scegliete, scelgono
> PRESENT SUBJUNCTIVE: scelga, scelga, scelga; scegliamo, scegliate, scelgano
> IMPERATIVE: scegli, scelga; scegliamo, scegliete, scelgano
> PAST PARTICIPLE: scelto
> PASSATO REMOTO: scelsi, scegliesti, scelse; scegliemmo, sceglieste, scelsero

36. **scendere** (*to descend*)

> PAST PARTICIPLE: sceso
> PASSATO REMOTO: scesi, scendesti, scese; scendemmo, scendeste, scesero

37. **scrivere** (*to write*) (**iscriversi** *to enroll*)

> PAST PARTICIPLE: scritto
> PASSATO REMOTO: scrissi, scrivesti, scrisse; scrivemmo, scriveste, scrissero

38. **sedere** (*to sit*)

> PRESENT INDICATIVE: siedo, siedi, siede; sediamo, sedete, siedono
> PRESENT SUBJUNCTIVE: sieda, sieda, sieda (segga); sediamo, sediate, siedano (seggano)
> IMPERATIVE: siedi, sieda (segga); sediamo, sedete, siedano (seggano)

39. **succedere** (*to happen*)

> PAST PARTICIPLE: successo
> PASSATO REMOTO: successi, succedesti, successe; succedemmo, succedeste, successero

---

40. **tenere** (*to hold*) (**appartenere** *to belong*; **ottenere** *to obtain*)

PRESENT INDICATIVE: tengo, tieni, tiene; teniamo, tenete, tengono
PRESENT SUBJUNCTIVE: tenga, tenga, tenga; teniamo, teniate, tengano
IMPERATIVE: tieni, tenga; teniamo, tenete, tengano
PASSATO REMOTO: tenni, tenesti, tenne; tenemmo, teneste, tennero
FUTURE: terrò, terrai, terrà; terremo, terrete, terranno
CONDITIONAL: terrei, terresti, terrebbe; terremmo, terreste, terrebbero

41. **uccidere** (*to kill*)

PAST PARTICIPLE: ucciso
PASSATO REMOTO: uccisi, uccidesti, uccise; uccidemmo, uccideste, uccisero

42. **vedere** (*to see*)

PAST PARTICIPLE: veduto or visto
PASSATO REMOTO: vidi, vedesti, vide; vedemmo, vedeste, videro
FUTURE: vedrò, vedrai, vedrà; vedremo, vedrete, vedranno
CONDITIONAL: vedrei, vedresti, vedrebbe; vedremmo, vedreste, vedrebbero

43. **vincere** (*to win*)

PAST PARTICIPLE: vinto
PASSATO REMOTO: vinsi, vincesti, vinse; vincemmo, vinceste, vinsero

44. **vivere** (*to live*)

PAST PARTICIPLE: vissuto
PASSATO REMOTO: vissi, vivesti, visse; vivemmo, viveste, vissero
FUTURE: vivrò, vivrai, vivrà; vivremo, vivrete, vivranno
CONDITIONAL: vivrei, vivresti, vivrebbe; vivremmo, vivreste, vivrebbero

45. **volere** (*to want*)

PRESENT INDICATIVE: voglio, vuoi, vuole; vogliamo, volete, vogliono
PRESENT SUBJUNCTIVE: voglia, voglia, voglia; vogliamo, vogliate, vogliano
IMPERATIVE: voglia; vogliamo, vogliate, vogliano
PASSATO REMOTO: volli, volesti, volle; volemmo, voleste, vollero
FUTURE: vorrò, vorrai, vorrà; vorremo, vorrete, vorranno
CONDITIONAL: vorrei, vorresti, vorrebbe; vorremmo, vorreste, vorrebbero

## III. Irregular verbs of the third conjugation

1. **aprire** (*to open*)

PAST PARTICIPLE: aperto

2. **dire** (*to say, tell*)

PRESENT INDICATIVE: dico, dici, dice; diciamo, dite, dicono
PRESENT SUBJUNCTIVE: dica, dica, dica; diciamo, diciate, dicano
IMPERATIVE: di', dica; diciamo, dite, dicano
IMPERFETTO: dicevo, dicevi, diceva; dicevamo, dicevate, dicevano
IMPERFECT SUBJUNCTIVE: dicessi, dicessi, dicesse; dicessimo, diceste, dicessero
PAST PARTICIPLE: detto
PASSATO REMOTO: dissi, dicesti, disse; dicemmo, diceste, dissero
GERUND: dicendo

3. **morire** (*to die*)

PRESENT INDICATIVE: muoio, muori, muore; moriamo, morite, muoiono
PRESENT SUBJUNCTIVE: muoia, muoia, muoia; moriamo, moriate, muoiano
IMPERATIVE: muori, muoia; moriamo, morite, muoiano
PAST PARTICIPLE: morto

4. **offrire** (*to offer*) (**soffrire** *to suffer*)

PAST PARTICIPLE: offerto

5. **salire** (*to climb*)

PRESENT INDICATIVE: salgo, sali, sale; saliamo, salite, salgono
PRESENT SUBJUNCTIVE: salga, salga, salga; saliamo, saliate, salgano
IMPERATIVE: sali, salga; saliamo, salite, salgano

6. **scoprire** (*to discover*)

PAST PARTICIPLE: scoperto

7. **uscire** (*to to out*) (**riuscire** *to succeed*)

PRESENT INDICATIVE: esco, esci, esce; usciamo, uscite, escono
PRESENT SUBJUNCTIVE: esca, esca, esca; usciamo, usciate, escano
IMPERATIVE: esci, esca; usciamo, uscite, escano

8. **venire** (*to come*) (**avvenire** *to happen*)

PRESENT INDICATIVE: vengo, vieni, viene; veniamo, venite, vengono
PRESENT SUBJUNCTIVE: venga, venga, venga; veniamo, veniate, vengano
IMPERATIVE: vieni, venga; veniamo, venite, vengano
PAST PARTICIPLE: venuto
PASSATO REMOTO: venni, venisti, venne; venimmo, veniste, vennero
FUTURE: verrò, verrai, verrà; verremo, verrete, verranno
CONDITIONAL: verrei, verresti, verrebbe; verremmo, verreste, verrebbero

## IV. Verbs with irregular past participles

| | | | |
|---|---|---|---|
| **accludere** (*to enclose*) | accluso | **bere** (*to drink*) | bevuto |
| **aprire** (*to open*) | aperto | **chiedere** (*to ask*) | chiesto |
| **assumere** (*to hire*) | assunto | **chiudere** (*to close*) | chiuso |
| **avvenire** (*to happen*) | avvenuto | **convincere** (*to convince*) | convinto |

| | | | |
|---|---|---|---|
| cọrrere *(to run)* | corso | prẹndere *(to take)* | preso |
| cuọcere *(to cook)* | cotto | produrre *(to produce)* | prodotto |
| decịdere *(to decide)* | deciso | promẹttere *(to promise)* | promesso |
| dipẹndere *(to depend)* | dipeso | rẹndere *(to return, give back)* | reso |
| dipịngere *(to paint)* | dipinto | richiẹdere *(to require)* | richiesto |
| dire *(to say, tell)* | detto | riconọscere *(to recognize)* | riconosciuto |
| discụtere *(to discuss)* | discusso | rịdere *(to laugh)* | riso |
| distịnguere *(to distinguish)* | distinto | rimanere *(to remain)* | rimasto |
| divịdere *(to divide)* | diviso | riprẹndere *(to resume)* | ripreso |
| esịstere *(to exist)* | esistito | risọlvere *(to solve)* | risolto |
| esprịmere *(to express)* | espresso | rispọndere *(to answer)* | risposto |
| ẹssere *(to be)* | stato | rọmpere *(to break)* | rotto |
| fare *(to do, make)* | fatto | scẹgliere *(to choose)* | scelto |
| interrọmpere *(to interrupt)* | interrotto | scẹndere *(to get off)* | sceso |
| iscrịversi *(to enroll)* | iscritto | scommẹttere *(to bet)* | scommesso |
| lẹggere *(to read)* | letto | scoprire *(to discover)* | scoperto |
| mẹttere *(to put)* | messo | scrịvere *(to write)* | scritto |
| morire *(to die)* | morto | soffrire *(to suffer)* | sofferto |
| muọversi *(to move)* | mosso | sorprẹndere *(to surprise)* | sorpreso |
| nạscere *(to be born)* | nato | succẹdere *(to happen)* | successo |
| offẹndere *(to offend)* | offeso | vedere *(to see)* | visto or veduto |
| offrire *(to offer)* | offerto | venire *(to come)* | venuto |
| pẹrdere *(to lose)* | perso or perduto | vịncere *(to win)* | vinto |
| piạngere *(to weep, cry)* | pianto | vivere *(to live)* | vissuto |

## V. List of verbs conjugated with *essere* in compound tenses

| | |
|---|---|
| andare *(to go)* | durare *(to last)* |
| arrivare *(to arrive)* | entrare *(to enter)* |
| avvenire *(to happen)* | esịstere *(to exist)* |
| bastare *(to suffice, be enough)* | ẹssere *(to be)* |
| bisognare *(to be necessary)* | finire[2] *(to finish)* |
| cadere *(to fall)* | fuggire *(to run away)* |
| cambiare[2] *(to change, become different)* | ingrassare *(to put on weight)* |
| campare *(to live)* | morire *(to die)* |
| cominciare[2] *(to begin)* | nạscere *(to be born)* |
| costare *(to cost)* | parere *(to seem)* |
| crepare *(to die)* | partire *(to leave, depart)* |
| dipẹndere *(to depend)* | passare[3] *(to stop by)* |
| dispiacere *(to be sorry)* | piacere *(to like, be pleasing)* |
| diventare *(to become)* | restare *(to stay)* |

[2]When used with a direct object, it is conjugated with **avere**.

[3]When the meaning is *to spend* (*time*), *to pass*, it is conjugated with **avere**.

**rimanere** (*to remain*)
**ritornare** (*to return*)
**riuscire** (*to succeed*)
**salire**[4] (*to go up; to get in*)
**scappare** (*to run away*)
**scendere**[2] (*to get off*)

**sembrare** (*to seem*)
**stare** (*to stay*)
**succedere** (*to happen*)
**tornare** (*to return*)
**uscire** (*to leave, go out*)
**venire** (*to come*)

In addition to the verbs listed above, all reflexive verbs are conjugated with **essere**.

[4]When the meaning is *to climb*, it is conjugated with **avere**.

# vocabularies

This vocabulary contains contextual meanings of most words used in this book; the number within parentheses indicates the chapter within which the word first appears. Proper and geographical names are not included in this list.

The gender of nouns is indicated by the form of the definite article, or by the abbreviations *m.* or *f.* if the article does not show gender. Adjectives are listed under the masculine form. Stress is indicated by a dot under the stressed vowel. Idiomatic expressions are listed under the major word in the phrase, usually a noun or a verb. An asterisk * before a verb indicates that the verb requires **essere** in compound tenses. (**isc**) after an **-ire** verb indicates that the verb is conjugated with **-isc-** in the present indicative and subjunctive and in the imperative. The following abbreviations have been used:

| | | | | |
|---|---|---|---|---|
| *adj.* | adjective | | *m.* | masculine |
| *adv.* | adverb | | *n.* | noun |
| *art.* | article | | *p.p.* | past participle |
| *conj.* | conjunction | | *pl.* | plural |
| *f.* | feminine | | *prep.* | preposition |
| *ind.* | indicative | | *pron.* | pronoun |
| *inf.* | infinitive | | *p.s.* | **passato remoto** |
| *inv.* | invariable | | *subj.* | subjunctive |

## Italian–English Vocabulary

**a** (1) at, in, to
**abbaiare** to bark
**abbandonare** to abandon
**abbastanza** (8) enough; **abbastanza bene** (P) pretty good
**l'abbigliamento** (17) clothing
**l'abbinamento** matching
**abbinare** to combine, link together
**l'abbonato** subscriber
**abbondantemente** abundantly, plentifully
**abbracciare** (7) to embrace
**l'abbraccio** (*pl.* **gli abbracci**) (14) embrace
**abbreviato** abbreviated
**l'abbreviazione** (*f.*) abbreviation
**abbuffarsi** to stuff oneself
**l'abilità** (*f.*) ability
**l'abitante** (*m.* or *f.*) inhabitant, resident

**abitare** (6) to live
**l'abitato** inhabited place or area
**l'abitazione** (*f.*) dwelling, house
**l'abito** suit; dress
**abituarsi** (**a** + *n.* or *inf.*) (17) to get used to (something)
**abituato** accustomed
**l'abitudine** (*f.*) (20) habit
**abruzzese** pertaining to the region of Abruzzi
**l'Accademia** academy
**accademico** (*m. pl.* **accademici**) academic (*adj.*)
***accadere** to happen
**accanto a** (9) next to
**accedere** to be admitted to
**accelerato** accelerated
**l'accento** accent
**l'acceso** access
**acceso** lighted up; turned on

**gli accessori** (*m.pl.*) accessories
**accettare** (**di** + *inf.*) (15) to accept (doing something)
**accludere** (*p.p.* **accluso**) (14) to enclose
**accogliente** welcoming (*adj.*)
**l'accoglienza** welcome
**accogliere** (*p.p.* **accolto**) to welcome
**accomodarsi** (18) to come in; to make oneself comfortable
**accompagnare** (6) to accompany
**l'accoppiamento** pairing
**accoppiare** to couple; to pair off
**l'accordo** agreement; **d'accordo** granted, agreed; ***essere d'accordo** to agree, be in agreement
**l'aceto** vinegar
**l'acqua** (5) water
**acquistare** to acquire
**l'acquisto** (19) purchase

**adagio** (19) slowly
**l'adattamento** adaptation
**adatto** (17) suitable
**addestrativo** training (*adj.*)
**adesivo** adhesive (*adj.*)
**adesso** now
**adorabile** adorable
**adorare** to adore
**adottare** (21) to adopt
**l'adulto** adult
**adulto** adult (*adj.*)
**l'aereo** (1) airplane
**l'aeroplano** (1) airplane
**l'aeroporto** (1) airport
**l'afa** muggy weather
**l'affare** (*m.*) (18) business; **per affari** on business (18); **uomo d'affari** businessman (18)
**affascinante** fascinating
**affascinare** to fascinate
**affermare** to affirm
**l'affetto** affect
**affettuoso** (14) affectionate
**affezionato** attached (emotionally)
**affinchè** (17) so that
**affittare** (11) to rent; **affittasi** for rent
**l'affitto** rent; **in affitto** (12) for rent
**affollare** to crowd
**affollato** (11) crowded
**affrescare** to (paint in) fresco
**l'agenzia** agency
**agevolato** facilitated
**l'aggettivo** adjective
**aggiungere** (*p.p.* **aggiunto**) to add
**aggiunto** added
**aggiustare** to fix
**l'aggressività** (*f.*) aggressiveness
**aggressivo** aggressive
**l'agguato** ambush
**agguerrito** battle-trained
**l'agio: a mio** (**tuo, suo, ecc.**) **agio** at ease
**l'agnello** lamb
**agonistico** (*m.pl.* **agonistici**) athletic
**l'agosto** (13) August
**l'agricoltura** agriculture
**aiutare** (**a** + *inf.*) (7) to help (do something)
**l'aiuto** help, aid
**l'aiuto-regista** (*m.*) assistant director
**l'ala** (*pl.* **le ali**) wing
**alato** winged
**l'alba** dawn
**l'albanese** (*m.* or *f.*) Albanian
**l'albergatore** (*m.*) hotelkeeper
**l'albergo** (*pl.* **gli alberghi**) (5) hotel
**l'albero** (12) tree
**alcuni/alcune** (12) some
**l'alienazione** (*f.*) alienation
**gli alimentari** (*m.pl.*) foodstuffs
**l'aliscafo** hydroplane
**allacciare** to fasten

**all'antica** (19) old-fashioned
**l'allegria** happiness; **\*essere in allegria** (18) to be happy
**allegro** (18) happy
**allettante** alluring, attractive
**l'allievo** pupil; schoolboy
**alloggiare** to lodge, find lodging
**allontanarsi** (11) to walk away
**allora** (1) then
**l'almanacco** (*pl.* **gli almanacchi**) almanac
**almeno** (8) at least
**l'alternativa** (16) alternative
**alto** (2) tall, high
**altrettanto** likewise
**altrimenti** otherwise
**altro** other; (8) anything else, something else; **un altro/un'altra** another
**altrui** other people's
**l'alunno** pupil, student
**alzare** to raise, lift; **alzarsi** (6) to get up
**amare** (6) to love
**amaro** bitter
**ambedue** both
**l'ambiente** (*m.*) environment
**l'ambizione** (*f.*) ambition
**ambizioso** ambitious
**l'ambulanza** ambulance
**ameno** pleasant, agreeable
**americano** (2) American
**l'amicizia** friendship
**l'amico** (*pl.* **gli amici**)/**l'amica** (*pl.* **le amiche**) (1) male/female friend
**l'amido** starch
**ammalato** (5) sick
**ammiccare** to wink
**amministrativo** administrative
**ammirare** to admire
**ammirato** admired
**l'ammissione** (*f.*) admission
**ammobiliato** furnished
**l'amo** hook
**l'amore** (*m.*) love
**l'analisi** (*f.*) (*pl.* **le analisi**) analysis
**anche** (2) also, too; **anche prima** (9) even before; **anche se** (16) even if
**ancora** (6) still, even; **non ancora** (12) not yet
**\*andare** (3) to go; **\*andare** (**a** + *inf.*) to go to (do something); **\*andare a piedi** to walk; **\*andare a prendere** (13) to pick up; **\*andare a spasso** to take a walk; **\*andare in aeroplano** to fly, go by plane; **\*andare in automobile** to drive, go by car; **\*andare in bicicletta** to bicycle, go by bicycle; **\*andare in macchina** to drive, go by car; **\*andare in bestia** to get mad; **\*andare in treno** to go by train;

**\*andare in vacanza** to go on vacation; **\*andare via** (5) to go away; **\*andarsene** to go away
**l'anello** ring
**l'angolino** small corner
**l'animale** (*m.*) animal
**animato** (16) animated
**\*annegare** to drown
**l'anniversario** (*pl.* **gli anniversari**) anniversary
**l'anno** (1) year
**annoiarsi** (6) to get bored
**annualmente** annually
**l'annuncio** (*pl.* **gli annunci**) announcement
**annuo** annual, yearly
**anteriore** anterior
**antico** (*m.pl.* **antichi**) ancient, antique
**l'antipasto** hors d'oeuvre
**l'anulare** (*m.*) ring finger
**anziano** (18) elderly, old
**apatico** (*m.pl.* **apatici**) apathetic
**l'aperitivo** before-dinner drink
**aperto** (5) open; **all'aperto** in the open, outside
**l'appartamento** (12) apartment
**appartenere** to belong
**l'appassionato** fan, admirer
**appena** (7) as soon as
**l'appetito** appetite; **buon appetito!** enjoy your meal!
**applicare** (16) to apply; to enforce
**l'applicazione** (*f.*) application
**l'appoggio** (*pl.* **gli appoggi**) support
**apposta** on purpose, deliberately
**l'apprendimento** learning
**apprezzare** appreciate
**apprezzato** esteemed
**l'appuntamento** (4) date, appointment
**l'appunto: prendere appunti** to take notes
**l'aprile** (*m.*) (13) April
**aprire** (*p.p.* **aperto**) (4) to open
**l'aquilone** (*m.*) kite
**l'arancia** orange (*fruit*)
**l'aranciata** (1) orangeade
**arancione** orange-colored
**l'arca** arc
**archeologico** (*m.pl.* **archeologici**) archeological
**l'architetto** (20) architect
**l'architettura** architecture
**ardere** (*p.p.* **arso**) to burn
**l'argento** silver
**l'argomento** subject, topic
**l'aria** (18) air; appearance; **avere l'aria romantica** to look romantic; **avere l'aria scema** to look stupid
**aristocratico** (*m.pl.* **aristocratici**) aristocratic
**l'aroma** aroma

arrabbiarsi (11) to get mad
arrangiarsi to manage
l'arredamento (17) furnishings
arredato furnished
arrestare to arrest; arrestarsi to
pause, stop
*arrivare (3) to arrive
arrivederci (P) goodbye; arrivederla
(P) goodbye
l'arrivo arrival
arrosto (inv.) roasted
l'arte (f.) art; Belle Arti fine arts;
l'opera d'arte work of art; storia
dell'arte art history
articolato articulated
l'articolo article
l'artigianato artisanship
l'artista (m. or f.) (16) artist
artistico (m.pl. artistici) artistic
l'artrite (f.) arthritis
arzillo lively
l'ascensore (m.) (12) elevator
asciugare to dry
ascoltare (5) to listen (to)
l'ascoltatore (m.) listener
aspettare (3) to wait (for)
l'aspetto aspect
l'aspirina aspirin
aspro harsh
assaggiare to taste
assassinato assassinated
assegnare to assign
l'assicurazione (f.) insurance
assimilare to assimilate
l'associazione (f.) association
assoluto absolute (adj.)
assumere (p.p. assunto) (17) to hire
l'Assunzione (f.) Feast of the
Assumption (August 15)
l'astemio (pl. gli astemi) teetotaler,
abstainer
l'astrologia astrology
l'astronomia astronomy
l'atlante (m.) atlas
l'atletica athletics; atletica leggera
track and field; atletica pesante
weightlifting (and related sports)
l'attacco (pl. gli attacchi) (19) attack,
bout
l'atteggiamento attitude
attendere (p.p. atteso) to wait (for)
attento careful, attentive; stare
attento to pay attention; to be
careful
l'attenzione (f.) (14) attention; fare
attenzione to pay attention
attirare (14) to attract
l'attitudine (f.) aptitude
l'attività (f.) activity
l'attore (m.)/l'attrice (f.) (14)
actor/actress
attraversare to cross

attraverso across
attrezzato equipped
attribuire (isc) to attribute
attuale present, current; attualmente
presently
l'attualità (f.) current event
l'audizione (f.) audition
l'augurio (pl. gli auguri) wish
aumentare to increase
l'aumento (16) raise; in leggero
aumento slightly higher
austriaco (m.pl. austriaci) Austrian
autentico (m.pl. autentici) authentic
l'auto (f.) automobile, car
l'autobus (m.) (4) bus
automatico (m.pl. automatici)
automatic
l'automobile (f.) (1) automobile, car
l'automobilismo motoring
l'automobilista (m. or f.) driver
automobilistico (m.pl. auto-
mobilistici) pertaining to cars
l'autonomia autonomy
l'autore (m.) (14) author
l'autorità (f.) authority
autoritario (m.pl. autoritari) (19)
authoritarian (adj.)
l'autoritratto self-portrait
l'autostop (m.) hitchhiking; fare
l'autostop to hitchhike
l'autostrada highway
l'autunno (13) autumn, fall
l'avanguardia avant-garde,
vanguard
avanti forward; in front
avaro stingy
avere (1) to have; avere... anni to be
a certain age; avere bisogno di (1)
to need; avere caldo (1) to be
warm, hot; avere fame (1) to be
hungry; avere una fame da lupi
(7) to be very hungry; avere
freddo (1) to be cold; avere fretta
(1) to be in a hurry; avere il
piacere (di + inf.) (10) to be
delighted (to do something); avere
intenzione (di + inf.) to intend (to
do something); avere l'aria (9) to
seem; avere l'impressione (16) to
have the impression; avere paura
(di) (1) to be afraid (of); avere
pazienza to be patient; avere
ragione (19) to be right; avere sete
(1) to be thirsty; avere voglia (di +
n. or inf.) (8) to feel like (doing
something)
l'avo ancestor
l'avventura adventure
l'avverbio (pl. gli avverbi) adverb
*avvenire (p.p. avvenuto) to happen
avvicinarsi (19) to approach, draw
near

l'avvocato/l'avvocatessa (2)
male/female lawyer
l'azalea azalea
l'azienda firm
l'azimut (m.) azimuth
l'azulene (m.) azulene (chemistry)
azzurro (7) blue; gli Azzurri
nickname for the Italian national
soccer team

il babbo dad (in Tuscany)
baciare (7) to kiss
il bacio (pl. i baci) (8) kiss
i baffi (m.pl.) moustache
bagnato (10) wet, soaked
il bagno (12) bath; fare il bagno take
a bath
ballare (3) to dance
la ballata ballad
la ballerina dancer; ballerina
il balletto (14) ballet
il ballo (9) dance
il bambino/la bambina (2) baby;
child, little boy/girl
la bambolona big doll
banale banal, commonplace
la banana (1) banana
la banca (2) bank
la bancarella (8) stall, booth
il banchiere banker
il banco (pl. i banchi) (8) counter
il bar (1) bar; café
la barba beard; farsi la barba to
shave
il barbiere barber
il barile barrel
la barzelletta joke
basare to base
basato based
la base base
basso (2) low, short; in basso (9)
below
*bastare to suffice, be enough
il bastimento ship
be', beh well
beato: beato lui! lucky him!
la Befana Epiphany (January 6)
le Belle Arti    fine arts
la bellezza (6) beauty; gorgeous
person; ciao, bellezza! hi,
gorgeous!
bello (2) beautiful; handsome; fare
bello (3) to be nice weather
il belvedere scenic overlook
benchè (17) although
bene (P) well, fine; ben tornato! (14)
welcome back! benissimo (13) very
well; benone quite well; fare bene
a to be good for; stare bene (3) to
be well, fine; va bene (1) it's fine,
O.K.

il benvenuto welcome, greeting
la benzina (13) gasoline; fare
  benzina (13) to get gasoline
il benzinaio (pl. i benzinai) gas
  station attendant
bere (p.p. bevuto) (4) to drink
il berretto cap
bestia: *andare in bestia to get mad
bianco (m.pl. bianchi) (9) white
la Bibbia bible
la bibita soft drink; beverage
la biblioteca (4) library; in biblioteca
  (4) at/in/to the library
il bicchiere (1) drinking glass
la bicicletta (3) bicycle; andare in
  bicicletta (3) to bicycle, go by
  bicycle
la biglietteria ticket office
il biglietto (1) ticket; biglietto da
  visita (18) business card
il bimbo/la bimba child, baby
biondo (2) blond (adj.)
la birra (1) beer
*bisognare (14) to be necessary
il bisogno need; avere bisogno (di)
  (1) to need, have need (of)
la bistecca (15) steak
bizzarro bizarre
il blocco (pl. i blocchi) block
blu blue
la bocca mouth; in bocca al lupo! (4)
  good luck!
le bocce (f.pl.) Italian lawn-bowling
  balls; giocare a bocce to play
  Italian lawn-bowling
boh well
la bolletta bill
bolognese pertaining to the city of
  Bologna
il bonaccione jolly good fellow
bordo: a bordo on board
la borsa purse
il bosco (pl. i boschi) (9) woods
la bottiglia bottle
il braccialetto bracelet
il braccio (pl. le braccia) (19) arm
bravo (2) good, able; bravo (in) (10)
  good, talented (at)
breve brief, short
i broccoli (m.pl.) broccoli
bruno (2) dark-haired
brutto (2) ugly; fare brutto to be bad
  weather
il buco (pl. i buchi) hole
buffo funny, comical
il buffone buffoon, clown, fool
la bugia (15) lie; dire una bugia to
  lie, tell a lie
il bugiardo liar
il buongustaio (pl. i buongustai)
  gourmet

buono (1) good; buon anno! happy
  new year! buon appetito! enjoy
  your meal! buon compleanno!
  happy birthday! buon
  divertimento! have fun! buon
  giorno! (P) good afternoon! good
  day! good morning! hello! buon
  Natale! merry Christmas! buon
  viaggio! have a nice trip! buon
  week-end! have a nice weekend!
  buona fortuna! good luck! buona
  notte! (P) good night! buona
  Pasqua! happy Easter! buona
  permanenza! have a nice stay!
  buona sera! (P) good afternoon!
  good evening! buono a sapersi
  worth knowing; di buon umore
  (m.) in a good mood
il burro butter
bussare to knock
buttare to throw; buttare giù la pasta
  to start cooking pasta

la cabina cabin; il capo cabina chief
  steward
il cacao cocoa
la caccia hunting; *andare a caccia to
  go hunting; il cane da caccia
  hunting dog
cacciare to hunt
il cacio (pl. i caci) cheese
*cadere (20) to fall
il caffè coffee; café, coffee shop
il caffellatte coffee and milk
la calamità calamity, misfortune,
  disaster
calce: in calce at the bottom (of a
  page)
il calciatore soccer player
il calcio (10) soccer
la calcolatrice calculator
il caldo (1) heat
caldo (1) hot, warm (adj.); avere
  caldo (1) to be warm (person); fare
  caldo (3) to be hot (weather)
il callo callus
calmare to calm
il calore heat
la caloria calorie
la calza sock, stocking
la calzatura footwear
i calzoni (m.pl.) trousers, pants,
  slacks
cambiare (10) to change; cambiare
  casa (12) to move
*cambiare (10) to change, become
  different
cambio: l'ufficio cambio exchange
la camera (da letto) (12) (bed)room; il
  compagno di camera roommate

il cameriere/la cameriera (1)
  waiter/waitress
la camicetta (8) blouse
la camicia shirt
il caminetto (20) fireplace
il camino chimney
camminare (13) to walk
la campagna (7) country,
  countryside; di campagna
  country-style; in campagna (7)
  in/to the country
la campana bell
il campanello (10) doorbell
il campanile bell tower
*campare to live
il campeggio (pl. i campeggi) (13)
  camping; camp site; fare un
  campeggio (13) to go camping
il campo field
il/la canadese (2) Canadian
canadese (2) Canadian (adj.)
il canale (16) channel
il cane (1) dog; cane da caccia
  hunting dog
il canile kennel, doghouse
la canna reed; cane
il cannone (15) cannon; ace,
  champion, whiz
il canottaggio canoeing
il/la cantante (14) singer
cantare (3) to sing
cantato sung
il cantautore singer; songwriter
canterellare to sing softly (to
  oneself); to hum
il cantiere shipyard
la cantina (12) basement
il canto singing
la canzone (14) song
il canzoniere collection of songs; il
  Canzoniere collection of poetry by
  Francesco Petrarca
il caos chaos
caotico (m.pl. caotici) chaotic
capace (di) (16) capable (of)
i capelli (m.pl.) hair
capire (isc) (4) to understand
la capitale capital
*capitare to happen
il capitolo chapter
il capo head; boss; da capo a piedi
  from head to toe; capo cabina
  chief steward; Capo d'Anno New
  Year's Day
il capolavoro (20) masterpiece
il capoluogo (pl. i capoluoghi) chief
  town of a province
il caposaldo foundation, basis
la cappella chapel
il cappello hat
il cappio (pl. i cappi) noose, slipknot

**il cappotto** (17) winter coat
**il cappuccino** cappuccino (espresso coffee and hot milk); **i Cappuccini** Capuchin monks
**il cappuccio** (*pl.* **i cappucci**) hood; **Cappuccetto Rosso** Little Red Riding Hood
**la capra** goat
**la caramella** candy, piece of candy
**il carattere** character, disposition
**la caratteristica** characteristic
**caratteristico** (*m.pl.* **caratteristici**) characteristic (*adj.*)
**caratterizzare** to characterize
**caratterizzato** characterized
**carbonara: spaghetti alla carbonara** spaghetti with carbonara sauce
**il carcere** prison, jail
**la carezza** caress
**la carica** public office
**carico** (*pl.* **carichi**) loaded
**carino** (2) pretty, cute
**la carità** charity; **per carità!** good heavens!
**la carne** (3) meat
**caro** dear (2); expensive (8)
**la carriera** career; **fare carriera** to be successful, go up the ladder (of success)
**il carro** cart
**la carrozza** carriage
**la carruba** carob
**la carta** paper; playing card; map; **carta d'identità** I.D. card; **giocare a carte** to play cards
**il cartello** sign
**la cartolina** greeting card; postcard
**il cartone: i cartoni animati** cartoons
**la casa** (2) house, home; **a casa** (4) at home, home; **a casa di** at the home of; **\*andare a casa** (4) to go home; **cambiare casa** (12) to move; **in casa** (3) at home, home; **\*scappare di casa** (19) to run away from home; **\*stare a casa** to stay home; **\*uscire di casa** to leave the house
**la cascata** waterfall; **le cascate del Niagara** Niagara Falls
**la casella postale** post office box
**il caso** chance; case; **per caso** by chance
**caspita!** (11) you don't say!
**la cassa** box; case; cashier's desk
**il cassiere** cashier
**castano** brown
**il castello** castle
**la categoria** category
**la catena** (17) chain
**cattivo** (2) bad, naughty
**cattolico** (*m.pl.* **cattolici**) Catholic

**cavalleresco** (*pl.* **cavallereschi**) chivalrous
**il cavallo** horse; **a cavallo** on horseback
**il cavatappi** corkscrew
**la caviglia** ankle
**celebrare** (21) to celebrate
**celebre** famous
**celibe** unmarried (*said of a man*)
**la cena** supper
**cenare** to have supper
**cento: per cento** percent
**centrale** central
**centro** (5) center; **in centro** (5) downtown
**cercare** (11) to look for; **cercare di + inf.** (14) to try, attempt to (do something); **cercasi** wanted (as in a want ad)
**il certificato** certificate
**certo** sure, certain; **certo!** (8) of course! **certo che** of course
**\*cessare** to cease, stop
**che** (6) who, whom, which, that; **che?, che cosa?** (4) what?
**chè** (**perchè**) because
**chi** he who, she who, the one who; **chi?** (1) who?, whom?
**la chiacchiera** (13) chat; **scambiare quattro chiacchiere** (11) to have a chat
**chiacchierare** (13) to chat
**chiamare** (6) to call; **chiamarsi** (6) to be called
**chiamato** called
**chiaro** (15) clear
**chiassoso** (17) noisy; gaudy
**la chiave** (4) key
**chiedere** (*p.p.* **chiesto**) (7) to ask (for)
**la chiesa** (2) church
**il chilo** (8) kilogram
**il chilometro** kilometer
**la chimica** chemistry
**chinarsi** to bend down; to stoop
**chissà** (7) who knows
**la chitarra** (3) guitar
**chiudere** (*p.p.* **chiuso**) (18) to close
**chiunque** (17) anyone, anybody, whoever, whomever
**chiuso** closed
**la chiusura** closure, closing
**ciao** (P) hello, hi; goodbye
**ciascuno** each, each one
**il cibo** food
**il ciclismo** cycling
**il cielo** (10) sky; **santo cielo!** (10) good heavens!
**la cifra** figure, number
**il cigno** swan
**cin cin!** cheers!
**il cinema/cinematografo** (5) movie

theater
**cinematografico** (*m.pl.* **cinematografici**) film, movie (*adj.*)
**il/la cinese** Chinese person; **il cinese** (7) Chinese language
**cinese** (7) Chinese (*adj.*)
**la cintura** belt
**ciò** (13) this/that thing
**la cioccolata** chocolate
**cioè** that is
**la cipolla** onion
**circa** (11) approximately, about
**la città** (2) city
**la cittadinanza** (15) citizenship
**il ciuffo** lock of hair
**civile** civil
**la civiltà** civilization
**la classe** class
**classico** (*m.pl.* **classici**) classic
**il claxon** horn of an automobile
**il/la cliente** client; customer
**il clima** climate
**coadiuvato** assisted, helped
**la coalizione** coalition
**il cocchiere** coachman
**il cognato/la cognata** (20) brother/sister-in-law
**il cognome** (1) last name
**coinvolgente** captivating
**coinvolto** involved
**la colazione** breakfast; lunch; **fare colazione** (5) to have breakfast/lunch
**collaborare** to collaborate
**la collana** necklace
**il/la collega** (*m.pl.* **i colleghi**) colleague
**collettivo** collective
**la collezione** collection
**la collina** hill
**il collo** neck
**il colloquio** (*pl.* **i colloqui**) (17) interview
**il colo** sieve, strainer
**la colonia** colony
**la colonna** column
**il colore** color
**coloro** those (persons)
**colpo: fare colpo** (**su**) to make an impression (on)
**il coltello** knife
**il comandamento** commandment
**il comandante** commander
**combattere** to fight, combat
**la combinazione** combination; coincidence
**come** (P) how; like; as; **come mai?** (6) how come?; **come se** (19) as if; **come stai?** (P) how are you? **come va?** (1) how is it going?
**comico** (*m.pl.* **comici**) comical, funny

---

*cominciare[1] (3) to begin; cominciare (a + *inf.*) (10) to begin (to do something)
il comitato committee
la commedia (14) play; comedy
il commediografo (15) playwright
il commento comment
commerciale commercial
il/la commercialista business consultant
il commerciante businessman; wholesaler; merchant
il commercio commerce
la commessa saleslady
commosso (15) moved, touched (emotionally)
comodo (18) convenient, comfortable
la compagnia (14) company; in compagnia di (14) in the company of
il compagno/la compagna companion, mate; compagno di camera roommate
il comparativo comparative
*comparire (*p.p.* comparso) to appear
la comparsa extra (*in a movie*)
il compendio summary, abstract
compere: fare compere (17) to go shopping
il compianto lament
il compito duty; assignment; homework
il compleanno (5) birthday; buon compleanno! happy birthday!
complementare complementary
il complemento complement
il complesso complex
completare to complete
completo complete; *essere al completo to be complete; to be full (*hotel*)
complicato (16) complicated
il complimento (11) compliment; fare un complimento to pay a compliment
comportare to involve; to require
il compositore composer
composto composed
comprare (3) to buy
il compratore (17) buyer
la comprensione understanding
compreso included
comunale municipal
comune common
il comunismo communism
il/la comunista (16) communist
comunista (*m.* or *f.*) (16) communist (*adj.*)
comunque (17) however; no matter how

con (1) with
concentrato concentrated
concepire (isc) to conceive
il concerto concert
il concetto concept
la concezione conception
concludere (*p.p.* concluso) to conclude, finish
la concorrenza competition
il concorso contest
il condimento seasoning; dressing
condito seasoned, dressed (*salad*)
il condizionale conditional (*verb mood*)
la condizione (16) condition; a condizione che (17) on the condition that
le condoglianze (*f.pl.*) condolences
la conferenza lecture; conference
conferito conferred
confermare to confirm
confidarsi to confide in
la confidenza familiarity, intimacy
confinare to border
il conflitto conflict
il/la conformista conformist
conformista (*m.* or *f.*) conformist (*adj.*)
confrontare to compare; to contrast
il confronto comparison
il congiuntivo subjunctive
le congratulazioni (*f.pl.*) congratulations
il coniglio (*pl.* i conigli) rabbit
connesso connected
la conoscenza (15) knowledge; acquaintance; fare la conoscenza di to meet, make the acquaintance of
conoscere (*p.p.* conosciuto) (6) to know, be acquainted with, meet
conosciuto known, well known
conquistare to conquer
consacrato consecrated
consecutivo consecutive
conseguenza: di conseguenza consequently
*conseguire to follow
consentire to agree, consent
conservare to conserve; to save
il conservatorio conservatory
conservatore/conservatrice conservative (*adj.*)
considerare to consider
considerato considered
consigliare (di + *inf.*) (18) to advise (to do something)
il consiglio (*pl.* i consigli) (14) advice
*consistere (*p.p.* consistito) (in) to

consist (of)
consolare consular
il consumo consumption; waste
il contadino/la contadina (14) farmer
contanti: pagare in contanti to pay (in) cash
contare to count
il conte count (*nobility*)
il contemporaneo contemporary
contemporaneo contemporary (*adj.*)
contento glad
contestare to challenge, dispute
il contestatore protester
il continente continent
continente temperate, moderate (*adj.*)
continuare (a + *inf.*) (9) to continue (doing something)
continuo continuous; di continuo continuously
il conto (13) check, bill; account; per conto loro on their own; rendersi conto (*p.p.* reso) to realize
il contrario (*pl.* i contrari) opposite; al contrario on the contrary
contrastato opposed; forbidden
il contrasto contrast
contribuire (isc) to contribute
contro against
controllare (13) to check
controllato controlled
il controllore (18) (train) conductor
il contrordine counterorder
convenzionale (19) conventional
la conversazione conversation
convertire to convert
convincere (a + *inf.*) (*p.p.* convinto) (12) to convince
convinto (16) convinced (*adj.*)
la copertina (book) cover
la coppa cup
la coppia couple
il coraggio courage; avere il coraggio (di + *inf.*) to have the courage (to do something)
corale choral
la cordialità cordiality
la coreografia choreography
il coro chorus
il corpo corps
correggere (*p.p.* corretto) to correct
la corrente current
correre (*p.p.* corso) (4) to run
corretto correct (*adj.*); il caffè corretto coffee with a bit of liquor
il corriere messenger
la corrispondenza correspondence
corrispondere (*p.p.* corrisposto) to correspond
la corsa race; da corsa racing (*adj.*)

[1]When used with a direct object, it is conjugated with avere.

il corso (3) course
il corteo parade
corto short
la cosa thing; cosa? (3) what?
così so; così così (P) so-so
cosiddetto so-called
*costare (8) to cost; quanto costa? how
much does it cost?
costituire (isc) to constitute, make up
il costo cost, price
costoso costly, expensive
costretto (a) compelled, forced (to)
costruire (isc) (20) to build
la costruzione construction
il costume costume
cotto cooked
la cravatta tie
creare (14) to create
creativo creative
creato created
il creatore/la creatrice creator
creatore/creatrice creating (adj.)
la creazione creation
credere (a) (8) to believe (in)
il credito credit
la crema vanilla (ice cream); cream
*crepare to die
la crisi (pl. le crisi) (19) crisis
il cristallo crystal
il criterio (pl. i criteri) standard,
criterion
la croce cross; testa o croce heads or
tails
la crociera cruise
la cronaca chronicle, report
la crostata (7) pie
il crostino small piece of toast
la crudeltà cruelty
crudo raw, uncooked
la cucina kitchen (5); cooking (6)
cucinare (6) to cook
cucire to sew; macchina da cucire
sewing machine
il cugino/la cugina (1) cousin
culinario (m.pl. culinari) culinary
il culmine culmination, climax
la cultura culture
culturale cultural
cuocere (p.p. cotto) to cook
il cuoco (m.pl. i cuochi)/la cuoca
cook
il cuore (18) heart
la cupola dome
la cura treatment; care
il curato parish priest
la curiosità curiosity
curioso curious
il/la custode keeper, guardian,
custodian

da (4) by; from; at; da solo (7) alone

il dado die (pl. dice)
la danza dance
dappertutto everywhere
dare (3) to give; dare del tu/Lei a
qualcuno (10) to address
somebody in the tu/Lei form; dare
la multa (13) to give a ticket; dare
un esame to take an examination;
dare una mano to help, give a
hand; dare un passaggio (13) to
give a lift, ride
la data (4) (calendar) date
dato che (19) since
davanti a (8) in front of
davvero (9) really
la dea goddess
decidere (p.p. deciso) (di + inf.) (13)
to decide (to do something)
decimo (12) tenth
la decisione decision; prendere una
decisione (19) to make a decision
il decollo takeoff (airplanes)
decrepito decrepit
definire (isc) to define; to determine
definitivo definitive, final
definito definite
la delegazione delegation
delicato delicate
la delusione disappointment
democratico (m.pl. democratici)
democratic
la democrazia (16) democracy; la
Democrazia Cristiana Christian
Democratic political party
il dente tooth
il/la dentista dentist
dentro inside
la dépendance guest house
depresso (21) depressed
*derivare to derive
descrivere (p.p. descritto) to describe
la descrizione description
deserto deserted
desiderare to wish, want, desire
il desiderio desire, wish
desideroso desirous, eager
designare to designate
la destra right; a destra to the right
determinante determinant,
determining
determinare to determine
la determinazione determination
detestare to detest
il dettaglio (pl. i dettagli) detail
di (1) of, about; from; di dove sei/è
(2) where are you from? di fronte
a (18) in front of; di mezza età (18)
middle-aged; di moda (14)
fashionable; di nuovo (14) again;
di solito (9) usually
il dialetto dialect

il dialogo (pl. i dialoghi) dialogue
il dicembre (m.) (13) December
dichiarato declared
la dieta diet
dietro a (9) behind; di dietro from
behind, from the back
il difetto (16) defect, fault
differente different
la differenza difference; a differenza
di unlike
differire (isc) to differ, be different
difficile (2) difficult
la difficoltà difficulty
la diffusione diffusion
diffuso diffuse, widespread
il digestivo after-dinner drink
la digressione digression
il dilemma (pl. i dilemmi) dilemma
diligentemente diligently
dimagrante slimming, designed to
cause weight loss
*dimagrire (isc) to lose weight, slim
down
la dimensione dimension
dimenticare (di + inf.) (3) to forget
(to do something)
il diminutivo diminutive, short
name
dimostrare to demonstrate
la dimostrazione (16) demonstration
i dintorni (m.pl.) (15) surroundings
il dio (pl. gli dei) (19) god
il dipartimento department
*dipendere (p.p. dipeso) (da) (11) to
depend (on); dipende (11) it
depends
dipingere (p.p. dipinto) (19) to paint
il diploma (pl. i diplomi) diploma
diplomatico (m.pl. diplomatici)
diplomatic
dire (p.p. detto) (4) to say, tell
diretto direct
il direttore director
il/la dirigente (18) manager
il diritto right, law
disabitato uninhabited
la disavventura misadventure
la discesa maschile/femminile
men's/women's downhill (ski race)
il disco (pl. i dischi) (4)
(phonograph) record
il discorso speech
la discoteca discothèque
la discussione (16) discussion,
controversy
discutere (p.p. discusso) to discuss
disegnare to design; to draw
disegnato designed
il disegno (19) design, sketch
la disgrazia misfortune, accident
il disguido error in postal delivery

**disoccupato** (21) unemployed
**disordinato** untidy, disorderly
**il disordine** disorder; confusion
**disperato** desperate
*****dispiacere** (*p.p.* **dispiaciuto**) (7) to be sorry; to mind
**la disponibilità** availability
**la disposizione** disposition, arrangement
**disposto** (**a** + *inf.*) (12) willing (to do something)
**la distanza** distance
**distinguere** (*p.p.* **distinto**) to distinguish
**distratto** (13) absentminded, inattentive
**disturbare** to disturb, trouble, bother
**il dito** (*pl.* **le dita**) (19) finger
**la ditta** (17) firm, business
**la dittatura** dictatorship
*****diventare** (5) to become
**diverso** (7) different; **diversi/diverse** (18) several
**divertente** enjoyable, amusing, entertaining
**il divertimento** amusement, entertainment; **buon divertimento!** have a good time!
**divertire** to amuse; **divertirsi** (6) to enjoy oneself, have a good time
**dividere** (*p.p.* **diviso**) (12) to share, split, divide
**divieto: il divieto di sosta** (13) no-parking
**divino** divine
**divisibile** divisible
**la divisione** division
**diviso** divided
**il dizionario** (*pl.* **i dizionari**) dictionary
**la doccia** shower; **fare la doccia** (6) to take a shower
**documentare** to document
**il documentario** (*pl.* **i documentari**) documentary film
**il documento** document
**il dolce** (7) sweet; dessert
**dolce** (2) sweet (*adj.*)
**il dollaro** (1) dollar
**il dolore** pain
**la domanda** (3) question; **fare una domanda** (3) to ask a question
**domandare** (4) to ask
**domani** (1) tomorrow; **a domani** (1) see you tomorrow
**la domenica** (11) Sunday
**domenicale** Sunday (*adj.*)
**la domestica** (6) maid
**dominare** to dominate
**dominato** dominated
**la donna** (6) woman; maid
**il dono** gift

**dopo** (5) after (*prep.*); **dopo che** (11) after (*conj.*)
**il dopoguerra** (21) postwar period
**doppiato** dubbed
**doppio** (*m.pl.* **doppi**) double
**dorato** gilded, gilt
**dormire** (4) to sleep; **dormire fino a tardi** (9) to sleep late
**il dormitorio** (*pl.* **i dormitori**) dormitory
**la dote** endowment, gift, talent
**il dottore/la dottoressa** doctor; university graduate
**dove** (2) where; **di dove sei/è?** (2) where are you from?
**dovere** (4) to have to, must
**dovunque** (17) wherever, everywhere
**il dramma** (*pl.* **i drammi**) drama
**drammatico** (*m.pl.* **drammatici**) dramatic
**dritto** straight
**il dubbio** (*pl.* **i dubbi**) doubt
**dubitare** (16) to doubt
**il duomo** (12) cathedral
**durante** during
*****durare** to last
**la durata** duration; durability

**e** (1) and; **e Lei** (**tu**)? (P) and you?
**ebbene** (12) well then
**l'ebraico** Hebrew language
**l'ebreo** Hebrew, Jew
**ebreo** Hebrew, Jewish (*adj.*)
**eccetera** etcetera
**eccetto** excepting, with the exception of
**ecco** (1) here you are; here is, here are; there is, there are
**l'eco** echo
**l'economia** economy
**economico** (*m.pl.* **economici**) economic
**l'edera** ivy
**l'edicola** newsstand
**l'edificio** (*pl.* **gli edifici**) building
**edile** building (*adj.*)
**l'editore** (*m.*)/**l'editrice** (*f.*) editor
**educato** well mannered, polite
**effettivamente** actually, really, indeed
**l'effetto** effect
**efficiente** efficient
**l'egiziano** Egyptian
**l'egoista** (*m.* or *f.*) egoist, selfish person
**elegante** elegant
**elementare** (3) elementary
**l'elemento** element
**elencare** to list
**elencato** listed
**l'elenco** (*pl.* **gli elenchi**) list

**eletto** elected
**l'elettricista** (*m.* or *f.*) electrician
**l'elettricità** (*f.*) electricity
**l'elettrodomestico** (*pl.* **gli elettrodomestici**) household appliance
**elevare** to elevate, raise
**elevato** elevated, raised
**l'elezione** (*f.*) (16) election
**eliminare** to eliminate
**l'embolia** embolism
**l'emicrania** migraine headache
**enorme** enormous
*****entrare** (5) to enter, go in, come in
**entusiasta** (**di**) (21) enthusiastic (about)
**entusiastico** (*m.pl.* **entusiastici**) enthusiastic
**l'Epifania** Epiphany (January 6th)
**l'episodio** (*pl.* **gli episodi**) episode
**l'equipaggio** (*pl.* **gli equipaggi**) crew
**l'equitazione** (*f.*) horseback riding
**l'equivalente** (*m.*) equivalent
**l'era** era
**eroico** (*m.pl.* **eroici**) heroic
**la erre** letter *r*
**l'errore** (*m.*) (3) mistake, error
**erudito** learned, scholarly, erudite
**esagerare** (6) to exaggerate
**l'esame** (*m.*) (13) examination
**esaminare** to examine
**esattamente** exactly
**esclamare** to exclaim
**escludere** (*p.p.* **escluso**) to exclude
**l'esclusione** (*f.*) exclusion; **per esclusione** by
**esclusivo** exclusive
**escluso** excluding
**l'escursione** (*f.*) excursion
**l'esecuzione** (*f.*) execution
**l'esempio** (*pl.* **gli esempi**) (P) example; **ad/per esempio** for example
**esercitare** to exercise
**l'esercizio** (*pl.* **gli esercizi**) (3) exercise
**esigere** (16) to expect, demand
**l'esigenza** demand
**esiliato** exiled
*****esistere** (*p.p.* **esistito**) to exist
**l'esitazione** (*f.*) hesitation
**esotico** (*m.pl.* **esotici**) exotic
**l'esperanto** Esperanto (*international language*)
**l'esperienza** (19) experience
**esplorare** to explore
**l'esploratore** (*m.*)/**l'esploratrice** (*f.*) explorer
**esportare** (17) to export
**esposto** displayed
**l'espressione** (*f.*) expression
**l'espresso** espresso coffee

esprimere (*p.p.* espresso) to express
l'essenza essence
*essere (*p.p.* stato) (2) to be; *essere d'accordo to agree, be in agreement; *essere in ritardo to be late, not on time
l'estate (*f.*) (11) summer
estendere (*p.p.* esteso) to extend
estero foreign; all'estero abroad
estetico (*m.pl.* estetici) esthetic
l'estrazione (*f.*) drawing, selection; estrazione del lotto lottery drawing
estremamente extremely
l'età (*f.*) (18) age; di mezza età middle-aged
l'etto (8) hectogram
l'europeo/l'europea European person
europeo (21) European (*adj.*)
l'evasione (*f.*) escape
l'evento event
eventuale possible
evidente evident
evitare to avoid
l'extraparlamentare (*m.*) extraparliamentary
extrascolastico (*m.pl.* extrascolastici) extracurricular
l'extraterrestre (*m.*) extraterrestrial

fa (5) ago
la fabbrica factory
fabbricare to manufacture, to produce
la faccenda matter, business; le faccende di casa household chores
facile (2) easy
la facilitazione (*f.*) facilitation, facility
la facoltà (3) school (of a university)
il fagiolino string bean, green bean
il falegname carpenter
falso false
la fame (1) hunger; avere fame (1) to be hungry; avere una fame da lupo/lupi (7) to be very hungry; *morire di fame to die of hunger, starve to death
la famiglia (3) family
famoso (2) famous
la fantascienza science fiction
la fantasia fantasy, imagination
fare (*p.p.* fatto) (3) to do, make; fare alla romana to go Dutch; fare bella/brutta figura to make a good/bad impression; fare bello/brutto (3) to be good/bad weather; fare bene a to be good for; fare benzina (13) to get gas; fare caldo (3) to be hot/warm

weather; fare carriera to be successful; fare colazione (5) to have breakfast/lunch; fare colpo su qualcuno (17) to impress someone; fare compere (17) to go shopping; fare esercizio to exercise; fare fotografie to take pictures; fare freddo (3) to be cold weather; fare il/la + *profession* (14) to be a + *profession*; fare l'autostop (5) to hitchhike; fare il bagno (12) to take a bath; fare la conoscenza di (10) to make the acquaintance of; fare una crociera to take a cruise; fare la doccia (6) to take a shower; fare lo jogging to jog; fare il pieno (13) to fill up with gas; fare la spesa (8) to buy groceries; fare male (a) (19) to hurt, ache; fare parte di to be part of, take part in; fare una passeggiata to take a walk; fare presto to hurry up; fare progressi (20) to make progress; fare quattro chiacchiere to chat; fare un campeggio (13) to go camping; fare un complimento to pay a compliment; fare un discorso to make a speech; fare una domanda (3) to ask a question; fare un giro to take a tour; fare uno spuntino to have a snack; fare un viaggio to take a trip; fare vedere a qualcuno to show someone; fare visita a (7) to pay a visit to; farsi male to hurt oneself; farsi sentire (16) to make oneself heard
la farmacia pharmacy
il fascismo fascism
il/la fascista (16) fascist
fatale fatal
faticoso (11) tiring
il fato fate
il fatto fact
il fattore factor
la fattoria (14) farm
il fattorino errand boy, messenger
la favola (9) fable; fairy tale
il favore favor; per favore (1) please
favorevole favorable
il febbraio (13) February
la febbre fever
il fegato liver; i fegatini di pollo chicken livers
felice (10) happy
la femmina (3) female
femminile feminine
il/la femminista feminist
il fenomeno (21) phenomenon
fermare (6) to stop; fermarsi (6) to

stop (oneself), come to a halt
la fermata (15) stop
fermo still; *stare fermo to be still
il Ferragosto August 15 (*national summer holiday in Italy*)
il ferro iron
la ferrovia railroad
la festa (13) holiday
festeggiare (5) to celebrate
il festival festival
festivo holiday (*adj.*); festive, merry
le fettuccine (*f.pl.*) noodles
il fiasco (*pl.* i fiaschi) flask; fiasco, failure
il/la ficcanaso busybody
ficcare to thrust, drive
il fico (*pl.* i fichi) fig; fig tree
il fidanzato/la fidanzata fiancé/fiancée
il figlio (*m.pl.* i figli) /la figlia (9) son/daughter; child
figurati! just imagine!
la fila row
il film (21) film, movie
filmato filmed
il filo thread
il filobus (5) trolley, trolley car
filosofare to philosophize
la filosofia philosophy
il filtro filter
finale final
finalmente (4) finally
il finanziamento financing
finanziare to finance
finanziato financed
il fine end, aim, purpose
la fine (7) end
la finestra (4) window
il finestrino (18) train window
la finezza fineness
*finire[2] (isc) (4) to finish, end; finire per + *inf.* (19) to end up (doing something)
fino: fino a (5) till, until, as far as; fino da from, since
il fiocco (*pl.* i fiocchi) ribbon, bow; un pranzo con i fiocchi an excellent dinner
il fiore (10) flower
fiorentino Florentine; la Fiorentina soccer team from Florence
la firma signature
firmare to sign
fischiare to whistle
il fischio (*pl.* i fischi) whistle
la fisica physics
fisico (*m.pl.* fisici) physical
fittizio (*m.pl.* fittizi) fictitious
floreale floral
il foco (fuoco) (*pl.* i fuochi) fire

[2]When used with a direct object, it is conjugated with avere.

**folkloristico** (*m.pl.* **folkloristici**) folkloristic
**il folto** thick, thickest part
**fondato** founded
**la fondazione** foundation
**fonetico** (*m.pl.* **fonetici**) phonetic
**la fontana** fountain
**la forma** form
**il formaggio** (*pl.* **i formaggi**) (8) cheese
**formale** formal
**formare** to form
**formato** formed
**la formazione** formation
**la formula** formula
**il fornaio** (*pl.* **i fornai**) baker
**il forno** oven; **al forno** (7) baked
**forse** perhaps, maybe
**forte** (11) strong, sharp
**la fortuna** fortune, luck; **avere fortuna** to be lucky; **buona fortuna!** good luck!; **per fortuna** fortunately
**fortunato** (12) lucky, fortunate
**la forza** strength
**la foto** (**fotografia**) (1) photo (photograph); **fare una foto** (**fotografia**) (3) to take a picture
**fotografico** (*m.pl.* **fotografici**) photographic; **macchina fotografica** camera
**il fotografo** photographer
**fra** (11) in (*referring to future time*); among, between
**la fragola** strawberry
**francescano** Franciscan
**il/la francese** (2) French person; **il francese** French language
**francese** (2) French (*adj.*)
**la frase** sentence, phrase
**il fratello** (8) brother
**il freddo** cold
**freddo** (1) cold (*adj.*) **avere freddo** (1) to be cold (*people*); **fare freddo** (3) to be cold (weather)
**frenare** to brake
**il freno** brake
**frequentare** (3) to attend
**frequentato** attended, patronized
**frequente** frequent
**la frequenza** frequency
**fresco** (*m.pl.* **freschi**) (8) cool, fresh
**la fretta** (1) hurry, haste; **avere fretta** (1) to be in a hurry; **in fretta** in a hurry, fast
**il frigo** (**frigorifero**) (4) refrigerator
**la frittata** omelette
**fronte: di fronte a** in front of
**la frontiera** border
**la frutta** fruit
**il fruttivendolo** fruit vendor
**il frutto** piece of fruit

**il fucile** rifle, gun
**la fuga** (19) escape
***fuggire** to run away
**fumare** (7) to smoke
**il fumetto** comic strip
**funzionare** to work, function
**la funzione** function
**il fuoco** (**foco**) (*pl.* **i fuochi**) fire
**fuori** out, outside; **fuori di me** beside myself; **fuori esercizio** (21) out of practice
**il futuro** future

**il gabinetto** bathroom
**la galassia** galaxy
**la galleria** gallery; tunnel
**il gallone** gallon
**la gamba** leg; **in gamba** great, terrific (*person*)
**garantire** (**isc**) (16) to guarantee
**gareggiare** to compete
**il gasolio** diesel oil
**la gastronomia** gastronomy
**il gatto/la gatta** (1) cat
**il gattopardo** leopard
**la gazza** magpie
**la gazzetta** gazette, newspaper
**la gelateria** ice cream parlor
**il gelato** (1) ice cream
**geloso** jealous
**generale** general; **in generale** in general
**la generazione** generation
**il genere** genre; **in genere** generally
**generoso** generous
**la generosità** generosity
**il genio** (*pl.* **i geni**) genius
**i genitori** (*m.pl.*) (9) parents
**il gennaio** (13) January
**la gente** (5) people
**gentile** (2) kind
**la gentilezza** kindness
**genuino** (7) genuine
**la geografia** geography
**geografico** (*m.pl.* **geografici**) geographic
**il gerundio** gerund
**gesticolare** to gesture
**la gestione** management, administration
**il ghiaccio** (*pl.* **i ghiacci**) ice
**il ghiro** dormouse; **dormire come un ghiro** to sleep like a log
**già** (5) already, yet
**la giacca** (17) jacket
***giacere** (*p.p.* **giaciuto**) to lie (down)
**giallo** yellow; **i romanzi o film gialli** detective, thriller stories or movies
**giammai** never
**il/la giapponese** Japanese person; **il giapponese** Japanese language
**giapponese** Japanese (*adj.*)

**il giardiniere** gardener
**il giardino** (5) garden
**la ginnastica** gymnastics; **fare la ginnastica** to do exercises
**il ginocchio** (*pl.* **le ginocchia**) (19) knee
**giocare a** (+ *n.*) (6) to play (a sport or game); **giocare al pallone** (6) to play ball
**il giocatore** player
**il gioco** (*pl.* **i giochi**) game, play
**la gioia** (21) joy
**il giornale** (4) newspaper
**il/la giornalista** journalist, newsman/woman
**la giornata** (10) day (*descriptive*)
**il giorno** (P) day
**il/la giovane** young man/young woman
**giovane** (2) young (*adj.*)
**giovanile** juvenile, youthful
**il giovedì** (11) Thursday
**la gioventù** youth
**girare** (21) to turn; to go around; to shoot (*a movie*)
**girato** filmed (*movie*)
**il giro** (11) tour; **fare un giro** to take a tour; **in giro** (17) around; **prendere in giro** to make fun of
**la gita** excursion; **fare una gita** to take a tour, excursion
**giù** down
**giudiziario** (*m.pl.* **giudiziari**) judicial
**il giugno** (13) June
***giungere** (*p.p.* **giunto**) to arrive
**la giuntura** joint
**giurare** (14) to swear
**giustificare** to justify
**giusto** (9) just, right, fair
**glorioso** glorious
**godere** to enjoy
**la gomma** rubber; tire; **avere una gomma a terra** to have a flat tire
**la gondola** gondola
**la gonna** (17) skirt
**governare** to govern
**governativo** governmental
**governato** governed
**il governo** (16) government
**la graduatoria** classification
**la grammatica** grammar; grammar textbook
**il grammo** gram
**grande** (**gran, grand'**) (2) big, large; great
**il granello** grain
**la grappa** strong Italian liqueur
**grasso** (2) fat
**gratis** free of charge
**la gratitudine** gratitude
**gratuito** free, gratuitous
**grave** serious, grave

la gravità gravity
grazie (P) thank you
grazioso (11) pretty
il greco (*pl.* i greci)/la greca Greek
person; il greco Greek language
greco (*m.pl.* greci) Greek (*adj.*)
gridare (20) to shout, scream
grigio (*m.pl.* grigi) (18) gray
grosso (9) big, large
il gruppo (11) group
guadagnare (10) to earn; guadagnarsi
da vivere (19) to earn a living
il guadagno profit, gain, earnings
il guanto (13) glove
guardare to watch (4); to look at (7)
guasto spoiled; out of order
guatare to gaze at
la guerra war
guidare to drive
il guidatore/la guidatrice driver
il gusto taste

la ics the letter *x*
l'idea idea; neanche per idea! not on
your life!
l'ideale (*m.*) ideal
ideare to imagine, conceive
l'ideatore (*m.*)/l'ideatrice (*f.*) inventor
l'identità (*f.*) identity
idillico (*m.pl.* idillici) idyllic
l'idraulico (*pl.* gli idraulici) (19)
plumber
l'idrocarburo hydrocarbon
ieri (5) yesterday; ieri sera (5) last
night
illegale illegal
illustrare to illustrate
imbarazzante (15) embarrassing
l'imbuto funnel
imitare to imitate
imitato imitated
immacolato immaculate
immaginare to imagine
immaginario (*m.pl.* immaginari)
imaginary
l'immaginazione (*f.*) imagination
l'immagine (*f.*) image
immancabile inevitable
immatricolato registered
imparare (10) to learn; imparare a +
*inf.* (11) to learn how (to do
something); imparare a memoria
to memorize
l'impegno engagement; obligation
l'imperfetto imperfect tense
l'impermeabile (*m.*) raincoat
impervio (*m.pl.* impervi) inaccessible
l'impianto system, installation
impiccare (20) to hang (*a person*)
l'impiegato/l'impiegata employee
l'impiego (*pl.* gli impieghi) (21)
employment, position

importante important
l'importanza importance
*importare to matter, be important
importato imported
l'importazione (*f.*) import;
importation
impossibile impossible
l'imposta tax, duty
l'imprenditore edile (*m.*) building
contractor
l'impresa undertaking, enterprise
l'impressione (*f.*) impression
imprevedibile unforeseeable
in (1) at; in; to
inalterato unchanged
inaspettato unexpected
incantarsi to become enchanted,
charmed
incartare to wrap up (in paper)
l'incenso incense
l'inchiesta inquest, poll
l'incidente (*m.*) (19) accident;
incident
includere (*p.p.* incluso) to include
incluso included, including
incominciare (a + *inf.*) to begin (to
do something)
incomprensibile incomprehensible
incontaminato pure, uncontaminated
incontestabile indisputable
incontrare (7) to meet; incontrarsi
con (20) to meet with
incontrastato uncontested,
undisputed
l'incontro meeting; match
incredibile incredible, unbelievable
l'indiano/l'indiana Indian person
indiano Indian (*adj.*)
indicare to indicate
indifferente indifferent
indimenticabile unforgettable
l'indipendenza independence
l'indirizzo (13) address
indisciplinato undisciplined
l'individualismo individualism
indovinare to guess
l'indossatore (*m.*)/l'indossatrice (*f.*)
fashion model
l'industria industry
l'industriale (*m.*) industrialist
industriale industrial
industrializzare to industrialize
industrializzato industrialized
induttivo inductive
l'infarto heart attack
infatti (14) in fact
infelice unhappy
l'infermiere (*m.*)/l'infermiera nurse
l'inferno hell
infinito infinite
l'inflazione (*f.*) (8) inflation
l'influenza (5) flu

infondere (*p.p.* infuso) to infuse; to
inspire
informare to inform
l'informazione (*f.*) information
l'ingegnere (*m.*) (19) engineer
l'ingegneria engineering
l'inglese (*m.* or *f.*) English person;
l'inglese (*m.*) English language
inglese (2) English (*adj.*)
*ingrassare (7) to put on weight, get
fat
l'ingrediente (*m.*) ingredient
l'iniziale (*f.*) initial letter
l'inizio (*pl.* gli inizi) beginning
innamorarsi (di) to fall in love (with)
innamorato (di) in love (with)
innanzi before, in front; further
l'inno hymn
inoltre (15) also, in addition
l'inquinamento pollution
inquinato polluted
l'insalata (7) salad
l'insegnamento teaching
l'insegnante (*m.* or *f.*) teacher
insegnare (3) to teach
l'insicurezza insecurity
insicuro insecure
insieme (4) together
l'insistenza insistence
insistere (*p.p.* insistito) to insist
insolito unusual
insomma (12) in short
installare to install
intanto in the meantime
intatto intact
integralmente completely, integrally
l'intellettuale (*m.* or *f.*) intellectual
intelligente (2) intelligent
intenso intense
intensivo intensive
l'intenzione (*f.*) intention
interessante interesting
interessare (6) to interest; interessarsi
a/di to be interested in
l'interesse (*m.*) (per) interest (in)
interferire (isc) (19) to interfere
l'interludio interlude
l'intermezzo interval
internazionale international
interno internal
intero (14) entire, whole
interpretare to interpret
interpretato interpreted
l'interprete (*m.*) (17) interpreter
interrogare to interrogate, question
interrompere (*p.p.* interrotto) to
interrupt
l'intervallo interval; intermission
*intervenire (*p.p.* intervenuto) to
intervene
l'intervento intervention
l'intervista interview

intervistare to interview
intervistato interviewed
intesi! agreed!
intollerante intolerant
l'intonazione (f.) intonation
intorno a (8) around
intricato intricate
inutile useless, hopeless
invadere (p.p. invaso) to invade
invece (11) instead; on the other
 hand; invece di (11) instead of
inventare to invent
l'inventario inventory
invernale winter (adj.), wintry
l'inverno (13) winter
investire to run over with a car
inviare (17) to send
l'invio (pl. gli invii) shipment
invitare (6) to invite
l'invitato guest
l'invito (15) invitation
ipotetico (pl. ipotetici) hypothetical
l'ippica horse racing
l'irlandese (m. or f.) Irish person
irlandese Irish (adj.)
irregolare irregular
iscriversi (p.p. iscritto) (a) (20) to
 enroll (in)
l'isola (15) island
ispirare to inspire
ispirato inspired
istituito instituted
l'istituto institute
l'istituzione (f.) institution
istruito educated
istruttivo instructive, educational
l'istruzione (f.) instruction,
 education
italianizzato Italianized
l'italiano/l'italiana Italian person;
 l'italiano Italian language
italiano (2) Italian (adj.)
l'italo-americano Italian-American
l'itinerario (pl. gli itinerari) itinerary

là there
il labbro (pl. le labbra) (19) lip
il labirinto maze, labyrinth
laborioso laborious
il ladro thief
il lago (pl. i laghi) (11) lake
laido filthy
lamentarsi (di) (18) to complain
 (about)
la lana (17) wool
il languore weakness, languor
largo (m.pl. larghi) wide
lasciare (5) to leave; lasciare in pace
 to leave alone; lasciare stare to
 leave alone
il latino Latin language
latino Latin (adj.)

il lato side
il lattaio (pl. i lattai) milkman,
 dairyman
il latte (2) milk; al latte with milk
la latteria dairy, dairy store
la laurea doctorate (from an Italian
 university)
laurearsi to graduate from a
 university
lavare (6) to wash; lavarsi (6) to
 wash up, wash (oneself)
lavorare (3) to work
il lavoratore (16) worker
il lavoro (1) job, work
leccare to lick; da leccarsi i baffi
 delicious (food)
legale legal; l'ora legale
 daylight-saving time
legare to tie
legato tied
la legge law
leggere (p.p. letto) (4) to read
leggero (17) slight, light
leggiadro pretty, graceful, lovely
la legna (20) wood for burning
il lessico lexicon
la lettera (4) letter; le Lettere (3)
 liberal arts
letteralmente literally
letterario (m.pl. letterari) literary
la letteratura (20) literature
il letto (3) bed; a letto (3) to/in bed
il lettore/la lettrice reader; language
 instructor at a university
la lettura reading
la lezione (1) lesson; class
lì there
liberale (16) liberal
la liberazione liberation
libero free
la libertà liberty, freedom
la libreria (5) bookstore
il libretto libretto; small book; record
 book for grades (university)
il libro (3) book
liceale pertaining to a liceo
il liceo high school
lieto (di) (10) glad (about)
limitare to limit
limitato limited
il limite limit
il limone lemon
la linea shape; line
la lingua (2) language
la linguistica linguistics
linguistico (m.pl. linguistici)
 linguistic (adj.)
il liquore liqueur
la lira (1) lira (Italian currency)
la lirica lyric poetry
lirico (m.pl. lirici) lyric (adj.)
la lista list

il litorale coastline, shore
il litro liter
il livello level
locale local
la località locality; spot
la lode praise
lombardo Lombard, pertaining to the
 Italian region of Lombardia
lontano (da) (15) distant, far (from)
la lotta struggle
il lotto state lottery
lucano pertaining to the Italian
 region of Lucania
la luce (9) light
il luglio (13) July
luminoso luminous, bright, shiny
la luna moon
il lunedì (11) Monday
lungo (m.pl. lunghi) (17) long; a
 lungo (11) a long time; at length
il luogo (pl. i luoghi) place
il lupo wolf; in bocca al lupo! good
 luck!
il lusso luxury

ma (1) but
la macchia spot, stain
macchiato: il caffè macchiato coffee
 with a bit of milk
la macchina (1) automobile, car;
 machine; *andare in macchina to
 go by car; to drive; in macchina in
 the car; macchina da cucire sewing
 machine; macchina da scrivere
 typewriter; macchina fotografica
 camera
il macellaio (pl. i macellai) butcher
la macelleria butcher shop
la madre (2) mother
la madrelingua native tongue
maestoso majestic, stately
il maestro/la maestra elementary
 school teacher
magari (19) if only
il magazzino department store
il maggio (13) May
la maggioranza majority
maggiore (15) bigger, greater, older;
 la maggior parte di most
maggiormente more
Magi: i Re Magi the Three Wise
 Men
la magia magic
magico (m.pl. magici) magic (adj.)
magistrale: istituto magistrale
 (teachers') training school
il magistrato magistrate; official,
 authority
la maglia jersey; stitch; lavorare a
 maglia to knit
la maglietta (5) T-shirt, top

magnifico (*m.pl.* magnifici) magnificent
magro (2) thin, skinny
mah well
mai (5) ever; non... mai never, not . . . ever
il maiale pig, pork
malato (10) sick
il male illness, disease; evil; mal di testa headache
male badly, poorly (*adv.*)
malgrado in spite of, despite
la malinconia depression, melancholy
malvolentieri reluctantly, unwillingly
la mamma (2) mom; mamma mia! (9) good heavens!
*mancare to lack; to be missing
la mancia (5) tip (*restaurant*)
mandare (7) to send
mangiare (3) to eat
il manichino mannequin, manikin
il manicomio (*pl.* i manicomi) mental hospital
la maniera manner
la manifestazione display, manifestation; demonstration
la maniglia handle
la mano (*pl.* le mani) (7) hand; mano d'opera (17) labor
la manovra maneuver
manovrabile maneuverable
il mantello/la mantella cape
mantenere to keep; to maintain
il manuale manual
il manzo beef
la marca (18) brand, make
il marciapiede sidewalk
il mare sea; al mare at/to the beach
la margarina margarine
il margine margin
il marinaio (*pl.* i marinai) sailor
il marito (5) husband
il marmo (8) marble
il martedì Tuesday
il marzo (13) March
la maschera mask
il maschio (*pl.* i maschi) male
la massa mass, bulk
massiccio (*m.pl.* massicci) massive; solid
il massimo (15) maximum; al massimo at the most
massimo (15) maximum (*adj.*)
la matematica math
il materasso mattress
la materia subject (*in school*)
materiale material, physical
materno maternal
la matita (9) pencil
il matrimonio (*pl.* i matrimoni) marriage

il mattino/la mattina morning
il matto (12) crazy person
matto crazy (*adj.*)
il mazzo bunch (*of flowers*)
la meccanica mechanics
il meccanico (*pl.* i meccanici) mechanic
mediante by means of, through
la medicina (16) medicine
il medico (*pl.* i medici) doctor
medio (*pl.* medi) middle (*adj.*)
mediterraneo Mediterranean
meglio (11) better (*adv.*)
la mela apple
la melanzana eggplant
il melodramma (*pl.* i melodrammi) melodrama
il membro member
la memoria (4) memory; imparare a memoria to memorize
meno (3) less; a meno che non (13) unless; meno male! thank God!
la mensa cafeteria
mensile monthly
la mentalità mentality; frame of mind, outlook
mentire (15) to lie, tell a lie
mentre (10) while
il menù menu
meraviglioso (12) marvelous
la mercanzia goods, merchandise
il mercato (8) market
la merce merchandise
il mercoledì Wednesday
la meridiana sundial
meritare to deserve
la mescolanza mixture, blend
il mese (4) month
il messicano/la messicana Mexican
messicano (2) Mexican (*adj.*)
il mestiere occupation, profession
la meta goal
la metà half
il metodo method
la metodologia methodology
il metro meter
mettere (*p.p.* messo) (5) to put; mettere piede (17) to set foot; mettersi (6) to put on (*clothing*); mettersi in mostra (14) to show off; mettersi in testa to get into one's head
la mezzanotte midnight
il mezzo/i mezzi means; mezzo di comunicazione (15) means of communication; per mezzo di (15) through
mezzo (6) half (*adj.*); di mezza età (18) middle-aged; mezz'ora (6) half an hour
il mezzogiorno noon
il miglio (*pl.* le miglia) (19) mile

il miglioramento improvement
migliore (15) better, best
milanese pertaining to the city of Milan
il miliardario (*pl.* i miliardari) billionaire
il miliardo billion
il milione million
militare military (*adj.*)
mille (*pl.* mila) thousand
minerale mineral (*adj.*)
la minicrociera brief, short cruise
minimo (15) minimum (*n.* or *adj.*); al minimo at the least
la minoranza minority
minore (15) lesser, smaller; younger; smallest; youngest
il minuto (4) minute
miope nearsighted
mirabile admirable
il miracolo miracle
miracolosamente miraculously
il miraggio (*pl.* i miraggi) mirage
la mirra myrrh
il missino person belonging to the neofascist party (M.S.I.)
la missione mission
la misura size, measurement
il mito myth
il mobile piece of furniture; i mobili furniture
la moda (14) fashion; di moda (14) fashionable
la modalità formality
il modello (14) model
moderno modern
modesto modest
modico (*m.pl.* modici) moderate, reasonable
la modificazione change, modification
il modo (14) way; mood (*of a verb*); in tutti i modi in any case; one way or another
la moglie (*pl.* le mogli) (9) wife
la mole mass, bulk
molle soft
molto (2) very; much, a lot (*adv.*)
molto (2) much, a lot of (*adj.*); molto tempo (4) a long time; molti/molte many
il momento moment
mondano mundane, worldly
mondiale world (*adj.*)
il mondo (7) world
la montagna mountain; in montagna in/to the mountains
il monte mount, mountain
montuoso hilly, mountainous
il monumento monument
morale moral (*adj.*)

**\*morire** (*p.p.* **morto**) (5) to die;
  **\*morire di fame** to starve; **\*morire
  d'infarto** to die of a heart attack
**il mosaico** (*pl.* **i mosaici**) mosaic
**la mostra** (6) exhibit
**mostrare** (7) to show
**mostruoso** monstrous
**la moto** (**motocicletta**) (5) motorcycle
**il motivo** motive; motif; **a motivi
  floreali** with a floral pattern,
  design
**il motociclismo** motorcycling
**il motore** engine, motor
**il motoscafo** (15) motorboat
**il motto** motto
**il movimento** movement
**mozzare** to cut off
**la multa** fine, ticket; **dare la multa**
  (13) to give a ticket
**muoversi** (*p.p.* **mosso**) to move
**il muro** wall; **le mura** (*f.pl.*) ancient
  walls
**il muscolo** muscle
**il museo** (2) museum
**la musica** music
**musicale** musical (*adj.*)
**musicare** to set to music
**il/la musicista** musician
**il mutuo** loan

**napoletano** Neapolitan
**narrare** to narrate
**la narrativa** fiction; narrative
**\*nascere** (*p.p.* **nato**) (5) to be born
**la nascita** birthday
**il naso** (9) nose
**il nastro** tape; ribbon
**il Natale** Christmas
**natio** (*m.pl.* **natii**) (18) native
**la natura** nature
**naturale** natural
**naturalmente** (15) naturally
**la nave** ship, boat
**nazionale** national
**la nazionalità** nationality
**la nazione** nation
**nè... nè** (12) neither . . . nor
**neanche** not even; **neanche per idea!**
  (11) not on your life!
**la nebbia** fog
**necessario** (*m.pl.* **necessari**) necessary
**la necessità** necessity
**negare** to deny
**il negoziante** merchant
**il negozio** (*pl.* **i negozi**) (5) store,
  shop
**il nemico** (*pl.* **i nemici**) enemy
**nemmeno** not even
**neofascista** (*m.* or *f.*) neofascist
**il neorealismo** neorealism
**nero** (13) black
**nervoso** nervous

**nessuno** (12) no one, nobody
**la neve** snow
**nevicare** (10) to snow
**il nido** nest
**niente** nothing; **niente di speciale** (9)
  nothing special
**il/la nipote** (9) nephew, niece;
  grandchild
**no** (1) no
**il noce** walnut tree
**la noce** walnut
**la noia** boredom
**noioso** (9) boring
**noleggiare** (11) to rent (a car, boat,
  bicycle, etc.)
**il nome** (1) name; noun
**nominato** nominated
**non** (1) not; **non ancora** (12) not yet;
  **non c'è male** (P) not bad; **non è
  vero?** isn't it true? **non... mai** (3)
  never; **non... nessuno** (12) no one;
  **non... niente** (12) nothing; **non...
  più** (7) no more, no longer
**il nonno/la nonna** (4) grandfather;
  grandmother
**nono** (12) ninth
**nonostante** notwithstanding, in spite
  of
**il nord** north
**normale** (16) normal
**il notaio** (*pl.* **i notai**) notary
**notare** (21) to notice
**notevole** remarkable; noteworthy,
  notable; noticeable
**la notizia** news
**il notiziario** (*pl.* **i notiziari**) (15) news
  program
**noto** (15) well known
**la notte** (P) night
**il notturno** nocturne
**la novella** short story
**il novembre** (*m.*) (13) November
**la novità** news
**le nozze** (*f.pl.*) wedding
**nubile** single, unmarried (*said of a
  woman*)
**nucleare** nuclear
**il nucleo** nucleus
**il/la nudista** nudist
**nulla** nothing
**numerico** (*m.pl.* **numerici**) numeric
**il numero** (P) number
**numeroso** (9) numerous, large
**nuotare** (9) to swim
**il nuoto** swimming
**nuovo** new; **di nuovo** (14) again
**la nuvola** (17) cloud

**o** (1) or; **o... o** (1) either . . . or
**obbligare** (**a** + *inf.*) (19) to oblige (to
  do something)

**obbligatorio** (*pl.* **obbligatori**)
  mandatory
**l'obbligo** (*pl.* **gli obblighi**) obligation
**l'occasione** (*f.*) occasion; opportunity
**gli occhiali** (*m.pl.*) (eye)glasses
**l'occhio** (*pl.* **gli occhi**) (7) eye
**occidentale** western
**l'occidente** (*m.*) west
**occupare** to occupy
**odiare** (7) to hate
**l'odore** (*m.*) odor
**offendersi** (*p.p.* **offeso**) to take
  offense
**l'offerta** offer
**offrire** (*p.p.* **offerto**) (4) to offer
**l'oggetto** object
**oggi** (3) today
**ogni** (4) every
**Ognissanti** All Saints' Day
**ognuno** (12) everyone
**l'olio** (*pl.* **gli oli**) oil
**l'oliva** olive
**oltre** more than; **oltre a** in addition
  to
**l'ombrellone** (*m.*) beach umbrella
**l'onda** wave; **\*andare in onda** to go
  on the air
**l'onere** (*m.*) burden; responsibility
**l'onestà** (*f.*) honesty
**onesto** honest
**onorare** (10) to honor
**onorario** (*m.pl.* **onorari**) honorary
**l'onore** (*m.*) honor
**l'opera** opera; work
**l'operaio** (*pl.* **gli operai**) (17) worker
**operare** to operate
**l'opinione** (*f.*) opinion
**l'opposizione** (*f.*) (16) opposition
**ora** (3) now; **per ora** for the time
  being
**l'ora** hour; time; **a che ora?** at what
  time? **che ora è?/che ore sono?** (3)
  what time is it? **è ora che** (16) it's
  time that; **ora di punta** (13) rush
  hour
**l'orafo** goldsmith
**l'orario** (*pl.* **gli orari**) schedule
**ordinare** (5) to order
**ordinario** (*m.pl.* **ordinari**) ordinary,
  usual
**l'ordine** (*m.*) order
**l'orecchino** earring
**l'organista** (*m.* or *f.*) organist
**organizzare** (16) to organize
**l'organizzatore** (*m.*) organizer
**l'organizzazione** (*f.*) organization
**l'orgoglio** pride
**orgoglioso** proud
**l'oriente** (*m.*) east
**l'orientamento** orientation; direction
**originale** (14) original
**l'originalità** (*f.*) originality
**l'origine** (*f.*) origin

ormai (17) by now
l'oro (17) gold
l'orologio (pl. gli orologi) (2) watch,
clock
l'oroscopo horoscope
l'orto vegetable garden
l'ortografia spelling
l'ospedale (m.) (2) hospital
l'ospite (m.) guest
osservare (8) to observe
l'osso (pl. le ossa) (19) bone
l'ostrica oyster
ottavo (12) eighth
ottenere (16) to obtain
l'ottimismo (21) optimism
l'ottimista (m. or f.) (21) optimist
ottimo (15) excellent
l'ottobre (m.) (19) October
otturare to plug; to seal
ovvero or; or rather
l'ozono ozone

pacatamente calmly, quietly
il pacchetto small package; pack
il pacco (pl. i pacchi) (17) package
la pace (10) peace; lasciare in pace
(10) to leave alone
il pacione placid, calm person
il padre (2) father
il padrone owner; boss
il paesaggio (pl. i paesaggi)
landscape
il paese country; village
il pagamento payment
pagare (3) to pay
pagato paid
la pagella report card
la pagina page
la paglia straw
la pagliuzza small straw
il paio (pl. le paia) (8) pair
la pala shovel
il palazzo palace
la palestra gym
la palla ball
la pallacanestro basketball
la pallanuoto water polo
la pallavolo volleyball
il pallone soccer ball
la panca bench
la pancetta bacon
la panchina bench
il pancione big belly
panciuto potbellied (adj.)
il pane (7) bread
la panetteria bakery
il panettone (7) fruitcake
il panino (1) sandwich; roll
la panna cream; whipped cream
il panorama (pl. i panorami)
panorama, view
i pantaloni (m.pl.) pants, trousers;

slacks
la pantofola slipper
il papa (pl. i papi) (16) pope
il papà (3) dad, daddy
la pappa mush; baby food
il paradiso paradise
paragonare compare
il paragrafo paragraph
parcheggiare (13) to park
il parco (pl. i parchi) park
il pareggio (pl. i pareggi) draw; tie
il/la parente (1) relative
la parentela (15) relationship
*parere (p.p. parso) to seem; pare che
(16) it seems that
parlare (3) to speak
il parmigiano (8) Parmesan cheese;
alla parmigiana prepared with
Parmesan cheese
la parola (2) word
il parrucchiere/la parrucchiera
hairdresser
la parte part; a parte (19) separate;
dall'altra parte in the opposite
direction; fare parte di to be part
of
partecipare (a) (15) to participate (in)
la partecipazione participation
il participio (pl. i participi) participle
particolare particular
particolarmente (15) particularly
*partire (4) to depart, leave; a partire
da starting from
la partita (10) game
il partito (16) (political) party
parziale partial
la Pasqua Easter
il passaggio (pl. i passaggi) "lift",
ride
il passaporto (1) passport
passare (11) to spend (time); passare
il tempo a + inf. to spend one's
time (doing something); *passare
(6) to stop by, come by; to go by
il passatempo pastime
il passato (9) past
passato past (adj.)
passeggiare to walk, stroll
la passeggiata (9) walk; fare una
passeggiata to take a walk
la passione passion
il passivo passive voice
il passo step
la pasta (5) macaroni products;
pastry
la pastasciutta cooked pasta in sauce
la pasticceria pastry shop
il pasto (5) meal
la patata potato
la patente driver's license
paterno (9) paternal
la patria native land
il/la patriota patriot

pattinare to skate
il patto pact; a patto che (17)
provided that
la paura (1) fear; avere paura (di) (1)
to be afraid, scared (of)
la pausa pause
il pavimento floor
la pazienza patience; avere pazienza
to be patient
il pazzo (pazzerello) crazy person
peccato (14) too bad
il pedone pedestrian
peggio (15) worse (adv.)
peggiore worse; worst
la pelle skin; leather
la pelliccia (18) fur coat
la pena sorrow
pendente leaning; la Torre Pendente
the Leaning Tower of Pisa
la pendenza slope; incline
la penisola peninsula
la penna pen
pensare (a) (8) to think (of/about);
pensare di + inf. (10) to plan to
(do something)
il pensiero thought
il pensionato (16) retired man
la pensione boarding house; pension
il pepe (14) pepper
per (2) for; through; in order to; per
quanto (17) although
la pera pear
perchè (3) why; because; perchè +
subj. (17) so that
perciò so; therefore
perdere (p.p. perduto or perso) (4) to
lose
il perdono forgiveness, pardon
perfetto perfect
il pericolo danger
pericoloso dangerous
la periferia outskirts
il periodo period; sentence
la permanenza permanence; buona
permanenza! have a nice stay!
permettere (p.p. permesso) (di + inf.)
to permit (to do something)
permissivo permissive
però however
perplesso perplexed
la persona person
il personaggio (pl. i personaggi) (14)
character; famous person
personale personal
il personale personnel
la personalità (21) personality; V.I.P.
personificato personified
pesante heavy
la pesca fishing; peach
il pesce (7) fish
la pescheria fish shop; fish market
il pescivendolo fishmonger
il/la pessimista pessimist

**pessimo** (15) terrible; very bad
**il pettegolezzo** (14) gossip
**pettinarsi** (6) to comb one's hair
**il pezzetto** small piece
**il pezzo** (8) piece
*****piacere** (*p.p.* **piaciuto**) (7) to like; to be pleasing
**il piacere** pleasure; **piacere!** pleased to meet you! how do you do! **avere il piacere di** + *inf.* to be delighted to (do something); **per piacere!** please!
**piacevole** (15) pleasing
**il pianeta** (*pl.* **i pianeti**) planet
**piangere** (*p.p.* **pianto**) (20) to cry, weep
**il/la pianista** (16) pianist
**il piano** (12) floor; piano
**piano** slowly, softly
**il pianoforte** piano
**il piatto** (6) dish, plate
**la piazza** (2) square
**il piazzale** large square
**piccolo** (2) small, little (*size*)
**il piede** foot; **a piedi** (3) on foot; *****andare a piedi** to walk
**pieno** (8) full; **fare il pieno** (13) to fill up
**la pietanza** main course; dinner
**la pietra** stone
**pignolo** fussy
**pigro** (6) lazy
**il pigrone/la pigrona** lazybones
**il pinguino** penguin
**la pioggia** rain
**il piolo** rung of a ladder
**il pioniere** pioneer
**piovere** (10) to rain
**la pipa** pipe (*for smoking*)
**la piramide** pyramid
**la piscina** (9) swimming pool
**il pittore/la pittrice** (14) male/female painter
**pittoresco** (*m.pl.* **pittoreschi**) (15) picturesque
**la pittura** painting
**più** more; plus; **più di** more than; **non... più** no longer, not any longer, not any more
**piuttosto** (2) rather
**la pizza** pizza
**la platea** (theater) orchestra
**pluriennale** lasting several years
**poco** (8) little (*quantity*) (*adv.*) (*adj.*); **a poco a poco** little by little; **poco dopo** soon after; **un po' (di)** (8) a little, a bit (of)
**pochi/poche** few
**la poesia** (15) poetry; poem
**il poeta** (*pl.* **i poeti**)/**la poetessa** (15) male/female poet
**poi** (3) then, afterwards

**polacco** (*m.pl.* **polacchi**) Polish
**la polenta** corn meal
**la politica** (16) politics
**politico** (*m.pl.* **politici**) political
**poliziesco** (*m.pl.* **polizieschi**) detective (*adj.*)
**il poliziotto** policeman
**il pollame** poultry
**il pollo** (6) chicken
**il polo** pole
**la poltrona** easychair, armchair
**il poltrone** lazy person
**il pomeriggio** (*pl.* **i pomeriggi**) afternoon
**il poncino** (6) a warm alcoholic drink
**il ponte** bridge
**popolare** popular
**la popolarità** popularity
**la popolazione** population
**il popolo** people
**porre** (*p.p.* **posto**) to put; to place; to set
**la porta** (4) door
**il portafoglio** (*pl.* **i portafogli**) (5) wallet
**portare** to wear (5); to bring; to take (7)
**la portata: a portata di mano** within reach
**il porto** port
**il/la portoghese** Portuguese person; **il portoghese** Portuguese language
**portoghese** Portuguese (*adj.*)
**il portone** large door; street door
**la posizione** position
**possibile** possible
**la possibilità** (17) possibility
**la posta** (17) mail
**postale** postal
**il postino** mailman
**il posto** seat (8); place (11)
**potere** (+ *inf.*) (4) to be able, can, may (do something)
**il potere** power
**povero** poor
**pranzare** to dine, have dinner
**il pranzo** (7) dinner
**la pratica** practice
**praticamente** in reality, in practice
**praticare** to practice
**pratico** (*m.pl.* **pratici**) practical
**il prato** meadow; lawn
**precedente** (14) preceding (*adj.*)
**precedere** (10) to precede
**preciso** precise
**il predatore** raider
**la preferenza** preference
**preferire** (**isc**) (4) to prefer
**preferito** (7) preferred
**prego** (1) please; you're welcome
**preliminare** preliminary
**premiare** to give a prize

**il premio** (*pl.* **i premi**) (15) prize
**prendere** (*p.p.* **preso**) (4) to take; to have (*food*); **prendere il sole** to sunbathe; **prendere in giro** (20) to make fun of; **prendere una decisione** (19) to make a decision
**prenotare** (14) to reserve; to book
**la prenotazione** reservation
**preoccuparsi** (**di**) to worry (about)
**preoccupato** (5) worried
**la preoccupazione** worry
**preparare** (7) to prepare
**la preparazione** preparation
**preponderante** preponderant, prevailing
**la preposizione** preposition
**presentare** to present; to introduce
**il presentatore/la presentatrice** (15) male/female announcer
**presente** present (*adj.*)
**la presenza** presence
**il presidente** president
**presso** at; in care of
**prestare** (13) to lend
**il prestigio** (*pl.* **i prestigi**) prestige
**presto** (3) early; quickly
**il prete** priest
**prevedere** (*p.p.* **previsto**) to foresee
**il preventivo** estimate
**la previsione** forecast
**prezioso** precious
**il prezzo** (7) price
**la prigione** (5) prison
**il prigioniero** prisoner
**prima** before (*adv.*); **prima che** + *subj.* (17) before (*conj.*); **prima di** (5) before (*prep.*)
**la primavera** (13) spring
**primitivo** primitive
**primo** (12) first
**principale** main, principal
**il principe** (*pl.* **i principi**)/**la principessa** (14) prince/princess
**il principiante** beginner
**il principio** (*pl.* **i principi**) principle
**il prisma** (*pl.* **i prismi**) prism
**privato** private
**privo** (**di**) devoid (of), lacking (in)
**probabile** probable
**il problema** (*pl.* **i problemi**) problem
**problematico** (*m.pl.* **problematici**) problematical
**il prodotto** product
**produrre** (*p.p.* **prodotto**) (21) to produce
**la produzione** production
**la professione** profession
**il/la professionista** professional (*n.*)
**il professore/la professoressa** (P) male/female professor
**il profilo** profile; outline
**profondo** deep; profound

il **profumo** perfume
il **progetto** (11) project, plan
il **programma** (*pl.* **i programmi**) (15)
  program
la **programmazione** showing; **in
  programmazione** now showing
  (movie)
il **progresso** progress
**proibito** prohibited
**proiettare** (21) to project; to show
**prolifico** (*m.pl.* **prolifici**) prolific
**prolungato** prolonged; extended
**promettere** (*p.p.* **promesso**)
  (**di** + *inf.*) (17) to promise (to do
  something)
il **pronome** pronoun
**pronto** (3) ready; **pronto!** hello! (over
  the phone)
la **pronuncia** pronunciation
**pronunciare** to pronounce
il **proposito: a proposito** by the way
il **proprietario** (*pl.* **i proprietari**)
  owner, proprietor
**proprio** (*m.pl.* **propri**) (7) proper;
  (one's) own
**proprio** (7) really; exactly
la **prosa** prose
il **prosatore** prose writer
il **prosciutto** (8) ham
**prosperare** to prosper
la **prossimità** proximity
**prossimo** next
il/la **protagonista** protagonist
la **proteina** protein
la **protesta** protest
**protetto** protected
la **protezione** protection
la **prova** (15) proof; evidence
**provare** to try (on); to prove
**provenzale** Provençal
il **proverbio** (*pl.* **i proverbi**) (20)
  proverb
la **provincia** province
**provinciale** provincial
**provvedere** (**a**) to take care (of); to
  provide
la **psicologia** psychology
**pubblicare** to publish
la **pubblicità** publicity; advertisement
il **pubblico** (*pl.* **i pubblici**) public
**pubblico** (*m.pl.* **pubblici**) public (*adj.*)
il **pugilato** boxing
**pulire** (**isc**) (4) to clean
**pulito** clean (*adj.*)
il **pulmino** (13) van
**punta: ora di punta** rush hour
la **puntata** installment, episode
il **punto** point; dot; **in punto** on the
  dot, sharp
**puntuale** (10) punctual, on time
**può darsi** (16) maybe
**purchè** (17) provided that

**pure** also, too, as well
la **purezza** purity
il **purgatorio** (*pl.* **i purgatori**)
  purgatory
**puro** (17) pure
**purtroppo** (3) unfortunately

il **quadrante** quadrant; dial, face of a
  clock
**quadrato** square, square-shaped
  (*adj.*)
**qualche** (12) some; **qualche volta**
  sometimes
**qualcosa, qualche cosa** (12)
  something
**qualcuno** (12) someone
**quale** (4) which; such as
la **qualità** quality
**qualsiasi** any; whichever; whatever
  (*adj.*)
**qualunque** (12) any, any sort of;
  **qualunque cosa** (17) whatever
**quando** (3) when; **da quando** since
**quanti/quante** how many; **quanti ne
  abbiamo oggi?** (8) what's today's
  date?
la **quantità** quantity
**quanto** (2) how much; **per quanto**
  (17) although; **quanto costa?** (8)
  how much does it cost? **quanto
  tempo?** (11) how long?
**quantunque** (17) although
il **quartiere** (15) section,
  neighborhood (*of a city*)
il **quarto** quarter
**quarto** (12) fourth
**quasi** (7) almost
i **quattrini** (*m.pl.*) (17) money
**quello** (7) that
il **questionario** (*pl.* **i questionari**)
  questionnaire
la **questione** question, issue
**questo** (2) this
**qui** (2) here; **qui vicino** (2) nearby
**quindi** then, afterwards
**quinto** (12) fifth
la **quota** quota
il **quotidiano** daily routine
**quotidiano** daily (*adj.*)

la **raccolta** collection; crop
**raccomandato** favorite
**raccontare** (9) to tell
il **racconto** (9) story, tale
**raddoppiare** to double
il **radiatore** radiator
**radicale** (16) radical
la **radio** (*pl.* **le radio**) radio
il **raffreddore** (3) cold
il **ragazzo/la ragazza** (1) boy, young
  man; girl, young woman
**raggiungere** (*p.p.* **raggiunto**) to reach

**raggruppato** grouped
la **ragione** reason; **avere ragione** to
  be right (*about something*)
il **ragno** spider
il **ragù** meat sauce
**rallegramenti!** congratulations!
**rammentarsi** to remember, recall
il **ramo** branch
il **rapido** (8) express train
**rapido** quick, rapid
il **rapporto** report
**rappresentare** to represent
**raro** rare
**rasserenarsi** to clear up (*weather*)
**razionare** to ration
la **razza** (19) race (*nationality*)
il **re** (*pl.* **i re**) (19) king
**reale** real
il **realismo** realism
la **realizzazione** realization
la **realtà** reality
la **recensione** review
**recente** recent
**reciproco** (*m.pl.* **reciproci**) reciprocal
la **réclame** advertising
il **reclamo** complaint
**redditizio** profitable
la **redenzione** redemption
**referenziato** with references
il **refrigerio** (*pl.* **i refrigeri**) relief;
  comfort
**regalare** (7) to give (as a gift)
il **regalo** (10) present; **fare un regalo
  a** to give a present to
**reggere** (*p.p.* **retto**) to hold up,
  support
la **reggia** royal palace
la **regia** direction (*in movies*)
**regionale** regional
la **regione** region; area
il/la **regista** (14) movie director
il **regno** reign, kingdom
la **regola** (20) rule
**regolamentare** according to
  regulations
**regolare** regular
**relativo** relative
la **religione** religion
**religioso** religious
**remoto** remote
**remunerativo** rewarding
**rendere** (*p.p.* **reso**) (7) to return, give
  back; **rendersi conto** (20) to realize
**repressivo** repressive
la **repubblica** republic
**repubblicano** (16) republican
**residenziale** residential
**respinto** rejected
**respirare** (18) to breathe
**responsabile** responsible
la **responsabilità** responsibility
*****restare** (11) to stay, remain

---

**restaurare** (20) to remodel; to restore
**restituire (isc)** to return, give back
**il resto** change (*money*); rest
**la rete** channel (T.V.)
**retta: dare retta a** to listen to, pay attention to
**il reumatismo** rheumatism
**ribattezzare** (14) to rename
**il ribelle** rebel
**ricco** (*m.pl.* **ricchi**) rich
**la ricerca** research; **alla ricerca di** in search of
**la ricetta** (1) recipe
**ricevere** (4) to receive
**il ricevimento** reception
**richiamare** (18) to call back
**richiedere** (*p.p.* **richiesto**) to require
**la richiesta** request
**riconoscere** (*p.p.* **riconosciuto**) (6) to recognize
**ricordare** (3) to remember; **ricordarsi di** to remember
**il ricordo** memory; souvenir
**ricreativo** recreational; amusing, pleasant
**la ricreazione** recreation
**ridere** (*p.p.* **riso**) (18) to laugh; **ridere sopra a** to laugh about
**ridicolo** ridiculous, absurd
**ridurre** (*p.p.* **ridotto**) to reduce, cut down
**il riflesso** reflex
**la riflessione** reflection
**riflessivo** reflexive
**riflettere** (*p.p.* **riflesso** or **riflettuto**) to reflect
**la riforma** (16) reform
**riguardare** to concern
**il riguardo** care
**rilassare, rilassarsi** to relax
**rilevare** to notice
**la rima** rhyme
**rimandare** to postpone
***rimanere** (*p.p.* **rimasto**) (19) to remain
***rinascere** (*p.p.* **rinato**) to be born again
***rincasare** to go home; to come back home
**il ringraziamento** thanks
**ringraziare** to thank
**riparare** (20) to repair, fix
**la riparazione** repair, repairing
**ripartire (isc)** to divide, distribute
**ripetere** (20) to repeat
**la ripetizione** repetition; private lesson
**riportare** (7) to bring back
**riposarsi** (19) to rest, take a rest
**il riposo** rest
**riprendere** (*p.p.* **ripreso**) (16) to resume

**il riscaldamento** heating
**il riso** rice
**risolvere** (*p.p.* **risolto**) to solve
**il risorgimento** revival; **Risorgimento** period in Italian history
**il risotto** Italian rice dish
**risparmiare** to save
**il risparmio** (*pl.* **i risparmi**) (19) savings
**rispettare** to respect
**rispettivamente** respectively
**il rispetto** respect
**rispondere** (*p.p.* **risposto**) (4) to answer, reply
**la risposta** answer
**il ristorante** restaurant
**ristretto; il caffè ristretto** condensed espresso coffee
***risultare** to result
**il risultato** result
**risuonare** to resound
**il ritardo** delay; **in ritardo** late, not on time
**ritirare** to withdraw, draw back
**il ritmo** (16) rhythm
**il rito** ritual
***ritornare** (5) to return
**il ritorno** (19) return; **di ritorno** having returned
**il ritratto** portrait
**il ritrovo** meeting place
**ritto** erect
**riunire (isc)** to gather; to reunite
**riunito** reunited
***riuscire** (**a** + *inf.*) (17) to succeed (in doing something)
**rivedere** (8) to see again
**la rivelazione** revelation
**il rivenditore** retailer
**la rivista** (6) magazine
**rivolere** to want again; to want back
**rivolgersi** (*p.p.* **rivolto**) to turn to; to address
**la rivoluzione** revolution
**la roba** stuff
**robusto** stout, plump
**il romanesco** dialect of Rome
**romano** Roman
**romantico** (*m.pl.* **romantici**) (9) romantic
**il romanzo** (20) novel
**romanzo** romance (*adj.*)
**la rondine** swallow
**la rosa** rose
**rosso** (5) red
**il rotocalco** (*pl.* **i rotocalchi**) T.V. magazine
**rotto** (19) broken
**la roulotte** mobile home; camper
**rovinare** to ruin
**rubare** to steal
**il rumore** (12) noise

**rumoroso** (15) noisy
**il ruolo** (16) role
**il russo/la russa** Russian person; **il russo** Russian language
**russo** Russian (*adj.*)

**il sabato** (11) Saturday
**il sacco** (*pl.* **i sacchi**) sack; **un sacco di** a lot of
**il sacerdote** priest
**la saggistica** essay writing; essay as a genre
**la sala** room; **sala da pranzo** (5) dining room; **sala parto** (hospital) delivery room
**il salame** salami
**il salario** (*pl.* **i salari**) (16) salary
**il sale** (14) salt
**salire** (12) to climb; ***salire** to go up; to get (in)
**la salumeria** delicatessen
**i salumi** (*m.pl.*) (8) cold cuts
**il salumiere** (8) delicatessen clerk
**salutare** (7) to greet, say hello to
**la salute** health
**salvare** to save
**salve!** hi!
**il sandalo** sandal
**il sangue** (15) blood
**sano** healthy
**santo** (10) holy, saintly, blessed; **santo cielo!** (10) good heavens!
**sapere** (6) to know; to know how; **buono a sapersi** worth knowing
**il sapore** (15) taste
**la sardina** sardine
**il sarto/la sarta** tailor, dressmaker
**la satira** satire
**sbagliare, sbagliarsi** (20) to mistake, make a mistake
**lo sbaglio** (*pl.* **gli sbagli**) mistake; **per sbaglio** by mistake
**la scala** (12) ladder; staircase
**scaldare** (16) to warm
**lo scalino** (12) step
**scaltro** sly
**scambiare** to exchange; **scambiare quattro chiacchiere** (11) to have a chat
***scappare di casa** (19) to run away from home
**la scarpa** (13) shoe
**scarso** (12) scarce
**scartare** to discard, reject
**scartato** discarded, cast off, rejected
**la scatola** can; box; **in scatola** canned
**scavare** (11) to dig
**scegliere** (*p.p.* **scelto**) (19) to choose
**la scelta** (17) choice
**scemo** (9) stupid
**la scena** scene
**lo scenario** (*pl.* **gli scenari**) scenery

**scendere** (*p.p.* **sceso**) (18) to get off
**sceneggiato** serialized for T.V.
**la schedina** contest form
**lo schema** (*pl.* **gli schemi**) scheme
**la scherma** fencing
**lo schermo** (movie) screen
**scherzare** (20) to joke
**lo scherzo** joke
**lo sciaccianoci** nutcracker
**schiacciare** to crack
**lo schiavo/la schiava** slave
**lo schienale** back of a chair
**la schiettezza** purity
**schifoso** disgusting, revolting
**la schiuma** foam
**lo sci** (10) ski
**lo scialle** shawl
**sciare** (10) to ski
**lo sciatore/la sciatrice** (14) male/female skier
**scientifico** (*m.pl.* **scientifici**) scientific
**la scienza** science
**lo scienziato** (19) scientist
**la sciocchezza** rubbish, nonsense
**lo scioglilingua** tongue-twister
**scioperare** (16) to (go on) strike
**lo sciopero** (16) strike; **essere in sciopero** (16) to be on strike
**lo scippo** bag-snatching
**sciupare** to waste
**scocciare** (10) to bother, "bug"
**scolastico** (*m.pl.* **scolastici**) scholastic
**scommettere** (*p.p.* **scommesso**) to bet
**scomodarsi** (18) to inconvenience oneself
**lo scompartimento** (18) compartment
**sconosciuto** (21) unknown
**lo sconto** discount
**scontrarsi con** (17) to bump into
**lo scontro** collision
**scoprire** (*p.p.* **scoperto**) to discover
**scorso** (5) last
**screpolato** chipped, cracked
**scritto** written
**lo scrittore/la scrittrice** (14) male/female writer
**scrivere** (*p.p.* **scritto**) (4) to write; **scrivere a macchina** (17) to type
**lo scultore/la scultrice** sculptor/sculptress
**la scultura** (6) sculpture
**la scuola** (3) school
**la scusa** excuse
**scusare** to excuse; **scusi!** (*polite*) (8) excuse me!
**sdraiarsi** to lie down
**lo sdraio** (*pl.* **gli sdrai**)/**la sdraia** lounge chair
**se** (11) if
**sebbene** (17) although
**il seccatore/la seccatrice** (18) bore, nuisance

**secco: lavare a secco** to dry clean
**il secolo** century
**seconda: a seconda di** according to
**secondario** (*m.pl.* **secondari**) secondary
**secondo** (12) second; according to
**la sede** seat; center
**sedersi** (11) to sit down
**seduto** (5) seated, sitting
**la seggiola** chair
**il segno** sign
**il segretario/la segretaria** secretary
**la segreteria** secretary's office
**seguente** following (*adj.*)
**seguire** (20) to follow
**seguito** (15) watched
**sembrare** (8) to seem
**il semestre** semester
**il seminario** (*pl.* **i seminari**) seminar
**semiologico** (*m.pl.* **semiologici**) semiotic
**la semiotica** semiotics
**semplice** (7) simple
**sempre** (3) always, all the time
**il senso** sense
**sentimentale** sentimental
**sentire** (4) to hear; to listen to; **sentire parlare di** (10) to hear about; **sentirsi** (6) to feel; **sentirsi bene** (6) to feel well
**senza** (10) without (*prep.*); **senz'altro** of course, definitely; **senza che** (+ *subj.*) (17) without (*conj.*)
**separato** separated
**la sera** (P) evening
**serale** pertaining to evening
**la serata** (P) evening (*descriptive*)
**sereno** serene; clear
**la serie** (*pl.* **le serie**) series; **in serie** in large quantity
**serio** (20) serious; **sul serio** (17) seriously
**la serra** greenhouse, hothouse
**servire** (4) to serve
**il servizio** (*pl.* **i servizi**) service; **i servizi** bathroom and kitchen
**il sesso** sex
**sessuale** sexual
**sesto** (12) sixth
**la seta** (17) silk
**la sete** (1) thirst; **avere sete** to be thirsty
**il settembre** (*m.*) (13) September
**la settimana** (4) week
**settimanale** weekly
**settimo** (12) seventh
**il settore** sector
**severo** strict
**la sezione** section
**la sfilata** (17) parade; **sfilata di moda** fashion show
**lo sforzo** effort; strain

**sgobbare** to work hard; to "cram" (for a test)
**sì** (1) yes
**siccome** since
**la sicurezza** security
**sicuro** sure
**la siderurgia** metallurgy of iron
**la sigaretta** (7) cigarette
**la sigla** abbreviation
**significare** to mean
**la signora** (P) lady, Mrs.
**il signore** (P) gentleman, sir, Mr.; **il Signore** God, Lord
**la signorina** (P) young lady, miss
**il silenzio** (*pl.* **i silenzi**) silence
**il simbolo** symbol
**simile** similar
**simpatico** (*m.pl.* **simpatici**) (2) likeable, nice
**la sincerità** sincerity
**sincero** sincere
**sindacale** trade union (*adj.*)
**sinfonico** (*m.pl.* **sinfonici**) symphonic
**la sinfonia** symphony
**singolo** single, individual
**la sinistra** (16) left; **a sinistra** to the left
**la sintassi** syntax
**il sistema** (*pl.* **i sistemi**) (21) system
**sistemare** to place
**la sistemazione** arrangement; placing
**il sito** site
**situato** situated
**la situazione** situation
**slegare** to untie
**slogare** to sprain
**slogato** dislocated
**lo smacchiatore** stain remover
**smettere** (*p.p.* **smesso**) (**di** + *inf.*) (17) to stop, quit (doing something)
**snello** (2) slender, slim
**sociale** social
**il socialismo** socialism
**il/la socialista** (16) socialist
**la società** society
**la sociologia** sociology
**soddisfatto** satisfied
**la soddisfazione** satisfaction
**il sofà** couch
**il soffitto** ceiling
**soffrire** (*p.p.* **sofferto**) (**di**) (18) to suffer (from)
**sofisticato** sophisticated
**il soggetto** subject
**il soggiorno** (9) living room; family room
**sognare** (**di** + *inf.*) (9) to dream (of/about doing something)
**il sogno** dream
**solamente** (10) only
**solare** solar

il **soldo** cent; **i soldi** (1) money; **non avere un soldo** to be broke
il **sole** sun
**solito** usual; **di solito** usually
**solo** (1) alone (*adj.*); only (*adv.*); **da solo** (7) by oneself
**soltanto** only (*adv.*)
la **soluzione** solution
la **soma** load, burden
la **somma** sum
il **sondaggio** (*pl.* **i sondaggi**) poll
**sonnacchioso** sleepy
il **sonno** sleep; **avere sonno** to be sleepy
**sopra** on; above
il **soprannome** nickname
**soprattutto** (14) above all
il **soqquadro** confusion
**sordo** (6) deaf
la **sorella** (9) sister
*__sorgere__ (*p.p.* **sorto**) to rise
**sorprendere** (*p.p.* **sorpreso**) (14) to surprise
la **sorpresa** surprise
**sorreggere** (*p.p.* **sorretto**) to support
**sorridente** smiling
**sorridere** (*p.p.* **sorriso**) to smile
**sospettare** to suspect
la **sosta** stop, halt; **divieto di sosta** no-parking
**sostanzialmente** substantially
**sostenere** to support; to sustain
**sostituire** (**isc**) to substitute
**sottile** thin
**sotto** (9) under
**sottovoce** (16) in a low voice
la **sozzura** filth
la **spaghettata** feed
lo **spagnolo/la spagnola** (2) Spaniard; lo **spagnolo** Spanish language
**spagnolo** (2) Spanish (*adj.*)
lo **spago** (*pl.* **gli spaghi**) string, twine
**sparito** disappeared
lo **sparo** shot
**spaziale** spatial
lo **spazio** (*pl.* **gli spazi**) space
**speciale** special
**specialistico** (*m.pl.* **specialistici**) pertaining to a specialist
la **specialità** (21) specialty
**specializzarsi** (6) to specialize
**specialmente** specially
la **specie** (*pl.* **le specie**) kind, sort
**specificare** to specify
**spedire** (**isc**) to mail
**spendere** (*p.p.* **speso**) to spend
la **speranza** (21) hope
**sperare** (**di** + *inf.*) (14) to hope (to do something)
la **spesa** (12) expense; **fare la spesa** to go grocery shopping
**spesso** (3) often

lo **spettacolo** (8) show
lo **spettatore** spectator
la **spiaggia** beach
**spiegare** (3) to explain
gli **spinaci** (*m.pl.*) spinach
lo **spionaggio** (*pl.* **gli spionaggi**) espionage
**spiritoso** (20) witty
**splendere** to shine
**splendido** (13) splendid
**sporadico** (*m.pl.* **sporadici**) sporadic
**sportivo** sport, sporty (*adj.*)
**sporto** protruding
**sposarsi** (6) to marry, get married
**sposato** married
lo **sposo/la sposa** groom/bride
**spronare** to spur; to encourage; to urge
lo **spumante** sparkling wine
lo **spunto** cue; hint
la **squadra** (10) team
lo **squarcio** (*pl.* **gli squarci**) tear; gash; hole
**squillare** (18) to ring
**squisito** exquisite
lo **stabilimento** factory, plant
**stabilire** (**isc**) to establish
la **stabilità** stability
**stabilizzarsi** to stabilize
lo **stadio** (*pl.* **gli stadi**) (5) stadium
**stagionale** seasonal; **stagionalmente** by the season
la **stagione** season
**stamani, stamattina** (4) this morning
**stanco** (*m.pl.* **stanchi**) (2) tired
**stanotte** tonight, last night
**stanza** (12) room
**stappare** uncork
*__stare__ (*p.p.* **stato**) (3) to stay; *__stare a letto__ to stay in bed; *__stare a sentire__ (20) to listen; *__stare al fresco__ to stay cool; **stare attento a** + *inf.* (3) to pay attention to (+ verb); *__stare bene/male__ (3) to be well/not well; *__stare fermo__ to be still; *__stare per__ + *inf.* to be about to (do something); *__stare tranquillo__ to relax, not to worry; *__stare zitto__ (3) to be quiet
**stasera** (3) this evening, tonight
la **statua** statue
la **stazione** (1) station
**stellare** star (*adj.*)
**steso** spread out; hanging
**stesso** (9) same; **lo stesso** just the same
lo **stile** style
la **stima** esteem, respect
**stimare** to esteem, respect
**stimolare** to stimulate
lo **stipendio** (*pl.* **gli stipendi**) (1) salary

lo **stivale** (17) boot
la **storia** story (9); history (15)
**storico** (*m.pl.* **storici**) historic
**storto** twisted, crooked
la **strada** (5) street, road
**stradale** road (*adj.*)
lo **straniero/la straniera** (5) foreigner
**straniero** (3) foreign
**strano** (12) strange
**straordinario** (*m.pl.* **straordinari**) (19) extraordinary
lo **stratagemma** (*pl.* **gli stratagemmi**) trickery, device
**stravagante** (14) odd, strange; eccentric
la **strega** witch
**strepitoso** tremendous, outstanding
**stretto** narrow
lo **studente/la studentessa** (1) student
**studiare** (3) to study
lo **studio** (*pl.* **gli studi**) (3) study
**studioso** studious
la **stufa** (20) stove
**stufo** (**di**) (16) fed up (with)
lo **stupefacente** drug; narcotic
**stupendo** stupendous
**stupido** (2) stupid; **che stupido!** (5) how stupid of me!
**su** (5) on, upon; above
**subito** (4) right away
*__succedere__ (*p.p.* **successo**) (9) to happen
**successivo** subsequent
il **successo** (5) success
il **succo** (*pl.* **i succhi**) juice
la **succursale** branch, branch office
il **sud** (11) south
**suddetto** aforesaid, above-mentioned
**suggerire** (**isc**) to suggest
**suggestivo** suggestive
il **sugo** (*pl.* **i sughi**) (7) sauce; **al sugo** (7) with tomato sauce
**sul: sul serio** (17) seriously
il **sultano** sultan
**suonare** to play (*an instrument*) (3); to ring (*the doorbell*) (10)
il **suono** sound
**superare** to pass
la **superficie** surface; area
il **supermercato** supermarket
**supersonico** (*m.pl.* **supersonici**) supersonic
**superstizioso** superstitious
il **supplemento** (18) supplement
il **surgelato** frozen food
**susseguirsi** to follow; to succeed
lo **svantaggio** (*pl.* **gli svantaggi**) disadvantage
**lo/la svedese** Swedish person; lo **svedese** Swedish language
**svedese** Swedish (*adj.*)

svegliare (6) to wake up (*someone*);
  svegliarsi (6) to wake up
svelto quick
svuotare to empty

la tabella table, list
tacere (*p.p.* taciuto) to be silent
la taglia size (*clothing*)
tagliare to cut
il taglio cut
tale such
il talento talent
tanto (8) so, so much; di tanto in
  tanto from time to time
tardi (5) late; dormire fino a tardi to
  sleep late; più tardi later on
la targa (13) license plate
targato with license plate
la tasca pocket
la tassa tax; fee
il tassì (*pl.* i tassì) taxi
la tavola table for a meal
il tavolino (5) small table, end table
il tavolo (5) table
il tè (13) tea
il teatro (2) theater
la tecnica technique; technology
tecnico (*m.pl.* tecnici) technical
il tedesco (*pl.* i tedeschi)/la tedesca
  German person; il tedesco German
  language
tedesco (*m.pl.* tedeschi) (2) German
  (*adj.*)
il telefilm movie made for T.V.
telefonare (a) (7) to telephone, call
la telefonata telephone call
telefonico (*m.pl.* telefonici)
  telephone (*adj.*); il numero
  telefonico telephone number
il telefono telephone
il telegiornale television news
  program
il telegramma (*pl.* i telegrammi)
  telegram
il telequiz T.V. game show
il teleromanzo T.V. miniseries
il telespettatore T.V. viewer
la televisione (4) television; alla
  televisione on television
televisivo (15) television (*adj.*);
  televised
il televisore television set
il tema (*pl.* i temi) theme
temperare to temper, moderate
la temperatura temperature
il tempo (2) time; weather; che
  tempo fa? (3) what is the weather
  like? molto tempo (4) a long time;
  tempo (di una partita) half, period
  (*in a game or match*)
la tenda tent; drape
tenere to hold, keep

il tentativo attempt
le terme (*f.pl.*) hot springs
terminare to complete, terminate
la terminologia terminology
la terra earth; per terra (9) on the
  ground
il terrazzo terrace
terribile terrible
il terrorismo terrorism
il/la terrorista terrorist
la terzina tercet, triplet (*in poetry or
  music*)
terzo (12) third
la tesi (*pl.* le tesi) (21) thesis
tessile textile
il tessuto material
la testa (19) head; avere mal di testa
  to have a headache; mettersi in
  testa to make up one's mind
la testimonianza testimony
il testo text; il libro di testo
  textbook; il testo teatrale script of
  a play
il tetto roof
ti va? (13) is that O.K.? does that suit
  you?
la timidezza shyness, bashfulness
timido shy, timid
tipico (*m.pl.* tipici) typical
il tipo guy; type, kind, sort; che
  tipo? what kind?
la tirannia tyranny
il titolo title
la tivì, tivù (4) television
toccare to touch; tocca a te it's your
  turn
la toga toga
la tolleranza tolerance
la tonaca tunic, habit of a monk
tonico (*m.pl.* tonici) tonic
il topo (10) mouse
Topolino Mickey Mouse; la topolino
  small Italian car
il tortellino type of pasta
*tornare to return
la torre tower
la torta cake; torte
il torto wrong, fault; avere torto to
  be wrong (*about something*)
toscano Tuscan
totale total
il Totocalcio Italian soccer lottery
tra (16) among, between; in (*referring
  to future time*)
tradizionale traditional
la tradizione tradition
tradurre (*p.p.* tradotto) (20) to
  translate
la traduzione translation
il traffico (*pl.* i traffici) (12) traffic
il traghetto ferryboat
la trama plot

il tramonto sunset, dusk
tranquillo calm, serene; stare
  tranquillo to stay calm
il trapassato pluperfect tense
trarre (*p.p.* tratto) to draw, pull
trascurare to neglect
trasferirsi (isc) (15) to move
trasformare to transform, change
trasgredire (isc) (20) to break (*a law*),
  transgress
il trasgressore transgressor
trasmesso transmitted, broadcast,
  telecast
la trasmissione (15) transmission;
  T.V. or radio program
trasportare to transport
il trasporto shipping, mailing;
  transport
il trattamento treatment
il trattato treatise
il tratto characteristic
la trattoria restaurant; diner
il treno (1) train; in treno (1) by train
la tribuna (politica) T.V. program on
  politics
il trimestre trimester, quarter
la trincea trench
trionfare to triumph
il trionfo triumph
triste sad
la tristezza sadness
troppo (5) too; too much
trovare (6) to find; to see (*socially*);
  trovarsi (10) to get along (*in a
  place*); to find oneself
il tuffo dive
il tufo tufa (*geology*)
turchino deep blue
il turismo tourism
il/la turista tourist
turistico (*m.pl.* turistici) (11) tourist
  (*adj.*)
la tuta sweatsuit
tutt'e due both
tutti/tutte (3) everybody, everyone
tutto everything; tutto + *definite art.*
  (4) all, whole

ubbidire (isc) (18) to obey
ubriacarsi (20) to get drunk
l'uccello (5) bird
uccidere (*p.p.* ucciso) (20) to kill
ufficiale official (*adj.*)
l'ufficio (*pl.* gli uffici) (5) office
l'uguaglianza equality
uguale equal
ulteriore further; ulterior
ultimo (15) last
l'ultra-sinistra (*m.*) far-leftist wing
  (*politics*)
l'umanità (*f.*) humanity
umile humble, modest

l'umore (*m.*) mood; di buon umore in a good mood
l'umorismo humor; il senso dell'umorismo sense of humor
unico (*m.pl.* unici) (12) only
unito united
l'università (*f.*) (3) university
universitario (*m.pl.* universitari) university (*adj.*)
l'uomo (*pl.* gli uomini) (5) man; uomo d'affari (18) businessman
l'uovo (*pl.* le uova) (19) egg
urgente (18) urgent
urlare to shout, scream
usare to use
usato used
*uscire (4) to go out; to leave; *uscire di casa to leave the house
l'uscita exit
l'uso use; con uso di cucina with kitchen privileges
utile useful
l'utilità (*f.*) utility, usefulness
utilitario (*m.pl.* utilitari) utilitarian
utilizzare to utilize
l'utopia utopia
l'uva grapes

va bene? (1) is that O.K.?
la vacanza (11) vacation, holiday; *andare in vacanza to go on vacation
la valigia (18) suitcase
il valore value
valutare to value; to estimate, appraise
il vangelo gospel
il vantaggio (*pl.* i vantaggi) advantage
vantaggioso advantageous, profitable
vaporizzato vaporized
variare to vary
la variazione variation
la varietà variety
vario (*m.pl.* vari) various
il vasino bedpan
il vaso vase
vasto vast
il vecchietto little old man
vecchio (*m.pl.* vecchi) (2) old
vedere (*p.p.* veduto or visto) (4) to see
vegetariano vegetarian
la veglia watch, wake
la vela sail

il veleno (15) poison
veloce fast, swift, speedy
la velocità speed, velocity
vendere to sell
la vendetta revenge, vengeance
vendita: in vendita for sale
il venditore seller
venduto sold
il venerdì (11) Friday
*venire (*p.p.* venuto) (4) to come
ventennale every twenty years, twenty-year (*adj.*)
il vento wind
veramente (7) truly, really
il verbo verb
verde (8) green
la verdura (19) vegetables
la verità (8) truth
la vernice paint
vero: è vero (1) it's true
la versione version
verso (7) toward
il verso verse
verticale vertical
il vescovo bishop
il vestiario (*pl.* i vestiari) clothes, clothing
vestire to dress; vestirsi (6) to get dressed; vestito da dressed as/in (*a costume*)
il vestito (8) dress; suit; il vestitino (8) cute little dress
la vetrina shop window
la vettura coach; car; cab
via away; *andare via to go away; to leave; e così via and so forth
la via (5) street
viaggiare (7) to travel
il viaggio trip; buon viaggio! have a nice trip! fare un viaggio to take a trip
il viale (11) avenue
il vicinato neighborhood
vicino (7) close, near; vicino a (7) near to
vietato forbidden, prohibited
il vigile traffic policeman
la vignetta cartoon
la villa villa, country estate
il villaggio (*pl.* i villaggi) village
la villeggiatura holiday, vacation
vincere (*p.p.* vinto) to win
il vino (1) wine
la violenza violence
la virgola comma

la virtù virtue
virtuoso virtuous
visibile visible
la visita visit; il biglietto da visita calling card; business card; fare visita a to visit (a person)
visitare (9) to visit
il viso face
la vista (12) view
la vita (6) life
la vitamina vitamin
il vitello veal
la vittoria victory, success
viva! long live!
vivace vivacious, lively
*vivere (*p.p.* vissuto) (9) to live
vivido vivid
vivo alive
il vocabolario (*pl.* i vocabolari) vocabulary
il vocabolo word
la voce (6) voice
la voglia wish, desire; avere voglia di + *inf.* to feel like (doing something)
volare (17) to fly
volentieri (3) gladly
volere (4) to want; volere dire to mean
il volo flight
la volta (6) time, occurrence; a (mia, tua, sua) volta in turn; c'era una volta (9) once upon a time
il volto face
la vongola clam; spaghetti alle vongole spaghetti with clam sauce
votare (16) to vote
il voto (16) vote; grade
il vulcano volcano

lo zafferano saffron
lo zaino backpack
la zampa paw
la zanzara mosquito
lo zero zero
lo zingaro/la zingara gypsy
lo zio (*m.pl.* gli zii)/la zia (1) uncle/aunt
zitto silent; *stare zitto to keep quiet
lo zodiaco (*pl.* gli zodiaci) zodiac
la zona (11) zone, area
lo zoo zoo
la zoologia zoology
lo zucchero (5) sugar
lo zucchino squash

**able** bravo (2); **to be able (to do something)** potere (+ *inf.*) (4)
**about** circa (11)
**above** su (5); **above all** soprattutto (14)
**absent-minded** distratto (13)
**to accept** accettare (di + *inf.*) (15)
**accident** incidente (*m.*) (19)
**to accompany** accompagnare (6)
**ace (champion)** cannone (*m.*) (15)
**to ache** fare male (19)
**acquaintance: to make the acquaintance of** fare la conoscenza di (10)
**actor** attore (*m.*) (14)
**actress** attrice (*f.*) (14)
**addition: in addition** inoltre (15)
**address** indirizzo (13)
**to address a person in the** tu/Lei **form** dare del tu/Lei a + *person* (10)
**to adopt** adottare (21)
**advice** consiglio (*pl.* i consigli) (14)
**to advise** consigliare (18)
**affectionate** affettuoso (14)
**afraid: to be afraid** avere paura (1)
**after** dopo (*prep.*) (5); dopo che (*conj.*) (11)
**afternoon** pomeriggio (*pl.* i pomeriggi); **good afternoon** buon giorno (P); buona sera (P)
**again** di nuovo (14)
**age** età (*f.*) (18)
**ago** fa (5)
**air** aria (18)
**airplane** aereo, aeroplano (1)
**airport** aeroporto (1)
**all** tutto (+ *article*) (4)
**almost** quasi (7)
**alone** da solo (7); solo
**along: to get along (in a place)** trovarsi (10)
**already** già (5)
**also** anche (2); inoltre (15)
**alternative** alternativa (16)
**although** benchè, per quanto, quantunque, sebbene (17)
**always** sempre (3)
**American** americano (*adj.*) (*n.*) (2)
**and** e (1)
**angry: to get angry** arrabbiarsi (11)
**animated** animato (16)
**announcer** presentatore (*m.*) (15)
**to answer** rispondere (*p.p.* risposto) (4)

**any (sort of)** qualunque (12)
**anyone** qualcuno (12)
**anything** qualche cosa, qualcosa (12)
**apartment** appartamento (12)
**appearance** aria (18)
**to apply** applicare (16)
**appointment** appuntamento (4)
**to approach** avvicinarsi (19)
**approximately** circa (11)
**April** aprile (*m.*) (13)
**architect** architetto (20)
**area** zona (11)
**arm** braccio (*pl.* le braccia) (19)
**around** in giro (17); intorno a (8)
**to arrive** *arrivare (3)
**artist** artista (*m. or f.*) (16)
**as** come; **as if** come se (19); **as soon as** appena (7)
**to ask** domandare (4); chiedere (*p.p.* chiesto) (7); **to ask a question** fare una domanda (3)
**at** a (1); in (1)
**to attempt (to do something)** cercare (di + *inf.*) (14)
**to attend (a school)** frequentare (3)
**attention** attenzione (*f.*) (14); **to pay attention** *stare attento (3); fare attenzione
**to attract** attirare (14)
**August** agosto (13)
**aunt** zia (1)
**author** autore (*m.*) (14)
**authoritarian** autoritario (19)
**autumn** autunno (13)
**avenue** viale (*m.*) (11)

**bad** cattivo (2); **too bad (what a pity)!** peccato (14); **very bad** pessimo (15)
**baked** (*lit.* **in the oven**) al forno (7)
**ballet** balletto (14)
**bank** banca (2)
**basement** cantina (12)
**bath(room)** bagno (12); **to take a bath** fare il bagno (12)
**to be** *essere (*p.p.* stato) (2); **to be a** + *profession* fare il/la + *profession* (14)
**beautiful** bello (2)
**beauty** bellezza (6)
**because** perchè (3)
**to become** *diventare (5)
**bed** letto (3); **in/to bed** a letto (3)
**bedroom** camera (12)
**beer** birra (1)

**before** prima che (*conj.*) (17); prima di (*prep.*) (5); **even before** anche prima (9)
**to begin** cominciare (3); **to begin to do something** cominciare a + *inf.* (10)
**behind** dietro a (9)
**to believe (in)** credere (a) (8)
**below** in basso (9)
**better** meglio (*adv.*) (11); migliore (*adj.*) (15)
**bicycle** bicicletta (3); **to ride a bicycle** *andare in bicicletta (3)
**big** grande (2), grosso (9); **bigger** maggiore (15); **biggest, very big** massimo (15)
**bill** conto (13)
**bird** uccello (5)
**birthday** compleanno (5)
**bit: a bit (of)** un po' (di) (8)
**black** nero (13)
**blessed** santo (10)
**blond** biondo (2)
**blood** sangue (*m.*) (15)
**blouse** camicetta (8)
**blue** azzurro (7)
**bone** osso (*pl.* le ossa) (19)
**book** libro (3)
**to book** prenotare (14)
**bookstore** libreria (5)
**boot** stivale (*m.*) (17)
**booth** bancarella (18)
**bore** seccatore (*m.*) (18)
**bored: to get bored** annoiarsi (6)
**boring** noioso (9)
**born: to be born** *nascere (*p.p.* nato) (5)
**to bother** scocciare (10)
**bout** attacco (*pl.* gli attacchi) (19)
**boy** ragazzo (1)
**brand name** marca (18)
**bread** pane (*m.*) (7)
**to break (rules)** trasgredire (isc) (20)
**breakfast** colazione (*f.*); **to have breakfast** fare colazione (5)
**to breathe** respirare (18)
**brief** breve
**to bring** portare (7); **to bring back** riportare (7)
**broken** rotto (19)
**brother** fratello (8)
**to build** costruire (isc) (20)
**to bump (into)** scontrarsi (con) (17)
**bus** autobus (*m.*) (4)

---

**business** affare (*m.*) (18); **business, store** negozio (*pl.* i negozi) (5); **business card** biglietto da visita (18); **on business** per affari (18)

**businessman** uomo (*pl.* gli uomini) d'affari (18)

**but** ma (1)

**to buy** comprare (3)

**buyer** compratore (*m.*) (17)

**by oneself** da solo (7)

**café** bar (*m.*), caffè (*m.*) (1)

**to call (someone)** chiamare (6); **to call back** richiamare (18); **to be called, named** chiamarsi (6)

**camping** campeggio (*pl.* i campeggi) (13); **to go camping** fare un campeggio (13)

**can, may (do something)** potere (+ *inf.*) (4)

**Canadian** canadese (*adj.*) (*n., m., or f.*) (2)

**cannon** cannone (*m.*) (15)

**capable (of)** capace (di) (16)

**car** automobile (*f.*), macchina (1)

**card** cartolina; **business card** biglietto da visita (18)

**cat** gatta, gatto (1)

**cathedral** duomo (12)

**to celebrate** celebrare (21); festeggiare (5)

**cellar** cantina (12)

**center** centro (5)

**chain** catena (17)

**champion** campione (*m.*) (15)

**to change (become different)** *cambiare (10); **to change (something)** cambiare (10)

**character** personaggio (*pl.* i personaggi) (14)

**chat** chiacchiera (13); **to have a chat** scambiare quattro chiacchiere (11)

**to chat** chiacchierare (13)

**to check** controllare (13)

**cheese** formaggio (*pl.* i formaggi) (8); **Parmesan cheese** parmigiano (8)

**chicken** pollo (6)

**child** bambino, bambina (2); figlio, figlia (9)

**children** figli (*m.pl.*) (9)

**Chinese** cinese (*adj.*) (*n., m., or f.*) (7)

**choice** scelta (7)

**to choose** scegliere (*p.p.* scelto) (19)

**Christmas** Natale (*m.*) (7)

**church** chiesa (2)

**cigarette** sigaretta (7)

**citizenship** cittadinanza (15)

**city** città (*f.*) (2)

**class** lezione (*f.*) (1); classe (*f.*)

**to clean** pulire (isc) (4)

**clear** chiaro (15)

**to climb** salire (12)

**clock** orologio (*pl.* gli orologi) (2)

**close (to)** vicino (a) (7); **to get close/near** avvicinarsi (19)

**to close** chiudere (*p.p.* chiuso) (18)

**clothes** abbigliamento (17)

**cloud** nuvola (17)

**coat: fur coat** pelliccia (18); **winter coat** cappotto (17)

**coffee** caffè (*m.*) (1); **coffee shop** bar (*m.*), caffè (*m.*) (1)

**cold** freddo (*n.*) (1); freddo (*adj.*) (3); **cold (in the head)** raffreddore (*m.*) (3); **to be cold** avere freddo (1); **it's cold (weather)** fa freddo (3)

**cold cuts** salumi (*m.pl.*) (8)

**to comb one's hair** pettinarsi (6)

**to come** *venire (*p.p.* venuto) (4); **to come back** *ritornare (5); **to come in** accomodarsi (18); *entrare (5); **to come out** *uscire (4)

**comedy** commedia (14)

**comfortable** comodo (18); **to make oneself comfortable** accomodarsi (18)

**communist** comunista (*m. or f.*) (16)

**company** compagnia (14); **in the company of** in compagnia di (14)

**compartment** scompartimento (18)

**to complain (about)** lamentarsi (di) (18)

**complicated** complicato (16)

**compliment** complimento (11)

**condition** condizione (*f.*) (16)

**conductor** controllore (*m.*) (18)

**to continue (doing something)** continuare (a + *inf.*) (9)

**convenient** comodo (18)

**conventional** convenzionale (19)

**to convince (to do something)** convincere (a + *inf.*) (*p.p.* convinto) (12)

**convinced** convinto (16)

**to cook** cucinare (6)

**cooking** cucina (6)

**correct** giusto (9)

**to cost** *costare (8); **how much does it cost?** quanto costa? (8)

**counter** banco (*pl.* i banchi) (8)

**country** campagna (7); paese (*m.*); **in/to the country** in campagna (7)

**couple** paio (*pl.* le paia) (8)

**courage** coraggio (9)

**course (of study)** corso (3); **of course!** certo! (8)

**cousin** cugina, cugino (1)

**crazy** matto (12)

**to create** creare (14)

**crisis** crisi (*f.*) (*pl.* le crisi) (19)

**crowded** affollato (11)

**to cry** piangere (*p.p.* pianto) (20)

**cute** carino (2)

**dad(dy)** padre (*m.*) (2), papà (*m.*) (3)

**dance** ballo (9)

**to dance** ballare (3)

**dark** bruno (2)

**date** appuntamento (4); **(calendar) date** data (4); **what's today's date?** quanti ne abbiamo oggi? (8)

**daughter** figlia (9)

**day** giorno (P); giornata (*descriptive*) (10)

**deaf** sordo (6)

**deal: a great deal of** molto

**dear** caro (2)

**December** dicembre (*m.*) (13)

**to decide (to do something)** decidere (di + *inf.*) (*p.p.* deciso) (13)

**decision: to make a decision** prendere una decisione (19)

**defect** difetto (16)

**delicious** squisito

**delighted: to be delighted (to do something)** avere il piacere (di + *inf.*) (10)

**deli man** salumiere (*m.*) (8)

**to demand** esigere (16)

**democracy** democrazia (16)

**demonstration** dimostrazione (*f.*) (16)

**to depart** *partire (4)

**to depend (on)** dipendere (da) (*p.p.* dipeso) (11); **it depends** dipende (11)

**depressed** depresso (21)

**design** disegno (19); modello (14)

**dessert** dolce (*m.*) (7)

**dialogue** dialogo (*pl.* i dialoghi)

**to die** *morire (*p.p.* morto) (5)

**different** diverso (7)

**difficult** difficile (2)

**to dig** scavare (11)

**dining room** sala da pranzo (5)

**dinner** pranzo (7); **to have dinner** pranzare

**director (movie)** regista (*m. or f.*) (14)

**discussion** discussione (*f.*) (16)

**dish** piatto (6)

**distant** lontano (15)

**to divide** dividere (*p.p.* diviso) (12)

**to do** fare (*p.p.* fatto) (3)

**dog** cane (*m.*) (1)

**dollar** dollaro (1)

**door** porta (4)

**doorbell** campanello (10)

**to doubt** dubitare (16)

**downtown** centro (5)

**to dream (of doing something)** sognare (di + *inf.*) (9)

**dress** vestito (8); **cute little dress** vestitino (8)

**to dress (oneself), get dressed** vestirsi (6)

**drink: warm alcoholic drink** poncino (16)

**to drink** bere (*p.p.* bevuto) (4)

**to drive** *andare in automobile (in macchina) (3); guidare (3)

**drunk: to get drunk** ubriacarsi (20)

**each** ogni (*inv.*) (4)
**early** presto (3)
**to earn** guadagnare (10); **to earn a living** guadagnarsi da vivere (19)
**easy** facile (2)
**to eat** mangiare (3)
**eccentric** stravagante (14)
**egg** uovo (*pl.* le uova) (19)
**eighth** ottavo (12)
**elderly** anziano (18)
**election** elezione (*f.*) (16)
**elementary** elementare (3)
**elevator** ascensore (*m.*) (12)
**else** altro (8); **anything else?** altro? **something else?** altro? **what else?** che altro?
**embarrassing** imbarazzante (15)
**embrace** abbraccio (*pl.* gli abbracci) (14)
**to embrace** abbracciare (7)
**to enclose** accludere (*p.p.* accluso) (14)
**encounter** incontro (P)
**end** fine (*f.*) (7)
**to end up (doing something)** finire (per + *inf.*) (19)
**to enforce** applicare (16)
**engineer** ingegnere (*m.*) (19)
**English** inglese (*adj.*) (2); **English language** inglese (*n.*, *m.*)
**Englishman, Englishwoman** inglese (*n.*, *m.*, or *f.*)
**to enjoy oneself** divertirsi (6)
**enough** abbastanza (*inv.*) (8)
**to enroll (in)** iscriversi (a) (*p.p.* iscritto) (20)
**to enter** *entrare (5)
**enthusiastic (about)** entusiasta (di) (21)
**entire** intero (14)
**escape** fuga (19)
**European** europeo (*adj.*) (*n.*) (21)
**even** anche; **even before** anche prima (9); **even if** anche se (16)
**evening** sera (P); serata (*descriptive*) (P); **good evening** buona sera (P); **this evening** stasera (3)
**ever** mai (5)
**every** ogni (*inv.*) (4); tutto (+ *art.*) (4)
**everybody** ognuni, tutti (3)
**everyone** ognuno (12); tutti (3)
**evidence** prova (15)
**to exaggerate** esagerare (6)
**exam(ination)** esame (*m.*) (3); **to take an exam** dare un esame
**example** esempio (*pl.* gli esempi)
**excellent** ottimo (12)
**excuse me** (*polite*) scusi (8)
**exercise** esercizio (*pl.* esercizi) (3)
**exhibit** mostra (6)
**to expect** esigere (16)

**expense** spesa (12)
**expensive** caro (8)
**experience** esperienza (19)
**to explain** spiegare (3)
**to export** esportare (17)
**extraordinary** straordinario (19)
**eye** occhio (*pl.* gli occhi) (7)

**fable** favola (9)
**fact: in fact** infatti (14)
**fair** giusto (9)
**fairy tale** favola (9)
**fall (autumn)** autunno (13)
**to fall** *cadere (20)
**family** famiglia (3); **family room** soggiorno (9)
**famous** famoso (2)
**far** lontano (15)
**farm** fattoria (14)
**farmer** contadino (14)
**fascist** fascista (*m.* or *f.*) (16)
**fashion** moda (14)
**fashionable** di moda (14)
**fat** grasso (2)
**father** padre (*m.*) (2), papà (*m.*) (3)
**fault** difetto (16)
**favorite** preferito (7)
**fear** paura (1)
**February** febbraio (13)
**fed up (with)** stufo (di) (16)
**to feel** sentirsi (6); **to feel like** avere voglia (di + *n.* or *inf.*) (8)
**few: a few** alcuni/alcune, qualche (12)
**fifth** quinto (12)
**to fill it up (with gas)** fare il pieno (13)
**film** film (*m.*) (21)
**finally** finalmente (4)
**to find** trovare (6); **to find oneself** trovarsi (10)
**fine** bene (P); **it's fine** va bene (1)
**finger** dito (*pl.* le dita) (19)
**to finish** finire (isc) (14)
**fireplace** caminetto (20)
**firm** (*business*) ditta (17)
**first** primo (12)
**fish** pesce (*m.*) (7)
**to fix** riparare (20); **to fix (food)** preparare
**floor (of a building)** piano (12); **on the floor** per terra (9)
**flower** fiore (*m.*) (10)
**flu** influenza (5)
**to fly** *andare in aeroplano (3); volare (17)
**to follow** seguire (20)
**foot** piede (*m.*) **on foot** a piedi (3)
**for** per (2)
**foreign** straniero (*adj.*) (3)
**foreigner** straniero (*n.*) (5)
**to forget** dimenticare (3)
**fortunate** fortunato (12)

**fourth** quarto (12)
**French** francese (*adj.*) (2); **French language** francese (*n.*, *m.*)
**Frenchman, French woman** francese (*n.*, *m.* or *f.*)
**fresh** fresco (*pl.* freschi) (8)
**Friday** venerdì (*m.*) (11)
**friend** amica (*f.*) (*pl.* le amiche), amico (*m.*) (*pl.* gli amici) (1)
**from** da (4); **where are you from?** di dove sei/è? (2)
**front: in front of** davanti a (8); di fronte a (18)
**fruitcake** panettone (*m.*) (7)
**fruit tree** albero da frutta (12)
**full** pieno (8)
**fun: to have fun** divertirsi (6); **to make fun of** prendere in giro (20)
**fur coat** pelliccia (17)
**furnishings** arredamento (17)

**to gain** guadagnare (10)
**game** partita (10)
**garden** giardino (5)
**gas(oline)** benzina (13); **to get gas** fare benzina (13)
**gaudy** chiassoso (17)
**gentleman** signore (*m.*) (P)
**genuine** genuino (7)
**German** tedesco (*pl.* tedeschi) (*adj.*) (*n.*) (2); **German language** tedesco (*n.*)
**to get along (in a place)** trovarsi (10)
**to get off** *scendere (*p.p.* sceso) (18)
**to get up** alzarsi (6)
**to get used to (something)** abituarsi a (+ *n.* or *inf.*) (17)
**gift** regalo (10)
**girl** ragazza (1)
**to give** dare (3); **to give (as a gift)** regalare (7); **to give back** rendere (*p.p.* reso) (7)
**glad (about)** lieto (di) (10)
**gladly** volentieri (3)
**glass** (*drinking*) bicchiere (*m.*) (1)
**glove** guanto (13)
**to go** *andare (3); **to go (to do something)** *andare (a + *inf.*) (3); **to go away** *andare via (5); **to go back** *ritornare (5); **to go by** *passare (11); **to go in** *entrare (5); **to go out** *uscire (4)
**god** dio (*pl.* gli dei) (19)
**gold** oro (17)
**good** bravo (2); buono (1); **good (at)** bravo (in) (10); **good afternoon** buon giorno (P); buona sera (P); **good evening** buona sera (P); **good heavens!** mamma mia! (9), santo cielo! (10); **good luck!** in bocca al lupo! (4); **good morning** buon giorno (P); **good night** buona notte (P)

**goodbye** ciao (P); arrivederci (P); arrivederla (P)

**gossip** pettegolezzo (14)

**government** governo (16)

**grandchild** nipote (*m. or f.*) (9)

**grandfather** nonno (4)

**grandmother** nonna (4)

**gray** grigio (18)

**great** grande (2); **greatest, very great** massimo (15)

**greater** maggiore (15)

**green** verde (8)

**to greet** salutare (7)

**ground: on the ground** per terra (9)

**group** gruppo (11)

**to guarantee** garantire (isc) (16)

**guitar** chitarra (3)

**habit** abitudine (*f.*) (20)

**half** mezzo (*adj.*) (6); **half an hour** mezz'ora (6)

**ham** prosciutto (8)

**hand** mano (*f.*) (*pl.* le mani) (7); **on the other hand** invece (11)

**handsome** bello (2)

**to hang (a person)** impiccare (20)

**to happen** *succedere (*p.p.* successo) (9)

**happy** allegro (18); felice (10)

**haste** fretta (1)

**to hate** odiare (7)

**to have** avere (1); **to have to (do something)** dovere (+ *inf.*) (4); **to have a good time** divertirsi (6)

**head** testa (19)

**to hear** sentire (4); **to hear about** sentire parlare di (10)

**heard: to make oneself heard** farsi sentire (16)

**heart** cuore (*m.*) (18)

**heat** caldo (1)

**heavens: good heavens!** mamma mia! (9), santo cielo! (10)

**hectogram** etto (8)

**hello** buon giorno (P); buona sera (P); ciao (P)

**to help** aiutare (7)

**here** qui (2); **here is/are, here you are** ecco (1)

**hi** ciao (P), salve (5)

**high** alto (2)

**to hire** assumere (*p.p.* assunto) (17)

**history** storia (9)

**to hitchhike** fare l'autostop (5)

**holiday** festa (13); vacanza (11)

**holy** santo (10)

**home** casa (2); **(at) home** a casa (3)

**to honor** onorare (10)

**hope** speranza (21)

**to hope (to do something)** sperare (di + *inf.*) (14)

**hospital** ospedale (*m.*) (2)

**hot** caldo (1); **to be hot** avere caldo (1); **it's hot (weather)** fa caldo (3)

**hotel** albergo (*pl.* gli alberghi) (5)

**hour** ora (1); **half an hour** mezz'ora (6); **rush hour** ora di punta (13)

**house** casa (2)

**how** come (P); **how are you?** come stai/sta? (P); **how come?** come mai? (6); **how is it going?** come va? (1); **how long** quanto tempo? (11); **how much/many?** quanto/quanti (2); **how much does it cost?** quanto costa? (8)

**hug** abbraccio (*pl.* gli abbracci) (14)

**hunger** fame (*f.*) (1)

**hungry: to be hungry** avere fame (*f.*) (1); **to be very hungry** avere una fame da lupo/lupi (7)

**hurry** fretta (1); **in a hurry** in fretta; **to be in a hurry** avere fretta (1)

**to hurt** fare male (19)

**husband** marito (5)

**ice cream** gelato (1)

**if** se (11); **if only** magari (19)

**ill** ammalato (5)

**immediately** subito (4)

**to impress (someone)** fare colpo (su qualcuno) (17)

**impression: to have the impression** avere l'impressione (16)

**in** a (1); in (1); **in** (*referring to future time*) fra (11), tra (6)

**to inconvenience oneself** scomodarsi (18)

**inflation** inflazione (*f.*) (8)

**instead** invece (11)

**intelligent** intelligente (2)

**to intend to do something** pensare di + *inf.* (10)

**to interest** interessare (6)

**to interfere** interferire (isc) (19)

**interpreter** interprete (*m. or f.*) (17)

**interview** colloquio (17)

**invitation** invito (15)

**to invite** invitare (6)

**to irritate** irritare

**island** isola (15)

**Italian** italiano (*adj.*) (*n.*) (2); **Italian language** italiano (*n.*)

**jacket** giacca (17)

**January** gennaio (13)

**job** impiego (*pl.* gli impieghi) (21); lavoro (1)

**to joke** scherzare (20)

**joy** gioia (21)

**July** luglio (13)

**June** giugno (13)

**key** chiave (*f.*) (4)

**to kill** uccidere (*p.p.* ucciso) (20)

**kilo** chilo (8)

**kind** gentile (2)

**king** re (*m.*) (19)

**kiss** bacio (*pl.* i baci) (8)

**to kiss** baciare (7)

**kitchen** cucina (5)

**knee** ginocchio (*pl.* le ginocchia) (19)

**to know** conoscere (*p.p.* conosciuto) (6); sapere (6); **who knows** chissà (7)

**knowledge** conoscenza (15)

**labor** mano (*f.*) d'opera (17)

**laborer** operaio (*pl.* gli operai) (17)

**lady** signora (P)

**lake** lago (*pl.* i laghi) (11)

**language** lingua (2)

**large** grande (2); numeroso (9)

**last** scorso (5); ultimo (15); **last name** cognome (*m.*) (1); **last night** ieri sera (5)

**late** tardi (5); in ritardo; **to sleep late** dormire fino a tardi (9)

**to laugh** ridere (*p.p.* riso) (18)

**lawyer** avvocato/avvocatessa (2)

**lazy** pigro (5)

**to learn** imparare (3); **to learn (how to do something)** imparare (a + *inf.*) (11)

**least: at least** almeno (8)

**to leave** *andare via (5); lasciare (5); *partire (4); *uscire (4); **to leave behind** lasciare (5)

**left** sinistra (*n.*) (16)

**to lend** prestare (13)

**less** meno (3)

**lesser** minore (15)

**lesson** lezione (*f.*) (1)

**letter** lettera (1)

**liberal** liberale (16); **liberal arts** Lettere (*f.pl.*) (3)

**library** biblioteca (4); **at/in/to the library** in biblioteca (4)

**license plate** targa (*pl.* le targhe) (13)

**lie** bugia (15)

**to lie, tell a lie** mentire (15)

**life** vita (6); **not on your life!** neanche per idea! (11)

**lift: to give a lift** dare un passaggio (13)

**light** luce (*f.*) (9)

**to like** (*see:* **to please**) *piacere (*p.p.* piaciuto) (7)

**likeable** simpatico (*pl.* simpatici) (2)

**lip** labbro (*pl.* le labbra) (19)

**lira** (*Italian currency*) lira (1)

**to listen (to)** ascoltare (5); sentire (4); stare a sentire (20)

**literature** letteratura (20)

**little** piccolo (*size*) (2); poco (*quantity*) (8); **a little** un po' (di) (8)

**to live** abitare (6); *vivere (*p.p.* vissuto) (9)

**living room** soggiorno (9)
**long** lungo (*pl.* lunghi) (7); **a long time** molto tempo (4); a lungo (11); **how long?** quanto tempo? (11)
**longer: no . . . longer** non... più (7); **not . . . any longer** non... più (7)
**to look: to look (at)** guardare (7); **to look (for)** cercare (11); **to look (romantic, stupid)** avere l'aria (romantica, scema) (9)
**to lose** perdere (*p.p.* perduto *or* perso) (4)
**lot: a lot (of)** molto (2)
**loud** chiassoso (17)
**to love** amare (6)
**luck** fortuna; **good luck!** in bocca al lupo! (4)
**lucky** fortunato
**lunch** colazione (*f.*); **to have lunch** fare colazione (5)

**macaroni products** pasta (5)
**mad: to get mad** arrabbiarsi (11)
**magazine** rivista (6)
**magnificent** magnifico (*m.pl.* magnifici, *f.pl.* magnifiche)
**maid** domestica, donna (6)
**mail** posta (17)
**major** maggiore (15)
**to major** specializzarsi (6)
**make, brand** marca (18)
**to make** fare (*p.p.* fatto) (3); **to make fun of** prendere in giro (20); **to make a mistake** sbagliarsi (20)
**man** uomo (*pl.* gli uomini) (5); **young man** ragazzo (1)
**manager** dirigente (*m. or f.*) (18)
**many** molti/e (2)
**marble** marmo (8)
**March** marzo (13)
**market** mercato (8)
**married** sposato; **to get married** sposarsi (6)
**marvelous** meraviglioso (12)
**masterpiece** capolavoro (20)
**match** (*sporting*) partita (10)
**matter: no matter how** comunque (17)
**May** maggio (13)
**maybe** può darsi (16)
**meal** pasto (5)
**means of communication** mezzo di comunicazione (15)
**meat** carne (*f.*) (3)
**medicine** medicina (16)
**to meet** conoscere (6); fare la conoscenza di (10); incontrare (7); **to meet with** incontrarsi con (20)
**memory** memoria (4)
**Mexican** messicano (*adj.*) (*n.*) (2)
**middle-aged** di mezza età (18)
**mile** miglio (*pl.* le miglia) (19)

**milk** latte (*m.*) (2)
**minor** minore (15)
**minus** meno (3)
**minute** minuto (*n.*) (4)
**Miss** signorina (P)
**mistake** errore (*m.*) (3); **to make a mistake** sbagliarsi (20)
**model** modello (14)
**mom** madre (*f.*), mamma (2)
**Monday** lunedì (*m.*) (11)
**money** quattrini (*m.pl.*) (17), soldi (*m.pl.*) (1)
**month** mese (*m.*) (4)
**mood** umore (*m.*); **to be in a good/bad mood** essere di buon/cattivo umore
**more** più (P)
**morning** mattina (6); **good morning** buon giorno (P); **this morning** stamattina (4)
**mother** madre (*f.*), mamma (2)
**motorboat** motoscafo (15)
**motorcycle** moto (*f.*), motocicletta (5)
**mouse** topo (10)
**to move** cambiare casa (12); trasferirsi (isc) (15)
**moved** commosso (15)
**movie** film (*m.*) (21); **movie director** regista (*m. or f.*) (14); **movie theater** cinema (*m.*), cinematografo (5)
**Mr.** signore (*m.*) (P)
**Mrs.** signora (P)
**much** molto (2); **how much?** quanto? **not much** poco (8); **so much** tanto (8); **too much** troppo (5)
**museum** museo (2)
**must (do something)** dovere (+ *inf.*) (4)

**name** nome (*m.*) (1); **brand name** marca (18); **last name** cognome (*m.*) (1)
**to narrate** raccontare (9)
**native** natio (*pl.* natii) (18)
**naturally** naturalmente (15)
**naughty** cattivo (2)
**near** vicino (a) (7)
**to near** avvicinarsi (19)
**nearby** qui vicino (2)
**necessary: to be necessary** *bisognare (14)
**to need, have need (of)** avere bisogno (di) (1)
**neighborhood** quartiere (*m.*) (15)
**neither . . . nor** nè... nè (12)
**nephew** nipote (*m.*) (9)
**nerve (courage)** coraggio
**never** non... mai (3)
**news (radio and TV)** notiziario (*pl.* i notiziari) (15)
**newspaper** giornale (*m.*) (4)

**next** poi (3); **next to** accanto a (9)
**nice** simpatico (*pl.* simpatici) (2)
**niece** nipote (*f.*) (9)
**night** notte (*f.*) (P); **good night** buona notte (P); **last night** ieri sera (5)
**ninth** nono (12)
**no** no (1); **no one** nessuno (12); non... nessuno (12)
**nobody** nessuno (12); non... nessuno (12)
**noise** rumore (*m.*) (12)
**noisy** rumoroso (15)
**normal** normale (16)
**nose** naso (9)
**not** non (1); **not bad** non c'è male (P); **not . . . yet** non... ancora (12)
**nothing** niente (12), nulla (12); non... niente (12), non... nulla (12); **nothing special** niente di speciale (9)
**to notice** notare (21)
**novel** romanzo (20)
**November** novembre (*m.*) (13)
**now** ora (3); **by now** ormai (17)
**nuisance** seccatore (*m.*) (18)
**number** numero (P)
**numerous** numeroso (9)

**to obey** ubbidire (isc) (18)
**to oblige (to do something)** obbligare (a + *inf.*) (19)
**to observe** osservare (8)
**to obtain** ottenere (16)
**occasion** volta (6)
**October** ottobre (*m.*) (19)
**of** di (1)
**to offer** offrire (*p.p.* offerto) (4)
**office** ufficio (*pl.* gli uffici) (5)
**often** spesso (3)
**OK: is that OK?** va bene? (1); **is that OK with you?** ti va? (13)
**old** anziano (18); vecchio (*pl.* vecchi) (2)
**old-fashioned** all'antica (19)
**on** su (5)
**once upon a time** (c'era) una volta (9)
**oneself: by oneself** da solo (7)
**only** solamente (*adv.*) (10), solo (*adv.*) (1); unico (*adj.*) (12); **if only** magari (19)
**open** aperto (5)
**to open** aprire (*p.p.* aperto) (4)
**opinion** parere (*m.*); **in my (etc.) opinion** a mio (ecc.) parere
**opposition** opposizione (*f.*) (16)
**optimism** ottimismo (21)
**optimistic** ottimista (*m. or f.*) (21)
**or** o (1)
**orangeade** aranciata (1)
**to order** ordinare (5)
**to organize** organizzare (16)

---

**original** originale (14)
**other** altro (2)
**out of shape** fuori esercizio (21)

**package** pacco (*pl.* i pacchi) (17)
**packed (with people)** affollato (11)
**to paint** dipingere (*p.p.* dipinto) (19)
**painter** pittore (*m.*) (14)
**pair** paio (*pl.* le paia) (8)
**parade** sfilata (17)
**parents** genitori (*m.pl.*) (9)
**to park** parcheggiare (13)
**parking: no-parking** divieto di sosta (13)
**Parmesan cheese** parmigiano (8)
**to participate (in)** partecipare (a) (15)
**particularly** particolarmente (15)
**party** festa (3); **(political) party** partito (16)
**passport** passaporto (1)
**past** passato (9)
**pastry** pasta (5)
**paternal** paterno (9)
**to pay** pagare (3)
**peace** pace (*f.*) (10)
**pen** penna
**pencil** matita (9)
**people** gente (*f.*) (5)
**pepper** pepe (*m.*) (14)
**person** persona; **famous person** personaggio (*pl.* i personaggi) (14); **gorgeous person** bellezza (6)
**personal** personale
**personality** personalità (*f.*) (21)
**pharmacy** farmacia
**phenomenon** fenomeno (21)
**photo(graph)** foto (*f.*), fotografia (1)
**pianist** pianista (*m. or f.*) (16)
**to pick up** *andare/*venire a prendere (13)
**picture** foto (*f.*), fotografia (1); **to take a picture** fare una fotografia (3)
**picturesque** pittoresco (*pl.* pittoreschi) (15)
**pie** crostata (7)
**piece** pezzo (8)
**place** posto (11)
**plain** brutto (2)
**plan** progetto (11)
**plate** piatto (6); **license plate** targa (13)
**play** commedia (14)
**to play: to play (a musical instrument)** suonare (3); **to play (a sport or game)** giocare (a) (6); **to play ball** giocare a pallone (6)
**playwright** commediografo (15)
**pleasant** piacevole (15)
**please** per favore, per piacere a (1); prego (1)

**to please, be pleasing to** piacere a (*p.p.* piaciuto) (7)
**pleasure** piacere (*m.*)
**plumber** idraulico (*pl.* gli idraulici) (19)
**plus** più (P)
**poem** poesia (15)
**poet** poeta (*m.*) (15)
**poison** veleno (15)
**politics** politica (16)
**pope** papa (*m.*) (16)
**possibility** possibilità (*f.*) (17)
**postwar period** dopoguerra (*m.*) (21)
**to precede** precedere (10)
**preceding** precedente (14)
**to prefer (to do something)** preferire (isc) (+ *inf.*) (4)
**to prepare** preparare (7)
**present** regalo (10)
**pretty** carino (2); grazioso (11)
**price** prezzo (7)
**prince** principe (*m.*) (14)
**princess** principessa (14)
**prison** prigione (*f.*) (5)
**prize** premio (*pl.* i premi) (15)
**to produce** produrre (*p.p.* prodotto) (21)
**professor** professore (*m.*), professoressa (*f.*) (P)
**program** programma (*m.*) (15)
**progress: to make progress** fare progressi (20)
**project** progetto (11)
**to project** proiettare (21)
**to promise (to do something)** promettere (*p.p.* promesso) (di + *inf.*) (17)
**proof** prova (15)
**proverb** proverbio (*pl.* i proverbi) (20)
**provided that** a condizione che (17), a patto che (17), purchè (17)
**punctual** puntuale (10)
**purchase** acquisto (19)
**pure** puro (17)
**to put** mettere (*p.p.* messo) (5); **to put on (clothes)** mettersi (6); **to put on weight** *ingrassare (7)

**question** domanda (3); **to ask a question** fare una domanda (3)
**quickly** subito (4)
**quiet: to keep quiet** *stare zitto (3)

**race** (*nationality*) razza (19)
**radical** radicale (16)
**to rain** piovere (10)
**raise** aumento (16)
**to raise** alzare; aumentare
**rather** piuttosto (2)
**to read** leggere (*p.p.* letto) (4)
**ready** pronto (3)

**to realize** rendersi conto (*p.p.* reso) (20)
**really** davvero (9); proprio (7); veramente (7)
**to receive** ricevere (4)
**recipe** ricetta (1)
**to recognize** riconoscere (*p.p.* riconosciuto) (6)
**record** disco (*pl.* i dischi) (4)
**red** rosso (5)
**reform** riforma (16)
**refrigerator** frigo, frigorifero (4)
**regular** regolare
**relationship** (*family*) parentela (15)
**relative** parente (*m. or f.*) (1)
**to remain** *rimanere (*p.p.* rimasto) (19)
**to remember** ricordare (3)
**to remodel** restaurare (20)
**to rename** ribattezzare (14)
**rent: for rent** in affitto (12)
**to rent** affittare; noleggiare (11)
**to repair** riparare (20)
**to repeat** ripetere (20)
**to reply** rispondere (*p.p.* risposto) (4)
**republican** repubblicano (16)
**to reserve** prenotare (14)
**to rest** riposarsi (19)
**to restore** restaurare (20)
**to resume** riprendere (*p.p.* ripreso) (16)
**retired person** pensionato (16)
**return** ritorno (19)
**to return** rendere (*p.p.* reso) (7); *ritornare (5)
**rhythm** ritmo (16)
**right** destra (*n.*); giusto (*adj.*) (9); **to be right (about something)** avere ragione (*f.*) (19)
**to ring** squillare (18); **to ring (the bell, doorbell)** suonare (10)
**road** strada (5)
**role** ruolo (16)
**roll** panino (1)
**romantic** romantico (*pl.* romantici) (9)
**room** stanza (12); **family room** soggiorno (9)
**rule** regola (20)
**to run** correre (*p.p.* corso) (4); **to run away from home** *scappare di casa (19); **to run into** incontrare (7)
**rush hour** ora di punta (13)

**saint** santo (10)
**saintly** santo (10)
**salad** insalata (7)
**salary** salario (*pl.* i salari) (16); stipendio (*pl.* gli stipendi) (1)
**salt** sale (*m.*) (14)
**same** stesso (9)
**sandwich** panino (1)
**Saturday** sabato (11)

**sauce: with tomato sauce** al sugo (7)
**savings** risparmi (*m.pl.*) (19)
**to say** dire (*p.p.* detto) (4); **to say hi to** salutare (7); **you don't say!** caspita! (11)
**scarce** scarso (12)
**school** scuola (3); **school (of a university)** facoltà (*f.*) (3)
**scientist** scienziato (19)
**to scream** gridare (20)
**sculpture** scultura (6)
**sea** mare (*m.*) (11)
**seat** posto (8)
**seated** seduto (5)
**second** secondo (12)
**to see** vedere (*p.p.* veduto *or* visto) (4); **to see again** rivedere (8); **see you tomorrow** a domani (1)
**to seem** *sembrare (8); **it seems that** pare che (16)
**to select** scegliere (*p.p.* scelto) (19)
**to send** inviare (17); mandare (7)
**separate** a parte (19)
**September** settembre (*m.*) (13)
**serious** serio (*m.pl.* seri) (20)
**seriously** sul serio (17)
**to serve** servire (4)
**to set foot** mettere piede (17)
**seventh** settimo (12)
**several** diversi/e (*pl.*) (18)
**shape: out of shape** fuori esercizio (21)
**to share** dividere (*p.p.* diviso) (12)
**shoe** scarpa (13)
**to shoot (a movie)** girare (21)
**shopping: to go shopping** fare compere (17); **to go grocery shopping** fare la spesa (8)
**short** basso (*height*) (2); breve (*length*); **in short** insomma (12); **short story** racconto (9)
**to shout** gridare (20)
**show** sfilata (17); spettacolo (8)
**to show** mostrare (7); proiettare (21); **to show off** mettersi in mostra (14)
**shower** doccia; **to take a shower** fare la doccia (6)
**sick** ammalato (5); malato (10)
**silk** seta (17)
**similar** simile (P)
**simple** semplice (7)
**since** dato che (19)
**to sing** cantare (3)
**singer** cantante (*m. or f.*) (14)
**sir** signore (*m.*) (P)
**sister** sorella (9)
**sister-in-law** cognata (20)
**to sit down** sedersi (11)
**sitting** seduto (5)
**sixth** sesto (12)
**sketch** disegno (19)

**to ski** sciare (10)
**skier** sciatore (*m.*), sciatrice (*f.*) (14)
**skiing** sci (*m.*) (10)
**skirt** gonna (17)
**to sleep** dormire (4); **to sleep late** dormire fino a tardi (9)
**slender** snello (2)
**slight** leggero (17)
**slowly** adagio (10)
**small** piccolo (2); **smallest, very small** minimo (15)
**smaller** minore (15)
**to smoke** fumare (7)
**to snow** nevicare (10)
**so** così (4); **so that** affinchè (17); perchè + *subj.* (17); **so-so** così così (P)
**soaked** bagnato (10)
**soccer** calcio (10)
**socialist** socialista (*m. or f.*) (16)
**some** alcuni/alcune, qualche (12)
**someone** qualcuno (12)
**something** qualche cosa, qualcosa (12)
**son** figlio (*pl.* i figli) (9)
**song** canzone (*f.*) (14)
**soon: as soon as** appena (7)
**sorry: to be sorry** *dispiacere (*p.p.* dispiaciuto) (7); **I'm sorry** mi dispiace (4)
**south** sud (*m.*) (11)
**Spaniard** spagnolo (2)
**Spanish** spagnolo (*adj.*) (2); **Spanish language** spagnolo (*n.*)
**to speak** parlare (3)
**to specialize** specializzarsi (6)
**specialty** specialità (*f.*) (21)
**to spend (time)** passare (11)
**splendid** splendido (13)
**to split** dividere (*p.p.* diviso) (12)
**spring** primavera (13)
**square (in a city)** piazza (2)
**stadium** stadio (*pl.* gli stadi) (5)
**staircase** scala (5)
**stall (booth)** bancarella (8)
**to start** cominciare (3); **to start (to do something)** cominciare (a + *inf.*) (10)
**state** stato
**station** stazione (*f.*) (1)
**to stay** *restare (11); *stare (3)
**steak** bistecca (15)
**step** scalino (12)
**still, yet** ancora (6)
**stop** fermata (15)
**to stop (doing something)** smettere (di + *inf.*) (*p.p.* smesso) (17); **to stop (oneself)** fermarsi (6); **to stop (someone or something)** fermare (6); **to stop/come by** *passare (6)

**store (***business***)** negozio (*pl.* i negozi) (5)
**story** storia (9); **short story** racconto (9)
**stove** stufa (20)
**strange** strano (12)
**street** strada (5); via (5)
**strict** autoritario (19)
**strike** sciopero (16); **to be on strike** *essere in sciopero (16); **to (go on) strike** scioperare (16)
**strong** forte (11)
**student** studente (*m.*), studentessa (*f.*) (1)
**study** studio (*pl.* gli studi) (3)
**to study** studiare (3)
**stupid** scemo (9), stupido (2); **how stupid (of me)!** che stupido! (5)
**to succeed (in doing something)** *riuscire (a + *inf.*) (17)
**success** successo (5)
**to suffer (from)** soffrire (di) (*p.p.* sofferto) (18)
**sugar** zucchero (5)
**suit** vestito (8); **does that suit you?** ti va? (13)
**suitable** adatto (17)
**suitcase** valigia (18)
**summer** estate (*f.*) (11)
**Sunday** domenica (11)
**supermarket** supermercato (*m.*)
**supplement** supplemento (18)
**to surprise** sorprendere (*p.p.* sorpreso) (14)
**surroundings** dintorni (*m.pl.*) (15)
**to swear** giurare (14)
**sweet** dolce (*adj.*) (2)
**to swim** nuotare (9)
**swimming pool** piscina (9)
**system** sistema (*m.*) (21)

**table** tavolo (5); **small table** tavolino (5)
**to take** prendere (*p.p.* preso) (4)
**tale** racconto (9)
**talented (at)** bravo (in) (10)
**to talk (about)** parlare (di) (3)
**tall** alto (2)
**taste** sapore (*m.*) (15)
**tea** tè (*m.*) (13)
**to teach** insegnare (3)
**team** squadra (10)
**telecast** trasmissione (*f.*) (15)
**to telephone** telefonare (a) (7)
**televised** televisivo (15)
**television, TV** televisione (*f.*), tivì, tivù (*f.*) (4)
**to tell** dire (*p.p.* detto) (4); raccontare (9); **to tell about** parlare di (9)
**tent** tenda (14)
**tenth** decimo (12)

**thank goodness!** meno male! (12)
**thank you** grazie (P)
**that** che (6); ciò (13); quello (7)
**theater** teatro (2); **at/to the theater** a teatro
**then** allora (1); poi (3)
**there is/are** ecco (1)
**these** questi/e (2)
**thesis** tesi (*f.*) (21)
**thin** magro (2); sottile
**to think (about)** pensare (a) (8)
**third** terzo (12)
**thirst** sete (*f.*) (1)
**thirsty: to be thirsty** avere sete (*f.*) (1)
**this** ciò (13); questo (2)
**those** quelli/e (7)
**through** per mezzo di (15)
**Thursday** giovedì (*m.*) (11)
**thus** così (4)
**ticket** biglietto (1); **to give a (traffic) ticket** dare la multa (13)
**time** ora (1); tempo (2); volta (6); **a long time** molto tempo (4); a lungo (11); **all the time** sempre (3); **(at) what time** a che ora; **it's time that** è ora che (16); **on time** puntuale (10); **once upon a time** (c'era) una volta (9); **to have a good time** divertirsi (6); **what time is it?** che ora è? (3), che ore sono? (3)
**tip (to a serviceperson)** mancia (5)
**tired** stanco (*pl.* stanchi) (2)
**tiring** faticoso (11)
**to** a (1); in (1)
**today** oggi (3)
**toe** dito (*pl.* le dita) (19)
**together** insieme (4)
**tomorrow** domani (1); **see you tomorrow** a domani (1)
**tonight** stasera (3)
**too** anche (2); troppo (5); **too much** troppo (5)
**tour** giro (11)
**tourist** turistico (*pl.* turistici) (*adj.*) (11)
**toward** verso (7)
**town** città (2)
**traffic** traffico (12)
**train** treno (1); **by train** in treno (1); **express train** rapido (18); **to go by train** *andare in treno (3); **train window** finestrino (18)
**to transgress** trasgredire (isc) (20)
**to translate** tradurre (*p.p.* tradotto) (20)
**to travel** viaggiare (7)
**tree** albero (12); **fruit tree** albero da frutta (12)

**trip** viaggio (*pl.* i viaggi); **to take a trip** fare un viaggio
**trolley bus** filobus (*m.*) (5)
**true** vero (8)
**truly** veramente (7)
**truth** verità (*f.*) (8)
**to try (to do something)** cercare (di + *inf.*) (14)
**T-shirt** maglietta (5)
**Tuesday** martedì (*m.*) (11)
**to type** scrivere (*p.p.* scritto) a macchina (17)

**ugly** brutto (2)
**uncle** zio (*pl.* gli zii) (1)
**under** sotto (9)
**to understand** capire (isc) (4)
**unemployed** disoccupato (21)
**unfortunately** purtroppo (3)
**university** università (*f.*) (3)
**unknown** sconosciuto (21)
**unless** a meno che non (13)
**until** fino a (5)
**upon** su (5)
**urgent** urgente (18)
**to use** usare
**used: to get used to (something)** abituarsi a (+ *n. or inf.*) (17)
**usually** di solito (9)

**vacation** vacanza, vacanze (*f.pl.*) (11)
**van** pulmino (13)
**vegetables** verdura (19)
**very** molto (*inv.*) (2)
**view** vista (12)
**V.I.P.** personalità (*f.*) (21)
**to visit** fare visita a (7); visitare (9)
**voice** voce (*f.*) (6); **in a low voice** sottovoce (16)
**vote** voto (16)
**to vote** votare (16)

**to wait (for)** aspettare (3)
**waiter** cameriere (*m.*) (1)
**to wake up** svegliarsi (6); **to wake (someone) up** svegliare (6)
**walk** passeggiata (9); **to take a walk** fare una passeggiata
**to walk** *andare a piedi (3); camminare (13); **to walk away** allontanarsi (11)
**wallet** portafoglio (*pl.* i portafogli) (5)
**to want (to do something)** volere (+ *inf.*) (4)
**warm** caldo (1); **to be warm/hot** avere caldo (1)
**to warm** scaldare (16)
**to wash (oneself)** lavarsi (16); **to wash (something or someone else)**

lavare (6)
**watch** orologio (*pl.* gli orologi) (2)
**to watch** guardare (4)
**watched (followed)** seguito (15)
**water** acqua (5)
**way** modo (14)
**to wear** portare (5)
**weather** tempo; **how's the weather?** che tempo fa? (3); **it's hot (cold)** fa caldo (freddo) (3); **it's nice (bad) weather** fa bello (brutto) (3)
**Wednesday** mercoledì (*m.*) (11)
**week** settimana (4)
**to weep** piangere (*p.p.* pianto) (20)
**weight: to put on weight** *ingrassare (7)
**welcome: you are welcome!** prego! (P); **welcome back!** ben tornato! (14)
**well** bene (P); **to be well/not well** stare bene/male (3); **very well** benissimo (13); **well known** noto (15); **well then** ebbene (12)
**wet** bagnato (2)
**what?** che, che cosa, cosa? (3); **what kind of?** che? (4)
**whatever** qualunque cosa (17)
**when** quando (3)
**where** dove (2); **where are you from?** di dove sei/è? (2)
**wherever** dovunque (17)
**which (one/ones)?** quale? (*pl.* quali?) (4)
**while** mentre (10)
**white** bianco (*pl.* bianchi) (9)
**whiz** cannone (*m.*) (15)
**who, whom** che; chi (1)
**whoever, whomever** chiunque (17)
**whole** intero; tutto + *def. art.*
**why** perchè (3)
**wife** moglie (*f.*) (*pl.* le mogli) (9)
**willing (to do something)** disposto (a + *inf.*) (12)
**willingly** volentieri (3)
**window** finestra (4); **train window** finestrino (18)
**wine** vino (1)
**winter** inverno (13)
**with** con (1)
**within** (*referring to time*) fra (11), tra (6)
**without** senza (*prep.*) (10); senza che (*conj.*) (17)
**witty** spiritoso (20)
**woman** donna (6); **young woman** ragazza (1)
**wood (for burning)** legna (20)
**woods** bosco (*pl.* i boschi) (9)
**wool** lana (17)

**word** parola (2)
**work** lavoro (1)
**to work** lavorare (3)
**worker** lavoratore (*m.*) (16); operaio
 (*pl.* gli operai) (17)
**world** mondo (7)
**worried** preoccupato (5)
**worse** peggio (*adv.*) (15); peggiore
 (*adj.*) (15)
**to write** scrivere (*p.p.* scritto) (4)
**writer** scrittore (*m.*) (14)
**wrong: to be wrong** sbagliarsi (20)

**year** anno (1)
**yes** sì (1)
**yesterday** ieri (5)
**yet** già (5); **not . . . yet** non... ancora
 (12)
**young** giovane (2); **young man**
 ragazzo (1); **young woman** ragazza
 (1)

**zone** zona (11)

# index

Topics appearing within *Curiosità* and *Nota culturale* sections are given under *Curiosità*.

---

## About the Authors

Graziana Lazzarino is Professor of Italian at the University of Colorado, Boulder. She is the author of *Da capo: A Review Grammar* and *Per tutti i gusti: An Activities Manual*. She is a native of Genoa, received her *Laurea* from the University of Genoa, and has taught at various European schools and American colleges and universities.

Antonella Centaro Pease is Assistant Professor of Italian at the University of Texas, Austin. A native of Florence, she received her *Laurea* from the University of Florence.

Annamaria Kelly is a Lecturer in Italian language and literature at the University of Arizona, Tucson. She is the author of *I rapporti tra Unamuno e Pirandello nella critica letteraria contemporanea,* and *Kino alla conquista dell'America.* She received her *Laurea* from the University of Rome, her native city.

Luigi Romeo is Professor of Linguistics at the University of Colorado, Boulder. A native of Italy, he received his Ph.D. from the University of Washington. He has held academic posts at several universities and NDEA Institutes in the United States and Canada.